本书系国家自然科学基金资助项目研究成果

U1075361

第二版
DIERBAN

外资并购直投福利效应研究

——以中国房地产、银行等服务业为例

陈湛匀◎主编

A Study on Welfare Effect of
FDI and M&As:
on China's house property,bank and other services

经济管理出版社
ECONOMY & MANAGEMENT PUBLISHING HOUSE

图书在版编目（CIP）数据

外资并购直投福利效应研究/陈湛匀主编. —2 版. —北京：经济管理出版社，2016.5
ISBN 978-7-5096-4505-5

Ⅰ. ①外… Ⅱ. ①陈… Ⅲ. ①外资公司—企业合并—影响—服务业—研究—中国 ②外商直接投资—影响—服务业—研究—中国 Ⅳ. ①F279.246 ②F832.6 ③F719

中国版本图书馆 CIP 数据核字（2016）第 157631 号

组稿编辑：张　艳
责任编辑：张　艳　丁慧敏
责任印制：黄章平
责任校对：新　雨

出版发行：经济管理出版社
（北京市海淀区北蜂窝 8 号中雅大厦 A 座 11 层　100038）
网　　址：www. E-mp. com. cn
电　　话：(010) 51915602
印　　刷：三河市延风印装有限公司
经　　销：新华书店
开　　本：720mm×1000mm/16
印　　张：22.5
字　　数：408 千字
版　　次：2016 年 7 月第 1 版　2016 年 7 月第 1 次印刷
书　　号：ISBN 978-7-5096-4505-5
定　　价：59.00 元

目　录

第二篇 外资并购和直投对中国银行业和知识密集型服务业的福利效应研究

第三篇　外资并购和直投对中国生产性服务业的福利效应研究

绪论：跨国公司对服务型制造价值形成研究

中国制造是否集约化、高附加值化是我国制造产业现代化程度的重要标志之一，而服务型制造又是制造业前行的基石。就跨国公司对服务型制造价值形成展开研究至关重要，亟待探索。

一、服务型制造价值形成研究意义

我国曾以低廉的人力成本、优惠的政策和强大的加工能力吸引了大量外资投入制造业。我国有172类产品的产量居世界第一位，是全球产业链条的重要组成部分。然而，由于研发和市场营销等高端环节在很大程度上为发达国家跨国公司所支配，我国的国际分工在全球创新和价值链中地位较小，我国制造业服务化程度不高，与之配套的生产性服务业发展缓慢，加上原材料涨价、人民币汇率升值、知识产权争端，这些都严重影响了我国制成品出口，中国制造面临的内外部压力增大。因此，要从根本上解决中国制造业问题，就必须向集约型、高附加值的服务型制造业转型；进行经济结构调整，就必须对传统的“招商引资—加工制造—廉价劳动”的中国式生产运作管理模式乃至产业发展模式进行改革和创新。

世界金融危机意味着对现在的这种世界经济模式包括中国制造业增长模式进行了一次强制性调整。从战略视角来看，持续提升中国经济全球影响力，大力发展服务型制造业和整合跨国公司投资资源是关键。将中国服务型制造运行管理机理与外向型产业模式一并进行探讨，判断跨国公司对服务型制造价值形成是否带来有益的影响，并努力提升引资效果，无疑需要进行理论和实践的探讨。重视跨国公司对服务型制造价值形成评价研究，能为我国制造企业的转型实践提供有益的借鉴。

二、服务型制造价值形成研究的国内外研究比较

（一）制造业服务及机理研究

制造业服务增强研究起源于发达国家。有些学者探讨了制造业发展道路问题，如 Pappas 等（1998）[①]，Oliva & Kallenberg 等（2003）分析了制造业服务化过程；Drucker（1990）[②] 研究“服务增强型制造业”，AEGIS（2002）等认为制造企业可通过产品和服务组合来获得差异化竞争优势[③]，Gann & Salter（1998）[④] 认为“制造—服务关联”有不少非生产性服务活动。但针对服务型制造价值形成机理的理论研究较为匮乏。

（二）跨国投资与服务产业经济发展研究

跨国投资与服务产业经济发展研究已形成了较成熟体系。1968 年美国经济学家维克托·R. 富克斯出版的《服务经济学》对现代服务业研究产生了里程碑影响，其中对外商直接投资与服务产业经济发展的研究在 90 年代备受关注。Jones & Ruane 等（1990）指出服务部门开放、外商直接投资在产业间合理配置的重要意义；David 等（2001）研究了不同国别下外商直接投资对不同产业竞争力影响；Mary Amiti 等（2004）认为服务业外商直接投资将会影响产业区位变动。但是专门结合制造业服务化新趋势研究外商直接投资效果还很少。

（三）国内学者的制造业服务研究

如蔺雷、吴贵生（2003、2008）指出知识密集型商业服务外购能提高产品本身附加值[⑤]；蔺雷、吴贵生（2007）实证研究了服务差异化对制造企业竞争力影响和特点[⑥]。值得一提的是，国内学者在服务型制造价值形成方面

---

① Pappas，N. ，and P. Sheehan. The new manufacturing：linkages between production and service activities. Working for the Future. Melbourne：Victoria University Press，1998：127 – 155

② Drucker P F. The Emerging Theory of Manufacturing . Harvard Business Review，1990，68，68（3）：94 – 102

③ AEGIS. Service Enhanced Manufacturing in the Building and Construction Production System. Draft Report，Pro – ject4. Sydney：University of Western Sydney Macarthur，1999

④ Gann D. ，Salter A. Learning and innovation management in project – based，service – enhanced firms J . International Journal of Innovation Management，1998，Vol. 2（No. 4）：431 – 454

⑤ 蔺雷，吴贵生．我国制造企业“服务增强”的实证研究及政策建议［J］．技术经济，2009（2）

⑥ 蔺雷，吴贵生．我国制造企业服务增强差异化机制的实证研究［J］．管理世界，2007（6）

作了尝试。林光平等（2007）探讨了再造服务价值流程；刘鹏（2008）研究生产性服务业与制造业产业融合过程的问题①；张辉（2006）指出产业升级的途径②；周煜等（2008）提出升级自主创新企业低端用户价值链的方法③。

在跨国公司投资与服务产业经济发展研究方面，国内学者研究较深入。查贵勇等（2007）以中国实践为例④认为服务部门的开放有利于专业化分工的形成；但是国内学者较少以服务型制造业为对象来评价外商直接投资效果。

笔者注意到，与国外服务型制造相关研究水平比较，国内仍存在不小差距。自1990年以来，在Science Direct搜索与“服务型制造”相关英文期刊文章有万余篇，而在CNKI搜索中文期刊文章不足千篇（从1994年起）。但由于研究历史较短，研究线索不甚清晰，特别是现有制造业服务化研究文献主要限于发达国家，基于反映发展中国家的文献还很少。因此，服务型制造的服务增值在中国的内涵、深层原因、表现形式都与国外不同，不能简单地应用国外的模式。同时，国内外学者对于制造业服务化的研究往往都基于一国国内的层面，于国与国的影响也少人问津。但是现在跨国界的制造与服务融合现象越来越多。国内学者已意识到中国通过大量引资于制造业成为“世界工厂”而存在着隐患，令人困扰；尤其是近年来外商直接投资频繁对我国重点龙头制造业进行股权收购，引起了对国家产业安全等一系列问题的担忧。因此，将外商直接投资变量引入作为解析中国制造业服务化价值形成无疑是战略性的思路。

三、研究内容和研究方法

研究内容设计主要如下：

（一）服务型制造的价值形成内涵与价值形成机理的理论研究

思考研究我国服务型制造价值形成时，应当借鉴国外相关理论研究成果，重点结合我国的国情和自身特点，从微观和中观的视角考察我国现阶段服务制造企业的现状，特别是要进行理论方面的创新研究，比如考虑以消费者体

① 刘鹏，刘宇翔．基于产业价值链的生产性服务业与制造业的融合［J］．科技情报开发与经济，2008（6）

② 张辉．全球价值链动力机制与产业发展策略［J］．中国工业经济，2006（1）

③ 周煜．全球价值链下中国汽车企业的组织行为与升级路径研究［J］．华中科技大学，2008（4）

④ 查贵勇．中韩日服务贸易国际竞争力比较研究［J］．华东师范大学，2007（4）

验为主体的服务型制造企业的服务内涵、服务增值和特征认知方面的研究，包括服务型制造的模式和管理。主要研究内容如下：

1. 美、日等发达国家的服务型制造价值形成研究。

如以美、英、德、日等国家为比较研究对象，探索发达国家服务型制造企业的经验，分析我国的新型与传统的制造业不同点与关联方面的内容，研究服务型制造个性化的服务流，探索不同的国家服务型制造的内涵和价值核心层次及其构成，分析不同国家的服务增值特征和模式及其服务价值形成的机理，特别是发达国家服务型制造价值形成管理的理论创新等。

2. 微观视角下我国的服务型制造价值形成研究。

从微观的角度考察我国环渤海湾、长三角和珠三角经济圈，重点以跨国公司背景的服务型制造企业为研究对象，探索不同类型的服务型制造企业及其上下游关联企业的内涵和特征，研究他们的服务增值的价值形成微观机理，比如内外动力、条件、手段和运行机制的形成，通过案例分析和调研，了解我国服务型制造价值形成的具有特色的微观理论，为我国的服务型制造企业提供重要理论参考依据，以提高这些企业的核心竞争力和服务效率。

3. 中观角度下我国的服务型制造价值形成研究。

从中观的角度分析整个服务型制造业的产业价值链关联的形成和产业布局的规律及其特征，研究我国服务型制造的产业划分依据、特点和标准；探索以顾客需求和顾客参与及体验为重点的个性化服务范式，特别是我国有些基础的生产性服务业比如浙江、江苏的一些企业，了解他们服务型制造业产业中生产制造活动如何通过延伸服务来实现企业增值回报的整个过程，包括产业价值链不同属性的关联价值组成，同时通过设计商业模式来提升服务性生产，研究我国新型制造业的服务价值形成的中观机理和规律。

4. 服务型制造中的服务价值计量和绩效效果 SSMP 分析。

考察国内外一些不同的服务型制造企业，调查这些企业生产制造和服务增值活动，特别是要根据顾客需求和体验下的活动描述，量化研究三个指标"顾客满意度"、"服务流"与"价值增值"之间的相关关系。借鉴 SSMP（战略服务管理范例）模型，以"利润"作为衡量绩效的指标，深入分析这三者的内在关联，研究企业通过服务投入，企业的价值是否增值？顾客评价如何？以提升我国服务型制造企业的管理效率。

（二）跨国公司投资对服务型制造产业综合效应评估

国内外学者在跨国公司投资的相关研究颇为广泛，但是在服务型制造业引入外商直接投资的讨论比较少，而研究服务型制造价值形成的微中观机理就更少，且现有的研究存在着空泛、缺乏定量及案例剖析的弊病，难以深入阐述这个具有实践研究意义的问题。为此，本研究内容既是将前述部分研究进行延伸到跨国公司与服务型制造相交叉的领域，也将尝试具有突破性的实践研究创新。需要研究下述主要问题：

1. 跨国公司投资与我国服务型制造产业发展的研究。

从全球范围视角出发，根据发达国家跨国公司的投资趋向，讨论以直接投资形式输出资本与我国制造业服务化的关系，包括服务化内容和管理模式等影响；研究发展中国家如印度，特别是中国承接跨国公司投资在制造产业链上的分布及发展趋势，从延伸服务型制造产业价值链综合效应等角度分析，分析跨国投资与我国新型制造业发展的模式和未来可能的趋势表现。

2. 基于价值形成与转移的产业效应测度模型研究。

借鉴 Fisher & Samuelson 模型和 Feenstra & Hanson 模型，参考我国已有的引入服务制造型外商直接投资的实践经验，建立一个基于价值形成与转移的产业效应测度模型。该模型可以利用一个地区相关产业的就业弹性，大体测算出新型制造业工人与传统制造业工人不同的就业需求和工资影响度，实现在横截面上间接量化通过引资对于新型制造业的价值所形成的贡献。

3. 我国服务型制造产业的发展模式和政策研究。

可以围绕东莞产业模式、浙江、江苏产业模式的复杂背景，着眼于三大产业模式下庞大的中国外向型制造企业所面临窘境背后的深层次原因，通过 SWOT 分析方法和案例分析，从定性层面上判断“中国制造”向“中国创造”转型的有效途径与操作手段。

关于跨国公司对服务型制造业价值形成的研究方法，笔者认为：

1. 借用“时空”二维概念，从横向和纵向评价跨国公司对我国服务型制造业的价值形成影响。

在横向上，构建测度模型，用相关产业的就业弹性，大体测算出引入跨国投资后对服务型制造业工人与传统制造业工人不同的就业需求和工资影响度。

在纵向上，从服务型制造产业价值链形成角度，推导出价值转移效应函数模型，并测度服务型制造业引入跨国公司带来的资本效应和扩大效应及其贡献度。

2. 融合交叉学科理论，分析该课题内容，综合多种具体研究方法进行分析。

3. 实地调研、问卷调查、专家咨询与小组讨论相结合的案例研究。

有针对性地对三大经济圈（环渤海湾、长三角和珠三角）的引资背景的重点服务型制造企业及关联企业进行实地考察外，对一些新型制造企业（如上海汽车、贝岭、方正科技等）进行资料收集，重点探查和记录服务型制造企业在提供顾客体验式服务的方式和特征，对被访企业做进一步效果评价，问卷设计可用7级语义差异量表。服务质量问卷测量以Zeithmal等（1985、1988）开发的著名SERVQUAL量表为基础。

综上所述，应尽快着眼于外商投资的理论和实证创新研究，以揭示服务型制造业的服务内涵核心和价值形成机制，为发展一套科学评估引资对我国服务型制造价值形成的实践理论作出努力。

第一篇　外资并购和直投对中国房地产业的福利效应研究

第一章 外资并购和直投对中国房地产业福利效应文献综述

随着经济全球化成为全球经济的发展趋势，资本流动也冲破地区和国家的限制，许多国家十分注重利用外资。而我国房地产市场的未来前景成为外资并购及直接投资的优选目标。显然外资并购和直投会对东道国房地产带来怎样的福利效应，引起了国内外学者的关注。

第一节 国外学者关于外资并购和直投对中国房地产福利效应评价

一、外资并购和直投有利于中国房地产业评论

Canfei He & Yangang Zhu[①]（2010）认为自从1980年起，境外直接投资（FDI）就成为了中国房地产市场增长非常重要的一部分，通过调查了自2000年起35个主要中国城市的房地产业境外直接投资状况，认为当地的市场条件和区域设置对于房地产的外资投入是比较关键的因素，那些东南沿海具有更多人口，经济相对发达的地区也更容易吸引外资，而外资的并购也更加促进其房地产业的发展。虽然起初可能会给当地的房地产业带来一定的冲击，但总体而言利大于弊。

罗兰·贝格[②]（2009）研究认为，从行业发展历程和未来趋势看，无论

① Canfei He & Yangang Zhu，Real Estate FDI in Chinese Cities：Local Market Conditions and Regional Institutions，Eurasian Geography and Economics，2010（3）：360

② 罗兰·贝格．中国房地产市场纵览（上）［OL］．国务院发展研究中心信息网，2009－8－31

是作为使用品还是投资品，房地产都有着巨大的市场需求，而将潜在需求转化为实际增长的关键，在于理解政府针对这一与民生高度相关之产业的决策方向，及相关政策对房地产企业战略的影响，从而转换思路，获得新的发展动力。未来十年内商业地产将是投资热点。商业地产的发展既是内需拉升的结果，又将反过来促进扩大内需，同时又因为政府区分调控的政策而与住宅地产形成互补，有利于企业分散风险。

二、外资并购和直投不利于中国房地产业评论

Linlin Liu[①]（2011）这篇研究显示，利用外商直接投资率每增加1%，商品房销售价格上升0.55%，并且格兰杰因果关系检验结果表明后者的变动93%可以由前者解释。线性回归分析和格兰杰因果关系检验证明了外商直接投资增长对房地产价格增长有着重要影响。其分析得到的主要启示是：采取各种手段限制外商直接投资对中国房地产的过热影响。

Lam、Lubanski[②]（2011）认为于金融海啸后2008年年底，中国政府试图通过稳定经济，最终目的是要保持真实的8%经济增长，以防止经济衰退。一般来说，房地产占中国10%的国内生产总值，这是一个重要的国家经济组成部分。因此，在这一特定行业中，政府是一个关键因素，防范潜在的经济风险。

HUGHES[③]（2011）提出兼并可以带来更好的规模经济服务的日常工作；可扩展到世界各地；富有更好的议价能力的项目。这些事实似乎不争，但是兼并不都是快乐的，会引起文化的冲突。正如房地产并购，可以带来规模经济服务；可以把本国的特色带到世界各地，提高其控制房地产价格的能力。但是也会与并购的房地产企业所在国家的文化相冲突，如建筑风格等。

Buiter[④]（2010）运用Yaari－Blanchard OLG模型，得出房地产福利效应与住房价格变化不存在必然联系的结论，认为房产不只是一种财富，还是一种消费品，因而房产福利效应即使存在，也是非常微弱的。

---

① Linlin Liu：The impact of foreign Direct investment on China：An Empirical Anal Ysis Based on The Chinese Real Estate Sector［D］. Southern Illinois University Carbondale Graduate School Research Papers, Year 2011

② Lam，Lubanski. Chinese Economy［J］. May/Jun2011，Vol. 44 Issue 3：59－70

③ HUGHES，C. J.. Architectural Record［J］. Mar2011，Vol. 199 Issue 3：50－52

④ Buiter，Willem H.，Housing wealth isn' t wealth［J］. Economics，2010，Vol. 4（22）：1－29

詹姆斯·查诺斯①（2010）认为，中国过度刺激的经济正在走向垮台，而不是像多数经济学家预言的那样走向持续繁荣。在潮水般投机资金的支持下，中国的房地产泡沫看起来比迪拜的情况糟糕1000倍，甚至更糟。中国最大的泡沫在于信贷过度，而不是资产价值的高估。世界上还没有一个国家比中国有着更严重的信贷危机。

三、外资并购和直投对中国房地产双刃剑等评论

Manman Y②（2011）认为外国并购者带来的并购交易方法在其他国家执行没有什么困难，但是他们必须分析是否在中国执行这些方法的可能性。他们需要做的是找到财务和法律顾问，明确如何进行并购工作，在不同的环境下，用正确的方式做交易。对于房地产行业，采取合适的并购方法，有助于提升房地产行业的竞争力，但是过度的并购又会对中国的房地产行业造成竞争压力。

Sheiner③（1995）认为事实上，房价上涨对居民而言并非完全是一件坏事。房价上涨对居民的影响犹如一把"双刃剑"：一方面它可以带来财富效应，另一方面又可以带来预算约束效应。对于已经购房的家庭来说，房地产是家庭的主要财产之一。房价上涨意味着家庭财富增值，使家庭的预期可支配收入增加，其消费预算约束线相应向外移动，使该家庭的福利增加。然而，对于没有购房的家庭来说，房价上涨意味着未来用于购房的支出增加，使家庭需要储蓄更多的资金来支付首付款，并增加以后各期的还款额度。

Benjamin、Chinloy④（2004）认为就整个社会而言，房价上涨引起居民总福利增减多少，要视具体情况而定。在过去的几年间，中国和美国都经历了房地产价格快速上涨的过程，但美国房地产价格的快速上涨推动了美国消费和经济的增长。

Engelhard（1996）运用PSID数据检验住宅价格增长与住宅所有者的消费支出，结果显示住宅价格波动的边际消费倾向约为0.03；Case，Quigleyand-

---

① 詹姆斯·查诺斯．卖空中国［J］．纽约时报，2010－1－8（1）

② Manman Y，Nothing Surprise about China's Security Review of Foreign Acquisition［J］．China's Foreign Trade，2011（7）：21－22

③ Sheiner. A Comment on Stock Ownership Patterns，Stock Market，Fluctuations and Consumption［R］．Brookings Papers on Economic，Activity，1995（2）：358－359

④ Benjamin，Chinloy，Jud. Real estate versus financial wealth，in consumption［J］．Journal of Real Estate Finance and Economics，2004（29）：341－354

Shiller (2001) 利用美国 1982～1999 年的季度数据以及 1975～1999 年 14 个发达国家的数据对住宅市场和股票市场分析，发现房地产财富效应大于股市财富效应；Ludwigand Slok (2002) 对 14 个 OECD 成员国进行研究，发现从整个时间领域来看住宅价格对消费的影响不确定，但在 1985～2000 年间，财富效应变得显著[①]。

第二节　国外学者关于外资并购形式、动机、收益等评价

一、外资并购形式、动机、收益等探讨

在将东道国投资分成私人投资和公共投资的基础上，Ndikumana 和 Verick[②] (2008) 使用撒哈拉以南 38 个非洲国家 1970～2005 年的面板数据对 FDI 和私人投资的关系进行了实证研究，结果发现，外商直接投资对私人投资产生了挤出效应。

James S. Ang 和 Yingmei Cheng[③] (2009) 认为我们发现这样一个经验证据，即股价低估是公司做出并购决定的重要动机之一，我们发现股价越被低估的公司反倒可能形成企业发展的新障碍，为了实现并购增值最大化，企业在实施并购活动中需要制定并购财务战略，以指导并购财务活动，并购财务战略是通过对财务资源的有效配置，以实现长期并购利益和集团整体价值最大化。

Miao Wang and M. C. Sunny Wong[④] (2009) 对外国直接投资与增长之间的关系进行拓展研究，作者认为：探寻不同形式的外国直接投资如何影响东道国的经济增长。并将外国直接投资划分为两个主要组成部分：绿地投资和

---

① 我国房地产市场的财富效应和福利效应——基于省际面板数据的实证分析 [J]. 经济天地

② Leonce, Nd ikum ana, Sher, Verick. The Linkages between FDI and Domestic Investment: Unraveling the Developmental Impact of Foreign Investment in Sub Saharan Africa [R]. IZA Working Paper, 2008: 3296

③ James S. Ang and Yingmei Cheng. Direct Evidence On The Market - Driven Acquisition Theory [J]. The Journal of Financial Research. 2009 (2): 199 - 206

④ Miao Wang and M. C. Sunny Wong KYKLOS, What Drives Economic Growth? The Case of Cross - Border M&A and Greenfield FDI Activities [J]. Vol. 62 - 2009 - No. 2, 316 - 330

跨国并购。这样区分的一个重要动因是基于这样一个事实：跨国公司能够承担起无论是绿地投资还是并购的外国直接投资形式。绿地投资涉及新设施的增加和东道国现有企业的并购。

Young - Han Kim[①]（2009）阐述外国直接投资流入对东道国将会产生不同的影响，其取决于外商直接投资的类型，例如是绿地投资或是跨国并购。根据传统观点，不同外国直接投资类型会产生不同的福利影响，绿地投资会增加东道国的资本形成和生产力。然而，跨国并购则不会增加东道国的资本形成和生产力，而是将东道国的收入转移到了国外。

Barbara M. Roberts - Steve Thompson - Katarzyna Mikolajczyk[②]（2009）根据波兰位于世界500强中的加工制造公司在1993～2008年的数据分析，从决定外来投资者是否进行外资并购的，是寻求市场的动机而不是寻求资源的动机。

在China - related M & A forecast to stay strong[③]（2010）中写道：外方投资者在逐渐回到中国市场，虽然投资活动还处在金融危机前的水平。在上半年有263宗并购交易，这些交易价值65亿美元。在2009年下半年有所提升，但是仍落后于2008年上半年价值91亿美元的324宗并购交易。另外，外国投资者预期再次回到中国的并购市场，从而达到危机前水平。普华永道中国南部并购业务负责人Danny Po表示："外国投资水平预计会进一步增长，特别是在高科技产业还有能源环境产业，这些产业将从中国的消费水平提升中获益。"

Sunny Li Sun[④]（2010）认为来自新兴经济体的跨国公司最近进行了积极的跨境兼并和收购，跨国并购在2008年作为中国的跨国公司进行的交易价值为68亿美元，占中国的对外直接投资流量的21%，这意味着中国的跨国公司不仅运用跨国并购作为一个国际化的主要模式，而且还意味着从国外市场筹集大量的资金或债务。

---

① Young - Han Kim. Cross - border M&A vs. greenfield FDI：Economic integration and its welfare impact［J］. Journal of Policy Modeling，2009，31（1）：87 - 101

② Barbara M. Roberts，Steve Thompson，Katarzyna Mikolajczyk：Privatization，Foreign Acquisition and the Motives for FDI in Eastern Europe［J］. Review of World Economics，2009（3）：408 - 427

③ China - related M&A forecast to stay strong［J］. Asiamoney，Aug2010，Vol. 21，Issue 7：28，1

④ Sunny Li Sun，Mike W. Peng，Bing Ren，Daying Yan. A comparative ownership advantage framework for cross - border M&As：The rise of Chinese and Indian MNEs［J］. Journal of World Business，2010（15）

Chris Devonshire - Ellis[①]（2011）认为：希望进军中国并购的跨国公司应了解所涉及的风险和挑战。值得注意的是，这些公司必须充分掌握在当地并购等级，了解传统并购方法不能被简单地套用在中国的市场。并且，境外企业无法拥有在世界上其他地方的他们所渴望的权利。

二、外资并购其他探讨

Pan、Aaron[②]（2010）写道：普华永道中国金融兼并服务的带头人马修·菲利普斯于2010年6月17日在香港告诉记者：吞没兼并市场的乌云正在慢慢地升起，我们希望看到在新的一年交易活动的广度有明显的增加，在危机中存活下来的全球的投资者正面临着在西方和日本这样成熟的市场中有限地增长，延续其在该地区增长的市场增长机会的追求。

Peng Cheng Zhu 和 Vijay Jog[③]（2011）重点分析了跨国并购对收购双方的风险和收益，在目标公司风险和收益的基础上，取自1990年和2007年间18个新兴国家部分收购目标公司的样本，研究了跨国并购的影响。可以发现，跨国并购大幅度减少总的目标公司的下行风险，这种影响较为显著，建议由更好地保护投资者权利的国家的投标人进行并购。这种风险的减少有助于公司的业绩表现。因此，那些跨境收购，受益于新兴市场投资者贸易，减少了投资风险，增加了投资回报；在新兴市场的决策者，建议开放部分的跨国并购市场。

Kiymaz & Alon[④]（2011）研究了美国企业在中国跨国并购的行为，并探讨了跨国并购行为对美企、中国企业的财富效应，实证研究表明，尽管在有交易约束以及制度限制存在的情况下，美国公司能够通过跨国并购在公告日时得到可观的效益。与此同时，由财富收益的分析表明，外资并购更能在中国制造业和服务业中获得较高的回报。相比之下，在金融部门的并购行为表现为较差的收益。还重点指出，影响财富收益的主要影响因子是中国宏观经

① Chris Devonshire - Ellis, Andy Scott and Sam Woollard. M&A Environment in China ［J］. China Briefing, 2011: 1 - 7

② Pan, Aaron Asia financial services M&A set to soar ［J］. says PwC Asiamoney, Jun2010, Vol. 21 Issue 5: 68

③ PengCheng Zhu, Vijay Jog. Target FirmRisk - Return Changes due to Cross - borderMergers and Acquisitions in Emerging Markets ［J］. Eberhardt School of Business, University of the Pacific, 2011 (3)

④ Kiymaz H. & Alon J. Wealth impact of cross - border US acquisitions of Chinese firms ［J］. European Journal of International Management, 2011 (5): 432 - 451

济，以及积极的营销环境和发展环境。

Tracy，Willam M[①]（2009）指出 FDI 对于我国各行业福利的影响是这样的：在外资投资水平较低时，积极影响胜过消极影响；在外资投资水平较高时，消极影响超过积极影响。也就是说，存在一个极值点，超过这一点，外商直接投资的增加会降低国内企业的福利水平，FDI 与国内企业的福利水平之间的关系可以用 U 型图表示。

第三节　国内学者关于外资并购和直投对中国房地产业的福利效应评价

一、外资并购和直投有利于中国房地产业评论

段芳[②]（2011）认为，外商直接投资的变动对上海房地产市场的波动不构成显著性影响，这是由于以往我国宏观调控措施成功规避了外商直接投资可能产生的资产泡沫风险。

安华[③]（2011）提出，中国国家外汇管理局发布了一份《跨境资金流动监测报告》，首度披露了官方对"热钱"的估算数据：2010 年"热钱"净流入 355 亿美元，占外汇储备增量的 7.6%，占当年 GDP 的 0.6%。2003～2010 年，人民币单边升值预期强化，"热钱"合计净流入近 3000 亿美元。以房地产价格为例，2003～2010 年是中国内地城市房价的上升期，不少城市的房价均有 200% 以上的升幅，但按照国家外汇局的最新数据，这一时期热钱合计净流入仅为 3000 亿美元，设若其中 50% 投向了房地产，其对中国房价的影响亦有限。

赵津和梁辰[④]（2010）认为以上海、天津为代表的外商房地产业的兴起，

---

① TRACY，WILLIAM，Academy of Management Annual Meeting Proceedings，2009：1－6，6p，1 Chart

② 段芳．服务业外商直接投资流入与房地产市场风险研究——以上海为例［J］．经济问题，2011（1）：51－55

③ 安华．热钱跨境流动的利与弊［J］．经济导报，2011（6）：23

④ 赵津，梁辰．近代中国外商房地产投融资及经营模式探析——以上海、天津为例［J］．中国房地产，2010（2）：20－23

不仅首开中国房地产业的先河，发挥了引领示范作用，而且也在一定程度上推动了近代中国经济，特别是城市经济的发展。首先，外国房地产商将资本主义的企业经营模式引入中国。其次，外商房地产业的发展得益于国内外两种资源。最后，外商房地产投资为近代城市建设提供了机遇。

王曦[①]（2008）认为，外资进入境内房地产市场自有其积极意义，他们不仅为房地产开发提供了大量资金，增加了房地产市场的供给，而且外资房地产开发公司率先给国内市场引进了先进、成熟的房地产开发模式和产品，促进了国内房地产市场的跨越式发展和竞争。

孙国瑞[②]（2011）认为，外资进入中国房地产开发领域虽然抬高了地价，但是增大了开发商群落，增加了开发商实力，有助于加大房地产市场的供给，有利于房价的稳定；外资的加入，打破了中国国内企业一统江山的局面，有利于形成多样化的市场竞争格局。由此，允许外资担当开发商角色，对购房者是利好，对开发商是利空。

刘旦[③]（2011）认为，外资进入房地产市场的投资方式趋于金融化，可见“热钱”进入房地产市场还充分发挥了金融杠杆作用，可以撬动比“热钱”自身规模大得多的资金，“热钱”作为外资的一种形式，客观上对我国房地产市场的发展有积极作用，包括增加资金来源，分散风险，提升产品质量等。

杨军侠[④]（2010）认为，外资进入我国房地产市场带来的正面效应：首先，外资的进入弥补了房地产行业资金的不足，降低国内银行信贷风险，扩大房地产市场的供给和需求，增强了房地产行业的竞争，促进了房地产行业的发展和壮大。其次，引进了先进的房地产金融运作理念。在丰富和发展我国房地产金融体系的同时，有利于缓解金融风险的产生。

韩忠雪，朱荣林[⑤]（2007）认为，海外机构投资者除了参与房地产规划、设计和开发等业务外，还逐渐介入房地产中介服务、租赁经营和金融服务等业务，这不仅提高我国房地产企业在房地产设计理念、规划思路、开发技术和管理水平等方面的竞争能力，同时也引入了成熟的管理体系和先进的操作

---

① 王曦．外商投资对我国房地产业的影响及对策［J］．环渤海经济瞭望，2008（12）：27－30

② 孙国瑞．外资大规模进入中国房地产市场，要加强监管监测［J］．国际融资，2011（2）：31

③ 刘旦．“热钱”流入对房地产调控的影响［J］．中国国情国力，2011（2）：12

④ 杨军侠．外资进入我国房地产领域的影响研究［J］．产业经济，2010（4）

⑤ 韩忠雪，朱荣林．外资进入我国房地产市场的变化趋势和影响［J］．价格理论与实践，2007（7）：44－45

经验，为我国房地产行业的产业升级和多元化发展提供了很好的思路。

闫之博①（2009）认为，1987年至今，我国房地产价格运行比较平稳，房地产市场价格走强是国内经济形势良好的表现，其中，GDP扮演着重要角色，基本上可以排除外商直接投资热钱对房地产市场的冲击作用，外商直接投资不会引起房地产市场的大幅动荡。

刘颖②（2010）提出，在经济全球化的时代背景下，境外资金流入中国房地产市场可以说是一种不可逆转的大趋势。我们必须认识到外资进入房地产业是把双刃剑，我国政府应该进一步规范外资，积极地将负面效应转化为正面效应，将不利的一面更好地转化为有利的一面，充分认识加强管制外资进入房地产市场的必要性，完善金融机制，加快拓展国内房地产融资渠道的步伐，出台相关政策法规，加强对房地产基金的监管，建立健全房地产市场信息系统和预警预报体系，开征物业税，限制外资投机行为。

刑芳③（2010）认为，改善企业资本结构，加速企业的优胜劣汰进程。长期以来，我国房地产企业资金严重依赖银行信贷，许多房地产企业资金紧张。外资的进入可以推动企业资本结构的改善。在中国寻找合作伙伴，外资更看重企业的规模、管理以及土地的储备，所以在规模、管理以及土地的储备等方面具有优势的大企业，能够获得外资的支持，从而推动新一轮的企业优胜劣汰过程。

蒋文怀④（2011）认为，房地产开发具有典型的资金密集特征，要保证土地购置—开发—销售链条的平稳运行，就必须有大量的资金作保障。因此，研究房地产行业的合理融资模式，拓宽房地产企业的融资渠道，对于维护房地产行业的健康可持续发展具有重要的意义。

二、外资并购和直投不利于中国房地产业评论

汪成豪、王雯珺、崔啸、董纪昌⑤（2009）认为，外商直接投资作为中长期的实业投资，带来了国际房地产开发和管理方面的先进方法，有助于形成优质的房地产投资结构，提高其商业价值；股票基金等资本市场投资、外

① 闫之博．GDP与FDI对中国房地产价格影响效果的实证分析［J］．经济研究导刊，2007（1）

② 刘颖．我国房地产业外资进入现状及影响的实证分析［J］．西南财经大学，2010

③ 刑芳．浅析外资投入对我国房地产业的影响［J］．房地产业，2010（2）：59

④ 蒋文怀．房地产融资应实现多元化［J］．中国金融，2011（10）

⑤ 汪成豪，王雯珺，崔啸，董纪昌．外资流动对我国房地产市场影响的分析［J］．中国科学院院刊，2009（1）：49

资银行贷款等房地产间接投资因为“热钱”，可能带来较大风险。外资大量流入有不少消极影响，会影响我国政府对房地产市场的宏观调控效果，会加大房地产市场的波动性，会助长局部地区的房地产泡沫，增加银行信贷风险，加大人民币升值压力等。因此，更加关注外资在我国房地产市场中的角色定位，优化房地产结构。

杨伟坤、荣晨、张永升、张志伟[①]（2011）指出，根据房地产价格对福利效应的实证检验，发现回归结果都不显著，可见我国房地产市场的福利效应并不明显，房价的上涨对消费的抑制作用更大一些。结论：目前我国房地产市场的投机需求过度，存在大量的房产囤积，出现房地产供不应求以致价格不断上涨，对于有房者，房价升高可以增加财产性收入，增加家庭福利，但对于无房者，房价上涨会抑制消费，产生预算约束效应，增加居民的福利损失。

齐千[②]（2011）指出，房地产开发的投资比重与房价呈现负相关，但是，过多的外资进入房地产开发行业，会加大开发的盲目性，使商品房供给增加，空置率上升，房地产泡沫加剧，对经济的稳定发展不利。

景乃权[③]（2011）指出，从外资2010～2011年涌入房地产的趋势来看，已不再是简单的财务投资者，而是更多地向房地产的产业链上游延伸，包括建材、施工、设计等各个开发环节。这些新的特点和趋势，也许会更大程度上的推高房价。

杨卓敏[④]（2010）指出，尽管外资给国内房地产市场带来提高企业竞争力、弥补资本短缺、创新房地产金融工具等积极影响。但是，其消极影响也不容忽视，主要表现在：①由于房地产交易环节管制都已取消，汇兑环节限制很少，境外资金不受货币政策的调控，通过结汇投向房地产，制约了宏观调控政策的有效性。②近年来，流入房地产外资大约占到新增外汇储备量的2%～3%，成为国际收支顺差的一种重要来源，加大人民币升值压力，而一旦国内外形势和人民币预期发生变化，外资又会大量流出，加大外汇市场的动荡。③外资不断涌入一线城市中高档房地产，势必形成“标杆效应”，推动国内房地产价格持续上涨，并挤压中低档房产的投资，造成市场供求失衡，增大房地产市场的泡沫。④加剧金融体系风险。房地产行业是资金密集型行

---

① 杨伟坤，荣晨，张永升，张志伟．我国房地产市场的财富效应和福利效应［J］．财会研究，2011（1）：72－77

② 齐千．我国房地产价格影响因素实证分析［J］．经济研究导刊，2011（14）：76－78

③ 景乃权．外资大规模进入中国房地产市场，要加强监管监测［J］．国际融资，2011（2）

④ 杨卓敏．加强监控，政策协调，堵疏结合［J］．上海房地，2010（12）：13－15

业，一般企业自有资金约占35%，其余全部来自银行贷款，受人民币升值预期刺激，每1美元外资进入房地产市场，对应着30~50元人民币的银行贷款发放，一旦资金链断裂，会出现新一轮银行不良贷款。

许子枋[①]（2011）认为，人民币的升值预期也许才是短期外资豪赌中国商业地产的最大驱动性因素。面临不断加大的通胀压力，中国也加入到本币升值抑通胀的大军中。“热钱”对商业地产市场的搅局，推高了商业地产领域的泡沫，如果人民币升值周期结束带来资产价格变化，外资随时反手做空中国商业地产，届时，不仅国内中小商业地产开发商将可能沦为牺牲品，泡沫化危机甚至会影响整个中国的宏观经济格局。

阮加、刘延平[②]（2009）提出，中国进入新一轮经济增长周期以来，商业银行在旺盛的贷款需求下产生巨大的盈利冲动，竞争环境也迫使商业银行面临巨大的盈利压力。在盈利冲动和压力的双重推动下，大多数商业银行更多地注重盈利而忽视和放松了风险防范。次贷危机对商业银行的重要启示是，在经济增长阶段同样不能忽视风险。中国经济在经历了近年的快速增长后，未来几年的增长势头将放缓。

孙晓晶、孙涛[③]（2006）认为，房地产周期与金融稳定息息相关。1998年以来的我国房地产周期置身于全球地产泡沫的危言之中，格外令人关注。房地产周期对金融稳定的影响主要体现在房地产信贷风险暴露、政府担保风险以及长存短贷的期限错配风险，并在此基础上提出相应的政策建议：努力解决银行业自身问题、规范地方政府行为以及有效监管外资进入中国房地产业。

王斌、高波[④]（2008）认为，外商投资房地产导致房价不断攀升，而我国正处在全面建设小康社会和城市化加速推进阶段，房地产市场还是增量市场，房价上涨对我国居民福利影响很大。而且，我国住房保障制度不完善，现有保障水平比较低，保障覆盖面窄。因此，房价上涨给我国居民带来的福利净损失没有得到适当的补偿，这对改善我国居民生活水平和建立内需拉动型经济构成了极大的障碍。

覃思、贺磊[⑤]（2010）认为，目前中国不是投资不足，而是消费不足。高房价会扼杀大量低收入阶层正常的住房消费需求，即使通过住房信贷能够

① 许子枋．外资为何“疯投”中国商业地产［J］．城市住宅，2011（7）
② 阮加，刘延平．次贷危机的成因与房地产金融风险防范［J］．管理世界，2009（5）
③ 孙晓晶，孙涛．中国房地产周期与金融稳定［J］．经济研究，2006（1）
④ 王斌，高波．房价上涨与我国居民福利效应的实证分析［J］．当代财经，2008（1）
⑤ 覃思，贺磊．境外热钱对中国房地产市场的影响［J］．百家点经，2010（1）：89－91

提前实现住房消费需求，高房价也会吞噬其毕生的收入，这种“寅吃卯粮”的做法也会使大量购房者在今后数年不得不减少其他消费需求，从而削弱消费对经济的刺激力度。

杨毅、颜白鹭[①]（2010）认为，外资进入我国房地产市场根本的原因在于资本的逐利性。过去几年我国房地产市场的蓬勃发展吸引了大量外资的进入，而外资的进入，炒作又加剧了我国房地产资产价格的上涨，房产价格上涨的趋势又吸引外资进入我国，如此不断循环。房地产市场的下滑无疑会加剧外资的风险，失去对外资的吸引力。外资通过转让等方式退出中国房地产市场，等待更好的抄底机会或转战别的市场。

李冰洁[②]（2011）认为，抬高房地产行业的价格，助长了房地产市场的经济泡沫，加剧房地产市场的供给结构不合理，增加了房地产金融体系的潜在风险，“热钱”出逃将对房地产市场造成不稳定影响。同时，外资房地产企业还存在注册资本到位率低、虚假投资以及自有资金严重不足和负债比例偏高等问题。

张锐[③]（2011）认为，境外资本尤其境外房地产开发企业进入境内房地产市场可以增大房地产产品的供给，一定意义上可以起到平抑高房价的作用。不仅如此，外资收购境内物业股权也为境内房地产商开拓了一个融资渠道，缓解了相关企业的资金瓶颈与压力。然而，由于更多的外资是基于人民币的升值预期和中国房地产市场的超额回报而将中国楼市当做“蓄水池”大进大出且轮番伺机炒作，外资对于境内房市的负面作用也非常明显。特别是在如今境内楼市调控的攻坚阶段和敏感时期，外资的竞相涌入不仅可能增加楼价上涨的压力和刺激楼市泡沫的风险，而且可能削弱房地产调控的效果。

闫敏[④]（2011）认为，外资房地产企业投资对中国市场的消极影响：增加人民币升值压力，间接推动了房地产价格的上涨，造成国民财富流失。外资直接投资国内房地产主要集中在高端商务楼和豪华住房，好像对整个房地产的影响不太大。但是，一个国家的房地产市场是一个整体，外资拉动高端房价，会导致整体房价上涨。

李卫平、田希永、张志强[⑤]（2007）认为，从有利方面来说，提高我国

---

① 杨毅，颜白鹭．外资撤离对我国银行业的影响［J］．特区经济，2010（1）：264－266

② 李冰洁．国际热钱对我国房地产价格的影响［J］．时代金融，2011（5）：60－61

③ 张锐．国际商报，2011（4）

④ 闫敏．外资投资国内房地产市场的影响［J］．中国投资，2011（8）

⑤ 李卫平，田希永，张志强．外资进入对中小城市房地产市场的影响［J］．金融研究，2007（11B）

房地产利用外资比重，不仅可引进国际房地产开发和管理的先进方法，而且促进了中国的房地产市场发展，但是，从不利方面来说，房地产利用外资比重的增加也加大了高端住宅与商业地产的供应量，这对当前房地产调控是不利的，如不加以控制，外资频繁的流入会加大我国房地产市场的波动与泡沫，也增加了银行信贷风险和人民币升值压力。

黎友焕、王凯[①]（2011）认为，人民币预期汇率与名义汇率偏离导致的人民币升值预期和房地产市场价格的过快上涨，形成了较大的“套汇”和“套价”空间，进而使“套汇”和“套价”成为国（境）外“热钱”流入中国的重要动机。

任伯虎[②]（2009）认为，对地区甚至国家经济安全的影响。一般来说，外来投资者的动机难以掌握，受到国内政策的约束性小，一旦他们得手，往往采取不负责任的态度，在高价位迅速退市，结果需求陡降，整个市场从此一落千丈。值得注意的是，部分境外资金炒房获得的巨额利润已进入中国股市，在2007年第三季度，至少有7家增持了沪深股市中的地产股，并成为这些上市公司前十大流通股。这更加说明外资的投机性。经过十几年的发展，房地产业已成为我国国民经济的支柱产业，房地产业对建筑、建材、家电等行业有很强的带动作用，在许多地区都作为经济增长点。如果房地产需求忽然下降，房地产业萧条，必然危及整个地区的经济安全。

三、外资并购房地产业政策、信号、特征等探讨

胡国恒[③]（2009）认为，处于经济增长或保护民族产业的政策目的，东道国通常会对外资采取一定的鼓励或限制政策，外资并购会对本土房地产业的利益份额产生影响，会导致对本土房地产企业利益的严重挤压。如果采取限制性政策，可以保证本土房地产企业的利益份额，但外资的显著减少不利于总体经济利益的增长。外资规模与本土房地产企业利益之间的合理平衡是政策选择的核心和难题。发展中国家选择外资并购政策的基本原则应该是：在保障产业和经济安全前提下尽可能减少政策对市场的扭曲，避免出现过度保护和放任外资两种极端情况的出现。外资方通过提高其技术投入的产出弹

---

① 黎友焕，王凯．热钱流入对中国经济的影响及其对策［J］．财经科学，2011（3）：34－40

② 任伯虎．我国房地产市场外资结构的变化及影响分析［J］．经济论坛，2009（6）

③ 胡国恒．外资并购的股份博弈与政策规制［J］．世界经济研究，World Economy Study，2009（1）：65－69

性来增加股权份额和己方利益，当中外双方存在较大技术差距时，竞争将促使房地产行业整体技术水平的提升，达到竞争换技术的政策效果。但由于外资的天然垄断性，从长期看，其对东道国市场的深度介入可能会导致行业竞争程度下降甚至局部垄断。

廖理、曾亚敏、张俊生①（2009）认为，以发生在1995年1月至2007年5月的89次外资并购中国上市公司事件为样本，实证分析了中国外资并购的信号传递效应。在房地产行业中，外资并购事件可能向目标方竞争对手传递竞争压力加剧的信息，亦可能传递再次并购即将发生的信息。在外资并购首次宣告时，目标方竞争对手的市场反应显著为负，而一旦外资并购被终止，竞争对手的市场反应则显著为正。该结论表明，外资并购事件在房地产业中传递了行业竞争压力即将加剧的信号。在外资并购成功实施后，目标方的盈利能力、经营效率、流动性以及偿债能力都逐渐超过竞争对手。外资并购在房地产业中的信号传递效应为加剧竞争压力或提高并购效率。

姜子叶、范从来②（2009）认为，对于返程投资而言，房地产和汇率都具有差别待遇的性质。房地产属于资金密集型行业，经济拉动效益明显，是地方政府招商引资的重点，也是差别待遇创设较多的行业。2007年国家统计局通过全国5000家重点房地产企业直报网的专项快速调查显示：60家利用外资的房地产开发企业中有22家为外商和港澳台独资企业，占全部利用外资的比重为70.3%，20家为中外合作企业，占比为17.6%。外资控股比例超过50%的有9家，占比45%，以上两种类型企业利用外资的比重达到87.9%。由于人民币不可兑换，强制结汇等制度使国内居民和企业缺乏可资使用的基于汇率的金融产品，因此2005年人民币汇率制度变革实际上创设了新领域的“可实现差别待遇”，促使经济主体通过返程投资获得汇率波动的收益，一般被视为风险因素的汇率在中国现阶段成了差别待遇。

刘兴亚、李湘宁、缪仕国、姜子叶③等（2009）认为，跨国并购是外资进入东道国的重要方式，根据交易成本理论框架，以江苏省598家外资企业为样本，建立二值因变量模型进行研究。研究发现，交易成本理论在外资进入模式方面有着较强的解释力。跨国公司的相对技术水平、在我国生产经营的经验、跨国并购的经验和文化差异对外资进入模式的影响很大，因此，政

① 廖理，曾亚敏，张俊生．外资并购的信号传递效应分析——加剧竞争压力抑或提高并购效率［J］．金融研究，Journal of Financial Research，2009（2）：29

② 姜子叶，范从来．中国返程投资的影响因素研究［J］．金融研究，2010（9）：150

③ 刘兴亚，李湘宁，缪仕国，姜子叶．资产专用性：文化差异与外资进入模式选择——基于交易成本框架的分析［J］．金融研究，2009（3）：72

府部门在制定鼓励外资并购我国企业的各项政策措施时，应重点考虑降低并购进入的交易成本，提高本地企业的技术水平，加强对外文化交流和合作等，才能有效提高国内房地产业的竞争力。

刘作丽、贺灿飞、王俊松[①]（2010）认为，土地——住房的制度变革和市场需求是重塑中国房地产空间格局的重要力量。总体而言，房地产外资集中分布在东部沿海省区，近年来开始向内陆地区扩散。计量结果显示，土地——住房市场化程度高的省区有利于吸引房地产外资企业进入，房地产价格、国内外市场需求与房地产利用外资存在显著正相关，房价越高、城镇住房需求越旺盛的省份越能促进房地产外资的空间集聚；同时，房地产利用外资在一定程度上存在同源集聚现象；本地金融市场的发育等因素目前还未成为影响房地产外资区位选择的主要因素。研究表明，市场和制度是影响在华房地产外资区位选择的重要因素。在华房地产外资企业倾向于选择市场需求量大、商品房价格高、土地价格低的省份，同时也显示出一定的追随其他外资的倾向。土地——住房制度的改革成果、土地市场的开放程度对房地产投资产生显著影响，一般土地市场越开放，对外资企业的吸引力也越大。本地金融市场的发育目前还不能对房地产外资企业产生吸引力。

耿耿、唐波、张翼[②]（2010）认为，房地产业具有显著的周期性，在多数场合，房地产经济周期与宏观经济周期大体吻合，一个完整的市场周期通常包括繁荣、危机、萧条、复苏四个阶段。在各个阶段FDI资金对房地产市场有不同的影响。在繁荣阶段：成交旺盛出现交易量价齐涨现象。危机阶段：价格在短时间内出现急速回落。萧条阶段：房地产价格在低位徘徊，交易量大幅下降。复苏阶段：价格较快上升而交易量没有较快增加。应充分认识到房地产业中外资对房地产业的实际影响，综合权衡长短期利弊，最大程度发挥外资的正面带动作用，引导其增加有效供给和带动产业升级，严格限制其助推房地产市场投机，从而促进房地产业的平稳健康发展。

纪崴[③]（2011）认为，2010年房地产开发企业利用外资796亿元，比上年增长66%，但占全部到位资金仅为1.1%。2011年，外商直接投资中国房地产占比22.2%，创历史新高。

---

① 刘作丽，贺灿飞，王俊松．市场、制度与中国房地产外资企业的区位选择［J］．经济地理，2009（9）：1512－1517

② 耿耿，唐波，张翼．后危机时代的FDI与房市风云［J］．国际融资，2010（11）：64

③ 纪崴．房地产融资应实现多元化［J］．中国金融，2011（10）：81

高开仙、莫申生[①]（2010）指出，房产需求存在两层含义：其一是居住或日常经营办公需求，其二是投资需求。前一需求加上合理的投资需求即构成实际的有效需求，超过合理投资水平的那部分需求则是过度需求或投机需求。财富的流动通常是从无房者流向有房者，有房者可以凭借对房产资源的实际控制权而从无房者处获取租金或者是同无房者在房产交易过程中提取大量的增值价值。不可否认的是，伴随这一财富流动过程，有房者因为财富增加所获得的福利提高是以无房者的福利减少为前提的，并且给更多的无房者造成心理满足感的下降，加之实际收入的增加经常慢于房价的增长，无房者的消费需求受到抑制，获得的房产福利也趋于减少。而对于有房者来说，其资产增加带来的福利效应并不能与其实际拥有的财富增加速度保持同比例的增长。

伊夫·泽诺[②]（2011）认为，房地产市场具有不完全竞争和非竞争的特点。而政府无法直接观察到需求，因此无法进行一次性分配，只能根据可观察到的现象施行次优政策，如住房补贴等。中国在引进外资发展房地产的同时，也应该参考学习各国的政策特点与效果。

况伟大[③]（2011）通过对 1987 ~2006 年全国城镇总体水平年度数据的分析，发现城镇住房价格的快速上涨主要可由需求与供给的作用解释，即人均收入和建筑成本的变化决定了房价的整体趋势。城镇住房需求的收入弹性约为 1，需求的价格弹性在 0. 5 ~0. 6。住房存量总供给的价格弹性约为 0. 83。这一结果有助于我们驱散中国城镇住房价格主要由投机因素决定的想法。

张维伦[④]（2009）认为，中国房地产外资中占主流的是房地产投资资金，在中国以基金形式存在的中小型外资地产基金不少于 80 家，其掌控基金规模多在 1 亿 ~3 亿美元，每个项目投资额度在 5000 万美元以内，房地产投资基金的出现改变了房地产产业链上的融资结构，现在房地产的融资结构比较单一，主要靠银行贷款和按揭，开发商的负债太高，房地产投资基金进入后可以使其资产结构发生大变化，降低银行和开发商的风险。另外，通过直接融资把大量闲散资金集中起来，也给老百姓开辟了一种低风险、收益比较高的投资产品。

---

① 高开仙，莫申生．高房价与福利效应、财富效应［J］．中国期刊全文数据库，2010（2）

② 伊夫·泽诺．中国的住房政策面临的问题和选择［J］．比较，2011（3）

③ 况伟大．预期、投机与中国城市房价波动［J］．经济研究，2011（9）：67

④ 张维伦．限外令下的中国房地产外资［J］．房地产导刊，2009（4）：35

第四节　国内学者关于外资并购形式、动机、收益、安全等评价

一、外资并购形式、动因、绩效、收益、安全等探讨

施建军①（2011）的观点：相对于FDI，外资并购的直接资本注入效应相对较小，但其影响深度相对更大；外资并购更倾向于向被并购企业输入高新技术，但同时为维护其竞争地位又更容易对外技术封闭，因此，外资并购的技术输入直接效应更大而技术外溢作用较小，同时，外资并购带来的利益冲突也相对更高。在产业集中度不是很高的情况下，发生的跨国并购短期内适度地提高产业集中度是对经济福利有益的，政府不需要采取过多的干预，但如果产业集中度达到一定的范围，政府应当采取措施鼓励其他竞争者进入，降低产业集中度。外资并购一般有两种方式，一种是直接通过投资，另一种是通过换股的方式。因此，国外资本的适当增加对经济福利是有益处的，政府在制定政策时应当鼓励外资以增加投资的并购方式。

李增泉、余谦、王晓坤②（2005）提出从20世纪60年代开始，西方学者沿着并购动因和并购绩效两条主线对企业并购行为进行了大量的研究。综合这些文献，尽管并购动因的理论尚有重大分歧，但并购绩效的研究却取得了基本一致的研究结论，即在并购过程中，虽然目标企业的股东获得了显著为正的超常收益，但无论是从收购日前后3～5天的短窗口还是从收购后3～5年内的长时间来看，收购企业的股东财富都受到了显著的损失。于是，传统意义上用来解释并购动因的“协同效应假说”（Synergetic Effects Hypothesis）受到巨大挑战，金融学者为此提出了一些新的理论来解释收购企业并购后的业绩滑坡，例如Roll（1986）的“自大假说”（Hubris Hypothesis），Jensen（1986）的“自由现金流量假说”（Free Cash Flow Hypothesis）以及Shleifer和Vishny（2003）的“套利假说”（Arbitrageur Hypothesis）。Andrade

① 施建军．外资并购与中国经济福利［J］．国际贸易问题，2011（4）：175－176

② 李增泉，余谦，王晓坤．掏空、支持与并购重组［J］．经济研究，2005（1）：95－105

等（2001）在总结上述文献后指出，任何具有解释力的并购理论必须考虑企业所处制度环境的影响。

李珮璘①（2008）根据中国对外资并购的政策导向，跨国公司自改革开放以来在中国的并购大致经历了政策空白阶段、逐步开放阶段和积极推动阶段，并提出跨国公司并购在促进中国战略产业发展的同时，其对中国本土企业生存与成长的抑制、所造成的产业垄断以及对中国产业安全与国家经济安全的影响等问题不容回避，从企业层面看跨国公司并购，一方面能促进高级生产要素向中国战略产业的聚焦；另一方面并购后的主要要素收益必然为跨国公司占有，从而抑制我国企业的生存和发展，导致国内企业丧失部分要素特别是高级要素的控制权。而从产业层面看，跨国公司并购一方面能促进我国产业结构升级，提升相关产业的国际竞争力；另一方面跨国公司并购形成的产业垄断态势也是不容忽视的问题。

谢申祥、王孝在②（2009）写道：在面对外资企业的竞争过程中，东道国企业之间通常会相互并购以增强竞争实力。这类并购从其动机来看，有两种最常见的形式：一种形式是基于企业利润最大化的并购，这种形式在成熟的市场经济国家比较常见；另一种形式则是在国家主导下，为达到本国社会福利最大化的国有企业并购，这一类并购在国有企业比较多的发展中国家比较常见。对前一类并购，学者研究较多，而对后一类并购则似乎重视不够。

曾亚敏、张俊生③（2009）通过大量的研究发现，跨境并购中并购双方的收益不同于境内并购，而且一方收益会随着另一方国家（或地区）的不同而变化。对于上述现象产生的原因，个别文献进行了探究。例如，Moeller 和 Schilingernann 将跨境并购能获得较高收益的原因归结为业务多元化；而 Gregory 和 Mecorriston 则认为跨境并购收购方的收益取决于目标方的地理区域。

颜伟、刘冬荣④（2010）认为，比较东、中西部利用外商直接投资效益，外资的投资力度和效率也由东部地区向中部西部地区依次递减。且外商直接投资的区位分布及对各地区经济发展的贡献度与经济发展的地域特征表现出

---

① 李珮璘．跨国公司并购与中国战略产业的发展［J］．世界经济研究，2008（7）：15－20

② 谢申祥，王孝在．技术外溢、国有企业并购与 FDI［J］．世界经济研究．2009（4）：63－64

③ 曾亚敏，张俊生．外资并购，投资者保护与目标企业的超常收益［J］．经济研究，2009（5）：87－105

④ 颜伟，刘冬荣．外商直接投资加剧我国经济结构失衡的实证分析［J］．管理世界，2010（5）：167

高度一致性。东部地区在利用外资中，引进大项目、高科技、新兴产业项目已成为发展趋势。

李善民、陈玉罡、辛宇①（2010）认为，从外部制度环境、公司内部治理、主并公司本身所处阶段、并购方式、对目标公司的价值评估、对并购的管理能力、并购双方的信息是否对称等多方面探讨了并购创造价值的影响因素。指出中国上市公司并购重组的特征正在从政府主导型向市场主导型转变，从价值挖掘型向价值创造型转变，从单向、封闭性向开放、双向型转变；认为并购能否创造价值受到很多因素的影响，为了能更好地让并购真正创造价值需要进一步培育控制权市场。

陈华、王稳②（2010）从出口贸易、直接投资和企业并购三大模式的比较分析，立足于国外企业或东道国政府，研究企业与企业、国家与国家之间在进入东道国上的竞争博弈问题，在东道国的福利分析上，分别研究外企进入对中国市场的影响以及对不同进入模式的差异。在此基础上，在外企进入模式、国内社会福利与政府最优决策三者之间的关系建立一个博弈的分析模型，结论指出，跨国资源的进入会对我国国内技术、就业市场、社会总剩余产生影响，政府可以利用关税和FDI补贴这两项政策工具来寻求社会福利的最大化。

曹耘心③（2011）认为，通常外资并购中国企业会遵循以下三条原则：①欲并购的中国企业基本居于行业龙头（前三名）；②要求外资居于企业的控股地位；③企业资金预期收益率超过15%的保底条款。由此可见，跨国公司在中国并购的目的在于对战略性资源和能力的快速获取，以期迅速打入中国市场取得高额的收益率。但是，作为发展中国家而言，由于本身经济实力相对较弱，国内的大型企业尤其是国有大型企业往往把持着本国的经济命脉，因而一旦本国大型企业被跨国公司并购，就会涉及国家经济安全等一系列敏感问题。如近年来著名的凯雷并购徐工案就是典型的例证。

二、外资并购其他探讨

汪利娜④（2006）认为，这与中国为什么在贸易盈余和储蓄过剩的情况

---

① 李善民，陈玉罡，辛宇．并购的价值创造、产业重组与经济安全国际会议综述［J］．管理世界，2010（1）：157－161

② 陈华，王稳．外企进入模式、国内社会福利与政府最优决策［J］．国际贸易问题，2010（11）：124－130

③ 曹耘心．外商在华并购的经济效率和社会效应分析［J］．经济研究导刊，2011（7）：193

④ 汪利娜．中国经济如何应对房地产投资全球化［J］．学习月刊，2006（19）：1

下还要引进外商直接投资的道理是一样的，因为我们引进外资的同时，或多或少都会伴随着先进的技术、管理、规则、秘诀和国际市场环境等国内稀缺因素的引入，这对提高我国的管理水平、国际竞争力可产生积极的影响。同样不可忽视的是，我们在引进外资的同时，也获得了不易量化但却确实存在的“就近学习”机会。

陈林、林珏[①]（2009）则认为，FDI 的参与会通过“市场攫取”效应（Market - Stealing Effect）挤占本国企业的市场份额，迫使当地企业降低产出水平，减少短期利润，这是一种消极的竞争效应。也会通过示范和积极的竞争效应给国内企业带来正向的溢出。总的效应取决于这两种力量博弈的结果。然而，一方面由于我国目前市场制度不健全，竞争机制不完善，外资进入通过充分竞争所能发挥的正向效应受到了制约。另一方面，国有企业软预算约束带来的激励机制不足，民营企业制度安全感缺乏造成的短期化行为，国内企业的技术学习和创新潜力被压制，因此，外资进入所能带来的示范效应也没能得到很好的展示。总体而言，外资进入在产品市场上的正向溢出不足以弥补“市场攫取”带来的负面影响。

刘建丽、王欣[②]（2010）详细地阐述了近五年来我国外商投资、并购的现状，指出了“十一五”时期，我国外资在总体规模、产业结构、区域分布等方面取得的成就。在金融危机冲击下，由于我国作为受冲击相对较小的发展中国家，我国境内跨国并购从 2007 年、2008 年发展至 2009 年不断升温，我国对跨国并购显示出对产业资本的“避风港效应”，而且近年来跨国公司并购行业龙头企业的案例不断呈上升趋势。通过剖析外资并购、投资在我国所呈现的新特征，指出了我国在引资方式、创新导向、制度设计、产业布局和经济安全等方面存在的主要问题和瓶颈。提出了外资并购、投资对各行业竞争力以及后金融危机时代中国产业结构的发展的展望。

宣烨、李思慧[③]（2010）指出，跨国并购是企业突破内部培育、逐步积累的时空约束，把资源获取范围扩展到组织外部的战略方式之一，同时也是企业对获取的外部资源加以系统地组合或重构、创新以提升核心竞争力的重要过程。资源和能力转移的有效性问题涉及运作机制和影响因素两个方面。

---

① 陈琳，林珏．外商直接投资对中国制造业企业的溢出效应：基于企业所有制结构的视角［J］．管理世界，2009（9）：24 - 33

② 刘建丽，王欣．我国利用外资“十一五”回顾与“十二五”展望［J］．财贸经济，2010（7）：73 - 79

③ 宣烨，李思慧．跨国并购中企业资源和能力转移的有效性分析［J］．世界经济研究，2010（9）：59 - 63

一方面，组织间快速的策略互动机制、良好的团队学习机制、成员间通畅的协调沟通机制以及完善的组织创新机制，对资源和能力的转移扩散形成推动力，并产生路径依赖效应。另一方面，较高的资源和能力独立性、较小的双方企业文化和管理风格差异性以及并购方较强的整合能力，有利于并购后期资源的双向流动与能力的全方位扩散。

李宁顺[①]（2010）认为，中国华菱集团，通过并购，在盘活企业资产、利用外资方面取得了一定成效。但是外资在实施并购国有企业的过程中，并购资产的价值确定和转让价格等方面仍然存在一些问题。外资并购国有企业是一把“双刃剑”，用得好，对于推动国有企业的发展将起到积极作用；用得不好，将对经济发展和产业结构的总体调整出现消极影响。近年，我国外资并购市场持续升温，呈现出以下特点：①并购对象为国有上市公司和效益良好的大中型国有企业；②并购目标企业由一般企业转向行业龙头企业；③外资并购地域主要是沿海发达地区；④制造业仍是并购重点且服务业成新热点。

葛顺奇、罗伟[②]（2011）指出，外资对东道国的经济增长率有三种效应：技术扩散效应、直接投资效应以及竞争效应，其中，技术扩散效应和直接投资效应能促进东道国经济增长，而竞争效应则阻碍经济增长。总效应取决于三种效应的强弱关系，通常在外资份额较小的国家，外资主要表现出正向的技术扩散效应。外商直接投资不仅能够通过技术扩散效应、直接资本效应和竞争效应影响东道国的经济增长，同时还能够影响东道国增长模式。当内资企业具有较强本土化优势或者外资企业的技术保护强度较弱而又具有绝对的技术优势时，东道国往往倾向于通过对外资企业的模仿来实现经济增长；反之，则更多地依靠自主创新。

夏迎梅[③]（2011）认为，外资并购在国有企业改革、我国产业结构调整、升级和优化、提高上市公司质量等方面有着不可否认的推动作用。虽然通过外资并购的方式可以为我国相关企业提供资金，并带来先进的技术和管理理念，但是外资并购产生的负面影响也是不可忽视的。受美国次贷危机和世界经济不确定因素增加的影响，我国经济面临通货膨胀压力加大、投资增长过猛、经济增长过快等问题的挑战，这也给我国的外资并购问题带来很多负面

① 李宁顺．外资并购国有企业相关问题探讨［J］．商业时代，2010（3）：108

② 葛顺奇，罗伟．外商直接投资与东道国经济增长——基于模型与创新的研究［J］．世界经济研究，2011（1）：56－60

③ 夏迎梅．浅析外资并购对我国的负面影响及对策［J］．决策与信息，2011（2）：86

影响。在外资并购中，大多数外资企业是想利用并购这种形式很快在我国相关产业中站稳脚跟，同时消除竞争对手，甚至在该行业中形成垄断优势。

钟志远、庞新磊[①]（2011）认为，外资对我国实行行业控制的主要手段就在于控制技术，使民族产业在技术开发和生产上完全依赖于外资。与此同时，我国却在技术引进上重引进、轻消化、忽视创新。外资企业为了保证其技术领先优势，是不会出售其核心技术的。以我国的汽车行业为例，实行所谓的以市场换技术策略，其结果是大量的市场份额被国外产品占据，而我们的自身的技术上却没有多大的进步。由于缺乏核心技术，缺少自主知识产权，我国仍主要靠廉价劳动力、资源消耗、土地占有和优惠政策赢得竞争优势，在国际产业分工中仍然处于低端位置。近年来已经收购了不少国内企业，并把重点放在了那些具有相当市场知名度、经济效益发展空间大、技术实力较为雄厚的大企业，我国的骨干大企业日益成为外资的首选并购目标。在合资的过程中，虽然我国企业从中学到了一些先进的管理经验等，但国内的品牌却逐渐退出市场。

李青原、赵奇伟、李江冰、江春[②]（2010）认为，外商投资与金融发展都能显著提高中国地区资本配置效率，表明外商直接投资，发挥了资本配置的功能，部分弥补了国内金融部门的低效，但同时可能凭借其较好的投资敏感度、决策能力、先进技术和管理机制等，挤占了国内金融体系的投资空间，抑制了金融发展功能的提升。

钟昌标[③]（2010）认为，外资在中国各地区既产生地区内溢出，也产生地区间溢出，表明外资在某一地区的投资不仅刺激和提升了本地区生产率绩效，同时也间接带动了其他相关地区生产率的改进。

① 钟志远，庞新磊．浅议国内企业如何面对外资并购［J］．法制与社会，2011（3）：209

② 李青原，赵奇伟，李江冰，江春．外商直接投资、金融发展与地区资本配置效率［J］．金融研究，2010（3）

③ 钟昌标．外商直接投资地区间溢出效应研究［J］．经济研究，2010（1）

第二章　外资并购直投中国房地产市场现状、动因、优劣、案例及趋势

对于外资开发投资渠道30年的历史来说，除了前几年的全球金融危机影响，自我国加入世界贸易组织以后近十年中，外资进入中国房地产业逐年回升，从总体上来说，外资进入中国的要比退出的多，而且已全面进入中国房地产上下游产业链投资领域。2011年中国外资房地产开发企业十强排名企业名称如下：新世界中国地产有限公司、和记黄埔（中国）有限公司、路劲地产集团有限公司、九龙仓（中国）有限公司、仁恒置地集团有限公司、凯德置地（中国）投资有限公司、新鸿基地产发展有限公司、瑞安房地产有限公司、汤臣集团（中国）有限公司、中信泰富有限公司。

根据来自国家统计局的数据，2010年前11个月，房地产开发企业当年资金来源中，中国国内贷款11245亿元，增长25.0%，利用外资656亿元，增长59.0%。国家统计局投资司有关负责人坦言："中国房地产企业利用外资可能不仅仅局限于统计上的利用外资，从销售渠道这块'热钱'的进入是不知道的。"

一般来说，外资在国内的投资可以分为两种形式：一是成立外资房地产投资企业；二是收购境内房地产，此方式即通过外资并购境内房地产企业，将是未来外资发展的主要形式。值得一提的是海外房地产投资基金，这些基金主要是在公开市场股权融资和次级债融资。现在已进入我国房地产市场的外资房地产投资企业有荷兰国际集团、摩根士丹利、美林、淡马锡、花旗亚洲、洛克菲勒、新加坡美罗、捷成洋行等。

第一节 外资并购和直投进入中国房地产市场现状和动因

外资并购和直投进入我国房地产市场有许多的原因，比如我国的经济处于长期持续稳步增长，是世界最大的消费国家，除此以外，我国的城市化进程在加速发展，我国还远远未到人均住房建筑面积35平方米，又刚刚处于工业化进程的初中期，这就为城市基础设施、住房和商业地产提供良好投资环境和巨大的发展空间。

从表2－1可以看出，从2001～2011年我国房地产市场从开发量到销售额等各方面指数呈现出稳步增长的态势，尽管是近年来政府加大了对房地产宏观调控力度，但是实际上对房地产市场总体的开发和销售额起到作用较有限，加上我国房地产开发资金每年基本上保持了30%的增幅，这也是为什么近年来外资大量涌入中国房地产市场的动力的一个原因。

目前，国内宏观经济调控，货币政策紧缩，2011年上半年M2同比增速低于16%，由于房地产市场发展政策的调整，特别是对房地产市场采取限购令的政策，现在一线城市房地产市场已出现了量跌价滞的现象，有效地抑制了房地产市场的泡沫，但是面对高企的通货膨胀，外资流动和国际热钱频繁的在国内流动，加上外资直投，对我国房地产市场产生了一定的影响。

表 2-1　2001-2011 房地产开发竣工销售情况

时间	实际完成投资额（亿元）		购置土地面积（亿平方米）		完成开发土地面积（亿平方米）		商品房施工面积（亿平方米）		新开工面积（亿平方米）		商品房竣工面积（亿平方米）		商品房销售面积（亿平方米）		商品房销售额（亿元）	
	年度累计	同比增长率（%）	年度累计	同比增长率（%）	年度累计	同比增长率（%）	年度累计	同比增长率（%）	年度累计	同比增长率（%）	年度累计	同比增长率（%）	年度累计	同比增长率（%）	年度累计	同比增长率（%）
2011 年截至 7 月	31873	33. 6					42. 42	30. 82	11. 52	24. 93	3. 24	13. 43	5. 2	13. 57	28852	26. 07
2010 年	48267. 07	33. 2	4. 1	28. 39	2. 13	-7. 74	40. 55	26. 59	16. 38	40. 68	7. 6	4. 52	10. 43	10. 13	52478. 72	18. 31
2009 年	36241. 8	16. 1	3. 19	-13. 25	2. 3	-11. 51	32. 04	16. 86	11. 64	19. 32	7. 27	24. 23	9. 48	52. 61	44355. 2	84. 27
2008 年	30579. 82	20. 9	3. 68	-9. 42	2. 6	-3. 12	27. 41	16. 22	9. 76	3. 15	5. 85	0. 46	6. 21	-18. 51	24071. 41	-18. 69
2007 年	25279. 65	30. 2	4. 06	10. 38	2. 69	1	23. 59	21. 53	9. 46	21. 07	5. 82	9. 84	7. 62	25. 67	29603. 87	44. 34
2006 年	19382. 46	21. 8	3. 68	-3. 71	2. 66	28. 14	19. 41	18. 03	7. 81	16. 89	5. 3	8. 66	6. 06	8. 71	20509. 68	13. 44
2005 年	15759. 3	19. 8	3. 82	-4. 44	2. 08	5. 18	16. 44	17. 08	6. 68	10. 64	4. 88	14. 9	5. 58	45. 87	18080. 3	74. 26
2004 年	13158. 25	28. 1	4	8. 17	1. 97	-5. 34	14. 05	20. 14	6. 04	11. 22	4. 25	7. 48	3. 82	18. 56	10375. 71	35. 26
2003 年	10106. 12	29. 7	3. 7	21. 55	2. 09	20. 22	11. 69	26. 04	5. 43	28. 54	3. 95	21. 48	3. 22	29. 15	7670. 9	34. 08
2002 年	7736. 42	21. 9	3. 04	40. 4	1. 73	19. 56	9. 28	20. 13	4. 23	17. 56	3. 25	19. 12	2. 5	20. 16	5721. 22	23. 68
2001 年	6245. 48	25. 3	2. 17	41. 88	1. 45	40. 86	7. 72	21. 54	3. 59	27. 2	2. 73	18. 57	2. 08	22. 34	4625. 72	29. 5

资料来源：Wind 资讯。

一、我国房地产市场吸收的FDI（外国直接投资）分析

除了2005年和2009年以外，我国每年使用外资额在增加，比如2010年是1057.35亿元，是2009年增长率的17.44%，详见表2－2。

表2－2　2001～2010年我国每年使用外资额　单位：亿元人民币

年份	当年使用外资	增长率（同比）
2001	468.46	14.90%
2002	527.43	12.50%
2003	535.05	1.40%
2004	606.3	13.30%
2005	603.25	－0.50%
2006	630.21	4.50%
2007	747.68	13.60%
2008	923.95	23.58%
2009	900.33	－2.56%
2010	1057.35	17.44%

资料来源：中华人民共和国商务部公布数据。

其中，我国房地产市场吸收的FDI项目逐年增长，从相关统计数据可见，这十年的基本增长趋势分析如表2－3所示。

表2－3　2001～2010年我国房地产市场吸收的FDI项目

单位：亿元人民币

年份	2001	2002	2003	2004	2005	2006	2007	2008	2009	2010
我国房地产利用外资数据（FDI）	106.12	124.13	116.27	142.56	171.41	303.05	485.39	634.99	403.32	676.96
房地产开发投资登记注册数	6344.11	7790.92	10153.8	13158.25	15909.2	19422.92	25288.84	31203.19	36241.81	48267.07
外资占我国房地产开发比例	1.67%	1.59%	1.15%	1.08%	1.08%	1.56%	1.92%	2.04%	1.11%	1.4%

资料来源：国家统计局公布数据。

根据表2-3的统计数据可以看出，从2001年开始5年内，我国房地产吸收的FDI（外国直接投资）增幅比较稳定，但到了2006年，外资直投数突然大幅度地增长达303.05亿人民币，2007年已达485.39亿人民币，由于全球经济危机影响，经历2009年一定程度回落后，外资直投再度大规模进入中国房地产市场，仅2010年一年就达到676.96亿人民币，房地产业的来华直接投资占外资流入总量每年基本保持在10%以上。

从2011年1~8月来看，利用外资同比增长高达71.5%，在登记注册中，外商投资企业同比增长了18.7%，见表2-4。

表2-4 2011年1~8月固定资产投资

指标	绝对量（亿元）	同比增长（%）
内资企业投资	168112.00	25.60
港澳台商投资企业	5767.00	24.20
外商投资企业	5932.00	18.70
房地产开发企业本年资金来源	54738.00	23.40
其中：国内贷款	8889.00	5.10
利用外资	633.00	71.50
自筹资金	22253.00	33.80
其他资金	22963.00	21.50

资料来源：《中国统计年鉴》2011年1~8月固定资产投资主要统计数据。

根据国家统计数据显示，2011年以来，外商投资中国房地产领域一直处于高速增长，从外商投资房地产金额来源表明，外资进入中国房地产是在加速。

由于在2006年商务部、证监会等五部委联手出台政策，允许外资可以投资G股和新上市公司，这一放行打开了外资并购的原来的局面，而国内房地产的企业资本较短缺，于是外资在现金并购中具有明显的优势，并且可享有税收优惠政策，目前外资并购已经成为最重要的外国直接投资（FDI）方式之一，因此近几年外资并购和直投我国房地产额快速增长。

二、最近两年（2009～2010年）我国房地产利用外资同比增幅数据分析（见表2－5所示）

表2－5 2009～2010年我国房地产利用外资变化

单位：亿元人民币

年份	第一季度	第二季度	第三季度	第四季度
2009	149.71	93.37	115.65	120.67
2010	99.19	150.69	202.18	343.49
同比增幅	－33.75%（减少）	61.39%	74.82%	184.65%

资料来源：CEIC数据库中国家统计局公布数据。

通过上述数据可以看出，在经历了全球的经济危机短暂的影响后，外资资本迅速恢复了对我国房地产市场的热情，外资资本流入的主要方向是对我国房地产市场的投资，除了第一季度同比下降之外，第二、三、四季度同比增长，由第二季度61.39%到第四季度184.65%，出现了快速增长的态势。

三、最近这几年投资房地产的私募股权（PE）数据分析（见表2－6所示）

表2－6 2008～2010年房地产的私募股权（PE） 单位：亿美元

年份	2008	2009	2010
PE投资房地产投资额	69.81	72.87	178.25

根据表2－6统计数据可以看出：2008年、2009年这两年，由于受到政策等各方面的限制，我国房地产私募股权基金投资额比较稳定，但到了2010年，由于政策累积刺激，房地产私募股权基金释放，其规模影响大幅度地上扬达178.25亿美元。

据清科研究中心有关资料显示，2006～2009年上半年，从投资额来看，上海、北京、广东分别以22.76亿美元、21.24亿美元、12亿美元的投资额处于领先；从投资量来看，从2006～2009年上半年，上海、北京分别发生23起和22起投资案例，处于领先。由此可见，近年来房地产私募股权基金仍相对集中于一线城市，逐步扩展二、三线城市。

四、国际热钱现状分析

表 2-7　2006~2010 国际热钱　　单位：亿美元

项目＼年份	2006	2007	2008	2009	2010
新增外汇储备	2473	4619	4178	4531	4481
贸易顺差	1770	2622	2955	1960.7	1831
外商直接投资	727.15	835.21	1083.12	940.65	1057.35
资本流进和流出	-24.15（流出）	1161.79	139.88	1629.65	1592.65

资料来源：中国海关总署公布数据，商务部公布数据。

综上分析，由于新增外汇储备-贸易顺差-外商直接投资=资本流进或流出，因而 2006 年资本流出 24.15，2007 年国际热钱大规模涌入中国达 1161.79 亿美元，考虑全球经济危机影响，2008 年热钱进入较少仅 139.88 亿美元，经过短暂恢复，2009 年国际热钱再度大规模逐利进入中国市场达 1629.65 亿美元，2010 年达 1592.65 亿美元，这是因为我国年均 GDP 高速的增长，促进了房地产市场，加上人民币升值预期，但也给我国造成通胀压力。由于大量国际热钱的涌入，我国经济逐渐变得炙手可热，房地产市场也出现了泡沫，对经济健康发展是不利的。

五、我国上市公司 2005~2009 年并购数据分析（见表 2-8）

表 2-8　我国上市公司 2005~2009 年并购数据　单位：亿元人民币

年份	并购总额	并购数量
2005	33.19	42
2006	64.95	56
2007	109.27	88
2008	648.98	167
2009	315.40	212

资料来源：清科研究中心有关资料。

2005～2009 年这五年共发生了 565 起并购事件，主要分布在房地产、化工原料及加工、能源及矿产等领域，其中发生了房地产并购案 132 起，达 260.32 亿元，分别占并购总额的 22.2%；但最近两年特点是外资并购对我国上市房地产企业的力度加大了。比如从 2011 年上半年，看看中国并购市场行业分布，其中房地产案例数 57 起，占比例 12.2% 较高，并购总额是 2.685.79 US$M，显然房地产并购势头增加，海外并购和外资并购比例比以前大大增加了（见表 2－9）。

表 2－9　2011 年上半年中国并购市场行业分布

行业	案例数	比例（%）	案例数	并购总额（US$M）	比例（%）	平均并购金额（US$M）
房地产	57	12.2	54	2685.79	9.7	49.74
能源及矿产	47	10	45	9290.32	33.4	206.45
生物技术/医疗健康	41	8.7	38	848.25	3.1	22.32

注：仅列出前三位。

资料来源：清科研究中心数据库 2011 年 7 月。

如果从我国这两年各季度房地产业并购数量视角来看，那就能更清晰地得出结论，2011 年与 2010 年同期相比，无论并购案例数，还是总金额都大幅增加了，见表 2－10。

表 2－10　我国 2010～2011 年各季度房地产业并购数据

季度	房地产并购			
	案例数	占比（%）	金额（US$M）	占比（%）
2010Q1	10	6.54	386.77	7.17
2010Q2	20	14.49	878.56	9.61
2010Q3	20	13.79	579.72	7.60
2010Q4	34	18.28	736.95	5.83
2011Q1	32	14.10	1272.77	8.99
2011Q2	25	10.33	1412.92	10.37

资料来源：清科研究中心。

近期房地产的外资并购增加，外资在现金并购模式中优势明显，当然包括现金收购资产模式和现金收购股票模式，无论是外资短线投机的投资基金，还是长期持有的外资稳健型基金都是以追求利润为目的。根据商务部数据和彭博资讯，2000~2010年外资在中国并购总额是1070亿美元，其间在华并购国家或地区占比排名：中国香港，41%；英属维京群岛，11%；日本，7%；美国：6%。

综上所述，中国房地产的发展吸引了越来越多的国际投资者的目光。外资大量涌入中国房地产市场具有较强的动力，外资直投和并购我国房地产数额出现了较快的增长，但是，如果让外资过度地频繁流入而不加以控制，这是对我国经济不利的，与当前我国的房地产市场调控目的也是违背的。

第二节　外资并购和直接进入中国房地产市场的优劣评价

无论房地产业外资流动还是外资并购都对中国房地产市场有正负面的影响。如果从负面来说主要有以下方面：

1. 对目前国内宏观经济调控不利，许多国内房地产企业为了自身发展的需要纷纷寻求外资的合作，通过与外资的相互融资，逃避国家产业政策的限制和约束。因此，这就在一定程度上抵消了我国宏观调控政策的实施效果，增大了调控难度。

2. 加剧我国房地产市场的价格波动，对我国房价上涨有推动作用。外资大规模进入房地产市场，将推动非居民机构和个人购房的比例不断增加，形成较强的房地产市场“放大效应”，使得国内房地产价格持续上涨。另外，房地产利用外资比重的增加，加大了高端住宅与商业地产的供应量，外资对高档住宅和商业地产的炒作，也会由于交易活跃和利润率攀高而挤压中低档房产的投资，造成中低档住宅市场供求失衡，从而进一步抬高其市场价格，会加大我国房地产市场的波动与泡沫，也增加了银行信贷风险。

3. 增加人民币升值压力。只要国际资本对人民币升值预期的存在，它们进入我国投资的势头就不会减弱，而且会更加强劲。随着境外资本特别是国际游资的不断增加，将进一步拉大我国国际收支差额，加剧对人民币升值的压力。一旦对人民币升值预期消失，大量投机性资金就会迅速撤离楼市，这样一来，不仅会对以间接融资为主要渠道的我国房地产行业造成严重的打击，也会严重危及到我国金融体系的安全，影响到整个国民经济的健康发展。

4. 由于外资热衷于投资热点城市和沿海发达地区及中心城市，房地产产业结构不合理，也推动局部地区部分高档房地产市场价格上涨和泡沫，海外游资的房地产炒作，使得中国房地产市场受到国际套利资本的冲击。

5. 中国在房地产行业的外资准入的门槛并不高，包括对境外机构和个人投资开发和销售环节，因此要避免外资对房地产市场的恶意炒作，要关注我国房地产产业安全，因为房地产产业要关联50多个产业，中国楼市是外资瞄准猎钱的主战场。一般来说，由于中国楼市要比其他国家楼市安全，外资一方面赚得盆满钵满，另一方面又做着“广场协议美梦”。

当然，房地产业外资流动和外资并购对中国房地产的积极影响也不少。比如：外资进入在一定程度上弥补了我国房地产企业资金不足的问题，也带来了许多新的房地产金融理念和金融工具，有利于丰富和发展我国房地产金融体系，促进房地产金融创新，加快了我国房地产的全球开放程度，使中国房市走向国际化，也促进国内房地产企业在市场的竞争力。具体来说：

第一，从表2－11中看出，从2004～2011上半年，外资投入也弥补了宏观调控对房地产市场资金流的影响，现在由于国家宏观调控，限购在扩容，限贷在升级，限价是趋势，不少房地产企业面临着资金“瓶颈”，由于资金增长比率下降，随着外资的投资进入和增加，在一定程度上缓解了一些房地产商的资金压力。

第二，引入外资平衡国内房企资产负债率，由于国外房地产企业利润率不到10%，所以外资进入我国房地产市场有着很大的积极性。而国内房地产企业资产负债率过高，房地产企业需要平衡自己的资产负债率，以便降低企业的信贷风险，引入外资的股权投资机构，既可承担国内房地产企业部分融资责任，也有助于降低银行系统风险。

第三，境外产业资本通过资本跨国转移，既获取丰厚的收益，又扩展市场占有率，而这种外资并购以共生式为特点，获利主要来源物业增值、人民币升值和租金收入，这有利于房地产市场的竞争，也有利于长期市场的培育。

第四，我国房地产企业品质与海外房地产企业比较，差距不小，除了资金、规模上，还有差距体现在价格和服务上。提高我国房地产利用外资的比重，不仅可以引进国际房地产经营管理的先进方法和市场开发模式的经验和技术，而且也可以促进我国房地产市场的发展。

表 2－11　2004～2011 年外资投入对宏观调控的弥补作用

时间	资金来源合计(亿元)		国家预控内资金(亿元)		国内贷款(亿元)		债券(亿元)		利用外资(亿元)		外商直接投资(亿元)		自筹资金(亿元)		企事业单位自有资金(亿元)		其他资金(亿元)		定金及预付款(亿元)	
	年度累计	同比增长率(%)	年度累计	同比增长率(%)	年度累计	同比增长率(%)	年度累计	同比增长率(%)	年度累计	同比增长率(%)	年度累计	同比增长率(%)	年度累计	同比增长率(%)	年度累计	同比增长率(%)	年度累计	同比增长率(%)	年度累计	同比增长率(%)
2011 年截至 7 月	47852	23.09			8018	6.36			500	65.79	447.7	80.35	19293	34.04	10115	35.59	20040	20.42	12080	29.12
2010 年	72494	25.42			12540	10.35			795.6	65.95	677	67.86	26705	48.78	14173	43.76	32454	15.88	19020	17.28
2009 年	57799	51.52			11365	56.61			479.4	－34	403.3	－37.37	17949	19.02	9859	13.47	28006	85.69	16218	74.64
2008 年	38146	2.39			7256.6	4.25			726.3	11.74	644	28.09	15081	28.11	8689	24.27	15082	－15.62	9286.1	－12.63
2007 年	37257	38.6			6961	32.25			650	64.79	502.8	69.02	11772	37.09	6992	39.14	17874	41.46	10628	30.64
2006 年	26880	26.92			5263.4	37.26			394.4	56.55	297.5	77.15	8587.1	21.99	5025	26.7	12635	25.91	6135.6	4.99
2005 年	21178	23.35	12.48	5.67	3834.7	21.41	5.61	2853	252	10.41	167.9	17.79	7039	35.17	3966	38.54	10035	17.19	7749.2	4.78
2004 年	17169	30.78	11.81	3.96	3158.4	1.06	0.19	－65.45	228.2	23.72	142.6	24.96	5207.6	38.56	2863	40.84	8562.6	41.56	7395.3	45.43

第五，我国房地产产业集中度低，外资房地产企业进入会有助于我国产业集中度提高，有利于提升房地产企业竞争力，也丰富了商品房的供给。

但总体上来说，就目前比较下来，负面影响要大于正面影响。

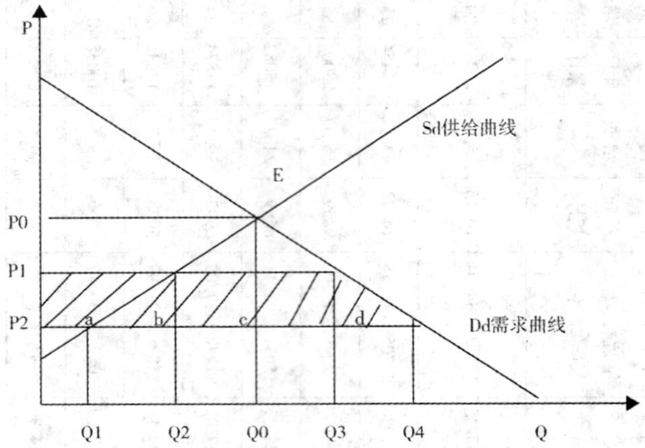

图 2-1　外资大量流入的福利效应影响

如用图研究考察近年来外资大量流入我国的房地产业所产生的正负福利效应的影响，那就更说明问题了。

如图 2-1 所示，Dd 和 Sd 分别代表我国对于房地产业商品的国内需求曲线和供给曲线。如果没有外资流入，即一个封闭的经济条件下，我国房地产业的商品价格在 E 点达到均衡，均衡价格为 P0，均衡产量为 Q0。但在一个开放的经济条件下，我国的房地产商品的价格为 P2 的价格水平。由于生产成本的限制，生产和供应会减少，从之前的均衡水平 Q0 减少到 Q1。价格降低之后，会相应地促进消费者的需求，使需求量从原来的 Q0 上升到了 Q4 水平。

外资流入之后，作为一个外资承接的东道国，我国开始产生外资投入的房地产业商品，加剧了房地产业市场的竞争，这些年伴随着外资大量流入，我国房地产商品价格也随之上涨，比如高档的住宅、高档写字楼、购物广场等以投资为目的的商业性地产，再加上我国本身存在的税收体制等一些原因，从而引起了我国房地产商品价格的上升，使价格从 P2 上升到了 P1 的水平。由于价格上涨，国内的总需求也相应地下降了，减少到了 Q3，国内的总供给却有了相应的增加，上升到 Q2。

从消费者剩余的角度来看，消费者剩余即消费者愿意支付的价格和实际支付的价格之间的差额，也就是价格线、需求线和纵坐标围成的面积。如图 2-1 所示，由于价格线的上移使消费者剩余产生了变化，即发生了减少，图中 a + b + c + d 的面积即我国房地产业所面临的消费者的福利损失。对于以购房居住为目的的消费者而言，他们的需求存在刚性，需求的弹性比较小，价格上升之后却不能通过减少需求来进行调整，因而为了购房，我国的消费者不得不承担更高的价格支出。另一方面，这样的房地产商品的需求还是有着较大的需求弹性的，消费者会因为房价的上涨来减少相应的需求，从而降低了消费者整体的福利水平。

当然，从生产的效应来看，我国生产者的剩余即生产者愿意接受的价格和实际接受的价格的差额，也就是价格线、供给线和纵坐标围城的面积，却有所增加，图中 a 部分的面积便是生产者剩余的增加，从而也增加了我国生产者的福利，也就是说对我国国内的房地产企业而言是有利的。还有其中 c 部分的面积代表了我国政府从房地产业价格上涨中的获益部分，也使得我国的政府的财政收入有了一定的增加。

但是总体而言，我国房地产业消费者的福利因为房地产业商品价格的上涨，有着 b、d 两块面积的福利净损失，因而，外资大量的涌入，不断推动我国房地产业价格的上涨，会使得我国房地产业的一些消费者蒙受福利损失。

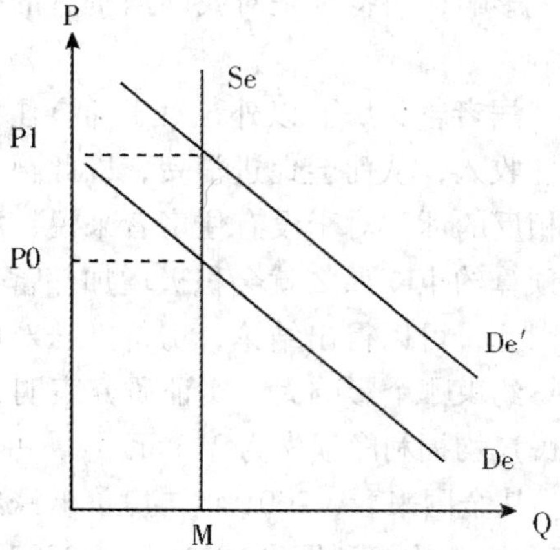

图 2－2　土地要素市场需求变化

如从要素市场变化来看，土地的供给是有限的，没有弹性的，如图 2－2 所示的直线 Se，由于外资的涌入，增加了要素市场的需求，因而要素市场的价格如左图从 P0 增加到了 P1。因而要素市场的价格上升，导致了生产成本的上升，房地产商开始减少供给，从而引起了房地产业商品供给曲线的移动。如图 2－3 所示，原本的供给曲线 Sd 向上移动到了 Sd′，商品市场的均衡价格水平，也从 P2 上升到了 P3。从图 2－3 可以看到，其中的消费者剩余仍然

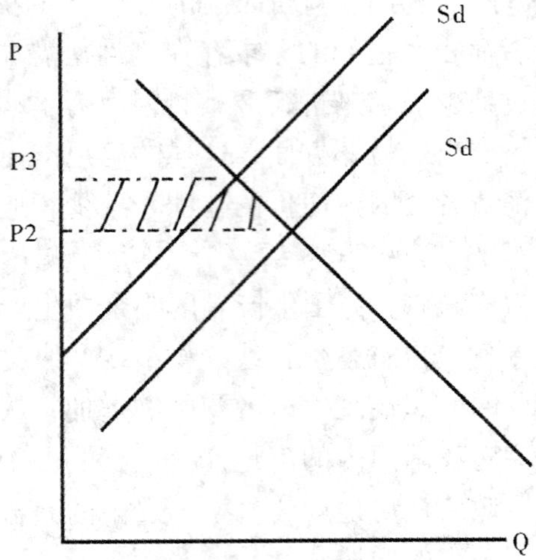

图 2-3　土地要素市场供给变化

是减少，减少的部分为阴影部分的面积。

因此，无论从哪种角度来看，外资向我国房地产业大量地涌入，对我国房地产业的价格产生了影响，而特别是对我国消费者的福利效应来说，造成了福利损失。

房地产除了满足“居者善其房”以外，对于拥有住房者来说，房地产价格上涨可以增加财政性收入，从而会促进消费，以此视角来说，它会产生福利效应，但是，如果相反的话，对于没有住房者来说，房地产价格上涨会导致预算增加，产生了预算约束，那么就会积极增加储蓄，从而减少消费，于是会产生福利损失。因此，可以得出结论，房价上涨对居民福利的影响，主要是看福利效应和预算约束哪个影响大。实证研究表明，1999～2006 年我国房价上涨造成城镇居民户均福利净损失为 216 元/年，占同期城镇居民年均可支配收入的 2.24%①。从全国来看，2001 年，房价上涨给居民带来的福利净损失总量为 129.99 亿元，人均福利损失 10.19 元，2007 年房价上涨给居民带来的福利净损失总量为 3844.53 亿元，人均福利损失 102.96 元，2008 年全国房价下跌，居民福利增加总量为 422.21 亿元，人均福利增加为 31.79 元②。

与发达国家相比，我国房地产业前向推动能力较小，表明我国服务经济化水平和质量较低，但后向拉动效应较高，表明我国房地产业发展水平不高，

① 高开仙，莫申生 [J]．企业经济，2010 (2)

② 杨伟坤，张永升，晨志伟，张志伟．我国房地产市场的财富效应和福利效应 [J]．财会研究，2011 (1)

效率低，竞争力不强，不过可以带动其他产业的发展。

为了防止国民财富的流失和调控房地产泡沫，国际社会通行做法是对外资投资和购买房地产实施必要限制，大部分国家的管制主要集中在房地产上游环节上。因为国内房地产泡沫与境外资金持续流入是相关的，因此我们不仅要在管制的环节上，还要在管制的方法上进行强化。比如：限制交易面积和区域及金额，限制投资者身份和用途及持有比例等，加强境外投资基金管理。为了强化外资开发投资和购买的监控，需要建立从汇兑到交易各环节市场统计检测和防范体系。

由于我国法律和体制还没有完善，在外汇政策和管理等制度还没有给海外房地产基金完全通畅的、合理的资金通道，比如如何有效地控制外资流入行业性质，要进一步规范外资房地产市场准入，如何放开长期生产型资本流入，限制短期投资型资本流，提高外资房地产行业注册资本在总投资的比例，中国房地产金融市场，亟须规范房地产投资基金的法规，如何在税收政策方面比如运用"阶梯型"税收？在信贷方面如何控制境内银行机构向境外投资者提供按揭购房贷款和担保等，要构建房地产外资投资监测体系，要动态把握外资流入我国房地产市场相关的数据。

2006 年 7 月，建设部六部委规定"境外个人不得购买非自用、非自住商品房"，这就是"限外令"，2010 年，"限外令"升级了，2011 年 11 月，住房和城乡建设部、外汇管理局发布《关于进一步规范境外机构和个人购房管理的通知》增加了"境外个人购买套数"和"境外机构不能购买住宅"的规定，这说明中国正在积极提高房地产行业外资准入的门槛。显然，如何有效利用外资，避免外资进入对中国房地产市场的负面影响，扬正抑负，这是关键。因此对外资进入我国房地产需要控制，对外资需要政策引导，并且要及时关注外资的流向和规模，确保中国房地产市场的健康发展。

第三节 中国房地产业外资并购案例和趋势

最近，外资频繁并购国内著名房地产企业。一方面，像万科、SOHO 中国、恒大等大型开发商联合国际品牌的 PE，对国内中小房地产企业开发商实施并购；另一方面，像美国、中国香港、新加坡、欧洲等私募股权投资巨头包括摩根士丹利、高盛、麦格理、瑞银、美林、华平投资、软银亚洲、凯雷投资、凯德置地等众多国际投资公司，纷纷出手并购或参股进军国内房地产。根据相关统计数据信息整理后得到近期商业地产外资收购大宗项目如表2-12所示。

表2-12 近期商业地产外资收购大宗项目①

时间	出让方	购买方	方式	价格（RMB）
2011年1月	青岛三阳置业有限公司	爱尔兰财富控股集团	股权收购	2.02亿
2011年2月	上海国际集团	新加坡籍公司	股权转让	约3.1亿
2011年2月	中国五矿集团	香港籍公司	股权转让	2.9亿
2011年2月	不详	爱尔兰财富控股集团	收购	5.75亿
2011年3月	北京上古地产	美国21世纪不动产中国公司	收购	不详
2011年3月	香港新沣集团	日本三菱地所	股权转让	7961.94万

一、国内开发商联合国际PE并购中小发展商

清科研究中心（2011）阐述在2011年1月21日，恒大地产集团有限公司在广东（除深圳外）通过德银中国、淡马锡、美林、科威特投资局、ADIC的外资支持，并购了深圳建设集团有限公司，并购金额达2.5103亿美元。

恒大地产以16.64亿元的价格把深圳建设的71%股权收入囊中，这也标志着恒大正式进军深圳。2011年1月15日，深圳市建设集团有限公司71%的股权在深圳联合产权交易所正式拍卖，经历二十余轮举牌，最终，恒大地产在德银中国、淡马锡、美林、科威特投资局、ADIC的VC/PE支持下，取得该部分股权。由于房地产调控在今年依旧没有松动的迹象，部分中小开发商将面临退出市场挑战，再加上非地产央企退出房地产的刺激，大型房企可能会展开一波并购热潮。

实际上从2010年开始，很多大型开发商，如万科、恒大、SOHO中国等房企已经走在并购的路上。

① 外资抢先狂购商业地产［J］. 中国经济周刊，2011（13）：48-50

二、美国国际投资公司参股或并购国内中小开发商

比如，2010 年 8 月 23 日，美国黑石集团同意提供资金，支持香港大型地产商鹰君集团以合作开发鹰君 2009 年在大连所取得的土地，建造豪华酒店和高档公寓。又如，浙江绿城集团同时运作的项目超过 40 个，资金紧张，于是在 2006 年 1 月 10 日向以摩根士丹利和 Stark Investment 组成的国际财团定向发行 1.3 亿美元债券，16 日又以 2000 万美元的价格向该财团转让了 25% 的股权。由此，该公司有了充足的资金，保证了众多项目的正常运行[①]。

美国最大的房地产投资公司之一的 Equity International 对河南鑫苑置业公司的投资总额达 2500 万美元[②]。

国外的大型外资也开始通过收购境内著名房地产开发企业股份的方式，介入境内房地产市场。其中美林集团就是最早介入中国房地产市场的大型外资企业之一。1998 年 3 月，北京美林正大投资有限公司（美林控股集团前身）成立。主要从事房地产开发。当年年底，美林的第一个房地产项目“美林花园”正式启动。2000 年，继“美林花园”的成功之后，美林又跨区域开发了青岛“美林小镇”项目。自 2004 年起，中国的房地产行业逐步走向了迅速攀升的阶段，与此同时，美林也加快了房地产开发和投资的步伐。2004 年 1 月，美林加快跨区域投资步伐，发起成立克拉玛依美林房地产开发有限公司，投资开发克拉玛依美林花园。同年 9 月，美林房地产开发集团有限公司正式成立，作为美林控股集团旗下专业从事房地产开发及其关联业务的集团公司。2005 年，美林开发了长沙“美林水郡”、京东燕郊美林·新东城、美林湾等项目。同年，美林集团向北京银泰中心投资 3000 万美元，成为银泰中心项目的合作投资方和经营方，并以 3000 万美元收购南京锋尚项目约半数股权。作为美林集团这样的美国大型资本企业，早早地埋伏在中国的房地产市场，在中国房地产市场迅速攀升的时候分到了一杯羹，房地产市场产生泡沫之后，现在又开始了中国商业房地产的投资，并且不局限于房地产市场，将自身的业务拓宽到更多的潜在新兴市场[③]。

2009 年 9 月 7 日，锡林郭勒盟行政公署与美国宝湾集团东方开发管理有限公司就投资开发锡林三号湖区域、建设超五星级酒店等事宜签订投资协议

---

① 侯怡．上海外商投资房地产行业的实证分析［J］．武汉金融，2007（1）：47

② 赵姝柚．美林集团投资北京银泰中心［J］．证券日报，2005（3）

③ 外资抢先狂购商业地产［J］．中国经济周刊，2011（13）：48－50

书。美国宝湾集团东方开发管理有限公司以市场化方式参与开发锡林三号湖周边2000亩区域。该公司计划2009年年底前完成该项目的修建详细规划，2010年6月前完成施工设计并开工建设，2013年6月前完成2000亩区域的整体开发工作，将投入不低于25亿元人民币。同时，该公司在锡林三号湖区域建设超五星级酒店，计划2010年6月开工建设，2012年6月前建成投入使用。

美国两大物流型REITs——普洛斯（Pro－Logis）、AMB先后宣布要进军中国市场，合计投资额将达150亿人民币。上海国际信托投资有限公司研究员金志分析道，尽管普洛斯和AMB目前在中国从事的经营活动与房地产有关，但两者在中国的投资方式并不是真正的REITs，"普洛斯和AMB在中国内地一系列投资，实际上还是一种着眼于具体项目的公司经营方式，而不是立足于为投资者理财的基金操作方式"。金志认为，2011年年底前内地REITs可望开闸，普洛斯和AMB之所以选择此时对中国进行巨额投资，就是要利用时间差，提前在中国内地房地产行业布局，为即将实行的REITs做准备①。

摩根士丹利②，财经界俗称"大摩"，是一家成立于美国纽约的国际金融服务公司。2003年7月，它参股10%开发酒店式公寓，投入资金900万美元。2004年1月，投资5000万美元参股复地集团住宅项目；7月，与美国雷曼兄弟公司共同投资永业公寓二期，投入2亿元左右。2005年2月，出资9000万美元整体收购贸易大厦；6月，出价8.16亿元收购上海广场整体商场部分。2006年4月，耗资1.9亿元买下了陆家嘴中央公寓的一幢毛坯住宅；5月，再次购入陆家嘴公寓项目中的三幢物业，涉及资金约为5.1亿元；6月，以7.58亿元购得位于徐家汇的116套物业；7月，以19.6亿元接受了南京西路的写字楼东海广场等。而在2006年6月30日，摩根士丹利全球主席兼首席执行官John Mack接受中国媒体采访时已经宣称"我来中国60多次了，在中国办公室的时间比纽约还多"，这一西方式的幽默并不是一种夸张的说法。摩根士丹利房地产业务部门负责人表示，基金的25%将投向中国和印度这样的新兴市场。

在次贷危机的冲击下，以美国为首的西方国家逐渐把投资目标放到了中国房地产业。近年来海外房地产投资基金进入中国市场比较著名的案例有：新加坡政府投资公司与首创置业合作，成为首创置业第二大股东；摩根士丹利房地产基金与上海复地合作；荷兰的ING与首创合作；2005年8月26日，

① 孙勇．美国REITs巨头剑指中国房地产［N］．证券时报，2006－3－1（019）
② 沪港经济，2007（6）

软银亚洲投资基金、美国凯雷投资集团与顺驰（中国）不动产网络集团签订了战略投资协议，软银亚洲和凯雷分别投资了3500万美元和1000万美元，分别占有顺驰（中国）不动产网络集团15%和7.5%的股份。海外投资者出于对我国人民币升值的预期和对中国前景的乐观态度，促使了海外REITs大举挺进中国。目前，中国房地产市场是全球REITs最为关注的市场，也是竞争最厉害的市场，仅2005年1~4月，海外REITs在北京的投资就高达501亿美元。大量海外基金与中国房地产企业合作发行REITs，将有助于我国本土企业熟悉REITs相关的流程，提高专业的经验管理水平①。

三、香港国际投资公司参股或并购国内中小开发商

香港郭鹤年家族持有的嘉里建设，最近有新的并购动作，比如，2011年4月，房地产业界消息称，嘉里建设（中国）有限公司以2.9亿元收购了长沙广悦置业有限公司39%的股权，出让方是中国五矿集团公司。从某种意义上而言，嘉里建设在长沙的扩张路线图，更像是近期外资涌入内地房地产市场的一个典型个案②。

常州武进近年出现规模最大外资并购用于开发高档小区。常州万骏置业有限公司已在武进区行政服务中心工商窗口领取了外商投资企业中国法人营业执照，这标志着武进区近年来数额最大的一起并购项目正式完成。常州万骏置业有限公司原是武进区一家由三方共同设立的内资企业，本次并购，企业原股东将其持有的公司累计98%的股权转让给香港汇润置业有限公司，香港公司在收购股权的同时进行增资。企业原注册资本3000万元人民币，经过香港方的收购及增资后，企业最终的投资总额和注册资本达到了4.078亿元和2.039亿元人民币，所投资主要用于在武进高新区从事高档住宅小区的开发③。

香港新鸿基地产仅2009年12月至2010年12月，在珠三角获得的土地储备逾280万平方米，前期投入高达90亿元。2010年6月17日，新鸿基地产向上海房地产局提出预申请，准备参与竞拍“黄浦江沿岸E18地块（9-3）”。该地块是陆家嘴近五年来首次推出的住宅用地，起拍价高达34亿元，起拍楼面价高达25113元/平方米。而该地块更被视作有望成为上海乃至内地

---

① 崔晓溪，张艳．国内外房地产企业融资现状分析［J］．中国经贸，2009（18）：142-142

② 嘉里建设收购长沙广悦置业有限公司39%股份．国务院发展研究中心信息网，2011-4-22

③ 李惠杰．常州武进近年规模最大外资并购开发高档小区［J］．常州日报，2010-8-5

的“住宅单价地王”①。

谈到港资，世人最熟知的是李嘉诚麾下的和记黄埔地产集团，目前和记黄埔已在内地的北京、上海、青岛、天津、长春、重庆、成都、西安、长沙、武汉、广州、深圳、东莞以及珠海等14个主要城市发展地产项目。大量的资金涌入，为本土城市建设注入了新鲜血液，提高了城市化质量②。

自1992年恒隆集团选择在上海投资，到2003年开始，恒隆集团发展了上海以外的项目投资，并制定400亿人民币的投资计划，在2009年前投资共18个项目。根据2007年恒隆集团公布的收入推断，预计未来五年内将增加10倍③。

2011年2月25日，香港新沣集团宣布将携手日本最大的商业地产商——三菱地产合营开发的沈阳购物中心尚柏奥莱，转让旗下Premier Ever的37.5%股权以获得流动资金。2010年12月17日，中远集团已将所持远洋地产的股权全部出售，而接盘资金是香港南丰集团和汇丰南丰房地产基金。以路劲并购顺驰为例，2010年9月，路劲先以不超过12.8亿元的总代价收购了顺驰55%的股权和顺驰凤凰城地块全部股份。此后，10月和11月，又分别以5亿元和3.7亿元，顺利拿下“顺驰A”的55%股权与“凤凰城地块”的全部股份。而自2003年8月开始，顺驰仅购地款就高达40亿元。掠夺式的低价收购降低了自主品牌的竞争力，不利于民族房地产业的发展。此外，并购过程中不断出现的内资企业“外资化”、假并购、企业高管权力寻租和地方政府盲目拉郎配等问题也直接影响房地产业的健康发展，造成不容忽视的产业安全隐患。因此，在并购与反并购中，不应过分渲染外资并购的消极影响，但应高度重视已经出现的产业安全隐患，采取有效措施，防止房地产业重蹈其他产业外资并购的覆辙④。

四、新加坡国际投资公司参股或并购国内中小开发商及其他

“现在，全球投资商都看好中国。不去中国发展业务，就算不上全球性企业”——新加坡第一家集团董事长魏成辉说。他认为，“中新”两国是同宗同源，语言文化相通，新加坡商人去中国做生意比别国的商人更有

① 蔡静霞．新鸿基地产：看好楼市　长线发展［J］．房地产导刊，2010（8）

② 李雨濛．谁在投资中国地产［J］．安家，2006（5）：27－28

③ 陈超国．香港制造长线投资中国［J］．Ihome Magazine，2008（7）：8

④ 周霞，周晓静，何佰洲［J］．建筑经济，2007（12）：68

优势①。

2011 年 2 月 21 日，在广州，新加坡嘉新置地宣布，公司新增位于广州市番禺区石楼镇一占地面积约 50 万平方米的商业项目，位于人民广场的高腾大厦，最初由新加坡凯德置地开发建设，总建筑面积 52000 平方米，共 24 层。2004 年高盛从凯德置地第一次收购时花费了 1.076 亿美元，2007 年更名为高腾大厦的该栋写字楼被再次转手，以 1.5 亿美元（当时折合人民币约 11.4 亿元）出让给德国核心基金 SEB 和新加坡太平星集团，双方以各 50% 的股权完成收购。此次第三次转手的交易价格约 13.1 亿元，账面价格溢价率约 15%。在此次收购交易中，受让方为新加坡腾飞集团旗下的腾飞中国商业地产基金（ACCF），成交价约为 13.1 亿元人民币。并购效应分析：首先，合并后的两家企业会不断地提升市场地位，公司的市场占有率扩大，增强竞争力。同时，还会产生协同效应，两家公司的财务方面可以进行互补，节约利息费用，裁员和减少办公费用等一系列的成本，这样，能够增强盈利能力，提升股东价值。在此次收购交易中，受让方为新加坡腾飞集团旗下的腾飞中国商业地产基金（ACCF），成交价约为 13.1 亿元人民币。与 2007 年相比，这一价格已“升值”2 亿元②。

新加坡丰树地产是继凯德置地、吉宝置地、国浩地产于 2005 年开始布局中国的“新加坡地产军团”之后的新成员，其是 2008 年才进入中国市场。丰树集团在中国市场的发展模式已经获得一定成功，并且一如既往地坚持并购的发展模式。即便屡遭楼市调控，也在不断地处于成长期。其采用模式是：“商业 + 住宅”模式——自 2004 年起，丰树集团开始转变商业模式采用管理服务费和私募股安全为主的资产管理模式，自此公司成长开始加速。

丰树集团拥有房地产的开发和运营经验，又具备资本运作的能力，这是丰树集团发展模式的特点。其中丰树印度中国基金两大知名起源于两宗大型收购案：丰树印度中国基金以 9.14 亿元收购北京原摩托罗拉大厦；2010 年 2 月，该基金以 29 亿元收购佳城广场。简言之，面对住宅市场的限制与政策风险，外资机构将投资目光纷纷转向商业物业与工业物业。丰树集团从 2 月份迅速收购备受关注的北京佳城广场，到后期宣布将设立一直专门投资于中国市场的中国基金，再到多城联动宣传西安商业项目——西安怡丰城，这家新

---

① 新华日报，2009 - 12

② 唐文祺. 中国第一财经日报，2010 - 11 - 25

加坡淡马锡集团的成功之处正是在于其优势的资本运作能力①。

2011 年 3 月初，上海产权交易所成交的三宗房企产权转让项目中，有两宗被外资接手，成交金额合计 6.01 亿元。被外资接手的都是国有企业转让的资产。其中新加坡某公司 100% 收购了上海某国企持有的上海国际集团广场有限公司，作价超过 3.1 亿元；另一宗资产则被香港一家置业有限公司收入囊中，标的是某央企持有的长沙广悦置业有限公司 39% 股权，成交价 2.9 亿元②。

近期交易的上海四季酒店、淮海商城等物业背后，都闪现着外资公司的身影。

凯德置地作为新加坡嘉德置地集团在华的全资子公司，于 2010 年 1 月与东方海外签署协议，以 22 亿美元（约合 150 亿元人民币）整体收购东方海外旗下的东方海外发展有限公司的 100% 股权，其中包括了上海、天津、江苏昆山等 7 个项目，包括了住宅、商办综合物业、酒店及服务式公寓。在此之后，凯德置地资产值占集团总资产值比重已经由 28% 上升至 36%，首次超过新加坡本土市场的比重，并希望在未来 3 ~5 年内达到 45%。目前，凯德置地在中国的 40 个城市运作约 106 个项目，包括 16 个住宅、12 个综合项目、51 家商场和 27 座公寓，这个数字早已远远超过了在国内发展的港资企业，甚至比绝大多数的本土房企都要更多③。

新加坡政府投资公司 GIC 自 2005 年以来，将投资重点转向珠三角及其他二线城市，并先后与万科、首创置业、香港仁恒地产上海分公司等达成合作协议，共同开发中国高端房地产市场。另有新加坡政府的投资公司淡马锡更是重点关注了中档大众住宅的开发，引领了中国市场的发展趋势，是改善居住条件的有效途径，淡马锡以价值 25 亿人民币资金入股碧桂园地产，并直接投资了恒大地产和绿城集团，以及房地产基金。新加坡两大政府管辖的投资公司直接进驻中国房地产市场说明了目前中国房地产市场的吸引力之强，营业回报率之大④。

新加坡凯德置业（capnaland）本身是一个开发企业，同时它也充分发挥自己的行业优势，利用金融工具发起了一个面向亚洲投资者的“新加坡凯德置地中国住宅房地产基金”，规模约 6000 万美元。投资重点是住宅房地产项

---

① 刘关. 丰树集团明晰中国路线图［J］. 中国房地产报，2010 -8 -23

② 中国房地产报，2011 -3 -7（11）

③ 唐文祺，林向. 凯德置地 22 亿美元完购东方海外［J］. 第一财经日报，2010 -01 -19（B04）

④ 李琳. 新加坡地产资本进军中国［J］. 中国外资，2007（6）

目，范围包括北京、上海和广州，该基金在凯德置地（中国）投资有限公司的项目中约占20%～50%，目前参股的项目已有三个。2006年，对中国大陆实际投资金额前十位的国家和地区依次为：中国香港（202.33亿美元）、英属维尔京群岛（112.48亿美元）、日本（45.98亿美元）、韩国（38.95亿美元）、美国（28.65亿美元）、新加坡（22.6亿美元）、中国台湾（21.36亿美元）、开曼群岛（20.95亿美元）、德国（19.79亿美元）、萨摩亚（15.38亿美元），其投资金额合计占中国非金融领域实际利用外资金额的83.86%①。

除了上述的国际投资公司参股或并购国内中小开发商，还有其他案例，比如爱尔兰最大房地产公司财富控股（Treasury Holdings）收购位于上海市淮海中路的零售物业淮海商城，交易价格5.75亿元人民币。收购交易的买家，为财富控股旗下信托公司华瑞中国地产信托。其公司行政总裁Richard David表示，通过此次收购的完成，使得公司在上海的资产物业已增加至四个，总建筑面积为33万平方米。这次收购，行事低调的全球房地产代理行高纬物业是此次交易的“中间人”②。

邹毅③（2011）认为，促进中国房地产业尽可能多采用高科技节能材料以及相关技术。日本房地产采用的高能科技材料以及节能设计，在世界上首屈一指，日本投资中国房地产，势必会将他们的房屋设计理念也同时引入中国，来促进中国科技节能房屋的推进。新兴区域的开发，旧城改造通过日本房地产开发商的一些发展理念和创新产品，能够进一步实现区域的面貌更新和跨越发展，如深圳广州地区的旧城改造、上海的众多老厂房地区改造都取得了很好的效果。

随着第六次外资并购浪潮的深入，中国楼市似乎成了海外资金的避风港。外资对中国房地产企业的并购，势头增加，持续升温，国际资本加大力度流入我国，那些国际投资公司或国际对冲基金一直在施展惯用伎俩，一方面高调放话做空中国房地产业，比如10年前曾成功做空美国的安然公司詹姆斯·查诺斯（James chanos）认为中国房地产业泡沫将破裂；另一方面，许多国际投资公司纷纷加入参股和并购中国的房地产业的队伍，这就好比当时外资唱空中国银行业就是为了打压银行股权的交易价格，散布利空消息，完成吸附等。这是需要我们高度警惕国外别有用心的人边高调唱空边疯狂布局，背地

① 张伟，汪勤．我国各地投资环境与FDI区位选择的实证分析［J］．经济研究，2009

② 唐文祺．财富控股5.75亿元购淮海商城［J］．第一财经日报，2011-2-25

③ 邹毅．高科技、高精度整合设计与建筑节能成为住宅发展新趋势［J］．住宅产业，2011（4）：86-87

做多。正如 Salika，N① (2010) 认为："像日本投资中国房地产对本地房地产行业具有'挤出效应'(crowding out effects)，提升了中国房地产行业的竞争程度，使中国本地房地产企业具有一定忧患意识。"因此不能给外资提供抄底的机遇，要仔细辨别外资对中国房地产业的真正意图。特别是 2010 年以来外资房地产企业加速扩张并购步伐，有的通过股权收购或股权合作，有的通过资产收购，有的是瞄准行业龙头企业，有的并购对象是国有上市公司，不少并购地域选择在沿海地区。外资在现金并购模式占有很强的优势，现在模式选择上也具有较大的选择。上海易居房地产研究院最新发布的"我国房地产业中长期发展目标研究"中指出：预计到2020 年，中国人口总量将达到 13.97 亿人。按照城镇常住人口计算的城镇化率将达到 57.69% 左右。未来十年，中国房地产市场需求依然旺盛。从这个数据得知，外资进入中国房地产业的势头必将有增无减。

① Salika，N. Investigation of the "China effect" on crowding out of Japanese FDI：An industry－level analysis (1990－2004) [J]. China Economic Review. 2010，21：582－597

第三章 亚太、中国商业地产直投与私募股权投资基金及相关问题思考

随着宏观经济走势，住宅地产市场调控力度的加大，中国商业地产需求迅速增加，出现了新的机遇。

第一节 中国商业地产机遇

商业地产按商业形态分类包括商业广场、销品茂、商业街、大型商铺、购物中心、休闲广场、步行街、专业市场、社会商业中心、商务楼等，与住宅类是有很大区别的房地产产品，它具有地产、商业与投资三重特性的综合性行业。

商业地产的形式多样，规模也有大有小。规模大的商业地产如销品茂项目，可以达到几十万平方米，规模小的商业地产项目仅几百平方米，甚至更小。一般较大商业地产，整体开发经营，统一管理，以收取租金为投资回报；但也有许多小规模商业地产中住宅、公寓、写字楼等项目底商、商业街等则采用商铺出售、零散经营的模式。我们接触比较多的是社区商业、大卖场和销品茂三种业态。商业地产未来的前景看好，有多种原因：

第一，由于目前对商品住宅市场的调控力度增强，加上货币紧缩政策、银行借款收紧；宏观调控政策紧缩，但是国内生产总值（GDP）增长良好。

第二，由于限购和限贷的原因加上防地价、控地王和问责制的政策出台，并且受供应、价格的因素影响，商品住宅市场销售严重下滑。

第三，房地产调控对商业地产的影响并没有体现，商业地产并没有受到政策的限制；政府部门认识和重视发展第三产业的重要性。

第四，市场拉动投资的反弹较大，农村城镇化的发展，休闲经济促进了

商业地产繁荣，商业地产的需求明显增加，商业地产开发，具有高收益性。

从市场和投资角度来说，商业地产已凸显价值，尽管国际资本市场持续下滑，但对中国投资热情不减，不少投资商的投资已“呼叫转移”到商业地产、购买商铺、酒店式公寓、写字楼等物业，包括一些国际热钱也正寻找商业地产的机会。

据有关统计显示，2006~2010年五年内，服务式公寓和住宅的成交比例由44%下浮到21%，而商业及综合物业成交比例由17%急速上升至全年成交数的50%，现在次级商圈和边缘商圈占居民消费的60%~70%，社会消费品零售总额高速增长，这些都大大提升零售业商业地产和购物中心租金的需求。目前，中国正处于城市化水平从50%提高到70%的进程阶段，这正是商业地产发展的最佳时机，世界上发达国家的进程也证明这点，比如，1852~1881年，英国城市化水平从50%提升到73.6%；1965~1970年，日本城市化水平从56%提升到70%以上，城市化基本完成；1921~1970年，美国城市化水平从51.4%提升到73.6%，城市化基本完成。历史经验告诉我们，城市化水平在50%到70%之间，正是完成工业现代化的时期，在这个阶段，一般的特征是经济持续高速增长，商业地产会出现爆发式机会，因此中国房地产商面临新的转型挑战。

如果分析一下美国房地产市场演变进程，不外乎经历了三个阶段。第一阶段，在20世纪50~70年代初期，主要由住宅发展商，重点打造旧城改造和郊区住宅产品。第二阶段，在70~80年代初期，主要由专业开发商和投资管理者，重点打造公寓城市写字楼酒店和高档物业，在这段发展时期中，已经从区域市场形式向全国市场进行辐射形式。第三阶段，到了90年代后，主要由地产服务商和投资管理者，重点打造智能化多功能物业，从全国市场辐射了国际市场；而从资金来源来说，已从原来传统银行、自有资金和股东资金转向一批成熟的、认同专业管理能力机构的投资人如保险基金、养老基金等。显然中国房地产市场正过渡到上述的第二阶段。在此特别要提到是像美国Lennar这样的房产企业，他们在不断调整中积极转型，从原来提供具有个性化服务居民住房转向金融商业地产服务商，我们可以从这些企业实践中明白如何在发展传统房地产业务的同时，逐步参与商业地产，并积极对接资本市场的经验。

第二节　亚太和中国商业地产直投发展的统计分析

如果从国际视角来透视一下商业地产的发展前景，那么市场将会有如何表现呢？我们可以从统计数据来进行详尽分析，这对中国商业地产市场培育和开发商的借鉴具有积极意义。

全球商业地产直接投资发展究竟如何？从2003～2007年增长强势，每年保持至少50%以上增长率。尤其美洲地区，市场已恢复到2004年的较好的水平，2010年前三个季度投资额的增长主要得益于美洲市场的反弹；但欧洲地区投资额的增长受到限制，主要是受到主权危机的影响，亚太地区增长相对平稳，市场基本恢复到较正常的商业地产投资水平。

从办公楼市场角度来分析，在2010年二季度至2011年二季度资本之变化，可以说明市场的变化。由于租金的增长以及投资者对全球各个市场的浓厚兴趣，使得许多市场的办公楼资本值迅速恢复，在亚太地区和美洲地区最为明显，比如莫斯科、北京、香港、圣保罗以及旧金山。

未来办公楼租金和资本值变化究竟如何呢？预计全球主要市场的租金、收益率、资本值都将增长；大多数城市已经触底反弹，如美国办公楼市场的租金增长在加速；随着净吸纳量的强劲表现，由于需求的推动，租金进一步上涨的空间很大，比如在亚太区，但这不包括受地震影响的日本；在欧洲，在伦敦、德国和莫斯科等一些市场，租金显著增长。

从亚太商业地产的直接投资额来分析，日本是过去两年亚太区最大的房地产投资目的地，占到亚太区投资总额的30%～40%。在2011年第二季度中国投资额继续上升，环比涨幅为20%，同比涨幅接近150%。鉴于日本受到地震重创，中国已经取代其成为亚太区最大的投资目的地市场，中国的份额也在不断增长。

从亚太区跨境投资交易角度来看，中国目前已成为亚太区最大的跨境投资市场。

在所有的物业类别中，办公楼的投资交易占到所有交易的60%。2010年，国外买家，尤其是亚洲区域内的国外买家更为活跃，他们对零售物业和综合体感兴趣。2011年上半年，国内外买家均有出手买入办公楼物业。办公楼物业占到所有交易的57%，综合体占到24%，零售物业占15%。

第三节　商业地产私募股权投资基金

一般来说，融资市场主要是私人市场和公开市场。其主要手段，就是股权和债权。在私人市场：股权有股本金、信托私募股权基金等；债权有银行借贷、民间借贷、天使投资人等。在公开市场：股权有上市股票增发和IPO等，债权主要是上市公司债和企业债等。20世纪80～90年代，美国的CMBB和REITS得到快速发展，但是要注意的是其重要的前提是建立在严格法律体系、信托和诚信基础之上。目前，宏观经济调控和紧缩的货币政策，房地产商面临银行贷款难融资的问题，由于融资的主渠道银行紧缩，加速了融资多元化，因而REITS和CMBS国内法律体系监管还不成型；IPO又受阻，这时由于A股的弱势，近期房地产企业在A股IPO可能性较小，受全球经济恶化的影响，过去房地产企业海外上市、借壳上市如鱼得水的可能性也不大了。因此，房地产企业直接上市融资困难重重；在地方融资阶段无非是开发性融资和运营期融资，而融资形式无非是股权融资、债券融资和夹层融资。一般认为，商业地产成熟经营阶段风险较小，而开发阶段和养育阶段是属于风险较大的阶段，钱从哪里来？这确实需要面临研究和突破。因此发展商业地产需要掌握市场的融资手段，比如可以运用股权融资进行商业地产的开发，像私募股权基金，一般年限6～8年，收益预期20%；而股权型信托一般年限1～3年，年成本20%。目前，国际投资者尤其是私募基金非常活跃，对于中国的房地产市场产生了强烈的兴趣，特别是对商业地产比如购物中心、写字楼、综合地产等。中国需要商业地产商积极对接专业的运营机构，中国也需要类似像社保基金、慈善基金、保险基金等介入。相比较来说，私募股权投资基金是未来可操作运营发展的方向。为此，笔者重点阐述股权融资PE。

什么叫私募股权投资基金（PE）呢？它是通过私募形式，对非上市企业进行权益性投资，它起源于美国，美国的KKR公司是最早的一家国外知名私募股权基金，欧洲私募股权投资与创业投资协会（The European Private Equity and Venture Capital Association，EVCA）定义私募股权投资为："为非上市企业提供股权资本，可用于开发新产品和新技术、增加运营资本、收购或改善企业的财务状况，也可用来解决所有权和管理问题，例如家族企业的持续经营或管理层收购。严格地讲，创业投资（Venture Capital）是私募股权投资的一个子集，是指对创建、早期发展或扩张阶段的股权投资。”著名评级机构标准普尔定义私募股权投资是：“私募股权投资是各种另类投资（Alternative Investment）的统称，包括对非上市公司的股权投资、创业投资、较大规模和中等规模的杠杆收购、夹层债务和夹层股权投资（Mezzanine），以及房地产投资等；此外，私募股权投资还包括对上市公司进行的非公开的协议投资（Private Investment in Public Equity，PIPE）。”其主要的特点是，被投资企业只要出让一部分股权就得高额的投资，给公司带来了先进管理理念和资本市场运作的丰富经验，融资方式是公司可向投资方发售股权、可转债；而对投资方，关注企业成长、盈利能力和管理能力，面临高风险和高回报。

私募股权投资基金（PE）有几种类型，比如，创投基金：专门投资种子期或成长期的高风险企业；投资扩展期企业的投资基金：投资较稳定现金流的企业，并无兴趣对企业控制；并购投资基金：专门投资于成熟企业获取控制权；过桥基金：投资过渡期企业的或者上市前企业；组合基金：某个组合基金积聚资金，投资于其他私募股权基金。

房产私募基金投资对当前开发商提供了新的融资通道，这是因为目前由于房地产调控力度加大，限购和限贷一系列政策措施，使得中小企业房地产开发商资金面临严重的紧缺。近年来私募股权基金得到迅速发展，它的运营模式多样，它们都在短期利益和长期利益博弈以求最好的回报。美国、日本、英国、法国是私募基金投资的前四大国，近年来 PE 在中国发展迅猛。通过股权投资方式投资房地产及投资高档、整幢楼房提供了途径，突破由于目前“限购”政策对中小房地产投资制约瓶颈。同时，也拓展和促进房地产行业的专业分工。

现在还有一种称为 PIPE（Private Investment in Public Equity），中文的意思就是私人股东投资已上市公司，最近发生 PIPE 案例很多，比如，高盛收购新鸿股票，GE Capital 买入华能新能源，有统计数据表明，2009 年中国 PE 市场 114 起案例中，有 31 起是 PIPE 的，2011 年增长很快。在国内 A 股定向增发的市场上，经常有私募股权投资基金投资，这就是 PIPE 形式了，一般来说，定向增发需要融资几个亿，这就是大 PE 基金（至少二三十亿基金）的概念，是一种“大项目”运营模式（见表 3－1）。

表3-1 近期PIPE融资一览表

企业	融资时间	投资机构	投资人	金额
华能新能源	2011-06-10	中投/渣打银行/淡马锡/泰山投资/GE Capital/景顺集团/中银国际		2.30亿美元
中国软件国际	2011-06-07	弘毅投资		2.97亿港元
新浪	2011-06-03	高盛		N/A
永业国际	2011-05-31	摩根士丹利	孙弘	5000.00万美元
常林股份	2011-05-27	天堂硅谷/江苏瑞华/武汉科创投/证大投资		2.94亿元
中国软件国际	2011-05-26	联想控股		1.35亿港元
广汇股份	2011-05-25	盛世景投资/景隆资产/证大投资/尊方德投资/中融国际		5.95亿元
圣农发展	2011-05-23	平安创新资本/证大投资/凯石长江/恒安世代		6.75亿元
新资本	2011-05-22	国开金融		7.68亿港元
芙丽芙丽	2011-05-19	复星集团	郭广昌/梁信军/钱建农	8458.80万欧元
湘潭电化	2011-05-18	证大投资		3906.00万元
化工科技	2011-05-18	盛世景投资/中信联合创投/鼎峰创投		2.89亿元
中邮电贸	2011-05-17	STGI		1.65亿港元
艺龙	2011-05-17	腾讯	刘炽平	8440.00万美元
精功科技	2011-05-13	凯石长江/银河投资		2.67亿元

续表

企业	融资时间	投资机构	投资人	金额
云天化	2011 - 05 - 12	天堂硅谷/凯石中欧/证大投资		4.13 亿元
国栋建设	2011 - 05 - 09	证大投资/凯石中欧/江苏瑞华		3.40 亿元
华谊兄弟	2011 - 05 - 09	腾讯		4.45 亿元
上海医药	2011 - 05 - 06	淡马锡/中银投资		3.50 亿美元
人人	2011 - 05 - 04	阿里巴巴/华人文化投资/CSIP	黎瑞刚	1.10 亿美元
西藏旅游	2011 - 04 - 25	证大投资		3625.00 万元
西藏矿山	2011 - 04 - 21	证大投资/盛世景投资/科祥投资		3.37 亿元
黄河旋风	2011 - 04 - 21	证大投资		1.16 亿元
唐宫中国	2011 - 04 - 19	兰馨亚洲		600.00 万美元
山鹰纸业	2011 - 04 - 18	轻盐创投/证大投资/江苏瑞华		3.60 亿元
卡姆丹克太阳能	2011 - 04 - 18	TPG		6.54 亿元
中芯国际	2011 - 04 - 18	中投		2.50 亿美元
星湖科技	2011 - 04 - 15	商裕投资		3676.40 万元
成发国际	2011 - 04 - 12	景隆资产/尊方德投资/中融国际/证大投资/国汇投资		4.61 亿元
旭光	2011 - 04 - 27	中投/中信资本		1.20 亿美元

资料来源:CVSource 数据截至时间 2011 - 06 - 14。

从表3－1可见，2011年上半年4～6月之间发生的PIPE案例较多，金额也较大。值得注意的是，我国目前二级市场估值下降，而VC/PE一级市场价格在上升，比如有的价值已超过10倍以上，这样PIPE有很大的机会，一个最简单的例子，PIPE投资在美国的上市中国公司，然后在亚洲经过资产重组再IPO或回A股IPO进行运作。

还有一种像国外的Bayout模式，这种运营模式已经不单纯是财务的投资，需要投资以外的能力，主要是两方面能力，一是很强的产业整合能力，迅速扩展企业规模；二是企业运营改善能力，提升企业经营团队效率，实行企业快速增长，从而实现股权增值。与它相反的运营模式，那就是一种称为“大拆分”模式，比如拆分大基金为若干小基金，由企业独自管理团队来运营。按行业、地域或按PE和VC阶段来进行划分，而母基金提供人力资源、基金募集、品牌运营等支持。

通常，传统PE基金运营模式，先要数月尽职调查，还要较长投资后的增值服务，由于不同团队有不同的利益，信息会失真，责任会推卸，因此传统PE也隐藏不少风险。

早期市场有一种初级简单的运行方式，称为单GP模式，也就是由一名GP和多名LP组成有限合伙企业，该名GP作为有限合伙企业的执行事务合伙人，负责基金的投资运营管理，虽然简单和快捷，但是GP也面临利益冲突风险，所以单GP模式，市场不受欢迎。而关联LP模式在市场很受欢迎，GP指定一家与其有关联关系的有限责任实体作为LP，在基金中认缴一般大于10%比例以上的出资。分配基金收益顺序是：先一般LP，后关联LP，关联LP在GP利益相关表决中没有投票权。由于GP出资额提高，增强投资抗风险能力，对普通投资者来说，安全系数大大提高。

对于私募股权投资企业的出资，有下述规定：

上海出资总金额至少为人民币1亿元，单个自然人投资者至少出资人民币500万元；天津若希望通过向发展与备案管理部门备案享受部分税收优惠的，需要满足募集资金达到人民币1亿元以上、首期认缴额达到人民币2000万元、单个投资者投资不低于人民币100万元的要求；重庆出资金额达到人民币1亿元且限于货币出资、首期到位不低于人民币5000万元；浙江设立股权投资企业（包括有限合伙制）出资金额至少人民币3000万元、必须以货币出资且每个合伙人出资不低于人民币500万元。

续表

企业	融资时间	投资机构	投资人	金额
云天化	2011-05-12	天堂硅谷/凯石中欧/证大投资		4.13 亿元
国栋建设	2011-05-09	证大投资/凯石中欧/江苏瑞华		3.40 亿元
华谊兄弟	2011-05-09	腾讯		4.45 亿元
上海医药	2011-05-06	淡马锡/中银投资		3.50 亿美元
人人	2011-05-04	阿里巴巴/华人文化投资/CSIP	黎瑞刚	1.10 亿美元
西藏旅游	2011-04-25	证大投资		3625.00 万元
西藏矿山	2011-04-21	证大投资/盛世景投资/科祥投资		3.37 亿元
黄河旋风	2011-04-21	证大投资		1.16 亿元
唐宫中国	2011-04-19	兰馨亚洲		600.00 万美元
山鹰纸业	2011-04-18	轻盐创投/证大投资/江苏瑞华		3.60 亿元
卡姆丹克太阳能	2011-04-18	TPG		6.54 亿元
中芯国际	2011-04-18	中投		2.50 亿美元
星湖科技	2011-04-15	商裕投资		3676.40 万元
成发国际	2011-04-12	景隆资产/尊方德投资/中融国际/证大投资/国汇投资		4.61 亿元
旭光	2011-04-27	中投/中信资本		1.20 亿美元

资料来源：CVSource 数据截至时间 2011-06-14。

从表3-1可见，2011年上半年4~6月之间发生的PIPE案例较多，金额也较大。值得注意的是，我国目前二级市场估值下降，而VC/PE一级市场价格在上升，比如有的价值已超过10倍以上，这样PIPE有很大的机会，一个最简单的例子，PIPE投资在美国的上市中国公司，然后在亚洲经过资产重组再IPO或回A股IPO进行运作。

还有一种像国外的Bayout模式，这种运营模式已经不单纯是财务的投资，需要投资以外的能力，主要是两方面能力，一是很强的产业整合能力，迅速扩展企业规模；二是企业运营改善能力，提升企业经营团队效率，实行企业快速增长，从而实现股权增值。与它相反的运营模式，那就是一种称为“大拆分”模式，比如拆分大基金为若干小基金，由企业独自管理团队来运营。按行业、地域或按PE和VC阶段来进行划分，而母基金提供人力资源、基金募集、品牌运营等支持。

通常，传统PE基金运营模式，先要数月尽职调查，还要较长投资后的增值服务，由于不同团队有不同的利益，信息会失真，责任会推卸，因此传统PE也隐藏不少风险。

早期市场有一种初级简单的运行方式，称为单GP模式，也就是由一名GP和多名LP组成有限合伙企业，该名GP作为有限合伙企业的执行事务合伙人，负责基金的投资运营管理，虽然简单和快捷，但是GP也面临利益冲突风险，所以单GP模式，市场不受欢迎。而关联LP模式在市场很受欢迎，GP指定一家与其有关联关系的有限责任实体作为LP，在基金中认缴一般大于10%比例以上的出资。分配基金收益顺序是：先一般LP，后关联LP，关联LP在GP利益相关表决中没有投票权。由于GP出资额提高，增强投资抗风险能力，对普通投资者来说，安全系数大大提高。

对于私募股权投资企业的出资，有下述规定：

上海出资总金额至少为人民币1亿元，单个自然人投资者至少出资人民币500万元；天津若希望通过向发展与备案管理部门备案享受部分税收优惠的，需要满足募集资金达到人民币1亿元以上、首期认缴额达到人民币2000万元、单个投资者投资不低于人民币100万元的要求；重庆出资金额达到人民币1亿元且限于货币出资、首期到位不低于人民币5000万元；浙江设立股权投资企业（包括有限合伙制）出资金额至少人民币3000万元、必须以货币出资且每个合伙人出资不低于人民币500万元。

第四节　主要商业地产经营思考

商业地产的产品品种有很多，比如社区商业、大卖场、销品茂，正如本书开始所述它们的未来是看好的，具有潜质的价值空间形态。

一、社区商业

社区商业是指区别于城市区域中心商业、大型购物中心、主题商业步行街等以周边居民为主要服务对象的商业形态。早期就是沿街商铺，业态档次低，后期发展到商业步行街。社区商业最早于半世纪前出现在美国，当时专门为郊区新建居住区消费者服务，主要以购物中心为主；而我国随着这些年来旧城改造，居民不断地向城市边缘和郊区迁移，有的已出现了城市空心化，由于住宅郊区化的发展速度很快，大量新建的社区都需要商业配套，于是中国社区商业逐渐形成。虽然不少社区商业档次不高，但给老百姓带来方便，也渐渐走向成熟，如娱乐休闲商业街、生活广场等。

现代社区商业发展前景令人鼓舞，在2020年以前，比如上海明确新建社区目标和配置方案，假如社区人口基数在6万人左右，大概需配置一个社区商业数，社区商业供给体量20000M2；如果未来新兴社区人口基数400万人，大概需配置80个社区商业数，包括旧社区改造，估计有150个社区商业数，那么社区商业供给体量为3150000M2；如此算下去那么从全国角度就不会低于2000个类似的社区商业数了。

目前社区商业所面临的问题：规划不统一，以产权分割为形态，建设运营模式落后，管理成本高，团队管理差。如何开发好社区商业？这是需要不断学习国外开发商的经验和理念，不断改进和完善。比如美国加州洛杉矶Caruso Affiliated开发商，其租赁面积5.5万平方米，三层建筑，停车场1万平方米；租户数量64个，它是于2002年开业的。现在的业绩为日均接待消费者4万，年均近1700万；28%的是来自世界不同各地，消费者游览The Grove时间很长，大概是一般商场的3倍，其中92%的游客都会购物，每次$126，每平方英尺销售额高于行业平均水平75%。

一般来说，社区商业40%是购物，30%是餐饮，30%是其他，如美容美发、便利店等来满足老百姓日常需求。布局社区商业时，通常先要考虑居民步行在 10 分钟之内能够到达，也就是 500 米左右的距离；商业街最好与住宅分离，配置在步行街和交通线上，以避免噪音和污染。

社区商业是开发商、投资商和经营商家的博弈关系，好的社区商业一般都能取得共赢。如果购买商业街店铺的小业主比较多，那么投机的心态就很重，要么转手租贷给出价高的商家，要么伺机高价抛售，于是社区商业品位就低，形象较差，这是源于开发商对投资商品牌实力和经营商的服务品质没有把好关。所以投资商业街的店铺，要考虑社区商业在经营特色、配套和人气如何；关键是要分析商业街的租售比例，如只售不租显然是开发商出现了现金流困惑，他们急需要快速回笼资金，这种开发商根本没有实力去管理好商业街，这种社区商业只能放任自流。通常，是否先租后售或只租不售，这完全取决于企业发展战略定位，出此招的根本目的就是要打造优质社区商业，这样既可以提高租金，又能确保销售的增值性。对开发商来说，要兼顾开发与经营相结合的模式，对于优良资产只租不售，不仅可以提升企业形象和品牌，还可以获取较大收益，确保企业在低谷萧条时期的过渡，避免现金流短缺造成的风险。

社区商业是以便利性为出发点，它正成为零售业支柱板块。现在不少私募股权投资基金（PE）瞄上它，比如 IDG 等。那些小业主租商店铺的话，一般以餐饮为主，投资餐饮可以较快地收回昂贵的租金，这也就是为什么餐饮是社区的主角。

社区商业至少需要三年的培育时间，投资社区商业店铺究竟何时介入要具体分析。一般来说，选择店铺，不能纯粹冲着租金高，还要看是否为投资洼地，是否越来越值钱。小区成熟度如何，未来升值可能性如何，有哪些人会去商业街，他们又会购买哪些商品等。

投资社区商业店铺，还要看看商业街是否有专业主题，不能到处见到都是必备性业态，如洗衣店、足疗、食品店、二手房、超市等，最好有特色主题比如化妆品一条街，儿童、医疗诊所一条街，咖啡、酒吧一条街，花卉园艺一条街等。另外还可考察该社区商业层次是否较高，能否满足多层次消费需求，如电影院、幼儿教育配套、老年活动中心、加油站、自助银行，小到配钥匙、小修小补五脏俱全。

投资社区商业还需要考虑：①小区的规模，居住人口收入水平和从事的职业。如小区居住人口是白领为主，当然店铺就适合开快餐店、咖啡店、健身娱乐、网吧、书店、专卖店，如果是以老年人居住为主，商铺投资的方向就不一样了。② 考虑开发商实力和规划及业态配比，避免盲目投资。

除上述以外，这里重点还要强调三点：

（1）要有创新，撬动的支点要找差异化，比如，现在时尚的“休憩型商业”，消费者在一小时内的路程可以享受到旅游、休闲、美食、购物和娱乐。举个例子吧，康桥引进香港的“国际烧烤乐园”，其中有东北炭烧、日本の铁板烧等，还有些酒吧及其他。

（2）多动脑筋，撬动的支点是找市场空当，多在吃、住、行、游、购、娱、养老、托幼、就业等去谋划商铺。

（3）看看硬指标，撬动的支点是找相对垄断形成的竞争力，如投资的商业社区店铺，其网点布局、交通、规模、建筑等特点具有天然的优势。

由于百姓就近消费，现在已经形成了社区商业与中心商业街客流争夺战，笔者认为已到了社区商业投资的时候，当然还有地铁商铺也是不错的。

二、大卖场

从夫妻老婆烟纸店、小百货到小型超市、商业广场，再到越开离我们越近的大卖场，人们买东西越来越方便，这里要讲的大卖场，就是通俗意义上的大型综合超市，它冲击了传统百货商店，也打压了综合度较差的中小型超市。它与日用杂货店、超市、便利店的不同之处在于品牌多、价格低，确实算得上价廉物美。

大卖场已渐渐成为中国零售业的制高点。从大型超市业态来说，可分为大卖场、仓储式商场、大型综合超市。而大卖场发展十分迅速，如雷贯耳的大卖场比比皆是：家乐福、沃尔玛、易初莲花、乐购、麦德龙、国美、大润发，零售店的生意几乎被大卖场给包了。这是因为大卖场不仅要比同类商场品种齐全；而且购物环境好，价格低，对价格敏感的消费者来说更具实惠了。看着这么多卖场，销售如此旺盛，想做经销商的人都梦想将自己产品打进去，如果一旦成功，利润很可观。那么如何做好经销商呢？

（1）要考察大卖场的选址和消费能力。笔者认为“两公里保护圈”的规则是一个不错的选择标准，特别是在一线城市较大的社区是成立的。这是因为在两公里范围有大概人口密度达到两万户，大卖场在这附近扎下来，显然就有旺盛的人气，如果周围商圈有很强消费能力，那么就很快形成良好的商业氛围，当然就会有较好的利润回报，周围的房价亦会上涨了。

（2）要了解大卖场的所售商品分类的规律。10%商品是大卖场的自有品牌，利润高，消费者对其价格不敏感；20%商业薄利多销，比如民用品，消费者对其价格很敏感；而70%商品并没有毛利销售，大卖场通过追加2%～

3%卖场费来获取利润，一般是销量少数的商品品种高度集中。还要了解卖场经营特色、商品定位。看看自己的产品在其中扮演什么角色，考虑如何突破的策略。比如哪些商品急需要引进？卖场定位又如何？

（3）注意卖场、经销商和进驻企业之间的博弈关系。卖场总会想尽各种办法向进驻企业收取经营和管理费，比如，在品牌终端陈列上，卖场会动用各种办法收取企业各项费用。

（4）大卖场店铺同质化过高，这是目前的一个突出的问题。要选择那些有创新的卖场，比如沃尔玛的运营模式除了购物广场、社区店、山姆会员店以外，还推出了惠选折扣店，这种店的特点比便利店大又比超市小，突出了差异化。还有的大卖场在成本上下工夫，如跨过中间环节，直接采购。

（5）要注意防范风险，要选择有品牌、有实力的大卖场。就商品来说，家具建材类、纺织品类受金融危机影响较大，当然老百姓的日常用品和消费品不太受影响。

现今大卖场是否过多了？下此结论为之过早。但是大卖场的未来趋势将向大型购物中心过渡，它的发展速率和规模影响取决于所在城市的 GDP 增长和商业消费能级等多种因素。

三、销品茂

什么叫销品茂（Shopping Mall）？它比一般购物中心面积规模要大很多，专业店超多，功能齐全，故叫超大购物中心。它起源于 20 世纪 50 年代的美国，是餐饮、购物、娱乐、休闲一站式服务的消费中心。

从杂货店到百货店，从食品店到大超市，从专卖店到步行商业街，从百货店到大型购物中心，从大型购物中心到销品茂，发展速度迅速，前景广阔。

在有的发达国家和地区，销品茂已占零售销售总额 50%以上，商圈可达 200 公里左右。这种复合商业零售业态正风靡于全球。世界上有十大销品茂，现在有 8 个已经进驻中国，上海这座城市超过 1 万平方米大型百货商场有 100 家以上。

拿上海来说，大家熟悉的销品茂有最早的社区型：如家乐福古北店，规模相对小，分布在社区，小型的销品茂，面积 2 万 ~6 万平方米；中型的销品茂：面积 6 万 ~12 万平方米，如香港时代广场、上海恒隆广场、中信泰富广场等，地处中心黄金地段，以高档品牌为主，引领时尚。也有大型的，面积在 20 万平方米以上，如万达商业广场、正大广场、香港海港城。

从数万平方米的购物广场到百万平方米的特大购物中心，都冠以“销品茂”，以中档消费群体为对象，以零售业态为主，逛商场更是一种休闲方式。在销品茂里面，有很多共性，比如说到销品茂去购物已不是主流，它已变成生活的主场，魅力彰显，就像欧美一些国家消费者对销品茂已形成一种习惯和爱好，销品茂是朋友聚会、家庭休闲的好去处，他们欣赏景点、娱乐健身、品尝情调 bar，体验有鲜明个性化的主体，致使人们流连忘返。销品茂是一个高收入、高科技、品牌集萃之地。

如何在销品茂投资店铺呢?

（1）要结合本土化，要有错位，要观察当地商业环境和经济实力，还要调查市场消费能力、核心商圈业态竞争状况等。选择店铺金科玉律：第一是位置、第二是位置、第三还是位置。

（2）瞄准中高消费群体。要了解店铺数量，商品线宽度和深度，看看哪些地方有服务空白、调查立地和选址，可以通过随访目标顾客，或者访谈承租户，也可以做深度市场调查，了解消费水平和相关状况。

（3）看看交通是否便利?地铁有吗?有大型停车设施吗?

（4）注意销品茂的经营规模，要考虑自己的实力和长远规划。要了解销品茂的功能规划和整体定位，如何设计主体?娱乐、购物主力店的投资商情况如何?是否能有效聚起客流?起到商圈群聚效应，从而进一步吸引其他店铺的投资?

（5）要多问几个“是否”来考察销品茂的人文情怀。档次是否中高档以上?受众基础是否广泛?生命力是否有较长?是否将消费文化元素注入销品茂的物理空间和人文空间?是否整合上游各业态品牌资源?是否具有建筑设计规划文化性?一个很好的案例，美国的明尼苏达美利坚销品茂将美利坚大学设在 Mall，还展现美国探险科幻精神，它关注的是“精神文化复合型消费”。

（6）要了解销品茂的商品组合，找到自己的突破点，同业差异，异业互利。一般在销品茂，产业经营黄金的比例：通常零售、餐饮、娱乐是 52∶18∶30。销品茂商品组合的宽度和深度很不同，一般通过大型百货公司和综合超市大卖场来实现极宽商品组合，而通过专卖店、专业大卖场来实现极深的商品组合。

（7）要考察销品茂的经营方式：是自营?联营?租赁?一般有实力的销品茂自营核心主力零售店，招非主力零售店尽量以联营、租赁为主。

销品茂确实给我们提供了很大的机遇。

四、商铺

谈起商铺，我们就自然会想起早期的庙会、菜市当时出现的雏形，到现在大商场、大卖场、城市综合体出现的发达商铺。这之间经历了无数代的变化，而我们所讲的“一铺养三代”的投资理念一直深入人心。

在房地产新政下，虽然住宅市场萎靡不振，不少城市量跌价滞，但是房地产新政对商铺的影响并未体现，相反，二手商铺房源更显吃香。究其原因，主要是市场上的商铺未受到调控政策的限制，商业地产和商铺是风险投资的避风港，无论从市场角度还是投资角度，商铺都已凸显其价值，比如，从市场供需数据分析，显然商铺是人们投资的重要内容如作为中长期的投资品，商铺要比住宅3%的租金回报率要高。

说起商铺投资，白领都会梦想在黄金地段沿街拥有一个很小店面，因为这种旺铺不愁租，那么如何选择商铺呢？

（1）选择铺位位置是关键，要考察人气，人流聚集密度和人流流向。一般来说，人气旺，租售必定会两旺；而租售旺，肯定地段位置比较好；地段好的，租金也肯定是昂贵；而租金昂贵的，财富效应就肯定较大。通常，可选择那些逛商场的顾客经过的地方，比如，市内步行街的交叉口、主入口处等。

（2）要选择适合你的地段中最好的，因为不同地段，它的定位不一样，而不能反过来去选择那些最好地段中的适合你的。比如，如果上海市淮海路是一流地段，那么在这条路上卖五金建材恐怕是比不过在北京路上。从另一视角来说，做不同的行业，对商铺的要求也不一样。做酒吧、卖服饰、开饭馆，面积、楼层、门面宽敞要求都是不同的。

（3）究竟选择办公楼底商铺？还是住宅底铺？或者是纯商业区商铺？这要看功能。一般从租售角度来说，纯商业区的商铺销售最容易，办公楼商铺和住宅楼底铺的销售相差不多，取决于消费人群，取决于人气是否旺盛。对于个人投资者而言，以选择街铺为主；而对机构投资者而言，可以运用资本运营的方法去处理。比如，整盘收购；在环线内出现的商铺具有一定存活率；如果在条件差不多情况下，首选新铺。

（4）由于产权商铺可以自由地转让、抵押、出租，因而，显然它的好处高于以租售方式取得商铺，一般应考虑购买产权商铺。

上面我们主要谈了一些商业地产经营思考，一般来说，传统开发商如何能快速转型投资商业房地产呢？显然，需要重视以下三大问题。

（1）要有正确定位，这就需要做很细致的市场调研和策划，由于商业项目开发的特点和流程不同于住宅项目，因而需要有富于商业开发流程经验的专业人士的精心研究，需要打造能吸引客户的时尚概念，需要新颖的商业组合，精湛的设计布局和设施规划等。

（2）需要雄厚的资金实力和管理团队，拥有充裕的财务现金流，还拥有一支创新和执行力很强的团队，确保商业地产运营成功。

（3）商业地产需要有成功的竞争策略，比如，可租性、适销性、满意性等。

第五节　中国房地产发展思路

当前，美国出现经济和金融二次探底的可能性并没有完全消除，全球面临滞涨的风险，这与20世纪30年代大萧条时期出现的滞涨和70年代出现的滞涨有所不同，但是相同的是美籍奥地利经济学家约瑟夫·熊彼特所发现的创新蜂聚所描述的情形相类似。这就是因为当前信息技术革命创新之后，由于资本性支出遇到了产能扩张的减速和瓶颈。在这种全球经济背景下，我国2011年经济总体却取得了不错的增长，严格控制输入性的流动性和控制通胀，这些政策效果会逐渐体现出来。就目前来讲，中国楼市调控成效出现，多数城市房价涨幅明显趋缓，有效抑制了投机购房的需求，通胀也趋缓，但是也出现了新的问题，存在着一系列不协调的现象 。比如，国家统计局公布数字显示2011年6月全国70个大中城市新建住宅价格环比涨幅继续趋缓，但同比涨幅多数城市房价仍在上涨，二、三线城市领涨，甚至有的涨幅超过了北京、上海等一线城市；由于一线城市的限购使得很多房企和资金流向了二、三线城市，推高了二、三线城市的房价，这就是部分二、三线城市和中小城市房价快速上涨的原因之一；还有有的地方保障房开工率比较低，所以要把房价降下来，就必须要持续调控。

现在新增流动性的压力仍然很大，推动通胀的因素仍然存在，比如，2011年6月CPI上涨6.4%，创3年来新高，尽管3次加息，6次准备金率上调。从国家统计局数据显示：6月全国医疗保健和个人用品类价格上涨3.4%，全国居住类价格同比上涨6.2%，而全国食品类价格同比上涨14.4%，影响CPI上涨约4.26个百分点，其中猪肉价格上涨57.1%，影响

CPI 上涨约 1.37 百分点，导致猪肉价格走高的原因：一方面受养殖户饲养如玉米、饲料、杂粮成本增加，另一方面是猪肉供求关系不平衡，比如年初肠胃炎疫情大量母猪死亡等。2011 年 6 月 CPI 创纪录似乎是“猪之罪”，但是 CPI 创新高本质原因不是“猪之罪”。

从本质上来看，通胀的主要原因还是内生性因素，也就是货币超发。目前我国流通性过剩是主要问题之一，通过采取加息和准备金率上调使得 M1 回落，但还不能抵消货币增长带来的金融效应，如果加息过猛，反而会刺激国际热钱涌入中国，这样会超过加息所收缩的流动性的规模，为了抑制 CPI 上涨，看来应少用加息工具，而可采取准备金率上调等数量型工具。

如何从粗放式的经济增长方式转向集约式经济增长方式，这是目前需高度重视的问题，比如习惯用增发货币这种粗放式的经济手段，虽然促进经济发展速度，但是也带来了通胀的问题，因此如何经营、调节、优化是关键。

在经济增长与控制通胀的两难选择中，特别要考虑和防止经济的重大风险，目前采取适度紧缩的货币政策和房产调控都是为了抑制投机和投资需求，预防经济泡沫，使得房地产市场走上健康之道，确保经济的增长。因此，必须要下定决心从严把握和执行房价和控制目标，确保保障性住房用地，以巩固调控效果。一项政策的执行需要有一段时间的消化期，特别是长期以来我们保障房建设比较弱化，现在正在加快其建设，这是需要时间的。

2011 年建保障房 1000 万套、需要 1.3 万亿资金，“十二五”期间国家决定建保障房 3600 万套，近 4 万亿；而 2011 年 1000 万套保障房有较大的资金缺口。因此要建立房地产市场一个长效的机制，首先要抓好保障房建设，将其纳入政策的问责制，强化执行力，让 4 亿工薪阶层真正享受到实惠；其次用市场办法推进商品房的建设，未来几年有不少差的房地产企业会被市场淘汰，还要对现有“土地财政”模式进行改革，形成保障房和市场商品房两条腿走路的办法，规范秩序，理性平稳发展。

比如 2011 年上海住房供地计划 1200 公顷，比 2010 年要增加 9%，其中纯商业住宅类型用地占总量 30%，保障房性质的用地占 70%，其中推出公共租赁房用地 100 公顷。尽管随着农村城市化和工业化的推进，2011 年又是“十二五”计划开掘之年，由于经济发展，土地的需求十分巨大，未来的土地市场的供需状况会出现严重不平衡，土地供应会日趋紧张，但据有关数据表明，2011 年一季度全国土地市场低迷，供应量和成交量缩水明显，市场趋于谨慎，在这种背景下上海的新一轮土地较大的比例保障房的住宅用地有着积极的意义。

（1）现在大力新建保障房，使得对现有房价涨幅的下降起到了推进作用。表明了政府坚持两条腿走路，有钱的人去购买商品房，没钱的人进入保障房，大大提高了老百姓对房地产调控的信心。

（2）有助于抑制通货膨胀，降低通货膨胀的压力。

（3）有助于未来一线城市的房价涨幅收窄，稳固房地产调控的成果。

（4）随着保障房建设的力度的加大，面临这种背景下，不少开发商等待房价反弹时机，但是在没有新的政策信号的情况下，未来的土地市场各方态度谨慎，开发商拿地理性，市场冷清。2011 年一季度土地成交量比 2010 年一季度同期下降的原因，不仅是因为土地供应量的缩水，而且是因为房产调控正在显示它的政策效应和辐射作用，使购房者的购房预期下降。

国土资源部发出通知要求坚决控地价、防地王，有助于稳固以前的房地产调控政策的效果，有助于推进保障房建设，这也是直接对价格进行调节。房地产市场需求曲线不仅受市场成交量的影响，而且受房地产市场的价格影响。控制房价要从源头抓起，必须要去控制地价，而控地价、防地王，当然最直接应从土地出让的环节抓起。

首先，从短期角度来说，这一政策对于百姓的预期产生了很大的影响，使大家看到未来房价降价的希望，预期变化了，就会对需求有影响，从而影响了价格；其次，从中期角度来说，如果从现在抓起，强化这种制度设计和操作规范，那么从拿地到建房这几年的过程中，会对房地产市场理性发展起到了积极作用，对房地产市场格局起到很大的影响。

限购是对房地产的市场交易量在短期内起到立竿见影的直接效果，加上准备金率、加息、限货等金融调控起到的积极间接作用，包括这次控地价，通过这些办法抑制了房价，争取到时间，我们可以积极推进和完成保障房的建设，加大供给，打击投机。

2011 年的上调存准率力度较大，比如中国人民银行决定从 2011 年 5 月 18 日起上调存款类金融机构人民币存款准备金率 0.5 个百分点，一次性冻结资金 3700 亿元，大型金融机构存准率将达 21%，中小金融机构存准率为 17.5%。

上调存准率是一把“双刃剑”。准金率的连续上调会对开发商的资金产生较大的影响，加大融资成本，增加房地产企业的融资难度，会导致开发商资金吃紧，从而加速城市的房价下跌。虽然地方的项目投资提速带动城镇固定资产投资的增加，加上由于我国保障房建设步伐的加快，第二批保障房专项资金的下拨，尽管这些推动房地产投资的发展并仍然保持强劲的增长，但是由于商品房的市场受到限购令的调控和问责制的政策影响，房地产商对资金越来越吃紧，日子难过。从房地产角度来说，无论是开发贷款还是购房贷款都出现了严厉的收缩，有统计数据表明，2011 年上半年房地产的开发贷款和购房贷款两者累计同比下降四成多，据很多信息反馈，目前很多中小房地产企业资金链很紧，直接影响到他们的生存和发展，当然这样通过一段时间的市场竞争，优胜劣汰，将部分没有实力的中小房地产企业出局，使市场规范化。从而客户回笼资金难度增加，这是因为随着存准率的接连上调，个人房贷业务将会偏紧。有些银行都在收紧个人经营性贷款业务，由于信贷资源紧张，有些银行个人经营性贷款的利率水平至少在基准利率上浮 15% 以上，如果以担保等方式的个贷贷款利率要上浮 50%。不少银行受到较大的存贷比指标压力，所以收紧政策将继续延续。

准金率的连续上调也是有利于解决高企通胀和充裕性流动性过剩的问题。由于我国的通胀既有输入性的通胀影响，更有内生性的通胀影响，加上最近工资上涨拉动的通胀，显然抗通胀不是一场短期战。近年来我国贸易顺差的增加，加大了央行基础货币的投放量，所以通货膨胀和流动性过剩是我国主要经济问题之一，需要加以重视。由于 PPI、社会商品零售总额同比增速都比预期来得低，显然当前经济增长有所放缓，尽管有利于抑制通胀，但是由于固定资产投资和 CPI 同比增速都比预期来得高，这表明投资反弹所拉动的经济增长还存在泡沫，需要及时调整中国经济结构，未来的房地产将继续强化调控。

中国的房地产调控应该要从短期的价格目标向长期结构目标进行转化，不要仅仅考虑短期效果，还需要把握分寸，不断地完善政策，强化落实，严格把好关。

现在限购在扩容，限贷在升级，这对抑制房价过快上涨会起到作用，下一步限涨将成为趋势。比如，深圳市国土部门召开了会议，将以前“价格增幅不超过 GDP 涨幅”的目标调整为“价格月度环比零增长”；又如，河北廊坊市有关部门提出新建普通商品住房价格最高不得高于 9000 元/平方米，还有上海之前发出通知要求房源成交价格应当与经房管部门备案的一房一价保持一致。显而易见，限令正在全面升级，这对抑制房价过快上涨会起到一定的作用。

曾经涨破 20000 元/平方米的北京通州房价为何集体“跳水”，不少楼盘均价跌至 14000 元/平方米左右，回归 2009 年初价位？面对“筑底说”，有业内爆料称，售价万元以内即可“保本”。关于北京通州房价集体跳水的现象可能有不同的原因，比如熟悉通州楼市的某资深业内人士一语道破奥秘：“通州现在的低价盘，不少是比较早拿地的，其中一些还是协议出让获得，就算现在降到了 14000 元/平方米，利润也不低。”不管这个理由充分与否，但是普遍的现象、不真的事实是由于宏观经济调控和货币紧缩政策，不少中小房地产企业面临的压力很大，具体表现在存货量大，去化率低的困境，中小房地产企业的融资出现了严重的瓶颈，如果不用促销折扣或降价就很难撬动现在的房地产市场。

现在的降价项目范围很广，随着时间推移，原来促销折扣停留在九五折的已经不新鲜了，因为这种打折现象比较多，消费者更多地从过去的观望变成了现在的等待，那就是等待房地产楼盘降价，从这个角度来说，消费者的购买欲望是存在的，如果不打折、不降价，那么就没有良好的业绩支撑企业，就会出现资金链的严重问题，因此在现在的市场情况下，楼盘降价幅度在短期内10%以内是不少中小企业房地产开发商的普遍心态，也是正常的市场行为，谁先策略性降价10%谁就先领跑区域板块市场。从开发商目前的承受最大的极限来说，开发商在原有的基础上打七折已经是到顶了，但是在目前这种情况还不多。

总之，目前降价是开发商规避风险、提升去化率的重要手段，现在已经到了“金九银十”，这是消费者的普遍购房习惯，在目前价格坚挺成交萎靡的情况下，供需双方僵持，积蓄的消费只有在降价才能得到释放。最近，就像上海陕西北路1688项目，尽管地段好、内环内、小户型，价格也往下压了1000～2000元/平方米，所以上海的近郊房价下跌可能性是比较大的。

还有一点需要关注的是租房问题，比如上海、北京等一线城市房租出现新一轮上涨，全国各大城市租房价格普遍上涨，国家统计局公布2011年1月租房租金价格上涨7.1%，交通便利的房源涨幅更高，未来房租下跌风险很小，普遍预期至少上涨10%。特别是中户涨幅最大。上涨的原因：

第一，限购令推升租房价格，很多人不能买房了，就自然会寻求租赁市场。

第二，通货膨胀预期增加，特别是充裕流动性，使得物价上涨，也推动房租上涨。

第三，租房旺季季节性上涨，比如大学毕业生参加工作，使得房租价格上涨。

第四，有些中介先找便宜房承租，然后高价转租，也有些中介联手炒作。

第五，从供需角度来说，租赁市场需求远远高于房源供应数量。低端房市场租赁需求大量释放，特别是市区外围的那些中低端租赁市场需求较大，由于中低价位中小户房源很少，促使租金环比上涨，但高端房租赁需求减少，租金上涨动力不强。

房租疯涨，对中低下收入群体包括刚毕业的大学生和不少困难群体生活带来了影响，面对租赁市场上涨，怎么办?

看看德国，房租在三年内不得超过20%，如超过视违法；如超过50%，视犯罪。我们应要拿出有力的措施，每年对大中城市制定租价表，确定合理的房价，对那些不在正常租赁价格区间波动要进行动态跟踪，采取红绿灯管理办法，特别是对那些大大超出正常房屋租赁市场价格的，建议政府要征收税收，抑制那些人为炒作因素，对那些合理租赁价格要积极鼓励。有关部门应加强市场的监管，严厉查处中介通过不法手段炒高房租行为。一方面，要增加税收等办法抑制房屋空置，将更多房源进入租赁市场；另一方面，多提高中小套普通商品房建设比重，增加公共租赁房。

第四章 中国房地产企业融资问题研究

第一节 国内外房地产融资理论

一、国外的房地产融资理论

国外的房地产融资理论是随着融资理论发展而发展的，最早起源于1775年的英国。经过近半世纪的成熟发展，国外融资理论由实践过程到理论模型的建立，已经形成一套理论和体系，从早期企业融资理论发展到现代企业融资理论，再发展到近期融资理论。其中近期比较有代表的是以美国经济学家大卫·杜兰特提出的资本结构理论。1952年大卫·杜兰特在题为《企业负债及权益资金的成本：趋势和计量问题》的论文中，提出企业的资本结构是按照下列三种方法建立的，即净收入法、净营运收入法和传统法，这是早期的资本结构理论，它形成于20世纪50年代，跨越到70年代后期，以MM定理为中心，之后的资本结构理论主要沿着这两个主要方向进行探究：一个研究税收的差异对资本结构的影响；而另一个则去探究资本结构同破产成本之间的关系，后来发展为权衡理论。

随着信息不对称和博弈论的引入，产生了新资本结构理论，大量引入经济学各方面的最新分析方法来解释资本结构问题。威廉姆·B. 布鲁格曼和杰夫·D. 瑞费雪针对住宅房地产融资和收益型房地产融资提出了固定利率抵押贷款、可变利率抵押贷款、不定支付抵押贷款等融资模式，并指出美国房地产金融的发展与美国金融法律制度的建全和完善是分不开的。劳伦斯·朗瓦认为，房地产投资信托实际上给投资者提供的是一种类似债券的投资方式，一般只适用于商业地产，因为其现金流远较传统住宅地产的现金流稳定。有的研究者还认为，房地产企业融资风险与公司规模、企业员工数是正相关，但与净资产收益率、固定资产、年销售收入却是负相关。

近期还有代表是梅耶斯、Stewart & Majluf提出的新融资优序理论，该理论认为：由于破产风险和代理成本的存在，股票融资会被投资者视为企业经营不良的信号，从而低估企业的市场价值。因而，企业融资的顺序首先是内部融资，其次是债务融资，最后才是股票融资。一般而言，房地产企业的融资渠道和方法按照类型来分，可分为：直接融资和间接融资、内部融资和外部融资。梅耶斯和马吉卢夫（Myers and Mjiluf，1984）[①] 的融资优序理论（Perking - order）认为，西方的融资应遵循：内部融资—债务融资—股权融资的顺序；而Masulis[②]（1980）在论文里的实证研究，也证明了这一点。西方的融资顺序是否适合于中国中小房地产企业的融资偏好，这是有待于研究的。也就是说，中国的房地产企业究竟是先内部融资还是股票融资，或是债券融资，这可能取决于对不同的融资方式的融资期限、成本、风险及其效果，需要做专业评估。

延续此观点，国内外多数学者提供诸多经验数据和理论依据，针对中国国情研究的具体观点有：魏成龙、杨松贺[③]（2010）指出，在特定的政策环境和不健全的市场环境下，中国上市公司具有强烈的股权融资偏好，存在典型的异常有序融资现象，在微观上主要表现为公司通过各种融资方式“圈钱”行为，宏观上表现为资本市场的筹资功能被强化。倪铮、魏山巍[④]（2006）通过对我国公司债务融资的现状分析发现，由于政府融资系统在资金融通和分配过程中占据了支配地位，因而在很多方面限制和阻碍了企业债券融资渠道。

目前，国外房地产融资的主要模式有：证券化为主导的融资模式、银行为主导的融资模式和政府为主导的融资模式三种。实行证券化为主导的融资的国家主要以美国、加拿大和丹麦为典型。从开发性融资渠道来讲，由金融创新创造出的许多的房地产金融衍生工具，一般都是以房地产抵押贷款为主，信用贷款和保险代理为辅的方式开展房地产信贷业务的。

二、国内的房地产融资理论

我国国内学者对于房地产融资问题领域的研究起步较晚，由于配套的法

① Myers and Mjiluf. Journal of Financial Economics，1984：13

② Masulis. Stock Repurchase by Tender Offer：An Analysis of the Causes of Common Stock Price Changes. Journal of Finance，35：305 - 319

③ 魏成龙，杨松贺．中国公司股权融资偏好的形成机理及治理对策分析［J］．经济学动态，2010（11）：52 - 55

④ 倪铮，魏山巍．关于我国公司债务融资的实证研究［J］．金融研究，2006（8）：23 - 33

律法规不完善，因而许多理论问题需要进一步探讨和研究，这里进行简要的相关文献综述。

1．关于我国房地产企业融资渠道单一、对银行过高依赖度的观点。

比如，刘丽琴（2010）① 认为，房地产企业融资渠道相对单一，目前，我国房地产企业资源主要来自银行贷款，银行资金的供给也相对稳定，对于投资数额大、周转期长的房地产业，银行是其最为稳定的资金来源，但是由于房地产企业融资过于依靠银行贷款，致使房地产开发的资金来源过分集中于银行，使银行承担过多的风险。从我国房地产市场的运行来看，银行信贷贯穿于土地储备、交易、房地产开发的房产销售的整个过程。吴国富（2010）②认为，房地产融资方式可以分为内源融资和外源融资。内源融资主要是指房地产企业的自有资金，包括票据、可以抵押贴现的债券、出售的楼宇以及在近期内可以回收的各种应收账款、可以出售的各种物业的付款以及期房销售收入。外源融资分为间接融资和直接融资，间接融资主要是指从金融机构获取资金解决房地产开发中的短期资金需求，其主要的融资方式是银行贷款。而直接融资主要是从资本市场获取资金用于长期性投资，其融资方式包括债券融资、股票融资、房地产证券化和房地产投资基金等。白建平（2011）③ 认为，房地产企业对于风险缺乏预期，资金来源上过于依赖商业银行，融资方式上也较为单一，这严重加大了银行方面需要承担的风险。同时，很多银行看好房地产市场，而盲目地把贷款贷给房地产企业，很多中小银行一再降低贷款标准，这严重加大了银行的贷款回收风险。蒋文怀（2011）④认为，有关专家估计，一般年份我国房地产企业的融资结构为：开发贷款约12500亿元、A股融资500亿元、债券融资300亿元、信托融资1500亿元、外资800亿元，银行融资约占80%，其他合计约占20%。韩彦峰、苏瑞（2011）认为⑤，我国房地产资金现在主要来自五个方面，国内贷款、利用外资、外商直接投资、自筹资金以及购房者的定金和预付款。其中，银行贷款占最大比例。对于大多数中小房地产开发企业来说，其主要资金来源有三个：一是自筹资金；二是银行贷款；三是定金与预收款。表4－1显示各资金来源的百分比。

---

① 刘丽琴．价值工程，2010（7）：26

② 吴国富．房地产开发融资方式探讨［J］．金融经济，2010（10）：142

③ 白建平．房地产企业融资渠道研究［J］．金融研究，2011：101

④ 蒋文怀．房地产融资应实现多元化［J］．中国金融，2011：81

⑤ 韩彦峰，苏瑞．我国房地产业融资现状研究［J］．特区经济（Special Zone Economy），2011（1）：272－273

表4-1 各资金来源的百分比

年份	资金合计	国内贷款		利用外资		外商直接投资		自筹资金		其他资金	
		总额(亿元)	占比	总额(亿元)	占比	总额(亿元)	占比	总额(亿元)	占比	总额(亿元)	占比
1997	3817.07	911.19	23.87%	460.86	12.07%	327.90	8.59%	972.88	25.49%	1454.79	38.11%
1998	4414.94	1053.17	23.85%	361.76	8.19%	258.87	5.86%	1166.98	26.43%	1811.85	41.04%
1999	4795.90	1111.57	23.18%	256.60	5.35%	180.48	3.76%	1344.62	28.04%	2063.20	43.02%
2000	5997.63	1385.08	23.09%	168.70	2.81%	134.80	2.25%	1614.21	26.91%	2819.29	47.01%
2001	7696.39	1692.20	21.99%	135.70	1.76%	106.12	1.38%	2183.96	28.38%	3670.56	47.69%
2002	9749.95	2220.34	22.77%	157.23	1.61%	124.13	1.27%	2738.45	28.09%	4619.90	47.38%
2003	13196.92	3138.27	23.78%	170.00	1.29%	116.27	0.88%	3770.69	28.57%	6106.05	46.27%
2004	17168.77	3158.41	18.40%	228.20	1.33%	142.56	0.83%	5207.56	30.33%	8562.59	49.87%
2005	21397.84	3918.08	18.31%	257.81	1.20%	171.41	0.80%	7000.39	32.72%	10221.56	47.77%
2006	27135.55	5356.98	19.74%	400.15	1.47%	303.05	1.12%	8597.09	31.68%	12781.33	47.10%
2007	37477.96	7015.64	18.72%	641.04	1.71%	485.39	1.30%	11772.53	31.41%	18048.75	48.16%
2008	39619.36	7605.69	19.20%	728.22	1.84%	634.99	1.60%	15312.10	38.65%	15973.35	40.32%
2009	57799.04	11364.51	19.66%	479.39	0.83%	403.43	0.70%	17949.12	31.05%	28006.01	48.45%

2. 关于要拓宽房地产企业的融资渠道和融资模式的具体观点。

比如，肖淦昌（2011）① 指出，房地产企业融资应该充分利用房地产信托，他认为在未来最可行的融资方式是房地产信托和房地产抵押贷款证券化。陆海飞（2011）② 认为，鉴于我国房地产融资应该与基金、信托投资等相互结合，要尽可能减少间接融资，减少对银行贷款的依赖，加快开发地产金融投资产品，比如地产信托和地产基金等产品。吕根铨（2010）认为③，从短期看，买壳上市是缓解我国部分房地产企业融资困境的有效途径；从长期看，应建立以房地产信托产品和产业投资基金为主的多元化融资渠道。王妍（2010）④ 通过单次博弈和重复博弈，在动态中寻找精练的子博弈纳什均衡的过程中发现，应完善信贷风险防范体系，建立房地产企业与银行之间的信息完全对称机制，并加强房地产开发企业融资渠道多元化建设。汤华然（2011）⑤ 从国内房地产业融资现状入手，分析了当前单一融资模式形成的原因及影响，考察了国内外房地产业的主要融资渠道：房地产信托、房地产业基金、住房贷款证券化的含义特征，在比较的基础上进行了规范分析。屈航（2010）⑥ 提到，房地产企业融资方式可以归结为以下几种：①直接投资。常见的直接投资包括股权投资和上市融资。权益性资金融通的优点是所有权属于企业，并且能够长期占有和自主使用，没有还本的压力及利息负担，但其可能会分散企业的控制权。②借贷资金融通方式。具体有借外汇贷款（外债）融资、人民币贷款融资。人民币贷款融资又分为金融机构贷款和非金融结构贷款。③担保贷款。④经营性资金融通方式。其中包括商业信用、预售经营收入。⑤委托贷款。⑥通过金融产品融通资金。吴国富（2011）⑦ 就房地产开发企业融资方式新形式进行了论述，认为新形式的融资方式指夹层融资，是一种介乎于债券和股权之间的信托产品。房地产信托融资又称 REITs，是一种以发行收益凭证的方式汇集特定多数投资者的资金，由专门投资机构进行房地产投资经营管理，并将投资综合收益按比例分配给投资者的一种信托资金。从本质上看，REITs 属于资产证券化的一种方式。岳宗玉、王洪涛

① 肖淦昌．我国房地产企业多元化融资分析［J］．中国房地产金融，2011（1）

② 陆海飞．我国房地产融资问题刍议［J］．经济研究，2011（2）

③ 吕根铨．新政下房地产开发企业融资策略研究［J］．现代经济信息，2010：150

④ 王妍．银行与房地产开发企业的动态博弈分析［J］．系统工程，2010：55

⑤ 汤华然．我国房地产融资问题研究［J］．科学发展，2011（3）：57－64

⑥ 屈航．房地产开发企业融资方式浅析［J］．财会通讯，2010（5）：28－29

⑦ 吴国富．房地产开发融资方式探讨［J］．金融经济，2010（10）：142－143

(2010)[①] 提到融资方式有：自有资金、发行股票、银行贷款、债券融资、预收账款、典当融资、房地产信托融资。房地产融资横跨在前期准备阶段、建设阶段、销售阶段。房地产融资要针对不同规模的房地产企业而做不同的模式选择，比如上市房地产公司、中小房地产公司。万荣（2010）[②] 提到：房地产业是典型的资金密集型行业，房地产行业的资金来源过度依赖于银行贷款，不仅使国内金融系统积累了大量的金融风险，而且也限制了房地产行业的进一步发展。房地产行业急需创新金融融资工具，房地产投资信托基金相对于其他房地产融资工具具有无可比拟的优势。金文辉（2010）[③] 提到，我国房地产公司主要的融资选择，无非不外乎三种方式：一是公司内部积累融资；二是银行贷款或发行债券；三是股权融资。但是中国房地产公司融资偏爱于银行贷款融资，这就造成了我国房地产公司负债率偏高的现象，其原因有三：①项目融资和土地抵押成为中国房地产公司举债融资的主要方式；②由于我国资本市场还不成熟，因而造成房地产公司资金融资渠道单一；③企业自有资金不足，为了满足公司的快速发展，将会不遗余力地进行银行贷款。

第二节　中国房地产企业融资现状

笔者认为，房地产行业是国民经济的重要支柱产业，其健康良性发展对国民经济有着重要意义。而房地产行业是资金密集型行业，项目投资大，资金量大，回收期长，房地产开发整个周期内都需要大量的资金支持，资金对其发展有着举足轻重的作用；与一般的产业不同，房地产兼具了投资与消费的双重性。

我国的房地产市场经历了10多年的繁荣期，房地产行业的膨胀带来了资金需求的急速增加。由于2008年全球金融危机对中国的股市和楼市产生了较大的冲击，也是房地产行业和房地产开发商艰难的一年，2009年中国出口连

① 岳宗玉，王洪涛．我国房地产企业融资模式的选择［J］．现代经济信息，2010（24）：293－294

② 万荣．构建中国房地产业的新型融资方式——房地产投资信托基金探析［J］．经济问题，2010（3）：105

③ 金文辉．我国房地产公司运行特点与融资行为研究［J］．现代管理科学，2010（1）：83

续13个月为负，虽然到了2010年GDP增长10.39%，但是伴随着政府对房地产市场调控政策的力度加大和金融市场流动性风险的双重打击，中国房地产企业都面临着资金短缺的局面，房地产行业更是有了“百日巨变”一说。政府出台了针对房地产业的信贷紧缩政策，“国八条”行政、经济手段升级，“限购、限价、限贷”则将直接对投资投机性购房需求产生抑制作用，但房地产融资需求并未受到实质性的影响。面对国家对于房贷政策的调整及对银行信贷规模的控制，房地产开发企业依赖银行贷款进行融资的格局受到挑战。

2010年，房地产调控使得一、二线城市新建住宅销量30%下跌，上市房企行业总负债首破万亿元，中小房企报亏增多。但迈入2011年5月，楼市调控的重压开始发挥实质影响，随着A股第一季报披露的完成，房企总体业绩使第一季度营业总收入同比下跌，行业总负债首次突破万亿元大关。Wind咨询数据显示，剔除ST公司后，A股上市的113家房地产企业一季度净利润出现同比下滑达到了42家，出现亏损的房企为25家，大多是中小房地产企业。

中国继2010年4月出台《关于坚决遏制部分城市房价过快上涨的通知》，即“新国十条”以及9月29日的楼市新政后，又出台了《关于进一步做好房地产市场调控工作有关问题的通知》，“国八条”旨在加强保障性住房建设力度，提高二套房首付比例和利率，规定首付款比例不低于60%，贷款利率不低于基准利率的1.1倍，并对部分房价过高，上涨过快的城市实行“限购令”。截至2011年3月31日，“国八条”实行后，先后有608个城市公布年度新建住房价格控制目标①，统计局也公布了70个城市的新建住宅价格指数和新建商品住宅指数，国家对房价调控的决心可见一斑。

2010年网上一个视频制作团队推出了一段《楼市三字经》，借用《三字经》的行文格式、再配以搞笑的卡通画面，痛批房地产市场的种种乱象，以表达百姓对房价回归合理区间的期望。“庚寅春，真疯狂，众央企，抢地王”、“四月中，新政降，如惊雷，似猛浪”……

由于受到国际金融危机动荡影响，目前全球发达国家还未复苏。尽管中国一枝独秀，GDP增长较快，但由于人民币升值、劳动力、原材料价格上涨，加上房地产宏观调控等因素的影响，中国正面临着通胀压力。为了抗通胀，货币政策自然趋紧，又加上房地产调控，出台一系列的调控政策，“限购”在扩容，“限贷”在升级，不少城市出现价降量跌，这使得房地产企业融资更加困难。

尽管融资困难是各国中小企业普遍面临的问题，但是，在当前经济调控

---

① 数据来源：CREIS中指数据，fdc. soufun. com

的背景下，经济增长减缓，加上宏观经济存在极大的不确定性，使中小企业面临很大风险，特别是相当部分的中小房地产企业发展过程中，遭遇融资瓶颈矛盾更加突出。中小企业融资难既有内部原因也有外部原因，内部原因比如家族式管理、信用保障缺失，而外部原因是商业银行对中小企业贷款的门槛过高、政府职能不到位、资本市场融资难。

中小房地产企业如何应对融资瓶颈的突破，如何挖掘现有资源，使得企业发展壮大，这就需要中小房地产企业合理定位，研究房地产融资问题，运用专业知识，发挥政策效应，强化企业财务管理，吸纳成功经验，积极拓展直接融资方式的多元化渠道和创新，适合中小企业的资本市场平台，还有要加强政府对中小企业的扶持，建立和完善各项资本市场的制度和措施，以确保中小企业资本市场融资的效率，规避融资风险。研究者表明，未来直接融资的增长速度要快于 GDP 增长速度，这是中小企业进入资本市场直接融资的有利契机，也是中国金融市场从资金供应角度对中小企业发展的支持，所以当今拓展中小房地产企业融资渠道不仅具有理论意义而且具有现实意义。

第三节　拓展房地产企业融资渠道

过去 20 多年来，我国房地产开发企业的主要资金来源是银行贷款和预售房款。但随着近年来一些贷款缩紧政策的出台，国内房地产开发“门槛”提高，银行贷款难度加大。如何筹措资金解决或缓解自身的资金压力，已经成为中小型房地产企业面临的最为现实和紧迫的问题。近期，在小企业金融服务座谈会上，王岐山表示，面对当前极为复杂不确定的国内外形势，处理好经济发展、调整机构、控制通胀三者的关系，实现全年经济社会发展目标，是一件很难的事情。缓解小企业融资难，关键要多措并举，加快金融体制机制改革和组织制度创新，充分发挥好市场机制和政策支持的作用。王岐山还强调，“百业兴，则金融兴；百业稳，则金融稳”。

总体来看，我国房地产融资渠道单一，由于缺乏发达的多层次房地产融资市场，我国目前大部分房地产开发企业股本不足，融资渠道狭窄，经营资金过分依赖银行贷款。我国房地产资金构成主要由国家预算内资金、国内贷款、债券、利用外资、自筹资金和其他资金来源组成。但估算，房地产开发商的自筹资金 10% 是由个人住房贷款形成的，其他资金来源大约有 20% ~

30%间接来源于银行贷款，统计资料显示，房地产企业70%以上的资金来自银行贷款，大大高于银行贷款最多不超过房地产总投资40%的国际通行标准，银行贷款在房地产融资结构中占绝对比重，房地产企业融资对银行贷款的依赖程度很高。

银行对房地产行业的贷款的产品设计简单，政策宽松时拼命房贷，紧缩时却惜贷，只要央行紧缩政策，房地产就出现资金紧张。由于直接融资渠道不畅，融资成本偏高；土地购置类融资渠道缺失，资本金比例难以合规；中小房地产企业融资空间狭窄。一旦房地产经济发生波动，房地产企业的经营风险将转变为银行的金融风险，进而影响国家的金融安全。为此，必须尽快建立房地产多元化融资机制，分散和化解房地产金融风险。

选择合理的融资模式，创新融资渠道，对房地产企业的发展具有重要的意义。企业要开拓出一条多元化的融资道路，合理利用一些新兴的房地产融资方式，用多元化的融资格局代替以银行贷款为主的单一融资格局，吸引更多的投资者和融资工具，扩大融资市场，降低融资和交易成本，优化融资结构，确保筹集的资金都得到合理的利用。

我国房地产融资存在着多种融资模式，归纳起来大致有如下几种：国内银行贷款、企业国内上市、企业海外上市、信贷融资、境内发行债券、海外基金、外资银行贷款、融资租赁、民间融资、房地产投资信托基金（REITs）和典当。

企业融资的主要方式有债务融资与股权融资。一般来说，对于预期收益较高，能够承担较高融资成本，而经营风险较大，要求融资的风险较低的企业倾向于选择股权融资方式；对于传统行业，经营风险较小，预期收益也较小，一般选择融资成本较小的债务融资方式进行融资。股权融资主要通过发行股票的方式融入资金，而债务融资是通过银行或其他金融机构贷款或发行债券的方式进行融资。

债权融资、股权融资和上市融资是中小房地产企业除传统信贷以外三大融资方向。企业应从这些融资方式的发展现状、特点以及未来的发展趋势方面入手，进行理论、实证和案例研究。

企业利用债权融资是有偿使用企业外部资金的一种融资方式，具有财务杠杆效应。债券融资是指企业通过向个人或机构投资者出售债券、票据筹集营运资金或资本开支。债权融资包括银行贷款、企业债券、民间借贷、金融租赁、信用担保、私募债权基金等。债券融资的优势在于：①只要企业息税前利润高于债券利息率，企业就可通过发行债券获得财务杠杆好处，还可以抵税；②债务融资不会稀释股东的控制权；③当企业破产时，债权人具有优先受偿权，融资成本低。债券融资的劣势在于：①发行债券严格，通常公司发行债券不能超过公司总资产的一定比例；②债券到期时对企业的资金流动性要求较高，企业面临的支付风险比较大。

民间资本也是一种融资方式。现在通胀预期之下超万亿元规模的民间资本青睐于房地产。中国首只商业地产基金高和投资，联合住建部政策研究中心对内蒙古、陕西、山西、温州等地的民间资本调研后发现，房地产在民间资产配置中占比近80%。面临越来越严峻的融资环境，开发商都在积极寻求一种安全稳健快速的融资渠道。现实中的情况是，一面是“嗷嗷待哺”的房地产企业，一面是庞大的民间资本等待合理合法的渠道进入。

还有私募股权融资，是指通过私募形式对私有企业，即非上市企业进行的权益性投资，在交易实施过程中附带考虑了将来的退出机制，即通过上市、并购或管理层回购等方式，出售持股获利。与债权融资相比，股权投资没有政策上的风险，是按公司法进行运作，而不是按合同法和贷款通则等法律进行。股权融资的好处是不存在还本付息的压力，可以降低公司的资产负债率，再融资更容易。而债权融资会增加公司的资产负债率。

私募股权基金的运作方式是股权投资，即通过增资扩股或股份转让的方式，获得非上市公司股份，并通过股份增值转让获利[①]。私募股权投资的资金来源，既可以向社会不特定公众募集，也可以采取非公开发行方式，向有风险辨别和承受能力的机构或个人募集资金。艾华认为：“私募股权基金的投资期限非常长，因此其资金来源主要是长期投资者。一般来说，私募股权基金的资金会大量来自于其主要投资地域的机构投资者。以欧洲为例，欧洲私募股权基金业70%以上的资金来自欧洲本土。中国是其中的例外，大量的资金来源于海外，部分归因于国内缺乏完善的资本市场和相应的监管架构。私募股权基金的筹集方式不同于普通基金，通常采用资金承诺方式。基金管理公司在设立时并不一定要求所有合伙人投入预定的资本额，而是要求投资者给予承诺。”[②] 2000年Habib和Johnsen在研究私募股权融资的信息揭示机制时认为，假设公司并不了解项目投资回报分布均值，但是可以通过出售部分股权给外部投资者的方式来获得该信息。外部投资者收购股权的规模和收购价格可以揭示其对于该项目预期回报的看法。Habib和Johnsen所做研究模型意味着企业在私募股权融资时应该降低对外部投资者出售的股权的价格，使得他们能够获得信息租金而真实地反映他们对公司认可的价值。

---

① 李磊，陈传进. 私募股权投融资指引［M］. 北京：经济科学出版社，2009

② 艾华. 中国房地产开发私募股权融资模式研究［D］. 复旦大学，2008（5）

很多人认为，PE 带动了房地产企业的新一轮变革。从房地产企业的融资渠道来看，传统的“自有资金 + 银行贷款”的经营模式已不能满足房地产开发公司的资金需求，房地产企业进行私募融资，是一种快捷的方式获得资金比较好的办法，但目前我国的 PE 主角以外资为主。中小房地产企业引入私募股权基金有如下意义：

（1）PE 基金开辟了房地产企业新的融资渠道。

（2）有助于房地产企业提升内在价值和管理水平，加速优质潜力企业产业整合。

另外房地产投资信托基金 REITs 也许会成为中国房地产未来融资的方向。

REITs 起源于 20 世纪 60 年代的美国，起初是为了逃避管制，美国政府允许满足一定条件的 REITs 可以免征所得税以及资本利得税。REITs 的英文是“Real Estate Investment Trust”，就是房地产投资信托基金，陈琼认为，它是集合投资者的资金，由专业机构管理，投资于能产生稳定现金流的出租型房地产资产，并将所产生的现金收入以派息的方式及时进行分配，为投资者提供长期稳定的现金收益的信托型或者公司型基金①。

根据香港证监会的定义 REITs 是：房地产信托基金是以信托方式组成而主要投资于房地产项目的集体投资计划。有关基金旨在向持有人提供来自房地产的租金收入的回报。房地产投资信托基金通过出售基金单位获得的资金，以在其投资组合内维持、管理及购入房地产。其中有五个方面的基本要素：一是房地产投资基金是集体投资计划的一种，投资于可带来收入的香港或海外房地产项目，例如：购物商城、写字楼等；二是 REITs 必须是由专业的房地产基金经理来管理；三是此基金的收入大部分将全部以股息形式派发持有人；四是投资者可以通过二级市场买卖所持有的 REITs 单位；五是它一般能提供给投资者税务优惠，一般在公司层面不用交税，以及在税务上的高度透明。

REITs 的运作模式有两种：第一种是特别目的机构发起的基金，募集广大投资者的资金集中投资于写字楼等商业地产，然后将这些经营性物业所产生的收益，返还投资者；第二种是由物业发展商将其自身的经营性物业资产部分或者全部打包设立专门的 REITs，然后将经营这些资产产生的收益，例如租金、按揭利息等作为标的物，均等地出售给投资者，然后定期发放红利。REITs 有三种类型：第一种是权益型 REITs，是主导类型，主要拥有并经营收益型的房地产；第二种是抵押型，直接向房地产商贷款；第三种是混合型。

---

① 陈琼，杨胜刚．REITS 发展的国际经验与中国的路径选择［J］．金融研究，2009（9）

近年来，许多有资质的房地产企业尝试向资本市场融资来扩大企业的规模，有利于房地产市场和产业的发展，我国企业的融资地位也发生了很大的变化。随着我国金融体系、法律体系和宏观经济的发展，房地产企业上市已经趋与成熟。郭晶晶①（2006）认为，房地产企业上市融资对于企业而言具有重要的意义。上市有利于房地产企业拓宽资金渠道、分散资金风险、提高企业的融资能力。但是由于房地产企业的自身特点，房地产企业直接上市需要经历漫长的申请手续和审批程序，且易受到国家政策的影响。因而，对于企业来说必须要保证有足够的承受能力应对监管的压力。证券市场的丰富资金资源使得上市成为企业迅速获取资金、实行资本运作的主要方式之一，也是企业品牌提升的良好机遇。然而中国证监会的《关于进一步规范股票首次发行上市有关工作的通知》让大多数房地产公司只能望洋兴叹。通过上市解决行业性的资金短缺，并不现实。

上市融资分直接上市融资和间接上市融资两种。直接上市融资额比较大，但是上市融资的门槛高，比如负债率不能高于70%的规定使得很多企业达不到上市要求。许多房地产企业选择间接上市——借壳上市。

在间接上市的渠道上，借壳上市可以帮助企业较快进行上市融资。借壳上市是指非上市公司通过收购控股上市公司来取得上市地位，然后利用反向收购的方式注入自己的有关业务和资产。根据中国证监会第105号文件的有关规定，收购方只要置换进去的资金是完整实体、经营稳定、借壳后满足其他条件，提前扩股增发是可能的，所以借壳上市也不失为一种可行的融资方法，不过值得一提的是困难很大。

2010年4月，国务院发布了《关于坚决遏制部分城市房价过快上涨的通知》，明确要求对存在土地闲置及炒地行为的房地产开发企业，商业银行不得发放新开发项目贷款，证监部门暂停批准其上市、再融资和重大资产重组。为了坚决贯彻执行“国十条”等文件精神，中国证监会于2010年8月对市场公告，暂停受理房地产开发企业重组申请。2010年5月28日，尽管中国证监会发布《关于核准重庆东源产业发展股份有限公司吸收合并重庆金科实业（集团）的批复》，重庆金科借壳ST东源还是上市成功，但中国证监会强调不会放松对房企借壳上市的管制。

但未来还是要大力发展资本市场，因为上市融资对中小房地产企业确实具有重要意义。除了上市融资的劣势在于所需成本较高，融资的难度较大、承受较高的监管和经营压力以外，它还有很多优势，比如：

① 郭晶晶．房地产企业上市融资研究［D］．首都经济贸易大学，2006（3）

（1）融资能力强，形成稳定而长期占用的资本，筹集资金较大，有利于增强实力，通过配股、增发或发行可转债券进行再融资，不存在固定股利支付义务和支付风险，资金使用风险小。

（2）上市融资可以提高公司自有资本比率，改善财务结构；也有助于提高上市公司竞争力，提高业绩，就是提升每股净资产的增值、股票红利、非流通股转让价格。

（3）建立科学的企业治理结构，提高经营效率，提升品牌，便于资本运营，有效分散风险。

第四节　房地产企业融资思路和对策

如何培育中小房地产的市场竞争力，其中要重视的是我国中小房地产企业融资优化，显然，要改变我国房地产企业融资渠道单一模式，加大融资方式创新发展，推动房地产企业融资机制向多元化转变，是房地产企业继续发展的必经之道。房地产企业必须积极拓宽融资渠道，寻找新的融资方法，以支持企业的持续健康发展。影响房地产融资方式变化的原因很多，宏观方面主要表现为宏观经济环境和宏观金融政策的变化对房地产融资方式的影响，从而要求房地产企业遵从现行的政策制度要求，扩大资金来源。笔者认为中小房地产企业融资思路和可行的具体对策如下：

（1）通过制度建设改变房地产金融发展滞后的状况，比如创造良好的房地产证券化的制度环境，构建房地产金融体系，培育多元化的投资主体；如及时修改完善相关的法律法规，完善房地产融资相关法律法规，灵活运用多种金融工具融资，规范房地产企业的融资行为，为广大投资者提供有效的法律保护环境；又如金融机构要加强金融监管，防范房地产市场中的道德风险，完善金融风险的预警和防范机制，有效的金融监管可以促进金融安全与稳定，为融资方式的创新提供适宜的环境。

（2）通过信用建设改变房地产金融发展滞后的状况，房地产企业应加强企业信誉和资信体系建设及管理，以拓宽融资渠道。对于信用好的房地产企业，可获得长期低息贷款和投资者青睐。对于信用不好的房地产企业，要加以惩罚。不同的融资方式将会影响企业的资本结构、融资收益、风险和公司治理结构。为此，房地产企业要积极强化公司治理水平和内部信息透明度。

（3）加速健全房地产融资体系，包括为房地产融资提供服务的金融机构种类齐全，形成完整的网络和体系；健全融资服务的金融市场制度，法律完备；监管房地产融资的部门监管及时有力，营造安全的投融资环境。

目前要运用好银行融资和资本市场融资相结合的混合融资模式。根据经济环境、市场发育程度和城市化程度设计好融资发展的进程。现在应以银行主导型融资模式与资本市场融资模式为辅，逐渐地发展到以银行主导型融资模式与资本市场主导型融资模式，他们是互补关系而非替代关系。

（4）房地产企业应该构建科学的资金链管理模式，在房地产开发经营的不同阶段，采用不同的融资对策，要根据企业自身和项目的情况去分析，对项目做出符合市场价值的评估，按项目建设进度，合理设计好资金流入和流出的交易结构，制定融资计划。

（5）房地产企业必须提高资本运用能力，实现融资方式创新，建立起多元化的融资模式。经济实力充足的房地产企业可选择借壳上市融资的方式进入二级市场融资，收购控股上市公司来取得上市地位，然后利用反向收购的方式注入自己有关业务和资产部分；如运用金融租赁，房地产企业将房地产项目的资产出售给金融租赁公司，然后再以承租人的身份将项目租回的融资模式；如可与商业银行合作进行金融创新，如并购贷款、可封闭交易贷款；又如中小房地产企业可以联合战略联盟、并购重组的形式进行房地产开发，或和一些国内外大企业合作，壮大企业规模，达到多赢的局面，一方面可以得到充足的资金，另一方面还可以降低投资的风险。还有合作融资包括外资合作和内在合作，这种方式能集中不同企业的优势和先进的管理理念，分散投资风险，比如合理引进外资，有利于企业融资。另外夹层融资是拓宽房地产行业银行外的融资渠道，即一种资本混合形式，是介于风险较低的优先债务和风险较高的股本投资之间的一种融资方式。成本不高，又降低了风险。

（6）建立多层次的资本市场体系，提高直接融资比例，促进我国房地产金融市场的健康发展，推动我国房地产证券化，培育房地产金融二级市场，增加房地产证券的流动性，创造适宜的资产证券化需要的环境，构建房地产信托投资资金和房地产抵押贷款证券化。我们应该学习经济发达国家规范的融资模式，改革原来不适宜的体制与做法，要考虑到我国的国情和房地产市场的差异性、具体性和发展性，建立和健全一套科学的与国际惯例相一致的市场规则体系，要创出一条符合有中国特色的社会主义房地产发展的新路子。

房地产信托和房地产抵押贷款证券化是未来可行的一种融资的趋势，房地产投资基金是密切联系房地产和资本市场的投资产品，成为我国资本市场上一项重要投资工具，其优势在于资金募集性质开放，同其他金融资产相关度低，不易受到外部干扰因素影响，资金运作灵活，易于流通，有利于完善中国房地产融资的结构，可以帮助分散和降低系统性风险，提高金融运行的稳定性，帮助房地产企业解决融资困境。

目前在证券公司机构设立证券投资基金，建立封闭式契约型产业基金模式，这是发展我国房地产投资信托基金的一种可行性模式选择。

要发展中国房地产企业通过IPO、增发、配股、公司债等方式融资的规模，增发和债券融资将成为上市房企重要的再融资方式。

（7）积极开发房地产金融产品。设计不同的房地产金融产品，形成房地产金融产品供应体系，满足房地产企业融资的需要。比如开发中短期融资券，由于中短期融资券的灵活性和低成本，以解决房地产市场资金周转不灵的情况。

（8）发展非上市股权融资。在目前开发商数量过多、信用水平较低、通过大规模的上市解决行业性的资金短缺，并不现实，房地产企业融资可转道求地产PE（私募股权投资基金），顾名思义，就是不通过公开发行来募集的基金。即通过私募形式，对非上市企业进行权益性投资，主要投资于企业初创期和成长期的企业，这也为房产融资提供了新的思路，将颠覆传统的融资模式和固有的房地产投资格局。

总之，房地产融资多元化发展是必然的趋势，我国的房地产企业应该遵循“先内后外”的融资理论，尽量降低融资风险，优化企业资产结构，提高企业的资金运用效率。企业融资选择适合自己的融资方式。首选是企业的内部资金，主要是企业留存的税后利润，而在外部融资时应建立多层次的融资体系，不要过分依赖于银行贷款，减少加息带来的影响，先选择低风险类型的债务融资，包括房地产信托产品、海外房产基金等，还有可选择发行股票。

第五章　外资并购对我国房地产业的福利效应分析

第一节　房地产市场引入跨国并购的福利效应实证分析

本章是对外资在房地产的并购方面对社会福利效应的影响进行宏观分析。市场结构是决定市场价格的形成以及产业组织的竞争性质的基本因素，它是给定行业或市场中买方或卖方行为的描述，其中以作为卖方企业的行为描述为核心。哈佛学派以实证研究为主要手段，从结构、行为、绩效三个方面对特定市场进行分析，构造了一个既能深入具体环节又有系统逻辑体系的“市场结构—企业行为—市场绩效”的分析框架，这就是著名的SCP范式。以该范式为基础，哈佛学派提出了“集中度—利润率”假说：在集中度较高的产业中，市场的竞争性被削弱，结果往往导致超额利润的产生，在产业利润率较高的同时，破坏了资源配置效率，所以本章以此为切入口分析福利效应。

一、基于房地产市场集中度的效应分析

决定市场结构的首要因素是市场集中度，市场的竞争状态在很大程度上受市场集中度的影响。所谓市场集中度表示在特定行业或产业中，买者或卖者具有什么样的相对的规模结构的指标，反映了特定市场的集中程度的指标。在产业组织理论中，对市场集中度的研究主要是指卖方集中度。对市场集中度的度量主要有绝对集中度指标、相对集中度指标以及其他一些指标，如赫芬达尔指数（HHI）等。笔者在分析房地产市场时，具体考察行业集中度。因为行业集中度指标的测定相对比较容易，而且这一指标能较好地反映业内

生产集中的状况，因而被广泛采用。房地产行业集中度是指规模最大的前几位企业的有关数值，如销售额、增加值、资产额等占整个市场或行业的份额。它的计算公式如下：

$$CR_r = \frac{\sum_{i=1}^{n} X_i}{\sum_{i=1}^{N} X_i}$$

其中，CR_n表示房地产行业内规模最大的前 n 家企业的集中度；X_i为行业内第 i 家企业的生产额/销售额/资产额等；N 表示行业内全部企业数；n 表示为行业内规模较大的企业数，其具体值取决于计算需要。由此可以推断出，集中度越高，市场垄断势力越强。

谢泼德（Shepherd，1985）根据市场势力和市场份额把市场结构分为六种①见表 5－1。

表 5－1　谢泼德对市场结构的划分

市场结构	主要条件
完全垄断	一个企业占有 100% 的市场份额。
主导企业	一个企业拥有的市场份额为 50% ~100%，没有与之抗衡的企业
紧密寡头	前四位企业拥有 60% ~100% 的市场份额，它们之间很容易串谋定价
松散寡头	前四位企业共同占有最高 40% 的市场份额，它们之间不可能串谋定价
垄断竞争	存在许多有实力的竞争对手，任一企业都不能占有 10% 以上的份额
完全竞争	至少存在 50 个以上的竞争者，任一企业的占有率均微不足道

贝恩依据产业内前四位和前八位的行业集中度指标对不同垄断、竞争结合程度的产业的市场结构进行了分类，如表 5－2 所示。

① 肖兴志，张嫚．产业经济学［M］．北京：首都经济贸易大学出版社，2007：51

表 5-2 贝恩的市场结构分类

市场结构＼市场集中度	CR_4（%）	CR_8（%）
寡占Ⅰ型	$75 \leqslant CR_4$	—
寡占Ⅱ型	$75 \leqslant CR_4 \leqslant 85$	或 $85 \leqslant CR_8$
寡占Ⅲ型	$50 \leqslant CR_4 \leqslant 85$	$75 \leqslant CR_8 < 85$
寡占Ⅳ型	$35 \leqslant CR_4 \leqslant 50$	$45 \leqslant CR_8 < 75$
寡占Ⅴ型	$30 \leqslant CR_4 \leqslant 35$	或 $40 \leqslant CR_8 < 45$
竞争型	$CR_4 < 3$	$CR_8 < 40$

资料来源：J. S. 贝恩．产业组织［M］．丸善，1981：141-148

（一）房地产行业市场集中度

查阅相关统计资料，笔者发现国内房地产企业数目众多，但外商独资和控股企业数量在总量中占比较小。与此同时，根据中国房地产 TOP10 研究组的有关数据，我们可以发现长期出现在房地产综合实力前 10 强企业中，是内资企业和内资控股的房地产企业。也就是说无论从规模和数量上，房地产业引入外资并购后尚未形成规模型房地产企业（见表 5-3 所示）。

表 5-3 房地产开发企业数量①

项目＼时间	2003 年	2004 年	2005 年	2006 年	2007 年
企业个数（个）	37123	59242	56290	58710	62518
内资	33107	53495	50957	53268	56965
港、澳、台投资	2840	3639	3443	3519	3524
外商投资	1176	2108	1890	1923	2029

我们根据商品房销售额这一指标，计算我国在 2002~2008 年，房地产业的行业集中度，如图 5-1 所示。

由图 5-1 可以看出，房地产业的集中度 CR_{10} 与 CR_{100} 都较低，百强企业直到 2008 年市场占有率才突破 20%，我国的房地产业前 10 位企业的市场集

① 数据来源：中国房地产统计年鉴（2008）

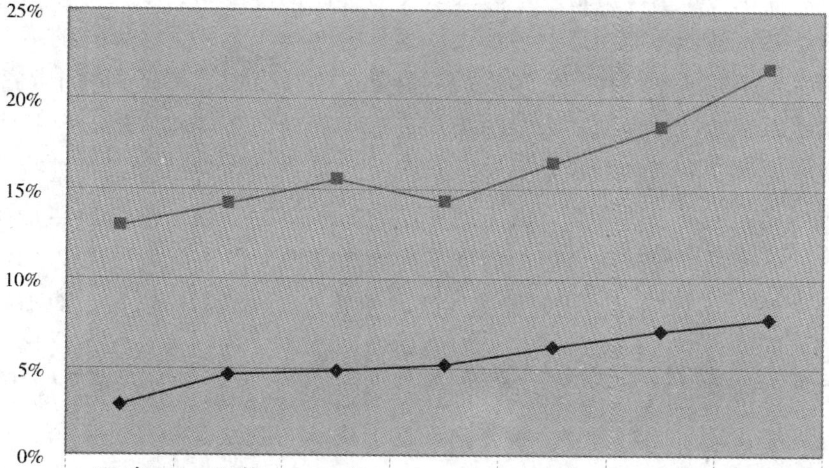

	2002年	2003年	2004年	2005年	2006年	2007年	2008年
CR_{10}	2.89%	4.65%	4.87%	5.20%	6.17%	7.13%	7.78%
CR_{100}	12.93%	14.20%	15.50%	14.26%	16.39%	18.44%	21.79%

图 5－1　房地产行业集中度趋势图

数据来源：中国房地产 TOP10 研究组、《中国房地产统计年鉴》、第一房产网。

中度还不到 10%。而香港前 9 家房地产集团如和黄、新世界、新鸿基所占据的市场份额已经达到 80%，我国房地产业市场集中度有待提高。2008 年房企全国销售额超过 200 亿元只有三家，万科 478. 7 亿元，中海发展 266. 6 亿元，保利地产 205. 11 亿元。保利 2008 年在全国一手住宅的市场份额已超过 1. 3%。万科的市场份额虽然从 2007 年的 2. 07% 上升到 2008 年的 2. 34%，但此时美国前三名的房地产企业的市场占有率已经达到 45%。

行业内企业的数目和规模直接影响着其市场占有率和市场集中度。如果以行业中小企业为主，规模小，市场占有率越低，则个别企业对市场的支配力量就不是很大。“现在全国共有 7. 38 万家房地产开发企业，其中最大房企占的市场份额才 2% 多一点，100 家龙头企业占的市场比重 2010 年以前才 18%，跟其他行业龙头企业占 20% 相比有较大差距。”中国银行业协会专职副会长杨再平说道。他还透露，全国房地产企业 90% 以上是二级以下资质，而且真正有项目在运作的只有几千家。

由统计数据我们可以看出，业内几家大型内资控股房地产业占整个市场的份额是在不断上升的，但对照谢泼德和贝恩的市场结构图，我国房地产市场尚未形成外资并购企业独大的局面，还处在类似垄断竞争的阶段。由于房地产的固定性和区域性特征，房地产不可能形成全国性市场，但是因此有不少观点认为正由于房地产市场区域性的特征使得市场集中度指标没有太多参考意义，笔者不能同意这种观点。因为房地产作为一个区域性的市场更多的是由于土地的不可移动性造成的，但是这一观点没有考虑到两个因素：一是单纯以房地产开发模式为主的操作模式正逐渐向多元化发展，仅将土地作为唯一最重要的考察因素是不够全面的。二是我国作为一个正在进行工业化和城市化的国家，所谓有限的土地资源也是相对的，城市规模显然是在不断扩大的。三是同时期的美国，同样是房地产市场，但是市场集中度 CR_3 已经达到 45%，这只能说明我们的房地产市场尚未发展到那一阶段，而不能说市场集中度没有参考价值。四是大型的房地产企业正将触角从区域市场不断渗透至全国市场，跨地区经营成为趋势。笔者选取考察了在历年《中国产业地图》中出现过的综合势力重复出现在 TOP10 行列次数较高的几家大型房地产公司的进入城市，由表 5－4 可以看出大型房地产企业并没有局限于某一城市的发展，都是积极向外扩张的。

表 5－4　大型综合规模 TOP10 行列中房地产企业的进入城市

企业名称	进入城市
万科	深圳、北京、上海、天津、南京、成都、杭州、武汉、长沙、南昌、沈阳、长春、中山、南海、佛山、东莞、珠海、厦门、镇江、苏州、无锡、大连、青岛
金地集团	深圳、上海、北京、武汉、珠海、广州、东莞、中山
绿城集团	上海、北京、杭州、苏州等 12 个城市
复地集团	上海、北京、南京、武汉、无锡、杭州等
北京城建	北京、上海等 20 余个城市

数据来源：和讯网 http：//www. hexun. com 整理得到。

（二）房地产区域集中度

为了全面起见，以全国性市场为分析背景的行业集中度指标在分析房地产市场结构时我们将其作为部分参考因素，下面我们引入房地产区域集中度。从区域房地产资金来源构成来看，2007 年上海和北京利用外资的比重在全国各大城市中占比是最高的，分别是 23% 和 25. 59%，但是北京同比增幅为

26.36%，而上海同比增幅是1.00%[①]；根据历年中国房地产TOP10研究组公布中国房地产企业综合规模最靠前的房地产公司区域分布看，长期重复出现在TOP10行列的房地产企业中，总部设在上海的公司占据了2席（陆家嘴金融贸易区开发股份有限公司、中华企业股份有限公司）；总部设在北京的有2席（首都开发和北京城建）；深圳的房地产企业占了3席（万科集团、招商局地产、金地集团）。所以上海、北京、深圳是三大主流区域市场。综合外资所占比重、规模企业的数量和并购发生的情况，笔者选择上海市场作为分析区域市场集中度的代表。我们从房地产市场区域集中度中可以看出，区域集中度始终徘徊在50%以下（如图5－2所示）。

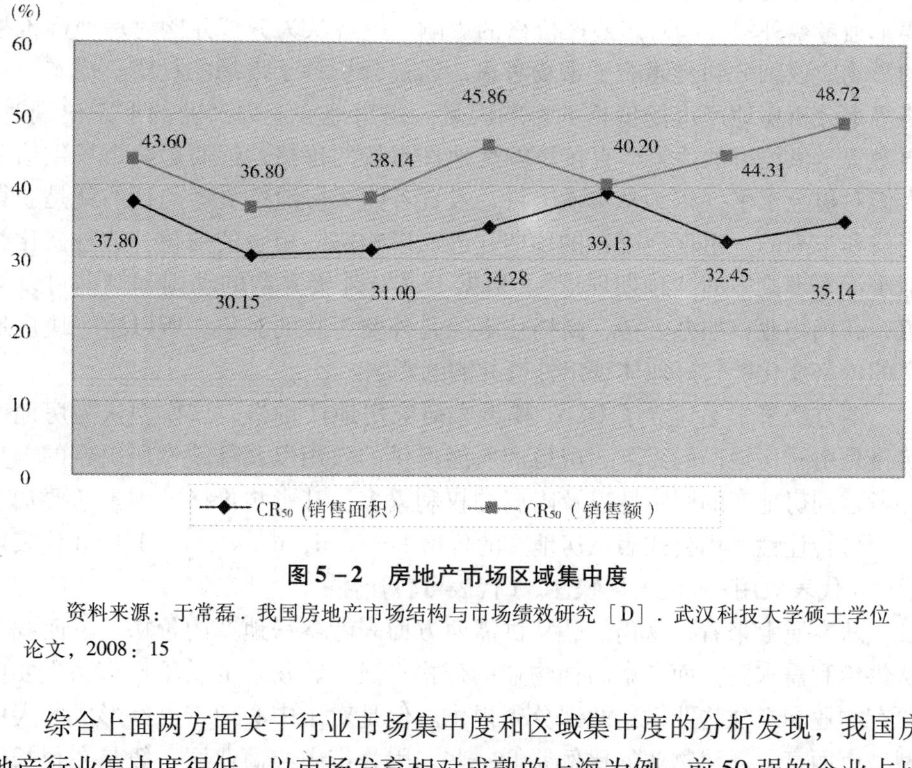

图5－2　房地产市场区域集中度

资料来源：于常磊．我国房地产市场结构与市场绩效研究［D］．武汉科技大学硕士学位论文，2008：15

综合上面两方面关于行业市场集中度和区域集中度的分析发现，我国房地产行业集中度很低，以市场发育相对成熟的上海为例，前50强的企业占比还不到45%。这一点恰好说明我国的房地产业处于发展的初始阶段，尚未形成如美国等国家的大型房地产产业集团。这正好印证了帕累托80/20市场规律：一个成熟理性规范的产业，20%的企业将占领该产业80%的份额，才能

① 数据来源：中国产业地图编委会．中国房地产产业地图［M］．北京：社会科学文献出版社，2008：30，91

形成有序竞争局面，促成产业良性循环发展。而产业内部整合和资源优化配置需要企业通过并购重组实现发展壮大，实现产业组织结构由扁平式向梯形式组织结构发展。所以从长期看，外资对我国房地产企业的并购有利于资源的优化配置，淘汰一些竞争力小的企业，通过纯粹的市场力量，使效率高、有优势的企业迅速扩大市场份额，效率低的小企业被兼并，使社会资源向优势企业集中。

二、外资并购对我国房地产价格影响

（一）外资并购推动房地产市场价格上升理论分析

外资并购如果造成房地产价格上升势必会影响消费者的福利，所以有必要单独考察外资并购对房地产价格的影响。笔者认为分析并购对房地产价格的影响应该细分到具体的子市场考虑。通过分析各子市场的投资、成本、价格等来分析房地产市场价格的影响因素。当房地产业以产业的形态出现时，金融资本供给方的决策会直接影响房地产市场的价格，近而影响市场供给及人们对租金水平（因为从本质上讲，投资者购买房地产资产的目的就是获得当前和未来的一组现金流）的预期，进而影响实际租金的变化。这种变化类似于汇率理论中的“预期理论”。根据上文对外资并购的动因和倾向可以知道，高档物业，如办公楼、高档住宅等是外资青睐的对象。所以这一块房地产的价格变化能较好地体现出外资并购的影响。

西方经济学家建立了 DUST 模型来研究房地产价格，该模型认为房地产价格是由对房地产的需求、房地产所能提供的效用以及稀缺性所决定的。另外考虑到房地产的固定性以及附属的权利繁多，其影响价格的因素还要加上一个可转让性。用公式表示房地产的价格 $P=f(d, u, s, t)$。其中 d 代表需求，u 代表效用、s 代表稀缺性、t 代表可转让性[①]。

从本质上来看，这仍然是从供需两方面来考察房地产的价格。下面我们从供给和需求两方面考察高档物业的价格形成。就物业的供给而言，主要由原有物业和新建物业供给两部分来提供。但是对于中心地带已经形成的大中型城市而言，新建物业的比例要低一些。因为市中心商业区一般是在很长时间内才形成的，而且通常还带有区位优势，所以中心高档商业物业供给弹性是很小的。另外，对于已经形成的城市中心区域而言，其建筑密度较大，新建物业的可能性一般比较小。一般来说，各类不同物业供给相对于需求其滞后时期有很大差别。如果是一般的零售商店，可以根据需要，几个月甚至几

---

① 曹振良．房地产经济学通论［M］．北京：北京大学出版社，2003：7－8

个星期就提供出来，而对于豪华商业大厦、甲级写字楼可能需要 3~5 年才能建成使用，供给远远滞后于需求①，所以在供给弹性较小的前提下，需求过旺必然导致价格上升。

（二）外资并购推动房地产价格上升实证分析

按照《中国统计年鉴》的划分，我们将商品房分为住宅、别墅（含高档公寓）、经济适用房、办公楼、商业营业用房以及其他。根据 2008 年《中国统计年鉴》公布的数据显示，2006 年、2007 年投资于商业营业和办公楼比值较 2005 年以前有较大上升。从整个房地产产业的投资分布情况来看（如图5-3 所示），资金 70% 集中在住宅类，但对比外资的并购倾向来看，外资以持有目标企业的项目或土地为动机而对目标公司进行的收购成为主流。外资偏好于收购后持有成熟商业物业，如写字楼等商业不动产，这与普通住宅开发从开发到出租或售出的周期长有很大关系，所承担的风险较大。相比较而言，外资对住宅类项目的利润获取不是靠并购而是靠与国内房地产公司合作或注资的方式。

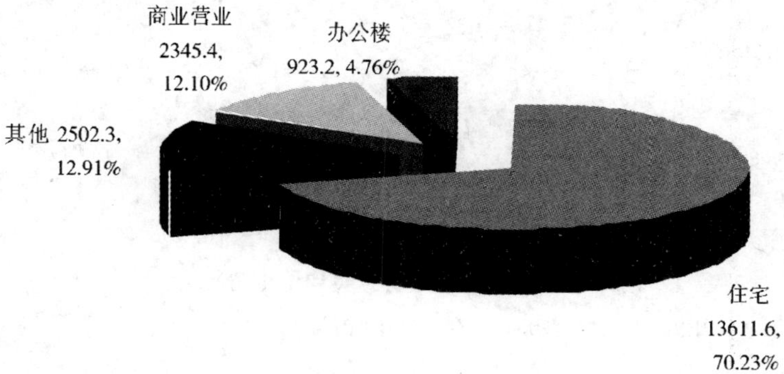

图 5-3　2007 年中国房地产投资额用途分布（单位：亿元）

德意志银行旗下房地产业务机构 RREEF 曾经发布报告指出，中国住宅项目的毛利率高达 20%~30%，写字楼的回报却更加诱人。跨国物业顾问服务机构世邦魏理仕发布的报告显示，2006 年全球写字楼投资收益率，北京和上海以 8% 并列首位，高于纽约、芝加哥、多伦多等 1 个多百分点，而巴黎、悉尼、香港等城市收益率只有 4%~5%。

外资的并购行为势必会直接或间接加剧市场对有限资源的竞争，从开发环节而言，外资通过并购或参股内资企业必然使土地或在建项目价格水涨船

① 曹振良．房地产经济学通论［M］．北京：北京大学出版社，2003：7-8

高；从经营环节而言，外商以置业投资为主，并购指向集中在经济发展迅速的一线城市，并购目标又集中在商业物业中的中高端市场。在短短几年内集中于少数城市的有限区域，必然推动房地产市场中这一子市场价格的高涨。这种价格上涨再通过房价的辐射作用以及示范作用波及房地产市场其他子市场。另外商业物业一般采取的是出租的形式，升值获利的空间较大，因为受经济影响和业主管理水平的影响较大，而这种高利润的预期进一步推动了这部分物业价格的升高，如图 5 -4 所示，涨幅最快的是办公楼、高档适用房和商业营业用房。据此我们推断并购推动了这部分房价的上涨，最终也影响到房价的整体上升，但是影响有多大是多少，还需要更加精确的数据进行计量分析。

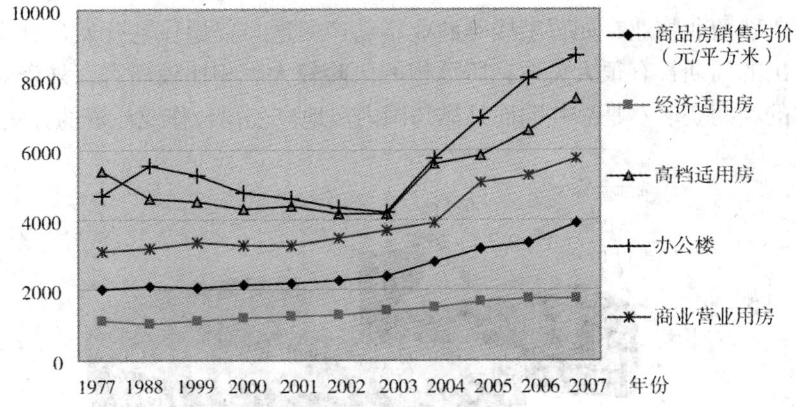

图 5 -4　我国商品房分类均价走势图

资料来源：《中国统计年鉴》（2008），具体数值见附录。

三、房地产业外资并购与产业增加值之间的实证研究

（一）检验方法和数据来源

为了考察房地产业吸收的外资并购和房地产增加值之间的长期关系，下面我们建立计量模型并运用统计软件 EVIEWS3. 1 对其进行检验。对于两组动态数据是否长期存在均衡关系，一般使用协整检验和格兰杰因果检验进行考察。根据检验目的和方法，我们把房地产业外资并购额度作为解释变量，设为 Ft；将房地产增加值作为被解释变量，设为 Rt，分为如下几个步骤来进行：

1. 将被解释变量 Rt 与解释变量 Ft 间建立线性基础模型，为了消除数据中可能存在的异方差的影响，对变量取对数为 LnRt 和 LnFt。

2. 为了避免非平稳序列直接回归可能造成的伪回归现象，要先在回归分

析前对时间序列进行平稳性检验并判断检验结果。

3. 对平稳性检验通过后的变量进行协整关系检验，判断二者之间是否存在长期稳定关系。

4. 建立误差修正模型并对两变量进行格兰杰因果关系检验以判断二者之间是否存在因果关系。

在已公布资料中对于房地产业吸收 FDI 额度中的并购额度没有官方的长期权威统计数据，2005 年以前的数据大多分散在报纸和网络上，但因为统计口径的差别，各方面发布的有关数据差别很大。如果我们以大型企业（含上市公司）对外披露的并购数据来表示每年的并购量，一些中小企业（尤其是小型非上市公司）的并购数据将因为没有明确披露而缺失，所以结果将低估并购的影响；如果我们以房地产开发企业利用外资的额度来考察并购与产业增加值之间的关系，容易夸大外资的影响，因为房地产业利用外资不仅包括直接投资还包括间接投资。所以，综合各方面情况，我们选取官方网站及统计年鉴公布的房地产业吸收 FDI 额度来代替并购额度，因为就房地产业而言，吸收 FDI 的方式以并购为主，因此本书采集了来源于历年《中国房地产统计年鉴》及国研网公布的 1991 ~ 2007 年关于房地产 FDI 吸收额度[①]和最新版《中国统计年鉴》(2008) 公布的房地产业增加值作为样本数据，并对以美元为单位的 FDI 吸收额进行了汇率换算，统一为人民币进行分析（如图 5 - 5、图 5 - 6 所示）。

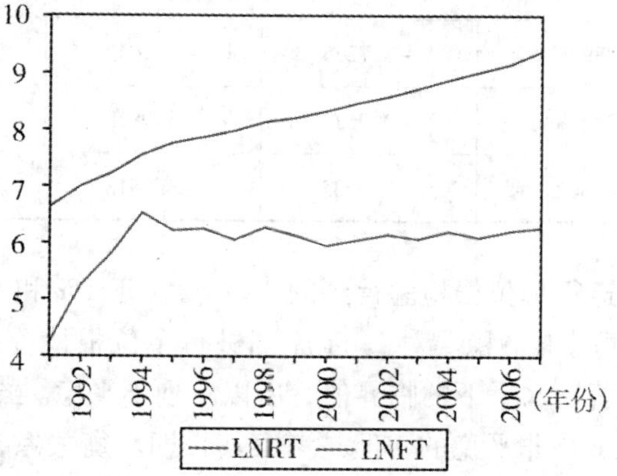

图 5 - 5　LnRt、LnFt 的序列图

① 1991 ~ 1994 年使用的是协议额度。

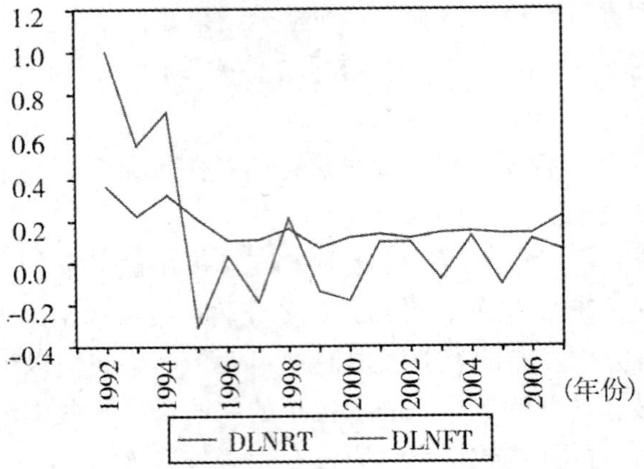

图 5-6 DLnRt、DLnFt 的序列图

（二）检验过程及结果

1. 平稳性检验。

首先笔者做了变量 LnRt、LnFt 的趋势图，从图 5-5 可以初步判断 LnRt、LnFt 序列不平稳，需要通过单位根检验进行进一步的确认。

表 5-5 变量的单位根检验结果①

变量	ADF 检验值	1% 临界值	5% 临界值	是否稳定
LnRt	-2.778961	-3.9228	-3.0659	否
LnFt	1.098925	-2.7275	-1.9642	否
DLnRt	-3.242483	-3.9635	-3.0818	是
DLnFt	-3.755674	-3.9635	-3.0818	是

对 LnRt 序列进行单位根检验得到的 ADF 值大于 1% 和 5% 显著性水平下的临界值，所以序列不平稳。对 LnFt 序列进行单位根检验得到的 ADF 值也大于 1% 和 5% 显著性水平下的临界值，所以序列不平稳。虽然 LnRt、LnFt 在 5% 的显著性水平下是非平稳的，但是考察其长期均衡关系，要接着对 LnRt、LnFt 序列的一阶差分进行单位根检验，结果在 5% 的显著性水平下，得到的检验结果 ADF = -3.242483 小于其临界值 -3.0818，所以 LnRt 序列的一阶差分序列平稳。在 5% 的显著性水平下，得到的检验结果 ADF = -3.755674

① ADF 具体的检验过程见附表。

小于其临界值-3.0818，所以LnFt序列的一阶差分序列平稳，也就是说LnRt、LnFt是一阶单整序列，我们可以从图5-6直观地看出一阶差分后的趋势。

2. 协整关系检验。

通过上面的分析后，我们确定LnRt、LnFt是一阶单整序列，可以运用最小二乘法对其进行OLS回归，结果如表5-6所示：

表5-6 用OLS方法估计得到的方程

Dependent Variable：LNRT

Method：Least Squares

Sample：1991～2007

Included observations：17

Variable	Coefficient	Std. Error	t-Statistic	Prob.
LNFT	0.944003	0.295208	3.197757	0.0060
C	2.520495	1.773803	1.420956	0.1758
R-squared	0.405367	Mean dependent var		8.172644
Adjusted R-squared	0.365725	S.D. dependent var		0.771281
S.E. of regression	0.614259	Akaike info criterion		1.973330
Sum squared resid	5.659707	Schwarz criterion		2.071355
Log likelihood	-14.77331	F-statistic		10.22565
Durbin-Watson stat	0.203708	Prob（F-statistic）		0.005991

估计的回归模型为：

$LnRt = 2.52 + 0.944LnFt + e_t$

结论：在1%的显著性水平下，ADF = -5.375403，小于相应的临界值-4.6712，表明残差序列不存在单位根，是平稳序列，从而说明房地产增加值（Rt）与外商直接投资（Ft）之间存在着协整关系。

3. 误差修正。

房地产增加值（Rt）与外商直接投资（Ft）之间存在协整，表明两者之间有长期均衡关系。但从短期来看，可能会出现失衡，为了增强模型的可信度和精确度，可以把协整回归估计得到的方程式中的误差项e_t看做均衡误差，通过建立误差修正模型把房地产增加值的短期行为与长期变化联系起来，构建误差修正模型如下：

$$DlnRt = \alpha + \beta DlnFt + \gamma e_{t-1} + \varepsilon_t$$

通过Eviews3.1得到的结果如表5-7所示：

表 5－7　误差修正模型

Dependent Variable: DLNRT
Method: Least Squares
Sample (adjusted): 1992～2007
Included observations: 16 after adjusting endpoints

Variable	Coefficient	Std. Error	t－Statistic	Prob.
DLNFT	0.176292	0.040151	4.390761	0.0007
ET－1	－0.012518	0.023118	－0.541495	0.5973
C	0.136582	0.024832	5.500304	0.0001
R－squared	0.673116	Mean dependent var		0.171392
Adjusted R－squared	0.622826	S.D. dependent var		0.080455
S.E. of regression	0.049411	Akaike info criterion		－3.009926
Sum squared resid	0.031739	Schwarz criterion		－2.865066
Log likelihood	27.07941	F－statistic		13.38470
Durbin－Watson stat	2.037846	Prob (F－statistic)		0.000698

回归得到的误差修正模型为：

$$DLnRt = 0.136582 + 0.176292DLnFt - 0.012518e_{t-1}$$

$$t = (5.500304)\ (4.390761)\ (-0.541495)$$

$$R^2 = 0.673116 \qquad DW = 2.037846$$

上述结果表明，房地产增加值的变化不仅取决于当期 FDI 额度的变化，而且还取决于上一期外商投资额对均衡水平的偏离，误差项 e_{t-1} 估计的系数 －0.012518 体现了对偏离的修正，上一期偏离越远，本期修正的量就越大，即系统存在误差修正机制。

4. 格兰杰因果关系检验。

检验结果见 5－8：

表 5－8　LnRt、LnFt 因果检验

Null Hypothesis	Lags	F－Statistic	Probability	结论
LnFt does not Granger Cause LnRt	1	5.4326	0.03651	不拒绝
LnRt does not Granger Cause LnFt		0.19322	0.66747	拒绝
LnFt does not Granger Cause LnRt	2	1.19973	0.34118	拒绝
LnRt does not Granger Cause LnFt		0.11809	0.88984	拒绝
LnFt does not Granger Cause LnRt	3	4.12135	0.05601	不拒绝
LnRt does not Granger Cause LnFt		1.06199	0.42398	拒绝
LnFt does not Granger Cause LnRt	4	0.81601	0.57573	拒绝
LnRt does not Granger Cause LnFt		4.82338	0.07834	不拒绝
LnFt does not Granger Cause LnRt	5	1.1655	0.60319	拒绝
LnRt does not Granger Cause LnFt		44.8843	0.11282	不拒绝

由表 5－8 关于格兰杰因果关系检验的结果我们知道，选择 5% 的显著性水平时，在滞后 1 期、3 期、4 期和 5 期时，Rt 与 Lt 之间都是单项因果关系，滞后 2 期时二者之间不存在格兰杰因果关系。

（三）结论分析

综合以上的分析我们可以得出如下一些结论和推断：以并购为主流的房地产外商直接投资从长期看与房地产产业增加值之间存在均衡关系，且其弹性相对比较大，为 0.944，对房地产产业增加值的作用还是比较大的（当然这中间还包含新建投资的贡献率）。但是短期内二者之间的因果关系并不显著。甚至在滞后期为 2 时，二者是没有格兰杰因果关系的。

笔者认为，产生这种现象的原因主要与房地产行业的特征有关，房地产业是一个生产周期比较长的产业，而且跨国并购在短期内增加资本量可能并不特别大，当期的投资并不能在当期显现出较大的经济效应来，但并购一般都有大量的后续追加投资或者辅助投资进入，也就是说，从行业特征和并购特征来说，往往要滞后一段时期。另外，结合我国房地产业近几年 FDI 中并购的特征来看，以攫取短期利益为主的金融资本的并购开始和以长期垄断利益为主的产业资本间的并购展开竞争，这部分金融资本的并购并没有促进经济发展的动机，并购稀释了产业资本并购所产生的影响，降低了短期内并购效应的显现。这也从侧面反映出房地产业在吸纳外国并购资本时，政府有必要进行区分，进而采取不同的准入标准和监管措施，努力抑制投机性并购，同时鼓励大型房地产跨国产业集团对我国房地产业的投资。

四、我国房地产业外资并购总的社会福利效应分析

（一）福利效应测度标准

在一般的理论分析中衡量经济活动对社会福利造成的影响通常有两个标准：帕累托均衡和社会净剩余标准。帕累托均衡简单说就是在不损害任何人的福利前提下，某种经济活动增进了另外一些人的福利；社会净剩余标准认为社会净剩余增加，则社会福利增加了。帕累托在理论上极其严格和完美，但是这一标准在现实中很难度量。所以，在现有的实证研究中基本采用的都是社会净剩余标准。

产业的社会福利等于消费者剩余加上生产者剩余之和。消费者剩余是衡量消费者福利的重要指标，作为一种分析工具被广泛应用。1977 年 A. K. 迪克西特和斯蒂格利茨将内在规模经济引进一般均衡模型，推出了市场考虑最

适度边际利润而社会考虑消费者剩余的结论①。

通过并购企业有可能提高效率，提高市场集中度，但与此同时增强卖方市场支配力的机会，这极有可能造成或加剧市场的垄断，导致消费者福利的损失，所以对福利效应的分析要综合这两方面的情况考察。经过上述的分析后，我们试图通过以下模型来分析房地产企业外资并购的福利效应。

（二）运用威廉姆森福利权衡模型测度福利效应

威廉姆森（Williamson）于1968年提出了考察横向兼并的一种理论依据。威廉姆森的福利权衡模型②通过比较并购带来的成本降低和可能造成的市场支配力的上升（主要是价格上的表现），综合起来分析并购对社会福利的影响。威廉姆森福利权衡模型是在不考虑产品在国家间流动进行讨论，对房地产市场而言，房地产具有区域性和固定性特征，因而这一模型是适用的。我们使用威廉姆森模型时，是在封闭经济条件下使用的，也就是说，我们假设了并购境内房地产企业的外资不需要将利润汇出，对于开放经济条件下的分析我们将在之后进行分析。

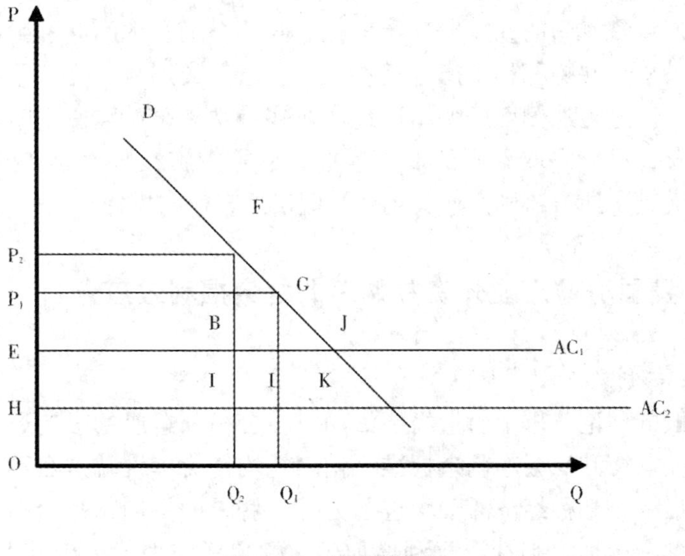

图5-7　并购效应图

① 王一．企业并购理论及其在中国的应用［M］．上海：复旦大学出版社，2000：78－79

② 奥利弗·E．威廉姆森．反托拉斯经济学［M］．北京：经济科学出版社，1999

在分析之前，首先，我们假设：

1. 并购前两个企业的成本为 AC_1，并购后的平均成本为 AC_2。

2. 并购前价格是 P_1，并购后价格是 P_2。

3. 假设需求曲线是线性的，如图 5－7 中的 D 所示。

如果并购前市场价格远高于成本，即 $P_1 > AC_1$。并购后平均成本下降到 AC_2。并购的社会福利净效应应该是生产者剩余的增加与消费者剩余减少相抵的值，设为 $\triangle WELFARE = (AC_1 - AC_2)Q_2 - \frac{1}{2}(P_2 - P_1)(Q_1 - Q_2) - (P_1 - AC_1)(Q_1 - Q_2)$①。如果要求并购后没有福利损失，显然要求

$$(AC_1 - AC_2)Q_2 - \frac{1}{2}(P_2 - P_1)(Q_1 - Q_2) - (P_1 - AC_1)(Q_1 - Q_2) > 0.$$

为了下面分析的简便，令 $K = P_1/AC_1$。又因为需求弹性 $\eta = (\triangle Q/Q_1)/(\triangle P/P_1)$，所以原式可以化简为 $\frac{AC_1 - AC_2}{AC_1} - \left[\frac{1}{2}k\left(\frac{P_2 - P_1}{P_1}\right) + (k-1)\right]\eta\frac{P_2 - P_1}{P_1}\frac{Q_1}{Q_2} > 0$。

下面我们来具体测度我国房地产价格需求弹性。

1. 房地产市场垄断定价行为。

首先，我们要考察并购前的市场价格是否高于成本。根据历年平均房价可以看出，我国的房价增幅非常高。有研究表明房屋造价每增长 1 个百分点，房地产价格每增长 0.24 个百分点；人均可支配收入每增长 1 个百分点，房地产价格就增长 0.43 个百分点②。由此可见，房地产价格上升受成本的影响较弱而受人均收入的影响较强，这说明房地产企业在对产品定价时，总是希望能在消费者保留价格之内攫取更多的生产者剩余。

市场结构决定企业行为进而影响市场绩效，影响福利效应。对行业的勒纳指数进行测度可以考察房地产价格与边际成本之间的关系。勒纳指数公式：$L = 1|\varepsilon| = (p - MC)/p$，其中，$\varepsilon$ 为市场的需求价格弹性，p 为市场价格，而 MC 则表示商品的边际成本。由于边际成本在实际操作中很难获得，我们以房地产平均造价来模拟商品的边际成本，以房地产均价来表示市场价格，经过计算我们可以得到历年的房地产勒纳指数值如表 5－9 所示。

---

① 干春晖．并购经济学［M］．上海：复旦大学出版社，2004：45

② 苗天青．我国房地产业：结构、行为与绩效．［M］北京：经济科学出版社，2004.：150

表 5－9　1997～2007 年商品房销售均价、竣工房屋造价　　单位：元

年份	1997	1998	1999	2000	2001	2002	2003	2004	2005	2006	2007
竣工房屋造价	1175	1218	1152	1139	1128	1184	1273	1402	1451	1564	1657
商品房销售均价	1997	2063	2053	2112	2170	2250	2359	2778	3168	3367	3885
勒纳指数	0.41	0.41	0.44	0.46	0.48	0.47	0.46	0.5	0.58	0.54	0.57

资料来源：竣工房屋造价及商品房销售均价来源于《中国统计年鉴》（2008）

由上表我们可以看出，勒纳指数在总体上是呈上升趋势的，房地产企业垄断定价行为存在，企业具有市场势力，也就是说在并购前就有市场势力存在，那么 $P_1 > AC_1$。

2. 房地产需求价格弹性测度。

（1）数据来源和变量选取。笔者根据《中国统计年鉴》（2008）选取了 1997～2007 年共 11 年的数据作为样本观测值。商品房需求价格弹性公式可以表示为 $\eta = -\frac{dq}{dp}\frac{p}{q}$。我们选取商品房销售额来代表需求变量，因为它反映了消费者有意愿而且已经实现的需求，用平均商品房销售价格来代表价格，见表 5－10，分别用 DR 和 PR 来表示。

（2）模型设定。笔者采用计量中面板数据的回归方法。由于面板数据模型是根据不同个体的时间序列数据构造和检验更现实的行为方程模型，需要首先考虑检验各解释变量的参数是否在所有截面样本点和时间上都是常数，即检验所研究的问题应使用哪种类型的面板数据模型进行研究。由于我们所选取的样本数据时间跨度是 11 年，假定时间序列参数齐性，各参数不随时间变化而不同。

$$Y_{it} = \alpha_{it} + \beta_{it}^{T} X_{it} + u_{it} \tag{1}$$

其中，i = 1，2，3，…，n；t = 1，2，3，…，T；β_{it}^{T} =（β_{1it}，β_{2it}，…，β_{kit}），K 是变量个数，i 是截面数，T 是时期，u_{it}是随机扰动项。

根据假设条件，$\alpha_1 = \alpha_2 = \cdots = \alpha_n$，$\beta_1 = \beta_2 = \cdots$，$\beta_N$方程改写为

$$Y_{it} = \alpha + \beta^{T} X_{it} + u_{it} \tag{2}$$

方程两边取对数，则解释变量的系数表示的就是弹性的概念：

$$LNY_{it} = LN\alpha + \beta^{T} LNX_{it} + u_{it}$$

（3）检验过程和结果。

表 5-10　运用 OLS 法得到的估计方程

Dependent Variable: LNDR
Method: Least Squares
Sample: 1997 ~ 2007
Included observations: 11

Variable	Coefficient	Std. Error	t - Statistic	Prob.
LNPR	3.820788	0.355033	10.76178	0.0000
C	-11.85667	2.778509	-4.267276	0.0021
R - squared	0.927894	Mean dependent var		18.03319
Adjusted R - squared	0.919882	S. D. dependent var		0.917061
S. E. of regression	0.259575	Akaike info criterion		0.303424
Sum squared resid	0.606413	Schwarz criterion		0.375769
Log likelihood	0.331166	F - statistic		115.8160
Durbin - Watson stat	0.488523	Prob (F - statistic)		0.000002

用 OLS 法估计得到的房地产需求价格弹性为 3.820788（绝对值），可决系数是 0.927894，调整后的可决系数为 0.919882，说明方程的拟合度较高。

综合对价格和弹性的分析我们知道，如果要求：$\frac{AC_1 - AC_2}{AC_1} - [\frac{1}{2}k(\frac{P_2 - P_1}{P_1}) + (k-1)]\eta\frac{P_2 - P_1}{P_1}\frac{Q_1}{Q_2} > 0$

即要求：$\frac{AC_1 - AC_2}{AC_1} - [\frac{1}{2}\frac{P_1}{AC_1}(\frac{P_2 - P_1}{P_1}) + (\frac{P_1}{AC_1} - 1)]\frac{P_2 - P_1}{P_1}\frac{Q_1}{Q_2} \times 3.82 > 0$

$$\frac{AC_1 - AC_2}{AC_1} > [\frac{1}{2}\frac{P_1}{AC_1}(\frac{P_2 - P_1}{P_1}) + (\frac{P_1}{AC_1} - 1)]\frac{P_2 - P_1}{P_1}\frac{Q_1}{Q_2} \times 3.82$$

化简此不等式可以得到：$\frac{AC_1 - AC_2}{AC_1} > 1.91\frac{P_2 - P_1}{P_1}\frac{P_2 - P_1}{AC_1}\frac{Q_1}{Q_2}$

通分后移向最终得到：$AC_1 - AC_2 > 1.91\frac{(P_2 - P_1)^2 Q_1}{P_1 Q_2}$。也就是说，只有在成本下降的幅度超过 $1.91\frac{(P_2 - P_1)^2 Q_1}{P_1 Q_2}$时，并购会造成福利的上升。

上面借助威廉姆森的福利测度模型，运用统计软件求解我国房地产的价格需求弹性。当并购造成市场势力的上升，如果想使社会福利上升就必须使成本降低到一定幅度。换言之，如果房地产业外资并购造成了上述条件的效率优势，会增进社会福利。

（三）外资并购导致市场结构转变的福利效应测度

通过前面关于市场集中度以及区域市场集中度的分析，我们可以把房地产业现所处阶段看做垄断竞争市场。外资并购在华房地产企业可能使我国的房地产市场逐渐过渡到内资、外资共同寡占的市场甚至外资寡占的局面。一方面外国大型企业带来先进的企业运作模式和各种经验，而且并购能在一定程度上形成规模经济，促进产业结构的调整，但同时寡头垄断的市场造成了消费者福利损失。所以对并购造成福利效应的增减我们需要具体分析判断。就我国房地产市场的具体发展情况来看，外资并购最有可能造成的市场结构是由垄断竞争逐渐演变到内资和外资双寡头垄断的局面。对于这种市场结构我们以威廉姆森模型为基础，同时借助古诺模型来分析其产量和产品价格①：

首先，为了便于分析论证，我们做如下假设：

1. 市场需求函数在垄断竞争和寡头垄断市场都是一样，且是线性，则反需求函数可以表示为：$P = a - bQ$（其中 a，b 都是常数且大于 0）。

2. 垄断竞争企业的边际成本函数为：$MC_1 = c + dQ$

3. 在分析寡头垄断市场时，假设房地产行业只有两个（类）企业，并且其中一个（类）企业属于东道国，另一个属于外资企业。

4. 政府对外资企业所征税收为 t 。

5. 外资企业在获得生产者剩余时会带一部分利润回到自己本国，并不是把全部的生产利润都留在东道国，在这里我们设留在东道国的利润比率为：α（如图 5－8 所示）。

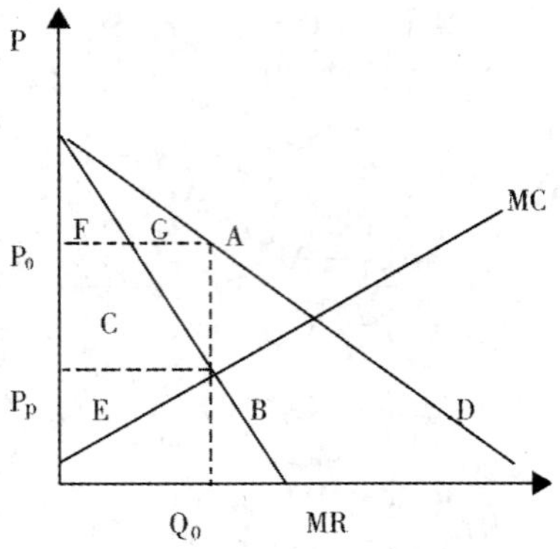

图 5－8　外资企业生产利润留在东道国的利润

我们知道，房地产业从并购前垄断竞争市场演变为并购后的寡头垄断市场时，市场势力增强，市场价格上升。通过图 5－8 可以看出，垄断竞争市场

① 张亚斌，黄苹．跨国并购影响东道国市场结构的福利效应分析［J］．求索，2006（4）：7－8

在达到均衡时刻时，MR = MC，那么均衡价格和均衡产量为：

$$Q_0 = \frac{a-c}{2b+d}$$

$$P_0 = \frac{a(b+d+c)}{2b+d}$$

从图 5－8 可以看出垄断竞争市场的生产者剩余是：C + E；而消费者剩余则是 F + G。那么，根据前面对垄断竞争行业进行的假设可以得到：

$$生产者剩余 = \frac{b(a-c)^2(2b+d) - 2a^2(b-c)^2}{2b(2b+d)^2}$$

$$消费者剩余 = \frac{a(b-c)(a-c)}{2(2b+d)^2}$$

当市场结构由垄断竞争市场转变为外资与内资共同寡占的市场时，我们做如下假设：

1. 设边际成本仍然既定的情况下进行讨论，且边际成本 $MC_2 = e + fQ$。

2. 跨国企业在我国房地产市场所占份额为 S，那么内资企业所占份额应为 1－S，又因为前面假设政府对外资企业征收税率为 t。

对于一个理性企业而言，生产的均衡点在 MR = MC 上。分别对两个等式求一阶导数，可以得到最优产量：

$$max\pi_1 = P(Q)q_1 - (e+fQ)q_1$$

$$max\pi_2 = P(Q)q_2 - (e+fQ)q_2$$

$$\frac{\partial \pi_1}{\partial q_1} = -2(b+f)q_1 + (a-e) - (b+f)q_2 = 0$$

$$\frac{\partial \pi_2}{\partial q_2} = -2(b+f)q_2 + (a-e) - (b+f)q_1 = 0$$

$$q_1 = q_2 = \frac{a-e}{3(b+f)} \quad p' = \frac{ab+3af+2be}{3(b+f)}$$

通过上面的古诺模型分析，我们可以得到外资房地产企业厂商的生产者剩余和消费者剩余如下：

消费者剩余：$\frac{(a-e)^2 b}{9(b+f)^2}$

生产者剩余：$\frac{(a-3e)(a-e)}{18(b+f)}$

根据前面的假设 4 和假设 5，得到寡头垄断市场下的外资房地产企业的福利（如图 5－9 所示）：

$$\frac{(a-e)^2 b}{9(b+f)^2} + \frac{(a-3e)(a-e)\alpha(1-t)}{18(b+f)}$$

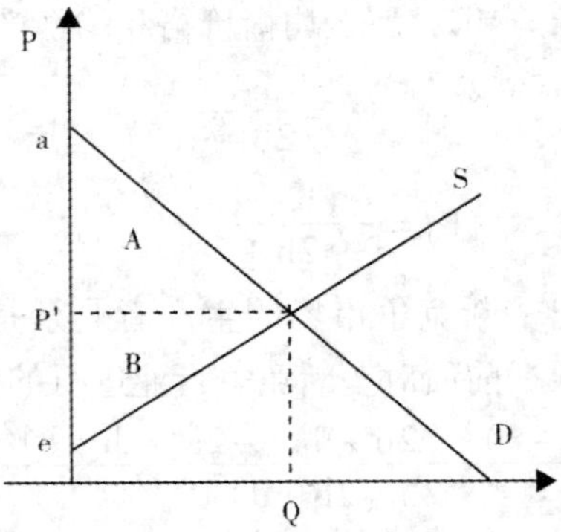

图 5-9　寡头垄断市场下的外资房地产企业福利

在这里要注意，这里的福利测算的只是外资零售企业所提供的，并没有加上东道国的零售业厂商的福利效应。由于东道国的生产者剩余并不考虑国家的税收，因此最终得到的总的福利效应为外资零售企业创造的福利加上东道国的零售企业创造的福利：

$$\frac{2(a-e)^2b}{9(b+f)^2}+\frac{(a-3e)(a-e)}{18(b+f)}(1+\alpha+\alpha t)$$

从前面一个小节可以得到垄断竞争市场下的生产者剩余与消费者剩余分别为：

$$生产者剩余=\frac{b(a-c)^2(2b+d)-2a^2(b-c)^2}{2b(2b+d)^2}$$

$$消费者剩余=\frac{a(b-c)(a-c)}{2(2b+d)^2}$$，总的社会福利为：

$$\frac{b(a-c)^2(2b+d)-2a^2(b-c)^2}{2b(2b+d)^2}+\frac{a(b-c)(a-c)}{2(2b+d)^2}=$$

$$\frac{b(a-c)^2(2b+d)-2a^2(b-c)^2+ab(b-c)(a-c)}{2b(2b+d)^2}$$

当垄断竞争市场逐步转变为寡头垄断市场，消费者剩余减少，而生产者剩余增加。现在我们分析一下市场的转变带来的福利效应的变化到底是增加了社会福利效应还是减少了社会福利效应。

寡头垄断竞争产生的福利－垄断竞争产生的福利

$$=\frac{2(a-e)^2b}{9(b+f)^2}+\frac{(a-3e)(a-e)}{18(b+f)}(1+\alpha+\alpha t)-$$

$$\frac{b(a-c)^2(2b+d)-2a^2(b-c)^2+ab(b-c)(a-c)}{2b(2b+d)^2}$$

$$=\frac{4(a-e)^2b^2(n+b)^2+b(n+b)^2(a-3e)(a-e)(b+f)(1+\alpha+\alpha t)-9(a-m)^2(n+b)(b+f)^2}{18b(b+f)^2(2b+d)^2}$$

上式便是市场结构从垄断竞争转变为内外资双寡头垄断的情形。因为 $18b(b+f)^2(2b+d)^2>0$，所以若要总的福利效应大于0，则需要满足：

$$4(a-e)^2b^2(n+b)^2+b(n+b)^2(a-3e)(a-e)(b+f)(1+\alpha+\alpha t)-9(a-m)^2(n+b)(b+f)^2>0$$

$$1+\alpha+\alpha t>\frac{9(a-m)^2(n+b)(b+f)^2-4(a-e)^2b^2(n+b)^2}{b(n+b)^2(a-3e)(a-e)(b+f)}$$

即要求：

$$\alpha t>\frac{9(a-m)^2(n+b)(b+f)^2-4(a-e)^2b^2(n+b)^2}{b(n+b)^2(a-3e)(a-e)(b+f)}-\alpha-1$$

则要求：$t>\frac{9(a-m)^2(n+b)(b+f)^2-4(a-e)^2b^2(n+b)^2}{b(n+b)^2(a-3e)(a-e)(b+f)}-\frac{\alpha+1}{\alpha}$

因此我们可以看出当政府的税率达到这样的水平时，外资并购可以使垄断竞争市场转变为寡头垄断市场时，提高整个社会的福利。

接下来，我们分析一下当政府给出的税率不发生变化时，如果想要并购使得社会福利得到提高，那么就需要满足并购后福利大于零，即：

$$\frac{2(a-e)^2b}{9(b+f)^2}+\frac{(a-3e)(a-e)}{18(b+f)}(1+\alpha+\alpha t)-\frac{b(a-c)^2(2b+d)-2a^2(b-c)^2+ab(b-c)(a-c)}{2b(2b+d)^2}>0$$

也即要求：

$$\frac{4(a-e)^2b^2(n+b)^2+b(n+b)^2(a-3e)(a-e)(b+f)(1+\alpha+\alpha t)-9(a-m)^2(n+b)(b+f)^2}{18b(b+f)^2(2b+d)^2}>0$$

因为 $18b(b+f)^2(2b+d)^2>0$

要求：

$4(a-e)^2b^2(n+b)^2+b(n+b)^2(a-3e)(a-e)(b+f)(1+\alpha+\alpha t)-9(a-m)^2(n+b)(b+f)^2>0$

由此不等式可得，其一元二次方程的解

$$b+f=b(n+b)^2(a-3e)(a-e)(1+\alpha+\alpha t)\pm\frac{\sqrt{[b^2(n+b)^4(a-3e)^2(a-e)^2(1+\alpha+\alpha t)]-144(a-m)^2(n+b)(a-e)^2b^2(n+b)^2}}{18(a-m)^2(n+b)}$$

设 $\delta=b(n+b)^2(a-3e)(a-e)(1+\alpha+\alpha t)$

$$则\ b+f=\frac{\delta \pm \sqrt{\delta^2+144\ (a-m)^2\ (n+b)\ (a-e)^2 b^2\ (n+b)^2}}{18\ (a-m)^2\ (n+b)}$$

$$f=\frac{\delta \pm \sqrt{\delta^2+144\ (a-m)^2\ (n+b)\ (a-e)^2 b^2\ (n+b)^2}}{18\ (a-m)^2\ (n+b)}-b$$

因此，不等式的解为：

$$\frac{\delta - \sqrt{\delta^2+144\ (a-m)^2\ (n+b)\ (a-e)^2 b^2\ (n+b)^2}}{18\ (a-m)^2\ (n+b)}-b$$

$$<f<\frac{\delta + \sqrt{\delta^2+144\ (a-m)^2\ (n+b)\ (a-e)^2 b^2\ (n+b)^2}}{18\ (a-m)^2\ (n+b)}-b$$

从上述推导结果可以看出，当外资企业的边际成本曲线的斜率在以上的区间时，房地产业并购导致的垄断竞争市场转化为寡头垄断市场的社会福利将会得到提高。房地产市场外资不断并购减少了企业的数量，我国的房地产市场结构正在发生变化，外资并购可能导致房地产类似垄断竞争市场演变为外资寡头垄断市场，或由类似垄断竞争市场有可能逐渐演变成外资与内资寡占的市场。结合前文的分析，由于我国房地产业行业集中度低，房地产市场由垄断竞争转变为内外资双寡头垄断的市场可能性更大。因此，笔者就这种情况进行了分析。一方面外资并购提高了市场集中度；另一方面，市场支配力的上升降低了消费者的福利水平。

通过上述分析得到在满足跨国公司边际成本既定的前提下，政府的税率水平达到上面的要求时，生产者剩余的增加量要大于消费者剩余的减少量，整个社会的福利效应就会得到提高。同时在政府税率一定的情况下，跨国公司的边际成本满足上面不等式的条件下，就能够使整个社会的福利得到增加，这种福利增加主要是源于溢出效应在各个方面的体现而使整个社会的福利得到提高。由此可以得出，房地产业外资并购对社会福利的影响与税收有极大关系，所以政府如何运用税收杠杆调节房地产市场值得深入研究。

第二节　外资并购进入房地产业总体效应影响

对房地产业外资并购的正负效应主要是从并购后的影响和并购后企业的行为来分析。外资并购本身具有积极方面的意义已经被众多学者通过理论和实证检验得到证明，但是由于我国房地产业外资并购的主体多元化、并购方式纷繁复杂，结合我国房地产业所处的发展阶段，我们对房地产业外资并购效应的判断应该从长期和全面的角度考察，而不能流于对外资并购效应的一般性结论。

一、外资并购进入我国房地产业的正面效应

（一）提高房地产产业集中度，促进房地产产业结构优化调整

由上文的分析可以得出，我国的房地产业市场集中度低，资金少、规模小的中小企业很多。外资最先进入的是我国沿海开放城市，深圳、珠海、上海等。这些发达地区的房地产行业的密集度都得到了很大的提高。虽然从上面的分析来看，市场密集度与外国发达国家还有很大的差距。我国的房地产企业除了规模较小，而且经营范围狭窄，因此效率也比较低。美国学者迈克尔·波特曾经指出：决定一个国家国际竞争力的关键因素之一是具有一定集中度的产业结构。因为形成一定产业集成的产业间会产生良好的互动效应，一个产业所获取的收益会向前、向后或水平流动扩散。所以外国的大型房地产企业进入我国，可以有效地整合我国房地产业市场目前的结构，通过兼并或者并购的方式，使它们能够扩大规模，以便更好地达到规模经济从而降低成本，优化产业结构。

（二）有利于改善我国房地产企业资本结构

上文在分析我国房地产业发展现状时已经提到，融资困难是房地产企业突出的问题，平均资本负债率高达70%以上，而且银行贷款是其主要来源之一。由于近几年国家关于土地出让制度方面的管制，而大型外资房地产企业的重心主要放在兼并在华的国内企业，或者参股合资合作项目公司，这样一来，我国的国内房地产企业可以利用外资这个优势来缓解目前缺少资金的问题。外资并购在一定程度上承担了部分融资责任和金融风险，而且一般的跨国并购都会为东道国带来后续性追加投资，不但使房地产业的资本结构相对优化而且在客观上使得我国金融系统的风险得到一定程度降低。

（三）有利于提高我国房地产企业的竞争力

随着外资房地产企业的进入，我国房地产市场必然加剧竞争，这样有利于我国房地产企业的市场整合，淘汰那些没有发展潜力的房地产企业，促进优胜劣汰，客观上使得资源向那些有潜力的房地产企业集中。而且国外房地产企业凭借其从事房地产行业的经验以及雄厚的资金势必会分摊内资企业的市场，使得内资企业提高危机意识和竞争意识，从开发设计到营销策略等多方面提高自身水平，“鲶鱼效应”让中国的房地产企业更具竞争力。

（四）有利于国内房地产企业提高经营能力

我国房地产企业的发展起步相对于发达国家来说要晚，因此在管理方面以及营销方面缺乏经验。房地产是一个产业链很长的产业，外资房地产企业

可以通过“前向联系”（与原材料、装修设备零部件供应商的联系）以及“后向联系”（房地产中介、物业服务商）在客观上向关联企业传递知识和技术，这种形式可以是设计方式、规格、质量控制、管理技能等。所以说外资房地产企业的进入能够给我国带来先进的管理技术以及营销策略，这对我国本土房地产企业发展是有帮助的。另外在一些硬件设施上，如果外国房地产企业将这些先进的设备以及理念运用到开发运营中，无论对我国的消费者还是对房地产业都是非常有好处的。这有利于改善我国房地产企业目前粗放式、低效率的经营状态，促进国内企业开发出优质的项目。知名房地产专家、新汉业不动产执行总裁赵云飞说：“这些外资开发商对城市建设发展有推动作用。新加坡仁恒集团开发的楼盘，做得非常好，对行业发展有促进作用。”

二、跨国房地产企业在华并购的负面效应

（一）长期可能会造成房地产区域垄断的局面

由于外国房地产企业在很多方面比如资金、管理以及规模经济都比国内的房地产企业更具有优势。这些外国的大型房地产企业以其先进的管理技术和营销策略，开始不断赢得消费者。外资房地产企业的策略也非常明确：它们更注重长期占领中国市场，例如以新加坡凯德置地为代表的产业投资并不都是进入中国就“立刻”获利的，虽然凯德置地目前赢利状况非常好，但从1994年进入中国之后，凯德置地一直亏损到2001年，即使在亏损期，凯德也不惜大手笔并购内资房地产企业，借以扩大市场份额和储备土地资源，而截止到2008年它已经在中国建造了4栋写字楼、8栋公寓、10个住宅项目、6栋独资商业物业以及与深国投合作的21家商业设施。从客观上说，如果按照这样扩张规模，国内的很多房地产企业的份额会越来越少，毕竟外国的大型房地产业规模大、实力雄厚，在长期内可能会造成区域垄断现象。

（二）外资并购可能会加剧房地产地区发展不平衡

受制于东西部经济发展的不平衡，我国目前房地产发展本来就很不平衡，从地域分布上来看，2007年，东、中、西部地区房地产投资额分别为15640亿元、4775亿元、4865亿元①。而外资房地产企业的并购指向更偏向于发达的一、二线城市。这在一定程度上会加大东部与中西部的房地产业的发展水平的差距。这一方面加剧了这一地区的资源供应紧张，另一方面使得有开发需求的地区得不到很好利用。因此，外资进入我国房地产市场加剧了东西部的差

① 牛凤瑞，李景国主编．中国房地产发展报告［M］．北京：社会科学文献出版社，2008：109

距，有可能会在整体上使得产业发展不平衡的局面加剧。过多的资金集中在东部和中部地区，可能会造成这一地区房地产业结构性过热，加剧东西部之间的不平衡。更重要的是有可能继续拉大我国已经存在的经济发展不平衡局面。

（三）外资并购可能会威胁我国房地产业安全

房地产业是我国国民经济发展的支柱产业，产业关联度大，关系到国计民生，但是我国的房地产目前处于一个新兴市场当中，抵抗干扰的能力不强。虽然目前外资并购尚未到影响产业安全的地步，但是近两年来境外基金通过各种渠道的频繁收购，已经使一、二线城市的很多优质物业掌握在外资手中。很多私募基金凭借雄厚的资金，利用新兴市场的脆弱性进行炒作性、投机性并购。同时，无论是跨国产业集团还是私募基金，都已经逐渐将并购中小企业发展到觊觎国内优质骨干企业。尤其是现在很多房地产企业开始努力上市融资，这使外资并购这些企业难度降低。对已经上市的房地产企业的并购使证券市场和房地产市场紧密联系在一起，当房地产业景气期过去时，这些外资有可能将持有的股份抛售，不但影响到房地产企业而且影响证券市场的稳定，势必会影响到产业发展。这部分外资的逐利性和隐蔽性的特征不得不使我们对房地产的风险保持警惕。

房地产业是典型的资金密集型行业，其发展趋势必然通过业内不断整合重组，最终形成规模型大企业来，规模小、资金缺乏，这正是我国房地产业被外资并购的主要原因，所以面对汹涌而至的外资并购浪潮，房地产内资企业应该走战略扩张的道路，只有这样才能不断地发展壮大。对于大型内资企业可以从最初单一产品的区域扩张向全国发展。以房地产民营企业万科为例，它从最初专注于深圳住宅开发逐渐稳步向全国迈进。对于中小企业而言，单一产品法人区域扩张可能会加重其资金负担，它们可以专注在某一区域扩张，定位专而精的道路，以此成长为区域市场中有实力的房地产企业。在这方面做得比较好的有河南建业。河南建业自成立起一直坚持精耕河南市场，成为当地区域市场龙头老大，在2005年销售额已经突破15亿元。

外资对我国房地产企业进行并购，能够给我国带来先进的管理技术以及营销策略，这对我国本土房地产企业发展是有帮助的。据测算，发达国家技术进步对经济增长的贡献份额在60%以上，我国这一比重在35%左右，而房地产业的技术进步贡献份额仅为25.4%，还不及农业的水平（接近40%）[①]。外资房地产企业的进入将促使我国房地产业在客观上获得较大的技术和知识的外溢效应。但是我国本土企业必须加大学习的步伐，尤其是在一些高档物

① 高波．全球化背景下的中国房地产业：发展前景与本土对策［J］．江海学刊，2002（5）：57

业的宣传销售方面，往往一些高档写字楼还没有建好就已经预出租成功。华南理工大学建设经济管理与房地产研究所所长王幼松博士指出“不仅仅是资金，这些外资给国内房地产市场所带来的先进的经营理念、良好的服务意识和优秀的管理模式同样是不可忽视的”。

房地产业包括开发、销售、经营、租赁、服务等多个环节，但我国的房地产企业大多集中于开发领域，而国外房地产业发展比较成熟的国家早已经形成多层次的市场。从产品到销售模式，很多房地产企业走的都是相似的路子。这一方面加剧了业内的竞争，另一方面不利于自身竞争优势的培养，所以精确定位市场非常重要。在这方面做得比较好的是万通。万通立足于北京高端市场，设立了住宅、商业、土地和定制物业四大部门，分工相当明确。以其中的商业物业为例，从区域分割到招商策略都经过研究策划。深入挖掘，掌握市场需求，培养自身的核心竞争优势，这是我国房地产企业在与外资房地产企业竞争中必须具备的。

品牌是一种无形资产，是企业形象和质量的象征。品牌效应不容忽视。以万科为例，在纷繁复杂的房地产市场上，万科凭借其品牌优势获得众多消费者的认同。众多在其他外资并购中消失的民族品牌证明没有品牌会失去市场，而品牌的打造在实质上就是核心竞争力的外化。

根据上文的分析我们知道，我国房地产企业资产负债率过高，平均达70%以上，银行贷款占很大比例，而对于房地产企业而言，资金应该是其最关注的方面。对处于迅速扩张阶段的企业而言，此时规模和盈利急速扩张，企业关注成本的降低和资产的周转率的上升，处于这一阶段的企业应该确立合理的融资方式，以使增长率和投融资需求相结合。对处于稳步增长阶段的企业而言，企业的核心是确保产生稳定盈余现金流。以香港的长江实业、新世界为例，它们目前处于稳步增长阶段，围绕集团重组、房地产以外新的利润增长点的开发来努力，这是值得内资企业学习的。

从实证分析我们知道，税收是调控房地产业发展，保证外资并购能增进总的社会福利的方式。税收政策是调控市场的重要手段，但目前我国调控房地产市场的税收手段主要集中于住房交易环节的营业税和个人所得税。对房地产交易环节征收重税虽然起到了加大住房投机成本遏制投机需求的作用，但是这些税收成本必然最终转嫁到购房者身上，较高的交易税和零持有税使得部分居民保有住房的意愿增强，反而限制了存量房地产的正常流转。例如，2006 年 6 月 1 日以后，个人购买不满 5 年的住房全额征收营业税。受此政策影响，全国二手房成交价一路高涨。

考察法国、美国等国家对房地产管理外资的经验会发现，法国、美国主要通过严格的监管体制：美国从银行贷款、税收制度两方面进行审核；法国对非自用房屋采取征收高额税收，这种开征物业税等税种将有助于稳定房地产市场，抑制投机性并购，优化产业结构。

房地产业的发展机制包括房地产业得以顺利进行的前提条件和应遵循的原则涉及方方面面的关系，需要各种配套制度的配合。一个完善的房地产发展机制需要需求和供给两方面的制度保证。对国内普通居民而言，住房保障制度、工资制度、税收制度都应该成为国家宏观调控的手段。对国内房地产开发商而言，土地审批和信贷制度是控制源头。就一个健康的房地产市场而言，其开发和流通双向环节都应该有对应的管理制度。从实际情况看，自2005年开始国家施行双向调控初见成效。从2006年开始国家对房地产外资流入开始调控，使得外资在开发领域的并购行为得到一定程度遏制，然而外资并购的动因和趋势仍然存在，这部分资金必然通过各种渠道规避政策管制，流向流通环节就是选择之一。2005年3月初在第十届全国人民代表大会第三次会议的政府工作报告中明确提出“重点抑制生产资料价格和房地产价格快速上涨”。随之提高首付比例、出台二手房交易制度税等一系列政策。这些措施都属于一个完善的房地产市场中政府在调控时应该使用的有效手段。

虽然推动中国房地产价格上涨的因素是多方面的，但外资的影响已日益凸显。目前，进入房地产的外资中有私募股权资金及房地产信托投资基金。这类基金又分为稳健型基金和投资型基金，后者进入中国市场主要是觊觎短期的投机收益，对推动房价上升影响不容忽视。目前我国房地产企业融资渠道单一，风险系于银行系统，必然给金融业稳定发展造成隐患。房地产企业对资金的需求还诱发了游资的大量流入。所以，拓宽房地产企业融资渠道是避免投机性并购的重要举措。

对境外投资者而言，境外机构、房地产基金大多以投机为目标，这部分资金的流入势必会推动房价的上升，国家应该调高这部分资金的进入门槛；对以战略性投资为主要目的的境外优秀房地产运作企业应该积极引导，努力发挥它们的示范效应和标杆效应。

对于任何一个想借助跨国公司推动本国产业结构调整都必须要明白正面效应是付出经济和社会代价的，东道国政府必须要对跨国公司的行为加以引导和必要的监管，而且其正面效应不是无止境的：当东道国总体经济和产业条件恶化时跨国公司就有可能撤离东道国①。综合上文的分析我们知道，跨国产业集团大多是以战略性并购为目的，在客观上有利于提高行业素质，促

① 肖卫国．跨国公司海外直接投资研究［M］武汉：武汉大学出版社，2002：232

进产业结构调整。但跨国产业集团仍然是以利润为导向的企业，其并购趋势也不免受高回报率的吸引而集中于一、二线城市，如果不加以引导，这种趋势势必会越来越明显。国家可以在政策上引导和鼓励这部分企业参与大型项目、城市基础设施建设；在区域选择上，鼓励其向中西部地区迈进，促进中西部地区城市建设，调整外资并购的布局和趋向，一方面使这部分资金避免集中于相对饱和的东部地区，推动房地产价格上升，另一方面尽可能地使房地产业外资并购与我国房地产业的发展和国民经济建设结合起来。

根据上文的分析可以看出，房地产外资并购主要涉及产业资本和金融资本两大类，而后者往往是投机性并购为主要目的。它们以获取短期利润为主要目标，并购集中在一线城市的高档物业，造成了我国房地产业的结构性过热。对这部分外资，国家应当建立预警体系，根据境外资本流动和房地产交易的有关数据设计一套科学的、操作性强的预警检测评价指标体系。

按照国际货币基金组织《国际收支手册》（第五版）的分类，外资购买境内商品房属于国际收支中资本与金融账户项下非生产、非金融资产的购买，是资本项目交易的一部分①。我们应从资本项目管制的高度对外资购买房地产和并购房地产企业进行管理。由于我国将房地产交易纳入经常项下，这扫清了投机性并购的障碍。与国外很多国家关于房地产外资流入的管理相比较而言，我国关于房地产业外资准入其实没有实质性限制。国外一般对于外资流入房地产市场的管制主要通过交易和汇兑环节进行。由于交易环节处于买卖发生阶段、实际外汇资金转移之前，往往是管制的重点环节。汇兑环节作为实际外资资金流入或汇出的阶段，已伴随物权的变动，更多事后是作为管制的辅助环节②。因此，绝大多数国家都在交易环节就有所限制，有的还把管制从交易环节延伸到兑换环节。所以借鉴这些经验，我国有必要在汇兑等环节加大查处力度，同时将房地产交易纳入资本项目管理之下，在结汇这一块对投机性并购进行管制。为了避免和区分这部分投资性资金的侵入，积极鼓励外资并购，国家的政策就必须要有区分度。国际商业地产研究中心理事长朱凌波指出，可以对不同类型的外资区别对待，但还要加大海外资金退出的管理，“比如规定在一定的期限内只能退出一定百分比的投资，这样可以保证进入的外资在中长期内发挥作用，而不是短暂的炒作”③。

---

①② 温建东，马昀．房地产市场对外资设限的思考［J］．中国外汇，2006（9）：31

③ 新浪房产，http：//wh. house. sina. com. cn/news/2006－10－3/113329646. html

第二篇　外资并购和直投对中国银行业和知识密集型服务业的福利效应研究

第六章　中国银行业海外并购资本重组和业务整合的理论分析

1984 年 9 月中国银行收购澳门大丰银行 50% 的股权首开并购先河，至今超过 20 多年。海外并购，已经成为我国银行拓展海外市场、增强国际竞争能力的重要途径；也是从一个以国内市场为主的金融机构向以全球为经营视角的企业转型的重要途径。世界范围内的并购浪潮迭起，2006 年世界并购业务量达到了创纪录的 3800 亿美元，比上年增长 37.9%①。并购，无疑是金融市场的热点，也是学界研究的重要课题。本书拟将运用著名的协同效应理论，对我国商业银行跨国并购的绩效评估进行探索。

第一节　协同效应理论演变

协同，英文用“Synergy”，原意是指“配合，协同”。协同效应（Synergy Effects），通常是指企业通过并购活动，合理配置两家原有的资源，在生产经营的不同环节、不同阶段、不同方面共同利用同一资源而产生的整体效应，导致净现金流量超过两家公司预期现金流之总和，或者合并后公司业绩比两个公司独立存在时的预期业绩高，增强了新企业的竞争力。当前，并购活动的动机被公认为是追求协同效应最大化，包括市场份额共享、多样化经营、企业文化融合、员工心理调整、知识能力转移等方面的协同整合。

---

① Thompson Financial, 2007. Thompson Financial Worldwide M&A Financial Advisory

一、安索夫与维斯顿的函数累加性协同效应——最初的形式

协同效应，由美国学者伊戈尔·安索夫（Igor Ansoff）在《公司战略》（Corporate Strategy，1965）中提出了“战略四要素”说，认为战略的构成要素应包括：产品与市场规模、增长方向、竞争优势和协同。他最先提出“协同效应”。其中，产品与市场规模是企业参与竞争的范围，通常是指一个行业；增长方向表明了公司努力突破的经营难点和重点；竞争优势表现为公司在产品、市场营销等方面的强势项目，或者战胜对手的能力；协同，则是说明企业（尤其是大型企业集团）通过整合集团中各个企业能力和规模经济带来的成本下降和效益的提高。安索夫认为四个战略要素中的任何一个或全体都可以增强公司的竞争力。

安索夫分析了基于协同理念的战略，如何可以像纽带一样把企业各个单元的业务有机联系起来，从而使企业可以更有效地利用现有的资源和优势开拓新的发展空间。他认为“协同是公司与被收购企业之间匹配关系的理想状态。即是指一个公司通过收购另外一家公司，使得公司的整体业绩好于两个公司原来业绩的总和。”坎贝尔也认为，协同是指“使企业的整体效益大于各独立组成部分总和的效应[①]”。协同就是整体效应大于各部分组合相加的效应。

如何衡量协同效应，安索夫采用累加的投资收益函数。即 ROI（a，b）> ROI（a）+ROI（b），含义就是公司收益超过两家公司原来收益的总和，即“1+1>2”就是协同效应。他将协同效应划分为：销售协同效应（Sales Synergy）、运营协同效应（Operational Synergy）、投资协同效应（Investment Synergy）、管理协同效应（Management Synergy）四种类型。在考察了不同行业企业在主要经营管理环节的协同效应水平后，他认为日常管理（如会计、财务及公共关系）是实现竞争力转移最好的环节。安索夫根据企业进入一个新的市场需要经过起步阶段和运营阶段，又将协同效应相应地分为起步协同效应和运营协同效应。起步协同效应是指企业在新的市场所要具备的竞争力或是缩短培育这种竞争力所要花费的时间；运营协同效应即为企业的规模效应，表现为降低企业单位运营成本及产品对日常费用的摊销。此外，他还提出了协同效应的定性分析框架：销售收入的增加、运营成本的降低、投资需求的压缩以及各自的变化速度。安索夫对协同效应的解释比较强调其经济学含义，

① 坎贝尔等．战略协同．第2版［M］．任通海等译，北京：机械工业出版社，2000：31

亦即取得有形利益和无形利益的潜在机会以及这种潜在机会与公司自身能力之间的紧密联系。他认为协同效应是建立在对现有资源充分利用的基础上，因此安索夫是在静态框架内所做的分析，是静态的协同效应理论。安索夫对协同效应的定义，对以后的理论与实际都有指导性的意义。成功并购的企业，必须是通过人力、设备、资金、知识、技能、关系、品牌等资源的共享来降低成本、增强企业竞争力、分散市场风险以及实现规模效益等。

以后包括坎贝尔等（2000）也对此进行了深入研究，并且把协同效应的概念运用到管理学上，自此，它就一直成为西方大型企业在制定多元化发展战略、策划并购活动时所遵循的一个重要原则。借鉴了伊戈尔·安索夫（1965）的研究思路，美国加州大学伯克利分校 J. Fred Weston 等人（1998）[①]提出并购协同效应的概念，维斯顿形象地称协同效应为“2 + 2 = 5”，他将并购协同效应更加具体地定义在管理协同效应（Management Synergy）、运营协同效应（Operational Synergy）和财务协同效应（Financial Synergy）三个方面，协同效应被认为主要表现在效率的改进上。其中，管理协同效应，是指在剩余管理能力可以转移的条件下，任意两个管理能力不等的公司进行并购，那么并购之后新公司的绩效将会受益于具有先进管理经验公司一方的影响，从而新公司的整体绩效将会高于两个单独部分的相加之和。营运协同效应，是指并购给企业生产经营活动带来的变化及效率的提高所产生的收益，如销售收入增加或成本节约，突出体现为规模经济和范围经济。财务协同效应，是指并购活动给企业带来的财务方面的各种收益，这些收益的取得不是由于经营活动提高效率而取得的，而是由于税法、会计处理原则以及证券交易等内在规定的作用而产生的一种纯现金流量上的收益，主要体现在：①价值低估效应导致未来更高的现金流量；②合理避税减少企业的现金流出量；③并购中的预期效应实现，增加了股东财富。因此，并购活动可以通过提高单个企业的效率，进而影响全社会生产经营效率的提高。如何实现协同效应？辛德尔（2004）认为，企业可以通过共享技能、有形资源、协调的战略、垂直整合、与供应商的谈判和联合力量等方式实现协同效应。

---

① J. 弗雷德·威斯通，S. 郑光，苏姗. E. 侯格. 兼并、重组与公司控制［M］. 北京：经济科学出版社，1998

二、波特的价值链协同效应

管理学家波特（Porter，1985）的著作《竞争优势》[①] 一书从价值链角度，阐述了并购协同效应的影响因素，提出了更加具体的衡量协同效应的观点。波特认为，随着经济、技术和竞争的发展，相互关联业务之间的连接（Linkage）更容易被识别和开发，而这种连接正是降低价值链中实际活动的成本或提高与竞争对手的差异程度的机会，从而实现协同效应。为此，波特将业务之间可能存在的连接分为：

1. 有形的连接，指因共同的客户、营销渠道、技术和其他因素的存在，使关联业务单元有机会共享价值链上的活动。如果共享可以降低成本，或者可以使本企业与竞争对手之间的差异增加到足以超过共享成本时，那么有形连接就产生了“净竞争优势”。实现有形连接，常常需要相关业务单元在一项、有时甚至是多项活动中协同配合。

2. 无形的连接，指不同价值链之间管理技巧的转移。尽管有些业务单元之间没有共享业务活动，但其基本的经营要素却可能相似，如客户类型（包括客户的采购类型、产品的制造流程间的连接类型，或者与政府维持何种关系的类型等）。无形连接通过基本技能或技巧的传播产生竞争优势。这些技巧，或者是关于如何管理一种特定类型的活动的，或者是关于如何使本企业更具独特性，且由此获得的收益大于技巧传播成本的。在多个业务单元中采用相同的基本战略时，常常存在无形连接。

3. 竞争性连接，指多个国家或地区存在实际的或潜在的竞争对手，参与竞争的企业只能将不同领域中的业务连接起来。例如在某一个行业中针对某个公司所采取的竞争行动，往往会波及该公司在其他行业中的业务。为了避免这种情况发生，“多领域竞争者”只能将自己在各个行业中的业务相互连接。无论有形关联和无形关联存在与否，竞争性连接都会发生。由于前两种连接提供了企业多元化经营的基础，所以同一行业中的竞争对手常常进行同向扩张。竞争性连接使识别和开发利用有形连接和无形连接变得十分重要。一个多领域竞争公司可能会迫使对手去建立一种相对应的连接，以避免在竞争中陷于劣势。一家公司可能会同时面对若干个多领域竞争对手，这些多领域竞争对手拥有的业务单元虽有重叠之处，但又各不相同，且各竞争对手业务单元间的连接形式也是与公司内业务单元间的连接形式有所不同的。这就

① 迈克尔·波特著．竞争优势［M］．陈小悦泽．北京：华夏出版社，1997

使公司很难在自己的业务单元之间建起与所有多领域竞争对手都有对应匹配关系的连接。

波特认为，协同效应不仅仅是企业收益的增加，实现协同效应也是有成本的，包括指令执行和理解，合并后的协调整合，甚至合并后双方的妥协成本（Compromise Costs）等。成功的并购案例，都会合理把握甚至压缩相关的成本。价值链协同效应理论，为研究者提供了界定潜在的协同效应的有效方法，便于学者有效识别和定义协同效应。通过有形连接、无形连接和竞争性连接，使得并购后新企业在支付一定成本基础上实现协同效应。

三、伊丹广之的无形资源协同效应

早期的研究，将协同效应置于静态框架内，有助于找出影响协同效应的主要因素，从微观的角度解释了协同效应对整个社会的影响。从研究方法上看，通过静态累加来构造模型，很多动态因素的影响没有考虑，存在一定的局限性。日本经济学家伊丹广之（Hiroyuki Itami，1987）著有《启动隐性资产》（“Mobilizing Invisible Assets”）。在该书中，他将动态分析方法引入了协同效应的研究中，以区别于静态模型的方法。他对协同进行了较为严格的界定，认为协同是一种发挥资源最大效能的方法。他把安索夫的协同概念分解成“互补效应”和“协同效应”两个部分，并认为两者是可以同时实现的。后者专指由隐形资产共享产生的效应，他心中的协同是一种发挥资源最大效能的方法。在他看来，互补效应是指通过提高实体资产或金融资产的使用效率，来节约经营成本或增加销售量的结果。

伊丹广之将企业的资产划分为实体资产和无形资产两类。实体资产（Physical assets）是指企业所拥有的生产设备、厂房等资产；无形资产（Invisible Assets）则可能是指企业的知识产权（例如商标、专利、核心技术等），或者顾客认知度，或激发员工强烈认同感的企业文化等。他重点研究了无形资产在并购的协同效应中的作用，指出无形资产的合理运用是增强并购协同效应的关键。大多数人重点关注目标企业的有形资产，例如该企业的生产设备、厂房车间等因素，往往忽略了无形资产的重要价值。如果目标企业拥有一个好的品牌，或者吸收一大批优秀的人才，甚至持有大量的专利，其价值往往要超过几家大工厂的有形资产价值。伊丹认为这种无形资产才真正是公司竞争优势不竭的源泉，因为它是公司所独有的。这种资产买不到，但却可以用不同的方式为公司的所有企业服务。这些资产也可以按照新的方式进行组合或构造，从而提高公司的发展潜力。公司通过提高实体资产的使用效率来达到节约成本、提高销售的目的，这种方式称为互补效应。虽然互补效应极具价值，但它很容易被其他公司效仿，并不能为公司提供持续的竞争力。伊丹认为互补效应不是协同效应的真正来源，只有当公司开始使用它独特的无形资产时，才有可能产生真正的协同效应。

伊丹广之发现，互补效应和协同效应经常同时发生，但他认为互补效应不是协同的真正来源，只是当公司开始使用他独特的资源——无形资产（这里的无形资产，既可能是商标、技术专长等知识产权，也可能是一种顾客认知度，或是可以激发员工强烈认同感的企业文化）时，才有可能产生真正的协同效应。并且这种协同效应很难被对手复制，因而可以给公司带来更为持久的竞争优势。他还认为，公司战略应该寻求在用户、竞争、技术、资源及组织五个领域内的配合。

伊丹广之还提出了静态协同效应和动态协同效应概念。静态协同效应来自于一个时点上、一个阶段内资源匹配的使用，而动态协同效应则来自不同时点上两个战略之间的组合。协同效应的研究不仅要讨论静态的、一个阶段内资源匹配的方法，而且要讨论动态的、长期保持资源匹配的方法。此外，资源的匹配使用，需要的不只是对现有资源的有效使用，有效积累新的资源也十分重要。他认为产生协同效应的无形资产的有效积聚通常可以有两种形式：一种是新的资源作为一个阶段战略的副产品而被创造出来；另一种是将由某一战略元素发展出来的资源有意识地用于其他战略。当由一种战略元素产生的资源运用于其他战略领域的时候，这种资源的供给和需求在数量和时间两方面都必须得到有效、及时的匹配。因此，伊丹认为企业若为了产生动态协同效应，应尽量选择那些可以创造无形资产的业务进行发展，同时以动态协同的意识去设计战略，并尽最大努力发展无形资产。应该看到，伊丹在协同效应分析中引入了动态的分析方法，对推动协同效应理论具有重要意义。然而，他尚未建立动态协同效应的模型，却给以后学者的研究提供了重要启示。

四、赛罗沃的动态协同效应

无疑，伊丹广之的动态研究思想启发了马克·赛罗沃（Mark Sirower）。美国并购问题专家赛罗沃（Sirove，1997）[①] 在他所著的《协同效应的陷阱：

① Sirower M. L. 协同效应的陷阱——公司在并购中如何避免功亏一篑．第1版［M］．杨炯译．上海：上海远东出版社，2000：157－201

公司并购中如何避免功亏一篑》一书中，放弃了过去静态分析的传统思路，提出了动态协同效应的概念。赛罗沃认为“动态协同应该是合并后企业整体效益的增长，超过市场对目标企业及并购企业作为独立企业已有预期之和的部分。”

他指出，应当在竞争环境中考察公司并购的协同效应，它应该是合并后的公司业绩改善水平比原来两家公司独立运营时曾经预期或要求达到的水平高。这里要注意并购的协同效应是否超过“预期”，并不一定要得到“2 + 2 = 5”的结果。如果并购前两家公司的预期收益之和为4.5，而并购后收益达到5，则是实现了协同效应；如果并购前两家公司的预期收益之和为5，那么并购后收益大于5才算是实现了协同效应。

赛罗沃认为，“并购后有可能出现业绩改进，但如果这些业绩改进是已经预期到的，那就称不上是协同效应”。“为了形象地说明什么是协同效应，以及溢价对业绩而言实际上代表了什么”。根据并购决策公式：“净现值 = 协同效应 - 并购溢价”，他认为公司并购后是否取得了协同效应，取决于新公司获得的业绩能否在补偿了收购溢价后还有正的净现值，净现值的大小反映了公司决策的价值。当然，在竞争性环境中，公司获取并购协同效应的唯一途径是阻止（目前或潜在）的主要竞争对手独占价值链。而这么做必须至少满足以下两个条件之一：①购并方公司必须进一步削弱竞争对手抢夺自己或目标公司现有投入品市场、生产过程或产出品市场的能力；②购并方公司必须能够开拓新的市场或者压倒性地抢占竞争对手的市场。赛罗沃还提出了诸如收购公司的自有现金流量、市盈率、股票市值与账面价值之比等若干评价指标来测度公司并购的协同效应。为了避免公司踏入并购协同效应的陷阱，赛罗沃还提出了公司并购协同效应产生的四个基本条件：战略透视、权力和文化、系统整合以及经营战略。如果在交易完成时，缺少了上述四个基本条件中的任何一个，协同效应都将会成为一个陷阱，而溢价可能就是收购方公司股东的损失总额。但这不等于说，具备了这些基本条件，公司并购协同效应就一定会实现。

作者用了一个比喻，“不妨假设你正在踩一部脚踏车，如果你现在的速度是每小时3英里，而且预期第二年的速度会达到每小时4英里，第三年达到每小时5英里。协同效应意味着你要比预期的速度更卖力地踏车前进，而与此同时，竞争对手还在对着你大刮逆风。为了取得协同效应而支付溢价，即为了获取踏得更快的权利，就好像背上一个沉重的包袱。与此同时，你越是不想马上用力踏车，你以后就必须以更大的幅度来提高速度。”

赛罗沃指出，并购企业除了支付市场现价以外，还要为未来某个时刻可能产生的收入流量预先支付溢价。由于中小股东自己去购买目标公司的股份时不必支付溢价，因而并购企业支付溢价所获得的收益（即协同效应），一定是中小股东自己去购买股份时所无法得到的，协同效应一定代表了超过市场原先预期水平的业绩提升。以各种市场方法对当前股票进行定价，已经反映了人们对盈利和增长大幅度提高的预期。因此，赛罗沃把协同效应表述为如下公式：

未来的每股收益 = 目前的每股收益 + 目前的每股收益 × 预期增长 + 协同效应

目前的股价已经反映预期的未来经营增长和盈利提高。公式中加上协同效应，是指要创造出现在不存在也没有预期到的价值。所以实现协同效应，业绩要比原先预期或者要求得更高。并购后有可能出现业绩提升，但如果这些业绩提升是已经预期到的，那就不是协同效应。只有创造出没有预期到的价值，才是真正实现了协同效应。在动态协同效应中引入预期概念，可以更好地把握或者计量动态协同效应。

五、巴泽尔与盖尔的企业群协同效应

20 世纪 80 年代以来，全球市场竞争日益加剧。迫使企业不得不通过与其他企业在各个业务领域展开合作、联合、共享，来降低成本、提高效率，还通过在资本市场上的兼并、收购增强自身规模和实力，提高市场竞争能力。为此，美国学者罗伯特·巴泽尔（Robert Buzzell）和布拉德利·盖尔（Bradley Gale，1987）从企业群的角度将协同定义为一种企业群整体的业务体现，它不同于各个独立组成部分简单汇总而形成的业务表现，而是通过相关性、共享等方式联结起来，是相对于各下属企业业务表现期望值的总和，即企业群的整体业务表现。

所谓企业群，是由一些生产、销售、资金运作等各个方面相互关联的一个企业外部运行的生态系统。如果是工矿企业群，表现在共同开发利用某种自然及矿产资源，或共同使用某种公用基础设施的基础上，按不同的生产程序及工艺组织原则建立起来。前者如钢铁工业企业群，包括采矿、选矿、烧结、炼铁、炼钢、轧钢、焦化及耐火材料生产等；或由相互间在生产上有紧密协作关系的不同工业部门企业组成，如钢铁厂、水泥厂、化工厂和机械制造厂等。后者如以热电站为核心，建设相应规模的纺织厂、造纸厂和化工厂等。

巴泽尔和盖尔认为，持续的协同效应可通过四种基本方式来创造价值：

①资源或业务的共享，亦即通过分享共同的业务绩效（如 R&D、采购、生产运营、统一管理的销售队伍、市场营销计划和分销渠道）来实现规模经济。②市场营销和 R&D 的扩散效应。即使不存在对诸如市场营销和 R&D 的共享，企业群中的企业也经常可以从兄弟企业在市场营销或 R&D 方面所付出的努力中获得间接的收益。③因企业的相似性而获得知识和技能（包括技术和管理两方面的）的共享，也就是被处于相近知识领域（高科技企业或者市场营销技巧能发挥关键作用的某些领域等）的企业所共享。④对企业形象的共享，即被视为是一个声誉卓著的企业群中的一员，可以提高个别企业的形象并使之获利。与此同时，他们结合日常经验和战略计划协会（SPI）提供的数据，提出了对相关企业价值链之间业务行为存在协同效应的评价框架。

事实上，良好的企业群，有利于企业之间的思想交流，有助于企业之间的劳动力分工和上下游企业间的纵向专业化分工；也能够使得处在价值链上的各个不同环节或阶段的各个企业，既竞争又合作。企业群的协作能有效降低企业的生产和营销成本，促进革新，提高企业的竞争力。具体而言，内部企业可共同利用基础设施，缩减交通运输线和工程管网，减少建设用地，节省基建投资；可综合利用原料、燃料和“三废”资源；有利于提高工业生产专业化、协作化、联合化和集中化水平；有利于加强企业管理；可统一组织各种服务性与辅助性企业，为各生产部门服务，以节省投资。总而言之，企业群，使得群内的企业获得良好的经营环境，不断提升企业及企业整体竞争力的现象。

通过企业群的定义，巴泽尔和盖尔对协同效应做了进一步阐释。真正意义上的协同效应，是一个整体的概念，涵盖了并购以后新企业的营销、品牌、产品研发等多方面的评价。在企业的运营链成本中，市场营销和产品研发支出所占比重较大，那么通过并购形成企业群，通常可以取得较高的协同效应。因为，并购将原来多家各自独立企业在市场营销和产品研发方面的重复支出进行整合，大大节约成本。值得注意的是，协同效应可以是正向的也可以是负向的。该理论最大的贡献是提出了负协同效应的观点，并购并非适应所有企业。

六、核心能力动态协同效应

自彭罗斯（Penrose，1959）以来，协同效应一直是公司战略中的一个重要概念。尽管彭罗斯当时并未明确提出协同效应的概念，但他指出了协同效应存在的两种方式：①因资源的不可分割性而引起的资产共享；②公司内部资源剩余而引起的资产转移。实际上，彭罗斯关于公司扩张战略必须以其最具竞争优势的资源为基础的思想，为后来其他学者的公司核心能力（Core Competences）概念奠定了理论基础，其中最具有代表性的也是国内所推崇和接受的，就是哈默（Gary Hamel）和普拉哈拉德（C. K. Prahalad）在1990年提出的核心竞争力理论。

该理论强调，核心能力是企业自身具备的，其他公司无法复制的竞争能力。只有拥有强有力的核心能力，才能保证企业在市场竞争中立于不败之地。从核心能力的构造和作用来看，核心能力不是由单一业务单元，或者一种业务行为就能发展而来的，而是公司各种行为综合作用的结果，且其效用的发挥也需依赖一系列公司行为整体协调性运动；也不是短时间能够形成，而是通过长期积累而形成的一种特殊能力，难以为其他公司复制、效仿，因而可实现高于竞争对手的价值，是公司竞争优势的主要方面。核心能力概念的阐述，是对并购协同效应理论的拓展和延伸，揭示了并购协同效应的来源。因此，不难看出，核心能力理论不是对协同效应理论的否定，而是与协同效应理论一脉相承的，是对其进行的一次深入拓展和延伸。

1994年，Markides & Williamson（M&W）引入了战略资产（Strategic assets）的概念，将核心能力理论具体化，对多元化经营公司的相关性进行了重新界定①。M&W认为，战略资产是指一系列有助于竞争优势的难以交易、难以模仿、稀缺的以及适用于某一特定公司的资源和能力。他们指出，公司战略管理的基本组成部分是业务的选择和组合，其战略相关性要优于市场相关性。所以，M&W共同提出了核心能力协同效应理论。其基本内容是：①资产改善（Asset Improvement）。在建立和保持一项战略业务单元（Strategic Business Unit，SBU）的过程中，通过长期积累形成的核心能力可能改善公司其他业务单元的资产质量，并可能将这些战略资产通过并购重组，延伸到并购完成以后的目标企业。②资产创立（Asset Creation）。在公司现有业务中建立战略资产过程，可以充分利用其所形成的核心能力促使以更低成本、更快速度创立新业务的战略资产。③资产裂变（Asset Fission）。通过相关多元化分割、重组，可以开发利用公司的潜在资源，扩大公司经营规模，有助于提高公司现有战略资产的存量水平。显然，与伊丹广之的无形资产动态协同效应理论相比，M&W在更深的层次上提出了核心能力动态协同效应理论，通过“资产改善”、“资产创立”和“资产裂变”，使得具有优势的公司通过并购、分割、重组为公司提供持续的竞争优势（见表6-1）。

---

① Markides, Constantinos C, Williamson, Peter J., Related diversification core competences and corporate performance [J]. Strategic Management Journal, 1994 (15)

表 6－1　协同效应理论比较

协同效应类型	代表人物	知识背景	研究视角	协同效应内涵	协同效应状态	实现难易程度	竞争优势持续性强弱
函数累加性协同效应	安索夫、维斯顿	战略管理	投资收益率	销售协同、运营协同、投资协同、管理协同	静态	容易	弱
价值链协同效应	波特	战略管理	价值链	有形连接、无形连接、竞争性连接	静态	一般	一般
企业群协同效应	巴泽尔、盖尔	战略管理	企业群	共享资源或活动、市场营销和研发支出的外溢效应、企业的相似性等	静态	一般	一般
无形资产动态协同效应	伊丹广之赛罗沃	战略管理	无形资源	技术专长、公司形象等无形资产的共享	动态	较难	较强
核心能力动态协同效应	彭罗斯、马凯兹、威廉姆森	战略管理	核心能力	资产改善、资产创立、资产裂变	动态	难	强

注：根据上述理论归纳而成，其中，强度按照弱、一般、较强（较难）、强（难）排列。

第二节　国内研究综述

从 20 世纪 90 年代开始，我国学者针对企业并购的动因、特征、政府行为等问题进行了探讨。协同效应作为企业并购的核心内容，长期以来一直受到众多专家学者的广泛关注，但相关文献并没有形成完整的企业并购的协同效应理论，主要集中于一般的战略性层次中协同效应的界定、协同机会的识别、协同效应对股东财富的影响以及单一并购类型的协同效应的实证研究方面，在企业并购协同效应的量化分析仅仅是对西方理论的引进和应用消化，主要文献分为四个方面：

一、协同效应的财务分析

在分析并购协同效应方面，国内文献中较多学者采用价值评估等财务分析方法。许明波（1997）① 从公司财务的角度研究企业并购预期效应、评估价值效应、避税效应等。陆玉明（1999）② 将经营和财务效应结合分析，并且在三种不同的并购形式下进行分析：强调分析了不同类型并购中的潜在的经营协同效应。邓田生、皮爱平（2001）③ 针对传统的并购中企业价值评估方法的缺陷，提出了基于协同效应的目标企业价值的评价方法，并在此基础上分析了企业并购应满足的经济条件，从而提高了企业决策的科学性和合理性。王少豪（2002）④ 提出，随着企业并购这种市场经济活动在我国的开展，企业并购过程中的价值评估将会引起人们更多的关注。并购中的协同效应和控股权价值的评估是最主要的问题，是评估师要关注的问题。张秋生、周琳（2003）⑤ 对国内外协同效应理论研究进行了综述，指出并购协同效应研究的发展思路，即研究协同效应的微观运作机理，应用价值评估的理论与方法量

① 许明波．试论企业兼并的财务协同效应［J］．四川会计，1999（10－11）

② 陆玉明．论企业兼并中的协同效应［J］．中国软科学，1999（2）

③ 邓田生．皮爱平．基于协同效应下企业并购的经济条件分析［J］．数量经济技术经济研究，2001（11）

④ 王少豪．企业并购中协同效应与控股权价值的评估［J］．中国资产评估，2002（4）

⑤ 张秋生，周琳．企业并购协同效应的研究与发展［J］．会计研究，2003（6）

化并购中的协同效应，结合我国企业并购的实际情况，实证检验若干影响协同效应实现的关键因素。王宏利、周县华（2003）[①] 指出，企业并购有很多动机，而预期合并后会产生经营协同效应是一个重要诱因。合并公司的价值评估是一项关键性的工作，这将直接决定一项合并计划的最终实施与否。而如何界定经营协同效应的影响，尤其是如何评估协同效用的价值，便是难点与争议之处。他们在阐明经营协同效应的基本理论基础之上，提出了一种价值评估方法并予以示例说明，最后给出了协同效应的实证分析。宋耘（2004）[②] 通过对公司并购与公司绩效的相关性分析指出，以协同效应的实现程度作为对并购绩效的衡量比财务绩效衡量更加重要。其中合并潜力、组织整合、员工反应直接影响协同效应的实现程度。朱红军、汪辉（2005）[③] 分析了并购对目标公司的长期财富效应，认为目标公司在并购后五年获得了巨大的超额收益。并购溢价可以解释目标公司的长期财富效应，并购溢价越高，并购产生的协同效应越大，目标公司的长期财富效应也越大。另外，并购后目标公司在组织形式和产权性质上的变化也会提高公司治理效率，从而增加目标公司的长期财富效应。吴芹（2006）[④] 指出，这是一个大并购的时代，但是全球并购的成功率一直不容乐观，导致这一现象的主要原因是并购整合不力，而作为并购整合的出发点和核心，财务整合不力无疑是造成并购整合不力的首要原因。吴芹以财务协同效应理论为基础，通过企业并购财务整合现状的分析，对企业并购财务整合这个问题进行了研究，希望能为解决我国企业并购财务整合过程中所遇到的障碍提供微薄的帮助。肖振红（2007）[⑤] 认为，协同效应是企业并购的核心内容。肖振红对企业并购协同效应的内涵及关键影响因素进行了分析，建立了基于协同效应的多阶段企业价值预测模型，并对模型中关键变量的确定方法给出详细定性分析，提供了协同效应评估的基本思路。曾丽萍（2008）[⑥] 指出，财务协同效应是指并购给企业财务方面带来的效益，这种效应的取得是企业并购的主要动因之一。她在提出财务协同概念的基础上，分析了财务协同在企业并购中的几种表现，

---

① 王宏利，周县华．企业并购中的经营协同效应与其价值的评估［J］．当代经济研究，2003（7）

② 宋耘．并购绩效的整合模型——协同效应实现观及影响因素探析［J］．学术研究，2004（9）

③ 朱红军，汪辉．并购的长期财富效应——经验分析结果与协同效应解释［J］．财经研究，2005（9）

④ 吴芹．财务协同效应理论与企业并购的财务整合［J］．世界经济情况，2006（11）

⑤ 肖振红．企业并购的协同效应评估研究［J］．现代管理科学，2007（1）

⑥ 曾丽萍．基于财务协同效应视角下的企业并购［J］．金融与经济，2008（10）

并对财务协同在企业并购中的应用作了一定探讨。王小英（2010）[①] 指出，企业并购之后的财务整合过程，直接影响企业资产重组效应和并购后的经营状况，是实现并购财务协同效应的重要保障。并购相关的税法、会计处理惯例和证券交易并非决定并购财务协同效应的唯一因素，并购财务整合的风险规避应作为影响并购财务协同效应的重要因素加以考虑，通过财务整合实现并购企业的财务协同效应。

二、无形资产协同效应

刘文纲（1999）[②] 综合了日本学者伊丹广之（Hiroyuki Itami）的无形资产效应理论，研究了我国企业在并购中的品牌、技术等无形资产效应。陈珠明等（2003）[③] 将协同效应分为有形协同和无形协同。他们认为，有形协同包括调整双方的业务流程来共享有形资产，借助规模经济性以降低成本，包括销售协同、运营协同、投资协同以及财务协同；而无形协同主要是通过无形资产的转移来创造新价值，包括管理技能和职能技能的转移，以及并购带来的市场力的增强。两者构成完整的协同效应。刘文纲（2004）[④] 分析了无形资产对企业并购的影响，认为在企业并购中依托品牌、专利技术、企业文化等无形资产优势的转移和发挥可以产生协同效应，并极大地提高并购绩效。郭俊华（2005）[⑤] 重点研究分析了知识资本协同的意义，指出知识资本包括人力、市场、技术、基础结构等方面。只有知识资本和财务等其他职能资本达到协同，企业才能拥有完整全面的协同分析组织结构。王宛秋、张永安（2009）[⑥] 在回顾相关领域研究成果的基础上，对并购协同效应的内在形成机理进行了研究，从技术、公司和环境层面出发，提出了影响技术并购协同效应的主要因素，建立了一个技术并购协同效应影响因素的分析框架，并对联

---

① 王小英．企业并购整合的财务协同效应分析［J］．福州大学学报（哲学社会科学版），2010（2）

② 刘文纲．企业并购中的无形资产协同效应分析［J］．经济体制改革，1999（6）

③ 陈珠明．赵永伟．企业并购：成本收益与价值评估．第1版［M］．北京：经济管理出版社，2003：219

④ 刘文纲．企业购并中的竞争优势转移研究——兼论企业购并中的无形资产协同效应［M］．北京：经济科学出版社，2004

⑤ 郭俊华．并购企业知识资本协同理论研究［M］．上海：华东师范大学出版社，2005

⑥ 王宛秋，张永安．企业技术并购协同效应影响因素分析［J］．北京工业大学学报（社会科学版），2009（2）

想收购业务的案例分析及模型进行了初步验证。张金鑫、王清剑（2009）[①]指出，资源获取和资源利用是战略并购中产生协同的两个重要途径，他们具体分析了这两个途径中并购协同的成本来源，认为从资源利用的角度看，协同来源于规模经济和范围经济，具体地说，来自于并购所导致的生产成本、交易成本和管理成本的节约。从资源获取的角度看，协同来源于学习经济，即由于加快能力的学习而导致时间成本的节约。

三、价值链及其他协同效应

王长征（2002）[②] 通过研究改进后的企业价值链模型，将企业协同效应进行分类研究，还深入剖析了企业怎样重组价值链以达到预期的协同效应；以企业价值链评价为基础将协同效应分为纯粹增加效应、加强效应、转移与扩散效应和互补效应四种类型，并对如何通过价值链重组实现协同进行了讨论。罗群辉、宁宣熙（2008）[③] 在有关管理协同理论的基础上建立了并购整合中协同效应产生的机理模型。从价值链活动的关联出发，研究了并购整合中有形资源的协同途径，讨论了无形资源的协同及整合中的协同成本问题，提出了并购整合中协同效应实现的有效方法。

方晓东、张地生、唐元虎（2002）[④] 为了更深入地了解存在企业兼并的动机及其产生的社会效应，以对策论为分析工具，通过一个企业在两个市场上竞争的博弈模型，提出并分析了企业兼并的产品战略关系协同作用。研究表明：当兼并存在产品协同效应时，企业将普遍存在兼并动机。翟进步（2006）[⑤] 把企业并购活动划分为三大方面，即在财务、管理和生产经营上进行研究。王谦（2006）[⑥] 在其著作《中国企业跨国并购协同效应问题研究》（2006）里面，也是从财务、管理和生产经营三个角度给出了协同效应的识别方式方法。初宜红（2005）[⑦] 认为，并购作为资本运营最基本的手段之一，会产生各种协同效应，企业并购的协同效应分为管理协同效应、经济协同效

---

① 张金鑫，王清剑．战略并购中协同效应的来源［J］．财会研究，2009（21）

② 王长征．企业并购整合——基于企业能力论的一个综合性理论分析框架［M］．武汉：武汉大学出版社，2002：265－270

③ 罗群辉，宁宣熙．企业并购整合中的协同效应研究［J］．世界经济与政治论坛，2008（5）

④ 方晓东，张地生，唐元虎．企业兼并的产品协同效应［J］．预测，2002（5）

⑤ 翟进步．并购协同效应及机理分析［J］．企业改革与管理，2006（8）

⑥ 王谦．中国企业跨国并购协同效应问题研究［M］．北京：经济科学出版社，2006

⑦ 初宜红．企业并购的协同效应解释［J］．山东社会科学，2005（12）

应和财务协同效应。

岳金桂、周隆斌（2002）指出[①]，在金融经济学的框架内，企业并购表现为并购参与方在财务上的协同效应的实现过程，其本质是对资源配置的再配置以及对失灵的市场机制的纠正。在社会资源再配置的过程中，企业并购所致的财务协同效应和税收效应并不是全社会范围的一个零和博弈。但在一定程度上，作为市场机制的企业并购在纠正失灵的市场机制的同时，体现出的却是企业并购自身的一个悖论。经济学界也需要一个更为完善的理论来对企业并购做出更合理的解释。

四、并购是否存在协同效应

陈志军（2002）[②] 指出，实现协同效应，是企业并购后整合最基本的目标，是实现并购预期和公司战略目标的基础。但是由于人们对并购、并购后整合及实现协同效应的内在逻辑缺乏深刻的理解和把握，片面地理解和追求协同效应，因而导致了并购过高的失败率。要全面实现并购后的协同效应，首先应从概念上和逻辑上有一个正确的理解，其次要准确地确定协同的机会，构建和完善协同的技能并创造适宜协同的氛围。李青原、王永海（2005）[③] 指出，公司并购的主要动机在于获取协同效应，而这也是公司并购创造股东价值的主要驱动力。他们系统回顾了西方学者们对公司并购协同效应的理论与实证研究，同时也论述了其对理论推断与实证结论之间所构成的“公司并购协同效应悖沦”的主要解读思路，最后提出了对“公司并购协同效应悖论”的解读思路。

唐建新、贺虹（2005）[④] 的研究结论是并购活动并未提升收购公司和目标公司的业绩。张瑞稳、冯杰（2007）[⑤] 对我国上市公司2005年度并购事件中的86家样本公司进行了实证分析，表明并购对收购公司没有产生应有的协同效应，收购公司的股东财富受到损害，市场对并购的前景持怀疑态度。徐

① 岳金桂，周隆斌．浅析企业并购中的财务协同效应［J］．商业研究，2002（2）（下半月版）

② 陈志军．企业并购后的协同效应及其实现［J］．东岳论丛，2002（5）

③ 李青原，王永海．西方公司并购协同效应的理论与实证回顾［J］．财会通讯学术，2005（1）

④ 唐建新，贺虹．中国上市公司并购协同效应的实证分析［J］．经济评论，2005（5）

⑤ 张瑞稳，冯杰．中国上市公司并购协同效应的实证研究［J］．经济与管理研究，2007（3）

杰、陈琪（2004）[①] 认为企业并购的目的是为了产生规模经济，获取协同效应，谋求并购后企业价值的增长。陈琪以综合得分模型为基础，针对不同的企业并购类型，对其并购后产生的协同效应进行了比较和分析。朱红军、杨静、张人骥（2005）[②] 以第一百货吸收合并华联商厦为例，分析了共同控制下的企业合并与公司治理之间的关系。通过对合并方式、换股比例以及现金选择权等内容的分析，发现在大股东完全控制下的企业合并并没有实现合并的协同效应，而是将流通股股东的财富转移到了大股东手中。当地方政府充当了大股东角色时，这种财富转移不仅反映了大股东的控制权收益，更体现了政府对公司治理的影响。因此，规范政府治理是当前经济转型中的一个关键步骤，也是规范公司治理和完善证券市场的前提和基石。唐建新、贺虹（2005）[③] 指出，协同效应是 20 世纪 70 年代以来金融经济学家解释企业并购的著名理论之一。他们以 1999～2002 年我国上市公司发生的并购事件为研究样本，采用以面板数据、多种统计分析方法和以财务指标为基础的综合评价方法，对我国上市公司并购的协同效应进行实证分析，得出了如下结论：从总体上看，短期内，企业并购产生了积极的协同效应，但从长期来看，企业并购产生的协同效应是消极的；收购股权、关联交易和法人股为第一大股东对协同效应的影响是正面的，而横向并购、混合并购、并购后第一大股东有变动、并购后收购公司成为目标公司的第一大股东，或可以直接或间接控制目标公司或可以对目标公司施加重大影响、A 股流通股为第一大股东、国家股为第一大股东对协同效应的影响是负面的。并购活动并未提升收购公司和目标公司的业绩。申伦祯、杨忠（2006）[④] 指出，实施并购是企业适应市场环境变化所采取的措施，是市场经济发展到一定阶段的产物。而并购协同效应的实现是并购活动能够取得成功以及在多大程度上达到企业的并购目标的关键，他们详细分析了企业并购活动的协同效应已经影响协同效应实现的因素，并对中国企业实施并购提出了几点建议。

---

① 徐杰，陈琪．不同类型企业并购协同效应的比较［J］．工业技术经济，2004（6）

② 朱红军，杨静，张人骥．共同控制下的企业合并，协同效应还是财富转移——第一百货吸收合并华联商厦的案例研究［J］．管理世界，2005（4）

③ 唐建新，贺虹．中国上市公司并购协同效应的实证分析［J］．经济评论，2005（5）

④ 申伦祯，杨忠．论企业的并购协同效应及其实现［J］．现代管理科学，2006（5）

第三节 跨国并购的协同效应：理论分析

一、中国银行海外并购

中国银行业的跨国并购，自改革开放开始。由于历史的原因，除了中国银行拥有一定的海外经营网点，其他商业银行在海外经营的网点或者经验都是非常缺乏的。为此，中国商业银行为建立国际经营网络而引进国外管理经验，积极开展海外并购扩张。中国银行业的海外扩张，自改革开放后由中国银行开始。

1. 20 世纪 80 年代的试探性并购，协同效应不显著。

我国企业并购发展较晚，在 20 世纪 80 年代，改革开放刚刚起步，一些地区也出现了企业兼并与收购的行为，但这些活动大多是在政府安排下进行，既不是市场经济条件下企业间自发产生的市场行为，也不完全符合企业的未来发展方向。这一阶段，中国各家银行海外经营刚起步，1984 年 9 月，中国银行收购澳门大丰银行 50% 的股权，开启了中国银行业跨国并购的历程。中国银行的海外分支机构，是中华人民共和国成立以后，在原中国银行海外机构的基础上发展、演变而形成的。1985 年年底，中国银行已经复业和新开设的分行有 7 个，支行 20 个，办事处 1 个。此外，中国国际信托投资公司，为挽救因“海托震荡”而陷入困境的香港嘉华银行，1986 年 4 月收购其 91.6% 的股份。

2. 20 世纪 90 年代并购，着眼业务整合所带来的协同效应。

我国公司并购开始的标志是 1993 年的“宝延事件”。随着我国社会主义市场经济体制和现代企业制度的建立，并购已成为对产业进行结构调整、资源整合的重要手段，可以说大部分并购活动都日趋理性与成熟。中国并购活动的发展是跟随着中国市场经济发展的步伐的。进入快速发展阶段是从 1997 年开始的，并购活动层出不穷。期间，我国银行业的海外扩张开始了区位选择、业务整合等战略选择。中国建设银行分别于 1994 年、1998 年、2002 年收购香港建新银行股份到完全控股该银行。1998 年中国工商银行收购西敏证券，并与香港东亚银行联合组建东亚金融控股有限公司。期间，中国工商银行等也在东南亚地区，相继收购了当地的一些中小银行。这些并购（包括并购证券等非银行金融机构），反映了中国银行业通过国际化的业务整合，为以后的行业经营做好了准备。

3. 新世纪扩张冲动性并购，着眼于战略协同效应。

到了 1999 ~ 2001 年，中国国内的并购案例已经有上千起，涉及的交易金额超过 1500 亿元。但是这段时期的中国并购绝大部分都是上市公司为得到与壳资源有关的财务性并购形式，目的都是追求短期盈利成长和价值转移，还没有达到西方并购的深度和广度。中国银行业海外并购，已经不仅仅是着眼于单一的协同效应，而是从多角度追求并购的协同效应。尤其是 2001 年中国加入世界贸易组织，标志着中国将面临国际跨国并购带来的机遇和挑战。2002 年 10 月，中国证监会发布了《上市公司收购兼并管理办法》和《上市公司股东持股变动信息披露管理办法》。这两个法规是在我国全面加入世界经济体系的背景下，对国内上市公司的并购活动进行了详尽而细致的规定。其中对收购方式、规则义务、监管措施等方面的规定，具有一定的可操作性。这两个法规表明中国进入国际并购的领域，标志着我国上市公司收购基本制度的形成，为大规模产业整合和资源优化配置做了很好的铺垫，为中国的战略并购奠定了制度基础。中国工商银行于 2000 年 4 月收购香港友联银行，改组成立“中国工商银行亚洲有限公司”；2001 年 9 月，收购南洋商业银行和香港集友银行；2003 年 4 月，收购华比富通银行。

我国上市公司改革在 2006 年又有了新的突破，并购热潮又高涨起来。随着股票市场在制度上改革的完成，我国并购活动的外部条件也渐趋成熟。银行业的海外并购也进入高潮，中国工商银行于 2006 年 12 月收购印尼哈利姆（Halim）银行 90% 的股份；2007 年 8 月收购澳门诚兴银行 79.93% 的股份。这些收购活动，使得中国工商银行在东南亚形成较强的市场竞争优势、合理的区域布点。不仅如此，中国工商银行还将触角伸向更远的市场。2007 年收购南非乃至非洲地区最大的商业银行——南非标准银行集团有限公司 20% 的股权，成为该行第一大股东。中国银行 2007 年 7 月以现金收购新加坡飞机租赁有限责任公司 100% 股本；2007 年 11 月购入东亚银行 4.94% 股权。中国建设银行的重要并购是 2006 年 8 月收购美国银行在香港的全资子公司美国银行（亚洲）股份有限公司 100% 的股权，以此作为竞争东亚市场的重要基地。

2007 年美国次债危机波及全球，跨国并购扩张步伐有所放缓，但没有中断，2007 年 7 月，中国国家开发银行收购英国巴克莱银行增发的 2 亿股普通股，占该行 3% 股份。2008 年 5 月，招商银行收购香港永隆银行 53% 股份。

纵观中国银行海外扩张的过程，主要特点：①协同效应的层次不断提高，从最初的业务协同效应，到战略协同效应的提升和转型；②从区域协同效应，向全球的协同效应的转变。中国银行业不仅通过并购，还获准筹建或设立新的分支机构。例如，工行在莫斯科、卢森堡、纽约等地；建行在越南、纽约、伦敦；交行在首尔、法兰克福；招行在纽约等城市新建机构。中国银行业从客户、产品、资金、服务和业务系统等方面入手，推动境内外机构共享业务资源，充分发挥协同效应，带动境内外业务的同步快速发展。

二、外资银行在华并购

外资银行在华扩张，自1978年中国伟大的改革开放起步后开始的。限于中国的管制措施逐步放开的过程，外资银行最初以新设独资分支机构为主要形式。我国加入世界贸易组织以后，随着相关限制的放宽，外资银行开始参股中资银行。

1. 1979～2000年，地域、业务限制逐步放开，吸引外资银行进入。1979年，日本输出入银行在北京设立代表处，这是中国政府批准的第一家来京设立代表处的外资银行。1981年南洋商业银行进入深圳。1983年颁布了《关于侨资、外资金融机构在中国设立常驻代表机构的管理办法》。1985年，颁布了《经济特区外资银行、中外合资银行管理条例》，为外资银行在华投资、经营奠定了法律基础。

随着我国对外开放程度的提高，外资银行在华设立分支的地域、业务等方面的限制逐步放宽。1990年9月，浦东的开发开放引起外资银行的关注，美国花旗银行、日本兴业银行、法国里昂信贷银行等外资银行获准在上海开设分行。1992年，大连、天津、青岛、南京、宁波、广州、福州7个城市向外资银行开放。最初，外资银行多数以独资方式进入，客观上弥补了我国外汇资金不足，改善了外资企业的投资环境。截至1993年10月底，营业性机构（包括外资银行分行、外国独资银行、中外合资银行等）各类机构97家，总资产已达80亿美元，存款21亿美元，贷款40亿美元①。

1994年，国务院颁布了《外资金融机构管理条例》，外资银行在华经营逐步进入法制化、规范化的轨道。到1995年年初，可以引进营业性外资银行机构的城市已经扩大到北京、沈阳、石家庄等11个内陆中心城市。1996年颁布相关规定，允许外资银行在上海浦东试点经营人民币业务，但服务对象限于外资企业和境外居民。1996年10月，亚洲开发银行，参股光大银行。

① 中国金融年鉴. 1994：721

截至 1994 年年底，累计共批准了各类外资金融机构 511 家，其中代表处 393 家，营业性外资金融机构 118 家①。

1997 年东南亚金融危机，使得在华外资银行进入到暂时的调整时期。中国政府适时采取了一些鼓励性政策，包括允许外资银行加入全国同业拆借市场。1998 年 8 月，深圳成为第二个允许外资银行经营人民币业务的试点城市。1999 年 1 月，中国取消了设立外资银行的区域性限制。同年 7 月，又放宽对外资银行人民币业务的客户地域限制和业务规模限制，允许上海、深圳的外资银行将人民币业务扩展到临近地区，允许外资银行向同业借入一年期以上的人民币资金等。

2. 世界贸易组织过渡期，外资银行并购方式进入中国市场，抢占发展先机。2001 年 12 月，中国正式加入世界贸易组织。银行业全面对外开放前，还有五年过渡期。为此中国为兑现加入世界贸易组织时所做的相关的承诺，积极准备。外资银行为了抢占市场先机，通过对中资银行并购、参股等方式，加快进入中国市场的步伐。2001 年，国际金融公司开始涉足国内金融机构，11 月参股南京市商业银行，12 月与汇丰银行等参股上海银行。

2002 年 1 月，中国人民银行颁布了《外资金融机构管理条例实施细则》和《外资金融机构驻华代表机构管理办法》，在华金融机构有了明确的管理条例和法规。部分外资银行根据各自市场目标和发展战略，对在华机构和业务重新整合，相应调整机构设置，外资银行机构数量下降；部分外资银行对中国加入世界贸易组织后的市场和前景持观望态度。

2003 年 12 月，中国银监会颁布了《境外金融机构投资入股中资金融机构管理办法》，从资产规模、资本充足度等方面规定了境外投资者的资格条件。外资银行除了积极申请设立机构、开办新业务，对参股中资金融机构也表现出浓厚的兴趣，并将中国的西部和东北地区也纳入经营的视野。同时，大陆与香港签署 CEPA，为港资和澳资银行提供了实质性和大幅度的优惠条件，大幅度降低了港澳银行在内地设立分支机构的资产规模；降低了其内地分行申请经营人民币业务的条件。2004 年年初起实施 CEPA 中关于银行部门的相关措施，自 2004 年年初至 2005 年年底，13 家香港银行在 CEPA 框架下获准在内地设立分行，49 家香港银行在内地分行和支行获准经营人民币业务或扩大人民币业务服务对象。

从 2004 年 12 月 1 日起，中国银监会放宽了对设在西部和东北地区的外资银行分行经营人民币业务的资格审查条件；同时对外资银行在西部和东北

① 中国金融年鉴．1995：696

地区设立分支机构和开办业务设立了“绿色通道”，在同等条件下优先审批。英、美、加等国著名银行以及国际金融公司纷纷参股中资银行，对国内中小银行尤感兴趣。在世界贸易组织规定的过渡期的最后一年，2005 年，外资银行参股我国银行更是出现了一个小高潮。

3. 中国银行业的全面对外开放。五年的过渡期结束后，中国取消了外资银行经营人民币业务的地域和客户限制，取消了外资银行在华经营的非审慎性限制，降低了营运资金要求，简化外资银行分行的业务许可层级。在保持原有业务范围不变的基础上，准许其吸收中国境内居民 100 万元人民币以上的定期存款。

在政策的推动下，外资银行进入中国市场的脚步明显加快。2006 年年底，18 家境外金融机构入股了 16 家中资银行，投资总额 130 多亿美元。其中，2006 年 7 月荷兰合作银行参股杭州联合农村合作银行；同年 11 月花旗银行参股广东发展银行；澳新银行参股上海农村商业银行等。

2007 年年底，22 个国家和地区的 74 家外资银行在我国 25 个城市设立 200 家分行和 14 家法人机构；41 个国家和地区的 186 家外资银行在我国 24 个城市设立 242 家代表处；115 家外资银行机构获准经营人民币业务，业务种类超过 100 种。在华外资银行本外币资产总额为 9279 亿元，占中国银行业金融机构总资产的 2.1%。

由此可见，外资银行进入中国市场，主要是通过设立独资的分支机构，或参股中资商业银行。外资银行参股银行的范围比较广泛，包括“五大银行”、地区性商业银行、城市合作银行等。同时，外资银行的参股方式也有变化：由单纯的现金参股发展到期权投资方式的参股。并且参股银行同时派出代理人等参与银行的经营活动，如国际金融公司和加拿大丰业银行分别为西安市商业银行各派驻了一名外资董事，加拿大丰业银行另外派驻了一名高级管理人员担任西安市城市商业银行的副行长，直接参与决策和经营管理。中资银行通过引进外资参股，引进了国际大银行成熟的管理经验、先进的技术支持和完善的制度体系，提高经营效率，希望获得较高的利润水平和发展空间。

第七章　中国银行业海外并购资本重组和业务整合的实证分析

第一节　跨国并购的协同效应：案例分析

如何计量并购的协同效应，S. Ross 在其所著的《公司理财》一书中认为可以从企业价值的角度计算协同效应，协同效应 = V_{AB} - （$V_A + V_B$）；也可以从现金流量的角度计算协同效应，协同效应 = $\sum_{t=1}^{T}\frac{\Delta CF_t}{(1+r)^t}$，其中，$\Delta CF_t$表示 t 时联合企业产生的现金流量与并购前两个企业现金流的差额。Bradley，Desai & Kim（1988）认为企业创造的协同效应是兼并企业和被兼并企业股东财富变化的总和。他们对美国 1963～1984 年间发生的并购交易进行研究，发现成功的并购可以产生 7.4% 的协同作用收益。Jensen 和 Ruback（1983）① 通过文献研究后指出，成功的兼并会带来约 20% 的异常收益。Niden（1993）② 进一步采用了面板数据和一个二元选择模型来计算百分比协同效应。相反，Slusky & Caves③ 在他们的研究中没有发现协同效应。Sherman & Timothy（2006）④ 认为银行界并购，往往产生令人失望的股东回报。实施节约和延误

---

① Jensen，Micahael C，Richard S Ruback. The Market for Corporate Control；The Scientific Evidence［J］. Journal of Financial Economics，1983（II）

② Niden C. M.，An Empirical Examination of White Knight and Corporate Takeover：Synergy and Overbidding. Financial management［J］. 1993（22）

③ Alexander R. Slusky and Richard E. Caves，Synergy，Agency，and the Determinants of Premia Paid in Mergers，The Journal of Industrial Economics，Vol. 39，No. 3（Mar.，1991）：277－296

④ H. David Sherman，Timothy J. Rupert，Do bank mergers have hidden or foregone value? Realized and unrealized operating synergies in one bank merger，European Journal of Operational Research 168（2006）：253－268

实现潜在的规模经济效益可能是一个原因。Healy、Palepu 和 Ruback (1990)[①] 研究了 1979 ~ 1983 年期间完成并购的美国公司，表明经济改善的预期情况下，合并公司的股权需要进行重估。后来的学者在此基础上提出了许多改进意见，包括异常收益计算方法的改进、计算基准的改变等。

跨国并购是否产生协同效应？这里选择中国工商银行收购香港友联银行（香港上市公司）事件进行案例分析[②]。

一、并购过程

2000 年 4 月，经京港两地金融监管当局的批准，中国工商银行和招商局集团签署协议，收购香港友联银行 53.24% 的股份，控股该银行。当时香港友联银行的不良资产率达 31.4%，亏损 5.4 亿港币，经营困难。被中国工商银行收购以后，成功保持其上市公司地位。而且通过后续的资产、业务等方面的重组（收购后更名为工银亚洲）[③]，注入业务，扩大银行的客户基础，改善其存贷款质量和组合。同时，继续开拓银行相关业务，包括各类存款与贷款、贸易融资、汇款、清算、工商业贷款、银团贷款、出入口押汇、中国业务咨询及融资、证券业务及黄金买卖之经纪服务及保险代理等。中国工商银行还以此为基础，又相继并购华比富通银行之零售及商业银行业务、华商银行、和升投资管理有限公司[④]。

二、并购后工银亚洲的变化

经过并购，工银亚洲已成为中国工商银行拓展海外业务的旗舰。按照工银亚洲 2009 年度财务回顾概要[⑤]，该行盈利增长 161% 创新高。目前该行在港拥有 44 家分行，9 个“理财金账户”中心，4 个商务中心及 1 个投资服务中心，员工人数约 1400 名。《国际金融评论》年度评选中，获得 2005 年度亚太最佳银团贷款奖项。工银亚洲是中国工商银行控股在香港上市的公司，是

---

① Paul M. Healy, Krishna G. Palepu, Richard S. Ruback, Does Corporate Performance Improve After Mergers? Working Paper Alfred P. Sloan School Of Management, No. 3149 – 3190

② 中国金融年鉴（2001）［M］. 北京：中国金融出版社，2001：86

③ 中国工商银行亚洲，2002：15

④ 工银亚洲网站的相关资料。

⑤ 工银亚洲网站，2010 年 3 月 24 日新闻稿。

香港目前第六大银行①。

三、财务指标分析

工商银行集团2005年以前的数据不够完整，所以只能选择2005～2009年期间的财务数据，结合相关的并购活动进行分析。2004年4月，工银亚洲购入华比富通银行之零售及商业银行业务，后更名为华比银行；2005年10月，工银亚洲正式将华比银行香港分行并入；同年，工银亚洲完成收购华商银行，重点发展人民币业务；2008年8月，工银亚洲完成收购和升投资管理有限公司，为其全资附属公司（见表7-1）。

表7-1　工银亚洲与工行集团财务数据　　单位：%

项目	年份	2004	2005	2006	2007	2008	2009
基本每股收益	工银亚洲（港元）	0.80	1.95	0.77	1.41	1.11	0.91
	工行集团（人民币）		不适用	0.17	0.24	0.33	0.39
平均资产回报率	工银亚洲	0.9	0.9	1	1	0.5	1.2
	工行集团		0.66	0.71	1.01	1.21	1.20
资本充足比率（经调整）	工银亚洲	17.4	15.7	16	13	13.6	14.9
	工行集团		9.89	14.05	13.09	13.06	12.36
贷款对存款比率	工银亚洲	94.9	97.4	68.6	61.9	72.9	71.9
	工行集团		51.2	51.4	56.3	56.4	59.5
成本对收入比率	工银亚洲	41.9	43.8	36.4	35.6	33.3	32.4
	工行集团		37.75	35.68	34.84	29.54	32.87

注：工银亚洲，即中国工商银行（亚洲）有限公司，香港联合交易所上市，股票代码00349；工行集团，为中国工商银行，上海证券交易所上市，股票代码601398。

数据来源：根据中国工商银行（亚洲）、中国工商银行年报数据整理。

① 工银亚洲获亚太最佳银团贷款奖．国际金融报，2006-02-07（2）

财务数据反映（见表7－1），2004年、2005年并购重组，使得工银亚洲的收益、流动性上升，获利能力上升。相反工行集团各项财务数据没有受到显著影响。因此，跨国并购活动对工银亚洲具有较大协同效应，对工行集团没有显著影响，协同效应不显著。原因在于，工银亚洲在工行集团中所占比重较低，按照2009年数据，前者占后者比例，贷款为2.57%；资产总额为1.83%；存款总额为1.67%。因此，工银亚洲在并购活动中获得较大的协同效应。工行集团利用工银亚洲在香港的上市地位及零售网络，整合在港机构，推动形成批发业务、零售业务与投资银行业务有机结合的整体格局。同时发挥工商银行的优势，内外联动，将其办成一间科技含量高、业务品种全、盈利能力强、经营管理水平上乘的上市银行。这使得工银亚洲获得了经营、管理以及财务等多方面的协同效应，整体实力和经营业绩都大幅度提升。

第二节　跨国并购的协同效应：事件研究

事件研究，同样是跨国并购的协同效应研究的重要方法之一。该方法，研究某一个特定事件（本书是指跨国并购）对公司价值（即上市公司股价）是否存在影响。具体而言，即通过计算并购发生前后（以公司公告为标志，即事件窗）样本公司实际收益与公司股票的正常收益之间的差额，观察其是否存在超额收益（Abnormal Return，AR），或者累积超额收益（Cumulated Abnormal Retum，CAR）。本书通过衡量超额收益，或者累积超额收益，来证明跨国并购是否能够提高并购企业整体的资产收益率，进而证明是否存在协同效应。

正常收益率是指如果并购事件不发生时预期可以得到的收益率，计算方法主要包括：布朗和沃纳（Brown和Warner，1980、1985）的常数—均值收益模型、市场模型、因素模型等[①]。其中，常数—均值收益模型，首先需要选择一个不受事件影响的“清洁期”，然后估算在此期间内股票的正常收益。现实中，很难找到理想的“清洁期”，正常收益的可靠性常会受到质疑。市场模型假设个股收益与市场组合收益存在线性关系，通过建立回归方程获得

① 参阅坎贝尔等．金融市场计量经济学［M］．上海：上海财经大学出版社，2003：123－125

正常收益率（本书采用此法）。此外，Fama 的三因素模型，也通常作为正常收益率模型。

一、样本描述

目前，沪深股市上市的银行板块个股包括中国工商银行、建设银行、中国银行、中国农业银行、交通银行、浦发银行、深发展 A、兴业银行、招商银行、华夏银行、民生银行、中信银行、南京银行、宁波银行、北京银行、安信信托、陕国投 A 17 家。其中，以上市以后发生跨国并购事件的 9 家银行为样本银行，以 2006 年 12 月 15 日至 2010 年 6 月 30 日为样本期间。本书以并购比例占目标公司股份的 37% 以上、交易金额在 10 亿元人民币以上两项标准同时满足，作为认定跨国并购事件的标准。

二、超额收益率（AAR_t）和累积超额收益率（CAR_t）估计

超额收益率和累积超额收益率的时序研究被普遍应用于有关上市公司信息对其股票价格影响的研究，是事件研究中常用的方法。为此，首先要确定事件窗和估计窗（包括事前观察期和事后观察期）。事件窗，魏刚（1998）①采用［-5，5］，陈信元等（1999）② 采用［-10，20］，陈晓等（1998）③采用［-20，20］等。较长的事件窗可以较全面地把握事件对股价的影响，也可能引入研究事件以外的、不相干因素的干扰。本书以跨国并购公告日前 10 天、后 20 天为事件窗（共 31 天），即［-10，20］，公告日为第 0 天（若公告日为非交易日，则公告日之后的第一个交易日为第 0 天）。

AAR_t 和 CAR_t 估计通常有常量—均值收益模型、市场模型、CAPM 模型，最近还有学者采用 GARCH 模型修正的方法，本书采用市场模型法估测估计窗内未受事件影响时的正常收益率，即对样本中的第 i 股票，有：

$$R_{i,t}^{*} = \alpha_i + \beta_i R_{mt} + \varepsilon_{it} \quad (1)$$

其中，$R_{i,t}^{*}$ 和 R_{mt} 分别为投资组合 m（以上证综指为投资组合作为投资组

① 魏刚．我国上市公司股利分配的实证研究［J］．经济研究，1998（6）

② 陈信元，张田余．资产重组的市场反应——1997 年沪市资产重组实证分析［J］．经济研究，1999（9）

③ 陈晓，陈小悦，倪凡．我国上市公司首次股利信号传递效应的实证研究［J］．经济科学，1998（5）

合）的收益率；α_i、β_i为市场模型的参数。选择［-30，-11］期间的数据市场模型的参数估计值（$\check{\alpha}_i$、$\check{\beta}_i$），并以此参数来估计［-10，0］期间的正常收益；同理，选择［-19，0］期间的数据估计［1，20］期间的正常收益①。采用分段回归的方法，是考虑到跨国并购可能导致公司风险的变化，即并购后公司的系统风险可能变化。经过回归获得的市场模型参数的估计值，多数结果通过T检验，市场模型较好地解释了股票收益率。这里，正常收益采用事件没有发生时候的E（R_{it}）预期收益率，事件窗（-10，20）内样本股票每日的期望收益率，按照公式（2）分两段计算：

$$E(R_{it}) = \check{\alpha}_i + \check{\beta}_i R_{mt} + \varepsilon_{it}, t \in [-10,20] \tag{2}$$

在此基础上，可以计算样本股票i在第t日的超额收益率$AR_{i,t}$，计算公式为：

$$AR_{i,t} = R_{i,t} - E(R_{i,t}) \tag{3}$$

其中，$R_{i,t}$和E（$R_{i,t}$）分别是股票i在第t日的实际收益率和期望收益率。接着按照公式（4），计算样本股票在第t日的平均超额收益率AAR_t如图7-1所示。

$$AAR_t = \frac{1}{n}\sum_{i=1}^{n} AR_{i,t}\text{，n 为样本数量} \tag{4}$$

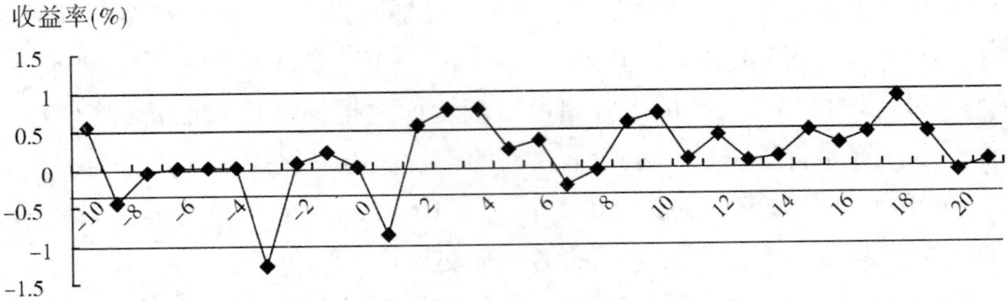

图7-1 平均超额收益率（AAR）

鲍尔和布朗（Ball和Brown，1968）采用累积超额收益率检验年报的信息含量，以后该方法在会计实证研究中广为使用。本书将此方法用于银行跨国并购分析，计算事件窗（-10，20）内样本股票i在第t日的累计超额收益率$CAR_{i,t}$的公式如下：

---

① 此步骤将对表2中的9只股票的20个跨国并购事件，进行回归（40个回归方程），获得市场模型参数估计值，多数结果通过T检验，市场模型较好地解释了股票收益率。

$$CAR_{j,t} = \sum_{i=-10}^{t} AR_{i,t} \tag{5}$$

样本股票在第 t 日的累计平均超额收益率 CAR_t 的公式（6），显示如图 7－2 所示。

$$CAR_t = \sum_{-10}^{t} AAR_t = \frac{1}{n}\sum_{j=1}^{n} CAR_{j,t} \tag{6}$$

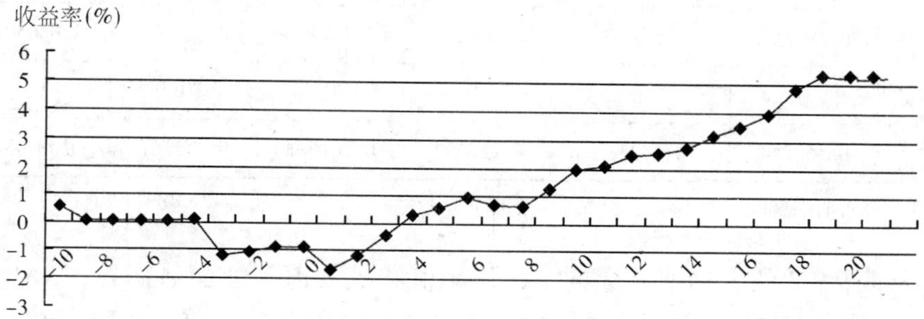

图 7－2　累计平均超额收益率 CAR_t

三、估计结果及分析

可以用事件窗样本中所有股票的累计平均超额收益率 CAR_t 曲线随时间 t 的变化规律，来反映事件发生对股价的影响。从图 7－1 和图 7－2 可以看到，当 $t>0$，AAR_t 和 CAR_t 都有一个短暂的下跌，然后呈现上升趋势。尤其是 CAR_t 走势在并购事件发生以前相对平缓，事件后呈现了强劲上升趋势。表明收购公告发布以后存在超额收益，并购公告对并购方市场价值产生影响。

1. 跨国并购公布前后的描述统计分析。估计获得超额收益率（AAR_t）和累积平均超额收益率（CAR_t）的基础上，进行描述性统计，比较跨国并购公布前后是否存在变化，判断跨国并购对 AAR_t 和 CAR_t 是否存在影响（见表 7－2）。

表 7－2　跨国并购公布前后 AAR 和 CAR_t 的描述统计

	总体 AAR_t	公布前 AAR_t	公布后 AAR_t	总体 CAR_t	公布前 CAR_t	公布后 CAR_t
平均值	0.170066	－0.08354	0.378289	1.337392	－0.28261	0.702596
标准误差	0.082626	0.154426	0.110864	0.372958	0.195637	0.310849

续表

	总体 AAR_t	公布前 AAR_t	公布后 AAR_t	总体 CAR_t	公布前 CAR_t	公布后 CAR_t
中位数	0.137659	0.023685	0.448206	0.667274	0.076036	0.688915
标准差	0.460039	0.488337	0.350583	2.076541	0.618658	0.982992
最小值	-1.28422	-1.28422	-0.23607	-1.70239	-1.14514	-1.1554
最大值	0.898115	0.557076	0.75353	5.282491	0.557076	2.080501
观测数	31	10	10	31	10	10
置信度(95.0%)	0.168744	0.349335	0.250792	0.761681	0.442561	0.007032

注：公布前的区间：-10～1；公布后的区间：1～10。

从表7-2的平均值、标准差、最小值和最大值等方面数据看，AAR_t和CAR_t在跨国并购公布前后存在差异；AAR_t和CAR_t在公布前后的数据与总体的AAR_t和CAR_t也存在差异。相对而言，CAR_t的差异比较大。因此，无法否认跨国并购对相关股票价值产生影响。

2. CAR_t的显著性检验（单样本的t检验）。虽然从图7-2看到，CAR_t曲线强劲上升，但是需要从时间序列的视角，运用统计学方法检验事件窗内CAR_t的均值是否显著不为0，来确定事件发生对股价影响是否明显，对CAR_t进行t检验。假设H_0：$\overline{CAR_t}=0$；或者H_1：$\overline{CAR_t}\neq 0$。

表7-3　CAR_t的t检验

事件窗口	均值	均值差	标准差	T（CAR）
(-1～+1)	-1.2310	-1.2310	0.4384	-4.8632**
(-2～+2)	-0.9893	-0.9893	0.4799	-4.6097***
(-3～+3)	-0.8098	-0.8098	0.6445	-3.3243**
(-4～+4)	-0.6908	-0.6908	0.7464	-2.7763**
(-5～+5)	-0.4665	-0.4665	0.8528	-1.8140*

注：①上述单个样本的t检验，检验值为0；②***为1%水平上显著；**为5%水平上显著；*为10%水平上显著。且均为双侧t检验。

从表7-3的检验结果可以看到，CAR_t的t检验拒绝原假设，即累积平均超额收益率的均值显著不为0，跨国并购对银行股价产生显著影响。

3. $CAR_{j,t}$数据显著性检验（t检验）。为了避免个别股票或者跨国并购事件的 AR 很大，从而影响整体的 AR 高低水平，进而影响论文判断的准确性，有必要关注 $CAR_{j,t}$ 分布情况。也就是对每个时点的个股（或者跨国并购事件）的 $CAR_{j,t}$ 进行 t 检验，来检验同一时点 $CAR_{j,t}$ 的均值是否显著不为 0。假设：

H_0：$\overline{CAR_{j,t}}=0$；或者 H_1：$\overline{CAR_{j,t}}\neq 0$

表 7-4 $CAR_{j,t}$ 的 t 检验

事件期 t	t-stat	Sig.	事件期 t	t-stat	Sig.	事件期 t	t-stat	Sig.
-10	1.898	0.072	1	1.943	0.066	11	1.987	0.061
-9	1.943	0.066	2	1.995	0.06	12	1.977	0.062
-8	1.832	0.082	3	1.999	0.059	13	1.992	0.06
-7	1.921	0.069	4	1.976	0.062	14	1.994	0.06
-6	1.916	0.07	5	1.99	0.06	15	1.981	0.062
-5	1.944	0.066	6	1.975	0.062	16	1.962	0.064
-4	1.921	0.069	7	1.962	0.064	17	1.984	0.061
-3	1.959	0.064	8	1.975	0.062	18	1.993	0.06
-2	1.85	0.079	9	1.968	0.063	19	1.987	0.061
-1	1.899	0.072	10	1.979	0.062	20	1.967	0.063
0	1.903	0.072						

注：①上述单个样本的 t 检验，检验值为 0，Sig. 是双侧的显著性水平；②表中，所有 t 统计量都不显著，都接受原假设。

从表 7-4 的检验结果得到，每个事件期的 $CAR_{j,t}$ 检验（t 检验）都不显著，接受原假设。即累积平均差额收益率的均值显著为 0，跨国并购事件没有导致个别股票的 $CAR_{j,t}$ 过大等异常现象，影响对整个样本 CAR_t 的判断。

4. 事件研究结果分析。通过对跨国并购事件公告前后一段时间内样本股票价格变化的研究，可以得出结论：跨国并购事件对国内银行股价影响不仅存在，而且是正向的。即跨国并购事件，导致股价累积平均差额收益率出现了强劲上升趋势，使得银行市值增加，从而为相关银行带来了财务协同效应。本书的事件研究，主要对银行股价受到跨国并购事件的短期影响做出评价。因此，其财务协同效应主要反映在并购中投资者对相关股票价格的预期效应。并购活动能够使公众、金融市场等外界机构提高对并购企业价值的评估，从而对企业的价值产生积极的影响。并购的预期效应除了能提高股票的价格外，还能增强企业的偿债能力以及降低企业的资本成本等。

本书通过描述性研究、案例分析、事件研究可以得出如下研究结论：

1. 中国银行业跨国并购协同效应比较明显，进而激励中国各银行不断参与新的并购，不断有新的银行参与跨国并购，跨国并购数量和单笔金额都在不断上升。其中大型国有银行并购成为绝对主力军，如中国工商银行、中国银行、中国建设银行等，不仅并购单笔金额大①，而且并购案例多②。中国银行跨国并购出于市场布局、引进渠道、管理经验、产品等动机，并与自身的实力相结合，形成比较强的协同效应。

2. 工商银行并购香港友联银行的案例中，使得友联银行（后来的工银亚洲）产生比较显著的财务协同效应，对工银集团的财务协同效应不大。对9家银行20宗案例的事件研究，跨国并购对相关银行股价的累积平均超额收益率的影响是显著的。原因在于案例分析以财务指标分析为工具，着眼于长远的影响；事件研究则关注于股市的短期变化，两者是统一的。

---

① 建设银行2006年年底整体收购美银亚洲，9710（百万港元）；工商银行收购南非标准银行，36673.25（百万兰特）。

② 据彭博社统计，自从2000年4月19日以来，仅中国工商银行参与的各类跨国并购案例28宗。

第八章　我国银行业引进境外战略投资者的福利效应分析

引进境外战略投资者（下文简称“战投”）是我国近年来银行业改革的重要内容，引进境外战投也先后引起了几次重要争论，包括引资前的“金融安全威胁论”、上市后的“贱卖论”、解禁期战投坚持的“抛售论”。福利效应是评价改革效果的重要指标，因此当前从战投“入股、持股、售股”等阶段系统梳理我国银行业引资的福利效应具有重要意义。我们认为，福利效应主要体现在时间维度的“入股、持股、售股”整个时间阶段，以及横向维度的“微观、中观、宏观”三个层面。

第一节　境外战略投资者入股与减持的简单回顾

一、战略投资入股情况回顾

1996 年亚洲开发银行光大银行是我国银行业引进境外战投的重要开端，此后国内商业银行引进境外战略投资者的步伐、力度都不断加快。中国入世后，尤其是 2003 年 12 月《境外金融机构投资中资金融机构管理办法》发布后，掀起了我国商业银行引进境外战略投资者的高潮。截至 2009 年年底，共有 31 家中资银行引进了投资金额 329. 9 亿美元、境外上市筹资 494. 3 亿美元、引进外资合计 824. 2 亿美元（如表 8 – 1 所示）；具体入股情况如表 9 – 2 所示。

表 8 – 1　中资商业银行引进外资情况表（2003 ~ 2009 年）

单位：家，亿美元

项目＼年份	2003 年底余额	2004 当年累计	2005 当年累计	2006 当年累计	2007 当年累计	2008 当年累计	2009 当年累计	2009 年底余额
引进境外投资的中资银行数	5	6	7	6	5	6	0	31
引进投资金额	2.6	23.5	116.9	52.2	17.6	115.2	2.1	329.9
境外上市筹资金额	—	—	113.9	299.0	42.2	0.0	39.3	494.3
合计	2.6	23.5	230.8	351.2	59.8	115.2	41.4	824.2

数据来源：《中国银行业监督管理委员会2009 年报》。

表 8 – 2　中资商业银行引进外资具体情况（1996 ~ 2010 年）

编号	国内银行	入股时间	外资股东	入股比例（%）
1	中国光大银行	1996.1	亚洲发展银行	3.29
2	上海银行	1999.12	国际金融机构（IFC）	7.00
		2001.12	汇丰银行	8.00
			香港上海商业银行	3.00
3	南京银行	2001.11	IFC	15.00
		2005.12	法国巴黎银行	19.20
4	上海浦东发展银行	2002.12	花旗银行	4.62
5	西安银行	2002.9	IFC、加拿大丰业银行	24.90
6	兴业银行	2003.12	恒生银行	15.98
			新加坡政府直接投资公司	5.00
			IFC	4.00
7	交通银行	2004.8	汇丰银行	19.90
8	济南市商业银行	2004.11	澳洲联邦银行 CBA	11.00
		2009.6	澳洲联邦银行 CBA	9.00
9	民生银行	2003.9	IFC	1.22
		2004.11	新加坡淡马锡公司	4.55
10	深圳发展银行	2004.12	新桥投资	17.89
		2005.9	通用电气金融财务有限公司	7.30

续表

编号	国内银行	入股时间	外资股东	入股比例（%）
11	杭州商业银行	2005.4	澳洲联邦银行	19.90
		2006.8	亚洲开发银行（ADB）	5.00
12	中国建设银行	2005.6	美洲银行	9.10
		2005.7	新加坡淡马锡公司	5.10
13	南充市商业银行	2005.7	德国投资与开发有限公司（DEG）	10.00
			德国储蓄银行国际发展基金（SIDT）	3.30
14	中国银行	2005.12	苏格兰皇家银行（RBS）	10.00
		2005.8	淡马锡（亚洲金融）	5.00
		2005.9	瑞士银行集团	1.61
		2005.1	亚洲开发银行（ADB）	0.24
15	北京银行	2005.9	荷兰国际集团（ING）	19.90
			国际金融公司（IFC）	5.00
16	华夏银行	2005.9	德意志银行	9.90
			萨尔·奥彭海姆股份有限合伙企业	4.08
17	渤海银行	2004.12	渣打银行	19.99
18	中国工商银行	2005.8	高盛、安联、运通	10.00
19	天津银行	2005.12	澳新银行	20.00
20	宁波银行	2006.1	新加坡华侨银行	12.20
21	广东发展银行	2006.11	花旗集团（注）	85.5888
22	中信银行	2006.11	西班牙对外银行（BBVA）	5.00
		2009.2	西班牙对外银行（BBVA）	10.07
23	上海农村商业银行	2006.11	澳新银行	19.99
24	重庆市商业银行	2006.12	香港大新银行、美国凯雷投资	24.99

续表

编号	国内银行	入股时间	外资股东	入股比例（%）
25	青岛市商业银行	2007.7	意大利联合圣保罗银行	19.99
26	烟台市商业银行	2008.1	香港恒丰银行	20.00
			永隆银行	4.99
27	吉林银行	2010.7	韩亚银行	18

说明：入股时间主要是指签署正式协议的时间。

资料来源：根据巴曙松：《不必单方面提高外资入股比例上限—— 超越银行“贱卖”争论的思考》[J]，《新财经》2006 年第 4 期，朱盈盈、曾勇、李平、何佳：《中资银行引进境外战略投资者：背景、争论及评述》[J]，《管理世界》2008 年第 1 期，各银行年报，《财经》及其他公开资料整理获得。

二、战投减持情况回顾

中国各家银行之中最受关注的是交通银行、中国建设银行、中国银行和中国工商银行四家大型商业银行①，先后有两次战投减持“大潮”。

第一次是 2008 年年末至 2009 年上半年。2008 年最后一天，中行的战略投资者瑞士联合银行（UBS）在锁定期满时即全部售出其持有的 1.3% 的股份，获利 8.3 亿美元；2009 年 1 月 13 日，苏格兰皇家银行（RBS）以每股 1.71 港元价格悉数售出中行 4.26% 的 H 股股份，套现近 24 亿美元，实现盈利近 8 亿美元。2009 年 1 月初，美国银行出售 56 亿股中国建设银行 H 股，售价为 3.92 港元，与 2.35 港元的 IPO 价格相比，此次出售使美银获利 88.234 亿港元；2009 年 5 月，美国银行将所持已过锁定期的 135.09 亿股建行 H 股转让，涉及资金约 73 亿美元，减持股份占总股本的 5.8%。2009 年 4 月 28 日，美国运通及德国安联这两家中国工商银行的战投在解禁当日抛售各自持有的 6.38 亿股及 32 亿股工行 H 股；2009 年 6 月，高盛减持约 30 亿股工行 H 股股份（2010 年 9 月，高盛第二次出售约 30 亿股工行股份，同样获利丰厚）。据统计，2009 年，包括工行、建行、中行等大型银行的战略投资者将其持有的价值 1300 多亿港币的股权变现，获利高达 900 亿港元以上。

第二次是 2011 年年中，由于对中国银行业贷款质量的担忧，“唱空”中

① 根据中国银监会的界定，大型商业银行包括中国工商银行、中国农业银行、中国银行、中国建设银行和交通银行。

资银行的声音增多①。6月上旬，淡马锡出售其持有的中行51.88亿股及建行15.02亿股，两者共套现36亿美元。而此前，美国资本研究和管理公司也分别抛售了1.37亿股左右的农行股份和4335.6万股的工行股份。

总的看来，2004年、2005年中国银行业大改革时，低价入股的境外战投们在解禁期到来后，多数选择大规模套现中资银行股票。各家银行引进的外资战略投资者，到目前已撤离的七零八落。战投们的大宗抛售除了给中资银行的股价带来冲击外，也多少影响了中资银行的正常经营（如中行和瑞银正在进行的多个合作项目因为后者的套现退场而中断）。

第二节　引进境外战略投资者的福利效应分析

在转变经济发展方式、促进经济结构调整的背景下，"福利水平"成为评价我国经济发展与改革成效的重要指标，因此也是评价我国银行业引进境外战略投资者效果的重要指标。

一、对微观层面——引资银行的福利效应分析

引进境外战投的目的主要有四个：其一是为了拓宽资本金来源，提高资本充足率（简称"引资"）；其二是通过优化股权结构，完善公司治理，弱化政府行为（简称"引制"）；其三是为了引进国外先进技术、文化和经验以规范和提高我国银行的管理水平（简称"引智"）；其四是引进品牌，国际知名战投的引进，能够支持国内银行在海外上市，并取得资本溢价与合理定价，同时促进我国商业银行的全球化发展。引资、引制与引智我们将在第三部分实证分析部分进行分析，现在主要讨论"引品牌"的效果——在某种程度上，我们认为这也是引进境外战投相比境内战投的最明显优势。

一方面，引入国际知名战投能够促进国有银行上市时的资本溢价。引入海外大型金融机构作为战略投资者，可以增强资本市场对国内银行的信心，

① 例如，惠誉指出，中国地方政府贷款和房地产贷款扩张加剧信贷风险，这些贷款中期还贷能力不确定，中国银行业的不良资产率将上行至5%；此后瑞信香港发布的研究报告将中国银行业的评级由增持降至减持。

提高市场对国内银行股份的接受度①。另一方面，从境外引进战投，能够提高我国商业银行在全球的知名度，这也有利于我国银行进入国际金融市场、实施全球化策略。根据中国银监会2010年年报的数据：截至2010年年底，5家大型商业银行在亚洲、欧洲、美洲、非洲和大洋洲共设有89家一级境外营业性机构，收购（或）参股10家境外机构，6家股份制商业银行在境外设立5家分行、5家代表处，2家城市商业银行在境外设立2家代表处，我国银行业利用境内外两个市场、两种资源的能力进一步提升。

我们可通过一些数据来观察近年来银行业的变化。截至2010年11月底，仅四大国有银行市值已超过4万亿元，并全部跻身全球十大市值银行之列。英国《银行家》杂志以一级资本和业绩表现为基础的全球前1000家银行的排名显示：1989年，当首期全球1000家银行排名榜出炉时，我国有8家上榜；到2003年时，我国有15家上榜；2010年，中国已有84家银行跻身榜单，其资本总额占前1000家银行的9%，获利比重高达前1000家银行的25%②。

二、对中观层面——我国银行业的福利效应分析

（一）引资银行对后续银行的示范效应

主要体现在两个方面：一是对后续银行引资时的溢价效应，如由于在交行、建行上市之后，其引入的战略投资者价格较二级市场价格低很多，引起了“银行贱卖”的争议。在此背景下，高盛和安联最终入股工行的价格较协议价格提高了5%，较工行每股净资产溢价了22%。二是对后续银行上市时的价值提升效应，中国银行业的价值得到投资者认可之后，几大银行的上市也就变得顺利。2006年6月1日，中行在香港挂牌上市；当年10月27日，

① 综观目前关于引入境外战略投资者的价值分析的文献，可知境外战投的价值主要在“财务价值”和“回报价值”两方面。“回报价值”重点关注股价回报，因为股价信息包含了投资者对公司未来经营状况的预期，如果资本市场认为境外战投对被投资公司具有长期战略价值，这一信息应当能够在股票价格中得以体现。王咏梅（2008）选取我国1995~2004年的48家样本公司、以经过市场调整的累积超额回报代表回报价值，对境外战投的回报价值进行了研究，结果显示：境外战略投资者的进入明显提升了上市公司的市场回报，说明引入境外战略投资者有利于增强资本市场的认同度，提升投资者对上市公司发展的信心，从而增加上市公司的投资价值。从银行业来看，不少银行（特别是大型商业银行）将引进境外战投作为上市前的重要战略步骤，因此我们无法对这些银行在引进战投上前后的市场回报（主要通过股价反映）进行比较，但是从引进境外战投后全球对我国银行认知态度的变化、我国银行上市时的资本溢价等方面看，我们有足够的理由相信：银行业引进境外战投同样带来了很大的“市场回报”。而这一点恰恰（由于难以对银行业引进境外战投的“市场回报”进行量化而被）被很多持“贱卖论”观点的研究者所忽略。

② 资料来源：新华网四川频道，www. sc. xinhuanet. com

工行 A 股和 H 股同步上市；这使全球投资者充分认识到了中国银行业的价值，2010 年 7 月中国农业银行先后在 A 股和 H 股上市时，已不需要引入海外战略投资者促进销售，但仍创造了全球最大融资规模 IPO 的纪录。

（二）对行业风险管理能力的提升效应

行业风险管理能力主要体现在资本充足率、不良贷款情况、不良贷款拨备覆盖率三项指标。以上三项指标，中国银行业在近几年已经有了明显改善。具体如表 8－3、表 8－4、表 8－5 所示。

表 8－3　商业银行资本充足率达标情况表（2003～2010 年）

项目＼年份	2003	2004	2005	2006	2007	2008	2009	2010
达标银行数	8	30	53	100	161	204	239	281
达标资产占比（%）	0.6	47.5	75.1	77.4	79	99.9	100	100

资料来源：《中国银行业监督管理委员会年报》（2009、2010）。

表 8－4　我国主要商业银行不良贷款情况表（2003～2010 年）

单位：亿元，百分比

项目＼年份	2003	2004	2005	2006	2007	2008	2009	2010
不良贷款余额	21044.60	17175.60	12196.90	11703.00	12009.90	4865.30	4264.50	3690.90
不良贷款率	17.9	13.2	8.9	7.5	6.7	2.4	1.6	1.1

说明：主要商业银行包括 5 家大型商业银行和 12 家股份制商业银行。

资料来源：《中国银行业监督管理委员会年报》（2009、2010）。

表 8－5　主要商业银行不良贷款拨备覆盖率情况表（2003～2009 年）

单位：亿元，百分比

	2003	2004	2005	2006	2007	2008	2009	2010
贷款损失减值准备金余额	4152.70	2430.60	3030.80	4009.90	4706.70	5736.20	6625.10	—
不良贷款余额	21044.60	17175.60	12196.60	11703.00	12009.90	4865.30	4264.50	—
拨备覆盖率	19.7	14.2	24.8	34.3	39.2	117.9	155.4	217.7

资料来源：《中国银行业监督管理委员会年报》（2009、2010）。

（三）银行业盈利水平稳步提高，收入结构略有优化

引资推动的改革为中国整个银行体系带来了相当大的“改革红利”，粗

略估算，这次改革为中国银行业增值约2万亿元（《财经》，2010）。2003～2009年我国银行业金融机构税后利润情况如表8－6所示。

表8－6　银行业金融机构税后利润情况表（2003～2010年）单位：亿元

年份 机构	2003	2004	2005	2006	2007	2008	2009	2010
银行业金融机构	322.8	1035	2532.6	3379.2	4467.30	5833.60	6684.20	8991.00

数据来源：《中国银行业监督管理委员会年报》（2006、2009、2010）。

但也应看到，我国银行业的收入结构仅仅略有优化、中间业务占比的提升并没有因为境外战略投的加入而取得明显进展。截至2010年9月末，中国股份制商业银行的中间业务收入只占全部收入的13.3%，与国际化大银行中间业务收入能占到40%～50%相比，还有相当大的差距。

三、对宏观层面——国内消费者与国家股东的福利效应分析

（一）对国内消费者的福利效应分析

银行业改革对消费者福利的影响可以用消费者剩余的变化表示。具体可以用以下指标衡量：存贷款业务规模（表示银行提供的传统服务规模）、银行业创新金融产品与服务（表示银行提供的创新服务规模）、存贷利率差（表示消费者享受银行服务支付的成本）。

1. 存贷款业务发展。

我国银行存贷款业务如表8－7所示：各项存款从2003年的22万亿元增加到2010年的73.3万亿元，贷款则从16.9万亿元增加到50.9万亿元；存贷款占GDP的比例从2003～2007年略有下降、2008年开始趋于上升。

表8－7　银行业金融机构存贷款情况表（2003～2010年）单位：亿元，%

年份 项目	2003	2004	2005	2006	2007	2008	2009	2010
各项存款	220363.50	253188.10	300208.60	348015.60	401051.40	478444.20	612006.40	733382.03
GDP	135174.00	159586.70	185808.60	217522.70	267763.70	316228.80	343464.70	397983.00
存款/GDP（%）	1.63	1.59	1.62	1.6	1.5	1.51	1.78	1.84
各项贷款	169771.00	188565.60	206838.50	238279.80	277746.50	320128.50	425596.60	509225.95
贷款/GDP（%）	1.26	1.18	1.11	1.1	1.04	1.01	1.24	1.28

资料来源：中国人民银行网站、国家统计局网站。

2. 金融产品与服务创新健康发展。

首先，银行卡业务发展迅速。截至2009年年底，银行业金融机构共发行银行卡20.3亿张，在GDP中占比从2006年的1.1%升至2009年的5.7%；截至2010年年末，商业银行信用卡有效发卡量超过2亿张，相当于全国每5个人中就有一个人拥有一张信用卡（刘明康，2011）。对促进消费、拉动内需起到一定的推动作用。

其次，理财业务增长有序平稳。截至2009年年底，98家商业银行个人理财产品存续数量共计5728款，账面余额9744亿元，业务规模平稳增长，收益结构保持稳定；2010年理财产品发行额度大幅增长，仅中国工商银行2010年对公和个人理财产品销售额就达到4.5万亿元（刘明康，2011）。多样化的理财产品为城乡居民提供了灵活的资产配置渠道以及流动性和风险的管理渠道。

最后，银行服务渠道不断优化。银行网点成为代理基金、保险和代收费等服务的主要渠道，是企业和居民丰富投资品种、接受金融服务、便利财务管理的重要平台。同时，电子服务渠道发展迅速，截至2009年年底，我国主要商业银行电子渠道累计交易笔数342.45亿笔，网上银行客户数超过1.97亿。

总的来说，新型金融服务更加多样化，但与发达国家相比发展广度与深度仍然不够。

3. 存贷款利差的变化。

我们将存贷款利差定义为消费者的贷款成本减存款收益。存贷款利差越小，反映消费者享受银行服务的成本越低、消费者剩余越多。以金融机构一年期存贷款利率为例，我国银行业金融机构存贷款利差在2002年2月至2011年7月呈先增加、后降低的变化趋势（波动区间在3.06%~3.6%。2006年4月至2007年3月达到峰值年利差3.6%，2008年9月后进入最低值3.06%）。

（二）对国家层面的福利效应分析

1. 对国家金融安全的分析。

银行业在我国整个金融业占有最重要地位，因此我国金融安全的最大威胁是银行业缺乏竞争力。由于对境外股东持股比例的限制，引进境外战投并没有威胁到我国的金融安全①，相反由于引进战投触发了我国银行业改革，在一定程度上提升了行业竞争力，这反而提升了我国的金融安全程度。

2. 对大型商业银行国有股东的福利分析。

通过包括引进境外战略投资者在内的改革，改变了国有股单一的股权结

① 从境外战投在解禁期结束后纷纷抛售股份的现象来看，境外战投入股的目的仅仅是为了获利而不是长期控制我国的金融，这反过来说明引进境外战投没有威胁我国的金融安全。

构，建立了现代公司治理机制，并用国际资本市场规则规范银行运作，提升了大型商业银行的竞争能力。据测算，十几年改制过程中，国家股东所得回报约为4.16万亿元；以投入产出比计算，总投资回报率为3.2%。换言之，国有银行的改制在经济方面投入产出已超出基本持平（《财经》，2010）。

第三节　我国银行业引进境外战略投资者的福利效应——基于面板数据分析的视角

一、样本与数据说明

考虑到数据获取及影响重要性等因素，本书以2007年12月31日已完成首次境外战略引资的银行作为研究对象，具体包括：中国光大银行、上海银行、南京银行、上海浦东发展银行、西安市商业银行（2010年9月更名为西安银行）、兴业银行、交通银行、济南市商业银行（2009年6月更名为齐鲁银行）、民生银行、深圳发展银行、杭州商业银行（2008年7月更名为杭州银行）、南充市商业银行、中国建设银行、中国银行、北京银行、华夏银行、渤海银行、中国工商银行、天津银行、宁波银行、广东发展银行、中信银行、上海农村商业银行、重庆市商业银行（2007年9月更名为重庆银行）、青岛市商业银行（2008年4月更名为青岛银行），一共25家。银行数据主要来源于Bankscope，以各银行年报和彭博数据库作为补充；宏观数据中的GDP增长率、通货膨胀率来自《中国统计年鉴》(2010)，法定存贷款利率差来自中国人民银行网站；银行业数据来自中国银监会、中国人民银行网站。

二、变量选择

1. 被解释变量方面，体现引资福利效应的主要有三类指标：①衡量“引资”效果的指标，可用资本充足水平表示，具体用“资本充足率”（TCR）和“核心资本充足率”（TCR1）衡量；②衡量“引制”效果的指标，“引制”主要体现在优化公司治理结构、提高公司治理效率，如贷款审核与发放、成本控制等，本书用衡量资产质量（“安全性”）的指标（“不良贷款率NPL”与“拨备覆盖率LLR”）和衡量投入产出效率的指标（“成本收入比CIR”）表示；③衡量“引智”效果的指标，“引智”主要体现在引进国外先进技术、文化和经验以规范和提高我国银行的管理水平，如利润率的提升、利润增长率的增加、对非利息收入等新型业务创新带来的收入结构改善等，具体我们用衡量“盈利性”的“资产收益率 ROA”①、衡量成长性的“总营业收入增长率 GTI”和衡量业务结构的“非利息收入占比 NII”表示②。我们选取的以上各类指标，主要借鉴了朱盈盈等（2010）、张宗益等（2010）的研究成果，同时与中国银监会对银行改革绩效的评估思想、银监会自 2011 年起对商业银行的主要监管指标是基本一致的③。

2. 解释变量方面，选取以下两类与引进境外战投相关的变量：一是表示入股比例的变量，假设银行 i 第 t 年境外战投的持股比例为 $SFOR_{i,t}$；二是表示入股时期的变量，假设银行 i 第 t 年距首次引入境外战投的年数为 $TFOR_{i,t}$，为全面地分析引进境外战略投资者的短期与长期效应，我们分别引入表示短期效应的变量 $STFOR_{i,t}$、表示长期效应的变量 $LTFOR_{i,t}$（$STFOR_{i,t}$和 $LTFOR_{i,t}$的初始值都为 0），长短期效应的时间分界点是初次入股后三年④：在首次引进境外战投当年及之前的年份，$STFOR_{i,t}$和 $LTFOR_{i,t}$的值仍为初始值 0；首次引入境外战投后三年内（$TFOR_{i,t} \leq 3$），$STFOR_{i,t}$取值为 1、$LTFOR_{i,t}$的值仍为初始值 0；首次引入境外战投三年后（$TFOR_{i,t} > 3$），$LTFOR_{i,t}$取值为 1、$STFOR_{i,t}$取值为 0。

3. 控制变量方面：①宏观层面的 $MACRO_{i,t}$，选取 GDP 增长率 RGDP、通货膨胀率 RCPI 和一年期存贷款利率差 IDD（遇到利率变化的年份，计算 IDD 时按照利率实施的时间长度加权平均）。②微观层面的银行特征控制变量，

---

① 根据国内外学者的研究（Alicia Garcia - Herrero rtal.，2008；邱兆祥等，2009；朱盈盈等，2010），就中国银行业的实际情况而言，净资产收益率 ROE 是很不理想的衡量手段：一方面，银行的净资产水平极低，另一方面，国家对部分大型银行的注资计划和财务重组使其净资产水平受到很多人为因素的影响，因此本书未选用 ROE 这一指标。

② 以上部分指标的含义如下：不良贷款率 NPL = 不良贷款余额/各项贷款余额 ×100%；拨备覆盖率 LLR = 贷款损失准备余额/不良贷款余额 ×100%；成本收入比 CIR =（营业支出 - 营业税金及附加）/营业收入 ×100%；总营业收入增长率 GTI = 本年度（利息收入 + 其他经营性收入）/上年度（利息收入 + 其他经营性收入） -1；非利息收入占比 NII =（手续费及佣金净收入 + 其他业务收入 + 投资的非利息收益）/ 营业收入 ×100%。

③ 《国有商业银行公司治理及相关监管指引》第十五条指出：“中国银监会对国有商业银行股份制改革按照三大类七项指标进行评估，具体包括经营绩效类、资产质量类和审慎经营类。经营绩效类指标包括总资产净回报率、股本净回报率、成本收入比；资产质量类指标指不良贷款比例；审慎经营类指标包括资本充足率、大额风险集中度和不良贷款拨备覆盖率”。

④ 首先，根据 D'souza & Megginson（1999）、MEGGINSON 等（2004）、朱盈盈等（2010）的研究，他们在研究私有化对企业的绩效、中资银行引进境外战略投资者的短期效果时，分别采用了事件发生前后（不含当年）作为时间窗口；其次，境外战略投资者入股我国银行业股份的“解禁期”为三年，事实上解禁期结束后，相当部分的投资者进行了股份抛售。因此，本书假设国内银行初次引资三年内，短期引资效果基本得以发挥；三年后进入长期的时间区间。

鉴于银行业是规模经济明显的行业，我们首先引入银行业规模变量，用银行资产的市场份额 RTA 表示①；其次，用净利差 NIM 代表银行的经营模式，净利差越大，说明利差收入的盈利空间越大，银行越愿意发展传统的存贷业务（朱盈盈等，2010）；最后，用股本率（EOA）表示银行的资产结构（由于股本率 EOA 与资本充足率 TCR、核心资本充足率 TCR1 存在明显的线性相关，所以在实证分析"引资"效果时省略 EOA 变量）。

三、模型设定

本书借鉴 Claessens（2001）、Kim 和 Lee（2004）的理论模型，结合中资银行引进境外战投的实际情况，建立如下回归模型：

$$Y_{it} = \alpha_i + \beta_i FOR_{i,t} + \sum_{k=1}^{K} \delta_k BANK_{k,i,t} + \sum_{n=1}^{N} \theta_n MACRO_{n,t} + \varepsilon_{i,t}$$

其中，$Y_{i,t}$ 为被解释变量，表示国内引资银行 i 在第 t 年的福利效应值。

本书的创新之处主要有以下三点：

首先，同时考虑战投的"入股比例效应"与"入股时期效应"。

其次，考虑到"三年解禁期"的规定，进一步将"入股时期效应"（TFOR）分为"短期效应"（STFOR）与"长期效应"（LTFOR）两种，这样我们实证分析的具体模型表达式为：

$$Y_{it} = \alpha_i + \beta_i SFOR_{i,t} + \gamma_i STFOR_{i,t} + \lambda_i LTFOR_{i,t} + \sum_{k=1}^{K} \delta_k BANK_{k,i,t} + \sum_{n=1}^{N} \theta_n MACRO_{n,t} + \varepsilon_{i,t}$$

其中，SFOR 的系数 β_i，STFOR 的系数 γ_i，LTFOR 的系数 λ_i 分别表示"入股比例效应"、"入股短期效应"、"入股长期时期效应"的大小。

最后，由于引资的四家大型商业银行（中国工商银行、中国建设银行、中国银行、交通银行）的相对重要性以及其在引资前后引起的大量关注与争议，我们将分别对 25 家银行及四家大型商业银行进行分析，其中以 25 家银

① 从《中国银监会 2006 年年报》和银监会网站能查到 2003～2009 年的"银行业金融机构总资产"数据，而无法直接获得 1996～2002 年间的数据。经计算发现我国 2003～2007 年"金融机构资产/M2"的数值为 1.24～1.31 之间，总的说该数值比较稳定；且在 2003～2005 年的数值为 1.243～1.254 之间，因此我们简单假设 1996～2001 年我国"金融机构资产/M2"的数值为 1.25，然后根据该比例、M2 年末余额倒推"金融机构总资产"的年末余额。这一处理方法尽管可能存在一定误差，但误差相对不会很大。

行作为研究对象的模型记为“模型一”、以四家大型商业银行作为研究对象的记为“模型二”。将研究的银行对象分成“全部25家引资银行”和“4家大型商业银行”两组模型进行对比。

四、描述性统计

各变量的主要统计数据如表8-8所示。

表8-8　各变量的主要统计数据

名称＼指标	资产份额	核心资本充足率	资本充足率	不良贷款率	拨备覆盖率	成本收入比	资产收益率	总收入增长率	非利息收入占比
符号	RTA	TCR1	TCR	NPL	LLR	CIR	ROA	GTI	NII
均值	1.81	7.84	9.70	3.47	118.35	40.38	0.74	25.62	10.40
中值	0.75	8.20	10.10	2.26	98.30	38.92	0.71	23.38	9.60
最大值	13.50	19.00	21.00	18.32	447.80	93.98	1.51	110.71	34.00
最小值	0.05	-1.50	-1.50	0.26	8.65	25.85	0.12	-14.66	-4.30
标准差	3.05	3.25	3.51	3.44	82.28	9.01	0.37	20.47	7.56
名称＼指标	股本率	净息差	入股比例	入股时间	短期变量	长期变量	经济增长率	通货膨胀率	一年存贷款利差
符号	EOA	NIM	SFOR	TFOR	STFOR	LTFOR	RGDP	RCPI	IDD
均值	4.88	2.78	15.16	3.17	0.43	0.35	11.40	2.62	3.32
中值	4.83	2.74	17.89	3.00	0.00	0.00	10.64	1.80	3.33
最大值	10.62	3.85	24.99	13.00	1.00	1.00	14.36	5.90	3.52
最小值	-0.50	1.73	0.00	0.00	0.00	0.00	9.30	-0.70	3.06
标准差	1.95	0.50	8.10	3.10	0.50	0.48	1.89	2.35	0.16

说明：单位为百分比；“入股时间”的单位为年数；“短期变量”与“长期变量”为虚拟变量，取值为1或0。

五、实证回归结果与分析

本书选用 Eviews6.0 对非平衡面板数据进行回归分析。在实证分析时，将同时采用混合回归模型（OLS）、变截距固定效应模型、变系数固定效应模型、变截距随机效应模型进行估计，并对估计结果进行 F 检验和 Hausman 检验，同时参照残差平方和 SSR、调整的样本决定系数 adj R^2 等指标，从中选出最佳模型及权重估计方法。最终，多数回归方程选择固定效应的变截距模型，并运用 Cross Section Weight 估计方法以消除异方差的影响。

1. “引资”福利效应的实证分析。

“引资”效应的回归结果如表 8 – 9 所示。

表 8 – 9　我国银行业引进境外战略投资者的“引资”效果分析

福利指标	自变量	模型一			模型二		
		系数	t 值	p 值	系数	t 值	p 值
TCR	C	–1.99	–0.38	0.707	11.84	0.71	0.484
	SFOR	0.01	0.34	0.732	0.13*	1.95	0.068
	STFOR	1.88***	3.48	0.001	2.12*	2.00	0.062
	LTFOR	1.59	2.43	0.017	3.56**	2.32	0.033
	RTA	–0.16	–0.64	0.527	–0.58	–1.25	0.230
	NIM	2.25***	4.39	0.000	–4.56**	–2.55	0.021
	RGDP	–0.13	–0.97	0.337	0.15	0.40	0.697
	RCPI	–0.15**	–2.28	0.025	0.71***	3.31	0.004
	IDD	2.20	1.29	0.202	3.73	0.64	0.529
	adj R^2	0.678			0.640		
TCR1	C	–15.31***	–2.84	0.006	9.99	0.89	0.388
	SFOR	0.11***	5.32	0.000	0.07	1.59	0.129
	STFOR	1.74***	3.56	0.001	2.11***	3.07	0.007
	LTFOR	1.49**	2.37	0.020	2.58**	2.56	0.020
	RTA	0.01	0.04	0.971	–0.46	–1.59	0.131
	NIM	0.05	0.10	0.917	–3.06**	–2.44	0.026
	RGDP	–0.37**	–2.58	0.012	0.15	0.61	0.553
	RCPI	0.01	0.16	0.876	0.49***	3.37	0.004
	IDD	7.58***	4.04	0.000	2.34	0.59	0.564
	adj R^2	0.862			0.747		

说明：***、**、*分别表示在1%、5%和10%的水平上显著，模型一表示以25家引进境外战投的银行作为研究对象、模型二表示以4家大型商业银行（指引进境外投资者的中国工商银行、中国建设银行、中国银行、交通银行）作为研究对象，下同。

由表 8 – 9 的模型一可知，从“入股比例效应”看，外资入股比例 SFOR 对核心资本充足率的 TCR1 的改进比对资本充足率 TCR 的改进更明显：TCR1

在1%的显著性水平与SFOR正相关（系数为0.11），而TCR与SFOR的关系不显著；从“入股时期效应”看，存在一定的时期效应，但入股的短期效应STFOR大于长期效应LTFOR（无论是因变量TCR还是自变量TCR1）。

由表8-9的模型二可知，4家大型商业银行的“引资”效果略有不同，但“引资”的总体效果还是比较明显的；与模型一类似：从TCR1指标看，“引资”的短期效应同样大于长期效应。

因此，综合模型一、模型二可知，从“引资”角度来看，引进境外战略投资者存在较为明显的福利效应，而且对核心资本充足率的福利效应更明显；但是“引资”的长期效应小于短期效应，“引资”效果的持续性值得我们关注。

2. “引制”福利效应的实证分析。

“引制”福利效应的回归结果如表8-10所示。

表8-10 我国银行业引进境外战略投资者的“引制”效果分析

福利指标	自变量	模型一			模型二		
		系数	t值	p值	系数	t值	p值
NPL	C	-16.31**	-2.30	0.023	-38.57*	-2.06	0.055
	SFOR	-0.17***	-3.32	0.001	-0.23**	-2.54	0.021
	STFOR	-0.64	-0.89	0.378	0.94	0.53	0.603
	LTFOR	-3.15***	-3.08	0.003	0.79	0.35	0.731
	RTA	0.01	0.01	0.994	-0.33	-0.37	0.717
	EOA	-0.31***	-3.60	0.001	-1.01***	-13.17	0.000
	NIM	-0.13	-0.16	0.871	-0.04	-0.02	0.987
	RGDP	-0.89***	-5.02	0.000	-1.03*	-2.03	0.059
	RCPI	-0.31***	-3.35	0.001	-0.42	-1.65	0.117
	IDD	11.33***	5.07	0.000	20.11***	2.96	0.009
	adj R^2	0.685			0.950		
LLR	C	127.88	1.65	0.103	410.93***	135.73	0.008
	SFOR	1.08	1.28	0.204	0.34	0.52	0.520
	STFOR	51.53***	3.93	0.000	32.84***	8.88	0.002
	LTFOR	109.10***	6.98	0.000	53.47***	11.89	0.000
	RTA	11.15	1.06	0.292	3.76	3.80	0.336
	EOA	-1.49	-0.87	0.385	-0.57	0.83	0.505
	NIM	8.27	0.74	0.462	31.83**	13.09	0.026
	RGDP	-2.05	-0.79	0.434	2.65	3.22	0.422
	RCPI	0.55	0.29	0.776	-1.47	1.64	0.384
	IDD	-36.26*	-1.68	0.097	-149.82***	47.99	0.006
	adj R^2	0.713			0.902		

续表

福利指标	自变量	模型一			模型二		
		系数	t 值	p 值	系数	t 值	p 值
CIR	C	64.99***	8.19	0.000	49.83	1.53	0.144
	SFOR	-0.56***	-6.66	0.000	-0.26**	-2.15	0.046
	STFOR	-3.31***	-2.77	0.006	-5.66**	-2.67	0.016
	LTFOR	-5.22***	-4.34	0.000	-7.50**	-2.75	0.014
	RTA	-1.35	-1.34	0.184	-1.43	-1.61	0.125
	EOA	0.57**	2.53	0.013	0.11	0.62	0.543
	NIM	-4.22***	-4.16	0.000	-2.33	-0.69	0.503
	RGDP	-0.26	-0.99	0.325	0.13	0.16	0.872
	RCPI	-0.64***	-5.71	0.000	-0.56	-1.42	0.173
	IDD	1.55	0.68	0.500	5.41	0.47	0.641
	adj R^2	0.985			0.772		

通过表 8-10 的模型一可知：从不良贷款率 NPL 看，战投的“入股比例效应”明显，NPL 与外资入股比例 SFOR 在 1% 的显著性水平负相关（SFOR 增加 1%，不良贷款率 NPL 下降 0.17%），但“入股比例效应”不如“经济增长率 RGDP”的影响大（后者的系数为 -0.89）；“入股时期效应”在短期不明显，而在长期有所表现。从拨备覆盖率 LLR 看，战投的“入股时期效应”在长期、短期都有所表现，且在长期表现更明显。尽管如此，我们还是应该对引进境外战投的“入股时期效应”全面分析：一方面说明引进战投对国内银行“提高贷款质量”的确产生了积极的影响；另一方面也要看到这与中国银监会近年来加强对资产质量监管的积极影响分不开（实际上，25 家银行多数是在 2007 年左右才进入本书所定义的“长期效应”的时间区间，而这一时间区间与我国银行业总体不良贷款率的快速下降、总体拨备覆盖率的快速上升的 2007 ~ 2009 年是重合的，具体如表 8-4、表 8-5 所示）。

与模型一比较，模型二显示：在降低不良贷款比率 NPL 方面，战投入股比例 SFOR 的积极影响显著，但时期效应不明显；而在提升拨备覆盖率 LLR 方面，则呈现相反的特点，即入股比例 SFOR 的积极影响不明显，但短期、长期时期效应（STFOR、LTFOR）显著。

至于成本收入比 CIR，模型一、模型二显示两个模型具有相同点：战投入股的比例效应与时期效应都是明显的。这表明引进战投对国内银行控制成本的确发挥了积极影响。

值得我们关注的还有：无论是模型一还是模型二中，存贷款利率差

（IDD）与不良贷款率 NPL 是显著正相关的（而且系数大大超过引进战投的“入股比例效应”与“入股时期效应”的数值绝对值），而同时存贷款利率差（IDD）与拨备覆盖率 NPL 是显著负相关的（系数同样大大超过引进战投的“入股比例效应”与“入股时期效应”的数值绝对值）。这一点发现出乎我们意料、同时异常重要，通常的认识是出于保护银行业资产安全，我国在一定程度上实行利率管制与慎行利率市场化，但本书的实证结论揭示利率保护恰恰是降低而不是提高了银行的资产质量。

3. “引智”福利效应的实证分析。

“引智”效应的回归结果如表 8-11 示。

表 8-11　我国银行业引进境外战略投资者的“引智”效果分析

福利指标	自变量	模型一			模型二		
		系数	t值	p值	系数	t值	p值
ROA	C	1.43***	6.74	0.000	2.77	1.62	0.124
	SFOR	0.01**	2.37	0.019	-0.01	-1.07	0.301
	STFOR	0.13***	4.01	0.000	0.33**	2.54	0.021
	LTFOR	0.07*	1.86	0.066	0.43**	2.50	0.023
	RTA	0.03	0.97	0.335	-0.01	-0.23	0.819
	EOA	0.01	1.58	0.116	0.02*	2.01	0.061
	NIM	0.22**	7.26	0.000	-0.02	-0.12	0.907
	RGDP	0.01	1.38	0.169	0.03	0.68	0.503
	RCPI	0.01*	1.84	0.068	0.03	1.22	0.239
	IDD	-0.51***	-7.57	0.000	-0.67	-1.11	0.282
	adj R^2	0.934			0.646		
GTI	C1	-20.06	-0.87	0.386	80.97	1.14	0.274
	SFOR	-0.20	-0.76	0.449	-0.66**	-2.61	0.022
	STFOR	-4.23	-0.89	0.376	2.48	0.56	0.583
	LTFOR	-11.10**	-1.99	0.049	-1.94	-0.35	0.733
	RTA	-0.03	-0.01	0.994	1.45	0.62	0.546
	EOA	1.40*	1.90	0.060	1.03*	1.90	0.080
	NIM	-4.90	-1.64	0.104	5.61	0.77	0.456
	RGDP	2.17**	2.40	0.018	7.14***	4.09	0.001
	RCPI	4.43***	6.32	0.000	3.23***	3.18	0.007
	IDD	8.23	1.40	0.165	-54.60*	-2.13	0.052
	adj R^2	0.556			0.827		

续表

福利指标	自变量	模型一			模型二		
		系数	t值	p值	系数	t值	p值
NII	C	97.61***	9.94	0.000	137.22**	3.09	0.037
	SFOR	-0.32***	-2.76	0.007	-0.14	-0.55	0.610
	STFOR	4.44**	2.33	0.022	-0.46	-0.07	0.951
	LTFOR	4.27**	2.15	0.034	-4.26	-0.49	0.651
	RTA	-3.33***	-3.24	0.002	0.18	0.11	0.917
	EOA	-0.18	-0.87	0.388	0.34	0.12	0.913
	NIM	-8.67***	-6.99	0.000	11.42	1.13	0.321
	RGDP	-0.33	-1.18	0.240	0.54	0.43	0.688
	RCPI	0.93***	6.58	0.000	-0.28	-0.23	0.830
	IDD	-16.11***	-5.64	0.000	-47.25**	-2.87	0.046
	adj R^2	0.783			0.796		

通过表8-11的模型一可知：①从盈利性指标ROA（“资产收益率”）看，存在一定的战投“入股比例效应”，ROA与外资入股比例SFOR在1%的显著性水平正相关（但系数很小，SFOR增加1%，ROA仅增加0.01%）；存在“入股时期效应”，但长期效应大于短期效应，这表明战投对国内银行资产收益率提升的积极影响是递减的。从模型一还可以看出，影响ROA的最主要因素是息差率NIM和存贷款利率差IID，ROA与净息差NIM在1%的显著性水平正相关（相关系数为0.22），而与存贷款利率差IID在1%的显著性水平负相关（相关系数为-0.51），这一点结论同样出乎意料，ROA与IID负相关（而不是正相关）的关系，再次验证了控制存贷款利率并没有收到促进银行业发展的预期效果。②从成长性指标GTI（总营业收入增长率）看，不存在“入股比例效应”和“入股短期效应”，但存在“入股长期效应”，而且这种“长期效应”竟是负相关的（相关系数为-11.1）。与GTI显著相关的变量还有股本率EOA、经济增长率RGDP和通货膨胀率RCPI（都是正相关的关系）。成长性在某种程度上代表银行的可持续发展能力，由于战投不存在“入股比例效应”和显著为负的“入股长期效应”，我们认为战投并没有成为促进国内银行成长的“多级推进器”。③从“非利息收入占比”NII看，存在“入股比例效应”和“入股时期效应”，但是NII在1%的显著性水平与战投入股比例SFOR负相关而不是正相关的关系，这同样出乎我们的意料。不过仔细分析不难理解：相比新型业务，传统的存贷款业务仍然是我国银行业过去几年最稳定可靠的利润来源，以获取短期利润为主要目的的战投的理

性选择是稳定、做大传统存贷业务，而不是花大力气优化国内银行的业务结构（后者既花费成本，又在短期难以见效，还要承担一定风险）。NII 的入股短期效应与长期效应都在 1% 的显著性水平为正，说明引进战投能够促进国内银行对非利息业务的发展。对 NII 影响最大的因素是存贷款利率差 IDD，IDD 在 1% 的显著性水平与 NII 负相关，且系数的绝对值很大（如果存贷款利率上升 1%，则非利息收入下降 16.11%）。

与模型一比较，模型二显示了不同的特点。①在 ROA 方面，“入股比例效应”不显著，而“入股时期效应”比较明显（ROA 与短期效应、长期效应都在 5% 的显著性水平正相关，相关系数分别为 0.33、0.43）。这告诉我们在提升 ROA 方面，战投入股比例不重要，但是引进战投则是重要的，引进战投的确成为大型银行提升 ROA 的重要节点和改革触发器（当然，对此我们同样不能高估引进战投直接带来的积极作用：由于 ROA 与战投入股比例不相关，因此提升 ROA 的可能不是与入股比例相关的直接机制，而是与时期相关的间接机制。引进战投的大型银行随后都进行了上市，我们推测也许不是战投入股比例，而是银行上市后来自资本市场的约束机制促使大型银行在努力提升绩效）。②在 GTI 方面，“入股比例效应”在 5% 的显著性水平负相关（而不是正相关）、“入股时期效应”不明显，与模型一类似，我们同样注意到经济增长率 RGDP 与 GTI 显著正相关。③在 NII 方面，战投的“入股比例效应”与“入股时期效应”都不存在。与模型一相似的是，在模型二中影响 NII 的最主要因素仍然是存贷款利率 IDD（系数为 -47.25）。

盈利性、成长性、业务结构三类是衡量“引智”效果的指标，在某种程度上是衡量银行核心竞争力的主要指标。通过以上分析，我们可知无论是以 25 家银行为研究对象，还是以 4 家大型商业银行为研究对象，从“引智”角度来看，引进境外战略投资者存在福利效应都是不够显著的。因此，引进境外投资者并不能从根本上提升国内银行业的技术创新水平、优化国内银行业务结构，这一点与我国汽车业引进外资的情况类似。从以上分析还可知，影响商业银行核心竞争力最主要的因素是经济增长率 RGDP、存贷款利率差 IDD，此外银行业资产质量的提升也与银监会加强监管密切相关。例如，经济增长率 RGDP 与 GTI、NII 显著正相关，这说明国内良好的经济增长态势为银行业成长提供了一个良好的环境；存贷款利率差 IDD 与模型一的 ROA，模型二的 GTI，模型一、模型二的 NII 显著负相关，这表明，我国的利率市场化进程、对存贷利差的放开，将有利于形成对银行业技术创新的倒逼机制、提升银行的盈利能力、促进国内银行业对非利息业务的开展。

通过对我国银行业引进境外战投福利效应的实证分析，我们可以得出以下结果：

1. 对引资、引制、引智效果的分析：①“引资”效果直接明显，尤其是对核心资本充足率的提升；②“引制”效果初步显现，但是这种效果与整个银行业的资产质量提升高度同步；③“引智”效果不明显，甚至出现部分与预期相反的效果，这反映了部分战投的主要目的还是获取中短期的利润，而不是真正意义的“中长期战略投资”。

2. 从实证分析结果看，多数指标的入股“比例效应”不显著、入股时期的“短期效应”大于“长期效应”。这表明战投入股比例不重要，但是引进战投相对重要，战投入股是银行业改革与福利提升的触发器，而不是多级推进器。

3. 影响我国银行业福利效应的其他因素中，最重要的是经济增长率 RGDP 和存贷款利率差 IDD。这表明稳定的经济增长环境与适时的利率市场化，是提升我国银行业福利的重要手段。

第四节　结论与政策建议

一、主要结论

1. 从微观、中观、宏观三个层面看，引进境外战略投资者都不同层面地提升了相应主体的福利效应，因此引进境外战略投资者总体收到了积极的效果。

2. 引进境外战投既不存在“股权贱卖”现象，也不存在“威胁金融安全”现象，但存在“股权抛售现象”。

3. 由面板数据分析可得出以下几点主要结论：

（1）“引资”效果直接明显，尤其是对核心资本充足率的提升；“引制”效果初步显现，但是这种效果在时间区间上与整个银行业的资产质量提升高度同步；“引智”效果不明显，甚至出现部分与预期相反的效果，这反映了部分战投的主要目的还是获取中短期的利润，而不是真正意义的“中长期战略投资”。因此，我们实现的目标是非对称的，即短期、表层方面收到了预期的效果，而长期、深层次方面的效果尚不理想（如从“引智”方面看内资银行的核心竞争力并没有显著提高，部分战投在解禁期满后集中减持，在可预期的未来通过“引智”效果仍不乐观）。

（2）多数指标的入股“比例效应”不显著、入股时期的“短期效应”大于“长期效应”。这表明战投入股比例不重要，但是否引进战投相对重要。引进战投是国内银行业的“改革触发器”，但不是持续提升福利的“多级推进器”，因为战投并没有带来国内银行福利效应提升的“内生机制”。因此，引进战投固然有其价值，但是引进不能代替国内银行业的自身改革。

（3）4 家大型商业银行引进外资的福利效应与全部 24 家银行的福利效应存在一定的差异，这种差异可能源自两方面原因：一是政府对大型银行与中小银行的政策差异及对大型银行改革的干预与扶持；二是大型银行与中小银行在资产质量、风险管理、客户对象等自身情况的差异。这告诉我们不同类型的银行引进境外战投的应该有区别对待的政策与福利评价体系。

（4）影响我国银行业福利效应的其他因素中，最重要的是经济增长率 RGDP 和存贷款利率差 IDD。这表明稳定的经济增长环境与适时的利率市场化，是提升我国银行业福利的重要手段。

二、政策建议

基于我国大型商业银行引进境外战投的福利效应分析、大型银行后续改革的持续性，以及第三梯队城市商业银行将成为引资的新主体，本书提出如下政策建议：实现我国银行业引进战略投资者的“适度开放”。“适度开放”的内涵可从以下几方面分析①。

1. 系统动态的开放。

体现在横向和纵向两个维度。从横向维度看，要求我们在整个经济发展框架内，综合考虑“2 ×2 ×2”（即“新设”和“参股”两种进入模式、“内资”与“外资”两类进入资本、“大中城市”与“非大中城市”二元进入区域）的特点，在此基础上制定我国银行业市场进入的相关政策，实现整个市场进入系统的平衡协调。从纵向维度看，要求我们不但重视“进入前”和“进入时”的内容，更加重视“进入后”的内容，要强调对“进入后”的资本的动态监管和评估。

① 尹应凯．我国银行业市场进入的“适度开放”——基于博弈论视角的分析［J］．国际商务——对外经贸大学学报，2008（5）：41 –46

2. 水平适度的开放。

一方面，对市场进入的渐进开放是我们的根本改革方向，在政策上应该给在位银行与潜在进入者一个稳定的预期。另一方面，在一定的时期、持股比例等方面，我们应该对国内银行进行合法的适度保护①，这对充分发挥外资银行的“鲇鱼效应”而避免其带来的“鳄鱼效应”是很有价值的②。结合中国银行的实践来看，在战略投资者的锁定期上，可以适当再长一些，时间太短不利于双方深层次的交流与合作。

3. 结构优化的开放。

我国目前优化结构比例的关键就是要从服务整个经济发展的要求出发，不断加强基础条件建设，从福利视角优化银行引进投资者的结构。

4. 内外平等、长短期均衡的开放。

银行业对内资的开放不但能给外资潜在进入者带来压力，从而使我们处于更有利的谈判地位；而且对内资的开放某些具有对外资开放不能替代的优势：如解决我国非大中城市区域银行服务的有效供给不足；培养属于我们自己的高素质银行家队伍等。因此政府应该为境内外资本创造公平的博弈环境，对两类资本进行平等开放。

从实证分析还可以看出，外资表面的“长期战略性”其背后更多的还是“短期战术性”，因此如何充分发挥外资参股的长期效应、形成国内银行福利提升的内生机制，显得尤其重要。

5. “引进来”与“走出去”对称的开放。

“走出去”是银行国际化的一个重要战略。从国际经验来看，发达国家银行业的对外开放都是建立在本国银行业很好实现“走出去”战略的基础上。在世界贸易组织规则框架内，我们可以结合外资对我国银行业的开放情况，来制定我们对他们开放的政策，在政策层面上更好地实现双向平等③。

① 特别是未来我国中小型股份制商业银行将成为引进战投的主体，由于其规模相对较低，很容易被外资控股，因此对外资持股比例的限制仍有必要。

② “鲇鱼效应”指外资银行进入带来的适度竞争增强了国内银行的竞争意识、提高了国内银行竞争力；而“鳄鱼效应”指外资银行凭借其资金、技术、管理、产品等优势，在国内银行业市场大举进攻，并对国内银行造成巨大的冲击，最终对整个国内银行业带来负面影响。

③ 有专家指出：金融开放应当是“引进来”与“走出去”双向的开放，而中国金融机构在试图进入国外市场时却时常遭受冷遇。经过长期努力，直到2008年年底，建行才获准在美国设立首家分行。与此同时，美国银行在华分支机构已远超过10家（新华网，2009）。

6. 与改革结合的开放。

境外战投短期能起到“改革触发器”的作用，但在推动持续改革方面，无法起到“多级推进器”的作用。因此，开放能够促进内部改革，但开放绝不能代替改革，加强国内银行自身的改革、增强竞争、推行利率市场化等改革，在一定程度上是我国金融改革更有效的举措。

我们注意到，近年来我国银行业的市场开放在很大程度上体现了“适度开放”的政策导向①。有理由相信，在深化“适度开放”的基础上，将更有利于我国整个银行业的可持续发展，以及各主体福利效应的更大提升。

① 2009 年 3 月 27 日，新华网发表《中国大型国企推迟引入境外战略投资者可能意味着国企改革思路的调整》指出：数年前在中国国企改革中备受追捧的“境外战略投资者”发现，他们现在已非中国大型国企非常优待的座上客了。专家表示，这种微妙变化或许意味着利用外部“输血”帮助推进国有大型商业银行改革的思路将出现调整；该文还提到，银监会主席刘明康宣布“农行在改革中是否需要引进战略投资者，什么时候引进，引进谁，都要由他们自主做出商业决定”。财政部此前公布的《金融企业国有资产转让管理办法》要求，境外投资人转让中资金融机构股份必须通过证券交易系统进行，转让价格不得低于市场价格水平。财政部有关负责人表示，新办法的实施将规范金融企业国有资产转让行为，加强对转让行为的监督管理，维护国有资产权益，防止国有资产的流失。

第九章　知识密集型服务业跨国并购的福利效应研究

第一节　概述

商务部发布的历年中国外商投资报告显示，中国对外资的需求开始从数量为主转向质量为主，呈现出三个特点：一是服务业比重不断上升；二是跨国并购迅速发展；三是服务外包较多。商务部的数据显示，2008 年我国服务业实际利用外资规模达到 538.7 亿美元；虽然受国际金融危机影响，2009 年服务业实际利用外资有所下降；但 2010 年以来中国服务业吸收外资保持大幅增长：前 8 个月全国服务业新设立外商投资企业 8477 家，同比增长 22.32%；实际使用外资金额 297.41 亿美元，同比增长 36.75%；分别占同期全国总量的 50.7% 和 45.09%。然而，实践证明：服务业引入外资既可创新服务产品，带动服务业及整体经济质量的提高，也对民族服务业、服务消费行为乃至产业结构等带来了巨大冲击，其福利影响比较复杂。因此，如何实现各方福利效应最优化成为关键问题，而测度各方利益群体的福利效应成为解决问题的第一步。

西方经济学中“福利”有广义和狭义之分。广义的福利包括经济福利和非经济福利（如政治福利、文化福利等）的总和（胡象明，2002）；而狭义的福利仅指经济福利，可用一国效用的变化来衡量其福利水平的变化，常用国民收入作为代理变量。早在 20 世纪 20 年代，福利经济学的创始人庇古教授在《福利经济学》一书中提出经济福利等于国民收入；20 世纪 70 年代，诺德豪斯和托宾两位教授在《增长理论过时了吗?》一文中认为庇古命题有局限，并提出对 GDP 进行内部性因素和外部性因素的调整，来推算国民福利指标的构想。但是，由于一国的效用水平与该国的国民收入成正比（Burgess，1995），且非经济福利难以货币化，如无法用货币表现的与人类幸福感的形成和变化息息相关的非经济福利，所以大多数研究仍选择国民收入或人均国民收入作为测度经济福利水平的指标。

目前从宏观层面测度福利效应时，已从经济增长，扩展到资源配置、就业及产业结构调整等的变化。如 Jones & Ruane（1990）、Blomstrom & Zejan（1994）、Barrio（2005）、薛敬孝（2006）、查贵勇（2007、2009）等以欧美和中国实践为例研究 FDI 的福利效应，得出：服务部门的开放有利于专业化分工的形成，并能产生一系列的动态积极效应，包括促进技术创新，降低产品成本和价格，有利于国民经济产生规模效应和提高就业数量和质量。而王善祥和陆伟（2009）还从福利经济学的角度分析中国承接服务业国际转移所带来的三个方面的福利效应，即技术效应、资本效应和就业效应。因此，可将 FDI 对 GDP、就业人数或质量的影响作为研究服务业跨国并购福利效应的基础。

此外，国内外有关文献表明 FDI 对东道国各行业影响比较复杂。比如不同行业引入 FDI 后，其就业效应大不相同，其中，引进劳动力密集型服务跨国并购将增加国内低技术密集度服务劳动力的就业数量，引进资本/技术密集型服务跨国并购将一定程度上增加国内中技术密集度服务劳动力的就业数量，而引进人力资本/技术密集型跨国并购对于国内高技术密集度服务劳动力的就业拉动效应不明显。这主要是由于不同类型服务业对不同类型的劳动力需求不一样，而市场的供给弹性也各不相同，是其共同影响造成的。比如，技术或知识密集型行业（金融、计算机等行业）需要高技术劳动力，而其市场供给富有弹性，使该类劳动力流动变大，于是该行业引入 FDI 的就业效应就不太明显。为此，我们特别关注服务业中金融业、计算机等知识密集型服务业的溢出效应、就业效应等，主要从两方面考察其福利效应，一是比较知识密集型服务业与服务业的福利效应，检验 1997 年以来我国服务业总体上及以金融业为代表的知识密集型服务行业引入 FDI 的溢出效应、就业效应等；二是比较各知识密集型服务行业引入 FDI 的福利效应不同，研究 FDI 对服务业总体和个体的影响差别，以获得更多服务业承接 FDI 转移的福利效应变化特征。

第二节　实证研究方法综述

一、利用时间序列建立多元线性回归

研究 FDI 的溢出效应，多数文献根据本地企业或行业的人均劳动生产率与 FDI 参与程度的相关关系，构建计量经济模型 LP = f（FDI，X1，X2，…），其中 LP 为东道国企业或行业的人均劳动生产率，FDI 为外资参与程度，常用 FDI 占全部投资的占比来反映，而 X1，X2，…为其他相关解释变量，如人力资本、出口依存度、技术差异、东道国政策等。部分文献还运用柯布—道格拉斯生产函数模型对 FDI 福利效应进行检验，将基本方程模型 $Y = AL^{\alpha}K^{\beta}$中的“K”分为内资（KD）和外资（KF）两部分，取对数后有 $LnY = \lambda + \alpha LnL + \beta LnKD + \eta LnKF + \varepsilon$。其中，Y 为企业产出或行业 GDP，L 为国内企业行业平均雇员数或就业人数，KD 为国内企业行业平均固定资产净值或投资额，KF 为行业内 FDI 参与程度或 FDI 投入。并以此为基础，导出 FDI 就业效应分析的基本方程为 $LnL = a + bLnY + cLnKD + dLnKF + u$（祝波和董有德，2006）。

尽管这两类计量模型所选取的被解释变量或解释变量有所不同，实证结论也有所不同，但都反映出 FDI 溢出效应或就业效应产生的机制，是研究服务业引入 FDI 的福利效应的基础方程。而具体计量模型的建立，以及包含哪些变量，将取决于各研究变量数据的可获得性。此外，对于某些无法直接获取数据的变量还需要进一步处理，如国内固定资产存量、外商固定资产投资额或存量、人力资源等；还有随着时间推移，服务业内各行业在统计范围上有所改变，如批发零售饮食业、金融保险业等被拆分统计；时间序列长度要足够，否则模型估计不稳定等。因此，相对科学地选取代理变量和进行数据的初步处理是获取有效实证分析结果的重要前提。除此之外，还需要收集足够长度的数据。

二、利用面板数据建立固定效应或随机效应模型

大多数文献从总体上分析服务业 FDI 的溢出效应、就业效应等，忽视了不同服务行业引入 FDI 的效应不同的事实。因此，近期一些文献采用面板数据模型分析 FDI 对各服务行业的不同影响，如钟晓君（2009）、张三峰（2009）等。这类模型还可用于分析不同来源地 FDI 的技术溢出效应，如隆娟洁和陈治亚（2009）。其中，研究各行业 FDI 溢出效应的基础方程仍为 $LP_{it}=f(FDI_{it}, X1_{it}, X2_{it}, \cdots)$，所有变量反映第 i 行业第 t 时间的变化；可根据研究目的、数据表现等建立固定效应或随机效应模型，具体可分为无个体影响的不变系数模型、含个体影响的不变系数模型和含个体影响的变系数模型三类模型。同理，利用面板数据可建立各行业 FDI 就业效应的基础方程为 $L_{it}=g(Y_{it}, KD_{it}, KF_{it})$。

与前述多元线性回归法相比，这类方法的主要优势在于：在数据时间长度不够时，若能收集到足够多的各行业、各地区（或各个体）等截面数据，也能有效测定 FDI 效应，而且能获得更细致、更局部的信息。因此，建立面板数据模型，可以较好地解决由服务业内各行业统计范围的变化导致的数据时间长度不够的难题，但具体构建固定效应还是随机效应模型仍是一个棘手问题。此外，这类模型同样面临着多变量选取和数据再处理问题，需综合考虑。

三、FDI 效应的动态分析

一些学者采用 VAR 模型、ECM 模型（或 VEC 模型）、脉冲分析等分析 FDI 效应，如张智林（2006）、林玉红（2009）、姜延书（2009）、黄冬冬和杨克文（2010）、王新华（2010）等。其中 VAR 模型（向量自相关模型）的基本形式为：$LnGDP_t=f(LnGDP_{t-1}, LnFDI_t, LnFDI_{t-1})$，若 VAR 模型是平稳的（单位根都在单位圆内），则可通过脉冲响应分析得到每单位当期 FDI 冲击下 GDP 的变化情况；若 VAR 模型是非平稳的，则采用 ECM 模型（误差修正模型）进行分析，其基本形式为：$\Delta LnGDP_t = a_0 + a_1\Delta LnGDP_{t-1} + a_2\Delta LnFDI_t + a_3\Delta LnFDI_{t-1} + a_4 ECM_t + \mu_t$，ECM 为长期均衡模型 $LnGDP_t = b_0 + b_1 LnFDI_t + \varepsilon_t$的残差项（$\varepsilon_t$），可反映 FDI 对 GDP 的长期效应和短期效应。而 VEC 模型（向量误差修正模型）可用于分析多个变量间相互影响的长短期效应，其被解释变量向量的每一个变量的误差修正模型形式与 ECM 模型一致。上述模型估计前，还需要对时间序列变量的平稳性、Granger 因果关系及协整性进行检验，若存在因果关系和协整关系，ECM 模型估计才有效。此外，利

用面板数据模型也可进行各行业或各地区 FDI 的动态效应分析，如郑月明和王伟（2010）以 GMM 和 SYS—GMM 法估计动态面板数据模型，研究东部地区 FDI 的就业效应，发现 FDI 对就业有显著的替代效应。其动态面板数据模型的基本形式为：$LnL_{i,t} = a_1 LnL_{i,t-1} + a_2 LnFDI_{i,t} + a_3 LnFD_{i,t-1} I + a_4 LnFDI_{i,t-2} + a_5 LnFDI_{i,t-m} + \eta_{i,t} + \mu_{i,t}$。其中，i 反映不同行业或地区；t 为时间序号，t－1，t－2，…，t－m 分别表示滞后 1 期、滞后 2 期至滞后 m 期；η 反映各行业或地区的差异，μ 为随机扰动项。

由此可见，这些模型所得的 FDI 动态效应主要来自 FDI 滞后变量的影响，且模型包含的变量数较少，但仍需要足够时间长度的数据。不过，随着中国经济发展、国内金融资本的日渐充裕及引进外资政策的改变等，FDI 对整个经济增长的促进作用有明显降低趋势（林玉红，2009）；而随着中国产业结构的不断调整，服务业引进 FDI 的不断增加，FDI 的就业效应也在不断变化，初期阶段对劳动密集型行业就业的直接效应比较明显，而后期则会发生变化（邱晓明，2004；牟俊霖，2007）。因此，在长期内，仅用 FDI 滞后变量来反映 FDI 的动态效应还不够，如可加入虚拟变量、采用自回归分布滞后模型（ADL 模型），或者选择变参数模型。

四、研究方法的选择

上述研究方法对样本数据的要求较高，如时间序列足够长，而我国近几年才逐步重视对知识密集型行业的有关数据收集与统计工作，使直接运用上述方法有难度。从国研网、中经网和统计年鉴网收集数据，发现 1997 年以来服务业整体上的 GDP、固定资产投资额、外商直接投资、港澳台直接投资、就业人数等容易获得，而专业技术人员数、出口依存度、技术差异等数据缺乏；金融业、计算机业等知识密集型行业单独核算的时间序列数据更缺乏，大部分行业只能获得 2004～2008 年的 GDP、城镇固定资产投资、城镇外商直接投资、城镇港澳台直接投资、城镇单位就业人数等数据。由此，我们尽量选择变量需求少的计量经济学模型研究服务业、金融业等 FDI 效应，而对不符合数据长度要求的知识密集型服务业的 FDI 效应研究，则选用弹性系数来简单测算其直接溢出效应和就业效应；进一步选用灰色关联度分析方法，来比较研究 FDI 增长与 GDP 或就业人数（L）增长的关联程度，揭示引入 FDI 的知识密集型优势行业，以及评价各行业 FDI 对知识密集型服务业的贡献。

经济学范畴的弹性系数是指一定时期内相互联系的两个经济指标增长速度的比率，用于衡量一个经济变量的增长幅度对另一个经济变量增长幅度的依存关系，或者说反映一个变量每增长一个百分点能带动另一变量增长多少个百分点。由此可知，在数据比较缺乏的情况下，采用弹性系数来衡量 FDI 与 GDP、就业人数的增长关系，不失为一种简单测度引入 FDI 的直接溢出效应和就业效应的方法。其中引入 FDI 的直接溢出效应由某一时期内 GDP 增长率与 FDI 增长率之比来反映，直接就业效应则为某一时期内就业人员增长率与 FDI 增长率之比。具体计算公式为：

$$E_{GDP}=\frac{\Delta GDP/GDP}{\Delta FDI/FDI},\ E_L=\frac{\Delta L/L}{\Delta FDI/FDI}$$

其中，E_{GDP}，E_L分别表示引入 FDI 的直接溢出效应和就业效应。

灰色关联度分析是根据序列曲线几何形状的相似程度来判断序列间的联系是否紧密。它对样本数据没有特别要求，容易计算，特别适合分析小样本或已知信息量少的现象的关联程度。广义灰色关联度有灰色绝对关联度、灰色相对关联度和灰色综合关联度之分。其中灰色相对关联度反映了相对于始点的变化速率的联系程度，用于表征序列间的动态相似度，两序列的变化速率越接近，其动态相似度越高。此外，根据灰色关联度大小还可以进行优势分析，找出影响较大的或起关键作用的序列。因此，依据较少的知识密集型服务行业数据，可计算灰色相对关联度，从动态角度来反映各行业引入 FDI 的溢出效应和就业效应，以探寻利用 FDI 的优势行业。设长度相同的系统行为序列为 $X_i=x_i(1), x_i(2), \cdots, x_i(n)$，$i=0, 1, 2, \cdots$。其中 X_0为基准序列，其他为对比序列。则灰色相对关联度的计算步骤为：

（1）计算各序列的初值，令

$$X'_i=x_i((1)/x_i(1), x_i(2)/x_i(1), \cdots, x_i(n)/x_i(1)) = x'_i(1), x'_i(2), \cdots, x'_i(n), i=0, 1, 2, \cdots$$

（2）计算 X'_i序列的始点零化算子，令

$$X_i^0=(x'_i(1)-x'_i(1), x'_i(2)-x'_i(1), \cdots, x'_i(n)-x'_i(1)) = x_i^0(1), x_i^0(2), \cdots, x_i^0(n), i=0, 1, 2, \cdots$$

（3）计算$|s_0|$，$|s_i|$，$|s_i-s_0|$，$i=1, 2, \cdots$

$$|s_0|=\left|\sum(x_0^0(k)+\frac{1}{2}x_0^0(n))\right|,\ |s_i|=\left|\sum_{k=2}^{n-1}x_i^0(k)+\frac{1}{2}x_i^0(n)\right|$$

$$|s_i-s_0|=\left|\sum_{k=2}(x_i^0(k)-x_0^0(k)+\frac{1}{2}x_i^0(n)-x_0^0(n))\right|$$

（4）X_0与 X_i的灰色相对关联度的计算公式为：

$$r_{0i}=\frac{1+|s_0|+|s_i|}{1+|s_0|+|s_i|+|s_i-s_0|},\ i=1, 2, \cdots$$

第三节 服务业引入FDI的总福利效应分析——溢出效应和就业效应

一、溢出效应

（一）模型建立

由于我们重点关注1997年以来服务业引入FDI固定资产投入产生的溢出效应，于是借鉴前人研究经验，我们选择服务业增加值（GDP）或服务业全员劳动生产率（LP）为解释变量，服务业FDI固定资产投资额（KF）、国内固定资产投资额（KD）及其滞后变量为解释变量，并取对数以消除异方差。同时，为避免遗漏重要变量，我们构建了两个自回归分布滞后模型如下：

$$LnGDP_t = \alpha + \sum_{i=1}^{l} \beta_i LnGDP_{t-i} + \sum_{j=0}^{m} \eta_j LnKF_{t-j} + \sum_{k=0}^{s} \delta_k LnKD_{t-k} + \mu_t \quad (1)$$

$$LnLP_t = \varphi + \sum_{i=1}^{l} \varphi_i LnLP_{t-i} + \sum_{j=0}^{m} \lambda_j LnKF_{t-j} + \sum_{k=0}^{s} \gamma_k LnKD_{t-k} + \varepsilon_t \quad (2)$$

其中，μ_t、ε_t分别为随机干扰项；l、m、s为滞后期数；α、β、δ等均为待估计参数，反映了各解释变量变化对GDP或LP变化的弹性系数。

（二）代理变量的选取

首先，以“第三产业增加值”（GDP）作为服务业增加值，利用居民消费价格指数将GDP换算成1990年的不变价，仍记为GDP；然后，以GDP除以“第三产业就业人数”得服务业全员劳动生产率LP。

其次，选取第三产业“外资实际利用”（美元计价）作为服务业外商直接投资（含港澳台直接投资）的代理变量，并根据“外商一般将投资的70%用于固定资产投资”计算外商固定资产投资额①；然后以人民银行公布的各年美元汇率中间价将其折算成人民币计价，进一步利用固定资产价格指数将其换算成1990年的不变价。

最后，将第三产业全社会固定资产投资用固定资产价格指数换算成1990年的不变价，然后减去KF，得到以1990年不变价计的服务业国内固定资产投资额。

① 刘露．服务业外商直接投资对中国就业的影响分析［D］．西北大学，2009

（三）数据的平稳性检验

采用Eviews5.0中的ADF（Augmented Dickey – Fuller）检验法对各变量序列进行平稳性检验，各序列对数水平值的检验模型根据对数序列趋势图而定，选择一次差分序列的检验模型也采用同样的方法。检验结果显示，在5%显著水平下，除LnLP为平稳外，其他序列均为1阶单整（见表9－1），满足ADL模型估计的基本条件。

表9－1 变量序列平稳性的ADF检验结果

变量	对数水平值		一次差分		结论
	模型	t统计值	模型	t统计值	
LnGDP	Intercept and trend（2）	－3.129	Intercept（0）	－3.245*	I（1）
LnLP	Intercept and trend（2）	－4.673*	Intercept（2）	－4.587*	I（0）
LnKF	Intercept and trend（2）	－0.103	None（0）	－2.031*	I（1）
LnKD	Intercept and trend（0）	－2.264	Intercept（0）	－3.640*	I（1）

注：*在5%显著水平下拒绝原假设——有单位根。

（四）模型估计与检验

受数据长度的限制，我们仅选择式（1）中变量滞后的最大期数为3，然后根据变量的t值、拟合优度R^2、AIC和SC值等变化确定最优滞后期数，其OLS估计结果如下。式（3）结果显示：模型有很高的拟合度（R^2 = 0.9996），且分布滞后衰减率为0.853（小于1），表明模型是稳定的。

$$\widehat{LnGDP}_t = 0.833 + 0.853LnGDP_{t-1} + 0.062LnKD_{t-2} + 0.161LnKF_t - 0.124LnKF_{t-1}$$

$$(4.092)^*\quad(21.127)^*\qquad(2.960)^*\qquad(4.264)^*\qquad(-4.334)^*$$

$$R^2 = 0.9996\quad S.E. = 0.0109\quad D.W. = 2.987\quad F = 3869.353 \qquad (3)$$

（注：*为5%水平下显著。）

由于采用了被解释变量的滞后变量作为解释变量，有可能产生随机解释变量问题，即GDP_{t-1}与μ_t相关，或μ_t存在序列自相关。于是对式（3）进行杜宾H检验，其H统计量计算公式为：$H = (1 - \frac{DW}{2})\sqrt{\frac{n}{1 - n \times var(\alpha)}}$，具体计算结果为－1.652，其绝对值小于$h_{0.05}$＝1.96（5%显著水平下的临界值），则认为不存在一阶序列相关，即模型估计有效。因此，可进一步分析式（3）结果，发现：当期服务业FDI固定资产投入对GDP增长有促进作用，前者每增加1%，后者将平均增长0.161%；而前一期的FDI固定资产投入对

GDP 增长有抑制作用，前者每增加 1%，后者将平均下降 0.124%；但两年的综合效应还是为正（0.161 - 0.124 = 0.037），即总体上服务业引入 FDI 的溢出效应为正，只是影响很小。

采用同样的方法对模型（2）进行估计及检验，可得到与式（3）一致的结论。其具体估计结果如下：

$$\hat{LnLP_t} = 1.491 + 0.724LnLP_{t-1} + 0.067LnKD_{t-2} + 0.229LnKF_t - 0.131LnKF_{t-1}$$
$$(4.699)^* \quad (12.451)^* \quad (2.932)^* \quad (4.913)^* \quad (-3.675)^*$$
$$R^2 = 0.9989 \quad S.E. = 0.011 \quad D.W. = 2.316 \quad F = 1383.593 \qquad (4)$$

（注：* 为 5% 水平下显著。）

同样可以发现，式（4）的拟合优度很高（$R^2 = 0.9989$），且分布滞后衰减率为 0.724（小于 1），表明模型是稳定的；计算 H 值为 -0.534，其绝对值也小于 $h_{0.05} = 1.96$（5% 显著水平下的临界值），则认为不存在一阶序列相关，即模型估计有效。进一步分析还可发现：当期服务业 FDI 固定资产投入对全员劳动生产率 LP 提高有促进作用，前者每增加 1%，后者将平均提高 0.229%；而前一期的 FDI 固定资产投入对 LP 有抑制作用，前者每增加 1%，后者将平均下降 0.131%；但两年的综合效应还是为正（0.229 - 0.131 = 0.098），略高于 FDI 对 GDP 的影响程度。于是，我们可得出与模型（2）一致的结论：总体上服务业引入 FDI 的溢出效应为正，但影响很小。

二、就业效应

（一）模型建立

由于代理变量选择和数据收集均比较困难，我们将只讨论服务业引入 FDI 的直接就业效应，并构建两个计量经济学模型：一是常见的从柯布—道格拉斯生产函数导出的模型（5）；二是反映动态就业效应的 ADL 模型，即模型（6）。

$$LnL_t = \alpha_0 + \alpha_1 LnGDP_t + \alpha_2 LnKD_t + \alpha_3 LnKF_t + \mu_t \qquad (5)$$

$$LnL_t = \beta_0 + \sum_{i=1}^{k} \beta_i LnL_{t-i} + \sum_{j=0}^{l} \gamma_j LnKF_{t-j} + \varepsilon_t \qquad (6)$$

其中，L 为服务业就业人数，代理变量为“第三产业就业人数”；其他符号与模型（1）、模型（2）的表示一致。

（二）模型估计及检验

式（7）为模型（5）的 OLS 估计结果，从中可发现：模型的拟合较好

($R^2=0.994$)，也不存在序列自相关；在5%水平下，服务业GDP和国内固定资产投入的增加都会产生显著的正的直接就业效应，但FDI固定资产投入增加却有统计上不显著的负的直接就业效应。

$$Ln\hat{L}_t = 8.012 + 0.141LnGDP_t + 0.068LnKD_t - 0.015LnKF_t$$
$$(43.77)^{*} \quad (3.741)^{*} \quad (3.346)^{*} \quad (-0.804)$$
$$R^2 = 0.994 \quad S.E. = 0.011 \quad D.W. = 2.311 \quad F = 479.2648 \quad (7)$$

（注：＊为5%水平下显著。）

采用与模型（1）相同的估计方法对模型（6）进行估计，得式（8）：

$$Ln\hat{L}_t = -0.816 + 1.105LnL_{t-1} - 0.055LnKF_t + 0.022LnKF_{t-1}$$
$$(-1.853)^{**}(20.729)^{*} \quad (-1.899)^{**} \quad (0.847)$$
$$R^2 = 0.995 \quad S.E. = 0.1035 \quad D.W. = 2.727 \quad F = 482.5848 \quad (8)$$

（注：＊为5%水平下显著；＊＊为10%水平下显著。）

式（8）结果显示，模型（6）拟合较好（$R^2=0.995$），但分布滞后衰减率为1.105（大于1），表明模型不稳定；进行杜宾H检验得$H=-1.28$，其绝对值小于$h_{0.05}=1.96$（5%显著水平下的临界值），则认为不存在一阶序列相关。于是，从式（8）中我们只能得出：服务业引入FDI的直接就业效应总体上为负（$-0.033=-0.055+0.022$），但动态效果统计上不显著，且不稳定。虽与式（7）结果略有不同，但都表明：研究期间服务业引入FDI存在负的直接就业效应，且影响程度小而不显著。

第四节 金融业引入FDI的福利效应分析——溢出效应和就业效应

一、溢出效应

（一）模型建立

从国研网、中经网和统计年鉴网上可整理出1999～2009年金融业GDP、就业人数、固定资产投入、FDI实际利用额等数据，参照对服务业引入FDI的溢出效应研究方法，并考虑数据长度限制，我们也构建了如下两个自回归分布滞后模型：

$$LnFGDP_t = \alpha + \sum_{i=1}^{l} \beta_i LnFGDP_{t-i} + \sum_{k=0}^{s} \delta_k LnFKF_{t-k} + \mu_t \qquad (9)$$

$$LnFLP_t = \varphi + \sum_{i=1}^{l} \varphi_i LnFLP_{t-i} + \sum_{k=0}^{s} \gamma_k LnFKF_{t-k} + \varepsilon_t \qquad (10)$$

其中，FGDP 为以 1990 年不变价计的金融业增加值；FKF 为以 1990 年不变价计的金融业外商固定资产投入①；FLP 为金融业全员劳动生产率②；其他符号含义与模型（1）、模型（2）的一致。

（二）模型估计及检验

采用与服务业 FDI 溢出效应的 ADL 模型估计相同的方法，可模型（9）和模型（10）的估计结果分别如式（11）和式（12）所示。

$$\hat{LnFGDP_t} = 0.547 + 0.927LnFGDP_{t-1} + 0.158LnFKF_{t-3}$$

$$(0.6510) \qquad (8.346)^{*} \qquad (2.458)^{**}$$

$$R^2 = 0.976 \quad S.E. = 0.036 \quad D.W. = 2.1714 \quad F = 100.1117 \qquad (11)$$

$$\hat{LnFLP_t} = 0.266 + 0.842LnFLP_{t-1} + 0.154LnFKF_{t-3}$$

$$(1.105) \qquad (6.267)^{*} \qquad (2.404)^{**}$$

$$R^2 = 0.963 \quad S.E. = 0.035 \quad D.W. = 2.0853 \quad F = 65.03055 \qquad (12)$$

（注：* 为 5% 水平下显著；* * 为 10% 水平下显著。）

上述结果显示：两个模型拟合都较好，R^2 分别为 0.976 和 0.963；其衰减系数分别为 0.927 和 0.842，均小于 1，表明两个模型都稳定；通过计算，杜宾 H 检验值分别为 -0.25531 和 -0.1304，其绝对值均小于 1.96（在 5% 显著水平下的临界值），则模型不存在序列自相关，表明两个模型估计都有效。进一步分析发现，滞后 3 期的 FDI 固定资产投入变量在 10% 水平下显著，表明金融业引入 FDI 三年后才产生溢出效应，可能源于金融业开放速度慢、引资数量少、监管比较严等，使当期 FDI 的影响很难显现。这与整个服务业的 FDI 溢出效应有很大不同，但从一个侧面反映出：各服务行业的 FDI 溢出效应不一定有相同变化趋势，导致整个服务业的 FDI 溢出效应在不同时间段有不同的表现，文献实证结果的不同也是必然。

---

① 以金融业“外资实际利用”为代理变量，先按 70% 折算为固定资产投入额，再利用汇率和固定资产价格指数换算成以 1990 年不变价计外商固定资产投入额（单位为人民币）。

② FLP = FGDP/金融业年末就业人数。

二、就业效应

参照服务业 FDI 就业效应分析，并考虑金融业引入 FDI 的现状，我们构建了一个分布滞后模型如下。

$$LnFL_t = \varphi + \sum_{i=0}^{l} \varphi_i LnFGDP_{t-i} + \sum_{k=0}^{s} \theta_k LnFKF_{t-k} + \nu_t \quad (13)$$

其中，FL 为金融业就业人数；其他符号含义与模型（1）中对应符号的一致。

受数据长度限制，取 i 或 k 最大数为 3，模型（13）的 OLS 估计结果如式（14）所示。估计结果显示，模型拟合较好（$R^2=0.953$），不存在一阶序列自相关，表明模型估计有效；金融业 FDI 固定资产投入对就业有较小的负影响，但在 20% 水平下才显著，即前者增长 1%，后者将平均降低 0.0353%，反映出金融业 FDI 就业效应不明显。

$$\hat{LnFL_t} = 3.995 + 0.242LnFGDP_t - 0.0353LnFKF_{t-3}$$

$$(15.813)^{*} \quad (7.240)^{*} \quad (-1.593)^{**}$$

$$R^2 = 0.953 \quad S.E. = 0.003 \quad D.W. = 1.726 \quad F = 50.232 \quad (14)$$

（注：*为 5% 水平下显著；**为 20% 水平下显著。）

就其主要原因，可能有：①在中国快速发展的前几年，外资金融机构青睐于高端人才，主要采用“挖墙脚”高薪聘人才，对金融业就业的整体影响非常弱。以银行为例，由于整个外资银行和中资银行的体系完全不同，如于晓东认为“外资银行传承母公司的一套管理方法、管理体制，一个人要从中资银行过渡到外资银行需要比较大的调整和适应过程”①，曾一度造成外资银行人才紧缺，因此当期 FDI 固定资产投入不可能对当期就业产生影响。②在外资金融机构高端人才逐渐稳定下来后，其每年进入校园招聘毕业生数量较少，且出现“维稳”趋势。如 2009 年渣打中国人力资源总监柯黄秋梅透露，2010 年渣打的招聘计划与 2010 年相比没有太大的变化；而花旗 2010 年对外招聘管理培训生的人数也仅有 20 人②。由此，逐步扩大发展规模，使金融业 FDI 就业效应具有较长的时滞性。

① 王春梅．荷兰银行人才保卫战．2006－8－29. http：//finance. sina. com. cn/leadership/mrcjz/20060829/18212866398. shtml

② 外资银行校园招聘“维稳”，http：//arts. 51job. com/arts/05/369932. html

第五节 知识密集型服务行业引入 FDI 的福利效应分析——溢出效应和就业效应

一、知识密集型服务行业的范围

20 世纪 80 年代以来，随着以知识为基础的服务业对国民经济的贡献越来越大，服务业内部结构发生了分化，并形成了一类新兴交叉行业——知识密集型服务业（Knowledge Intensive Business Service，KIBS）。各国实践已表明，由于知识密集型服务业具有顾客专业化、雇员知识化、高增值性、手段高科技性等特征，已成为知识经济社会知识基础结构的重要组成部分，承担了基础性知识生产和重新配置的双重功能（Hipp et al.，2000），引领着未来国民经济发展的重点方向。

理论界对知识密集型服务业分类的说法颇多，其中涉及中国知识密集型服务业分类的文献也不少。比较官方的说法源于中国国务院发展研究中心和国际经济合作组织（OECD）。中国国务院发展研究中心指出，KIBS 是运用互联网、电子商务等信息化手段的现代服务业，其产品价值体现在信息服务的输送和知识产权上，包括计算机软件与信息加工服务、研究开发与测试服务、市场服务、管理咨询服务和人力资源开发服务等，要求服务提供者具有一定的专业技术水平和科研水平。而 OECD 从统计和宏观发展趋势上，将知识密集型服务业定义为技术及人力资本投入密度较高、附加值大的服务行业并将信息服务业、金融服务业、教育服务业、专业技术服务业、健康保健服务业五大类列为战略性知识密集型服务业。

近期一些比较有代表性的文献，结合中国实际及国民经济行业分类，提出了更为现实的分类。如陈劲（2008）从服务业的发展历程出发，提出知识密集型服务业（又称知识服务业）就是为知识的生产、储备、使用和扩散服务的行业，其典型领域包括：研发，管理咨询，信息通信服务，人力资源管理和就业服务，法律服务，与会计、金融和营销相关的服务活动等。魏江等（2007）在综合国内外相关提法和特征分析后，定义知识密集型服务业为那些知识密集度高，依靠新兴技术与专业知识，具有较明显的客户互动特征的商业性公司或组织；并从服务生产方式维度出发，为考虑对现有统计数据的利用和文献研究中所涉及的主要的KIBS行业，以及结合我国国民经济行业分类（GB/T4754—2002）和国际标准产业分类（ISJC/Rev. 3），将知识密集型服务业分为四大类：金融服务业（包括银行业、证券业、保险业和其他金融活动等）、信息与通信服务业（包括电信及其他通讯服务业、计算机服务业、软件业等）、科技服务业（包括研究与试验发展、专业技术服务业、工程技术与规划管理、科技交流和推广服务业等）和商业服务业（包括法律服务、咨询与调查、其他商务服务等）。魏和清（2007）根据知识密集型服务业的统计内涵、特征以及我国知识密集型服务业的发展现状，借用波拉特的分类统计法，结合我国最新的国民经济行业分类（GBT4754—2002）目录，将生产、经营和传播知识服务的有关的部门、行业、机构合成一新型行业，即知识密集型服务业，主要涉及信息服务业、咨询与调查、研究与试验发展服务业、金融服务、法律服务、市场服务、技术性服务、劳动就业服务、教育、新闻出版、文化艺术业、广播电影电视业等。曹勇和余硕（2008，2009）认为在把握知识密集型服务业核心特征的基础上结合当前不同国家经济发展状况去认识和理解知识密集型服务业，才符合其概念的动态性特征；并从五个方面阐述了中国知识密集型服务业的动态概念，将其分为科学研究与技术服务、租赁与商务服务、信息技术与计算机及软件服务三大类，包含七大类、二十三个子类。

综合来看，知识密集型服务业的外延范围相对较广。然而，从数据的可获得性来看，有的行业被单独列出来统计，如金融业；有的则与其他非服务行业或非知识密集型服务行业归并在一起统计，如科学研究、技术服务和地质勘查等。因此，在上述理论探讨的基础上，结合中国统计年鉴的统计项目，将知识密集型服务行业的范围确定为：信息传输、计算机服务和软件业，金融业，租赁和商务服务业，科学研究、技术服务和地质勘查业，水利、环境和公共设施管理业，居民服务和其他服务业，教育，卫生、社会保障和社会福利业，文化、体育和娱乐业等①。

二、溢出效应

（一）直接溢出效应测度

2005～2008年知识密集型服务业年均实际利用外资811534万美元，占

① 这与王静对我国知识密集型服务业的投入产出分析时所列行业基本一致。参见王静．我国知识密集型服务业的投入产出分析［J］．科学研究管理，2008（9）：61

另：为方便做图表，各行业分别简写为信息、金融、租赁、科研、环境、居民、教育、卫生和文娱。

第三产业 FDI 的 31.29%；年均创造 GDP 41334.14 亿元，占第三产业 GDP 的 40.71%；而引入 FDI 的年均 GDP 弹性为 0.99，比第三产业的 0.88 略高（见表 9-2 的合计栏）。但图 9-1 显示，知识密集型服务业四年间的 GDP 弹性变化趋势近乎扁平 S 曲线（如图 9-1 中最粗实线所示），在 2007 年达到高点后，2008 年下降到 0.48。综合来看，整个知识密集型服务业引入 FDI 的直接溢出效应并不高，并随着利用 FDI 绝对额的逐年增加，开始出现下降趋势。

表 9-2　2005～2008 年各知识密集型服务行业引入 FDI 的年均 GDP 弹性

	合计	信息	金融	租赁	科研	环境	居民	教育	卫生	文娱
年均 GDP 弹性	0.99	0.81	1.08	1.09	0.74	1.07	0.76	0.80	-1.02	-1.57
排序	—	4	2	1	7	3	6	5	8	9

注：教育、卫生和文娱类行业为后三年的年均弹性，其余为四年的年均弹性。

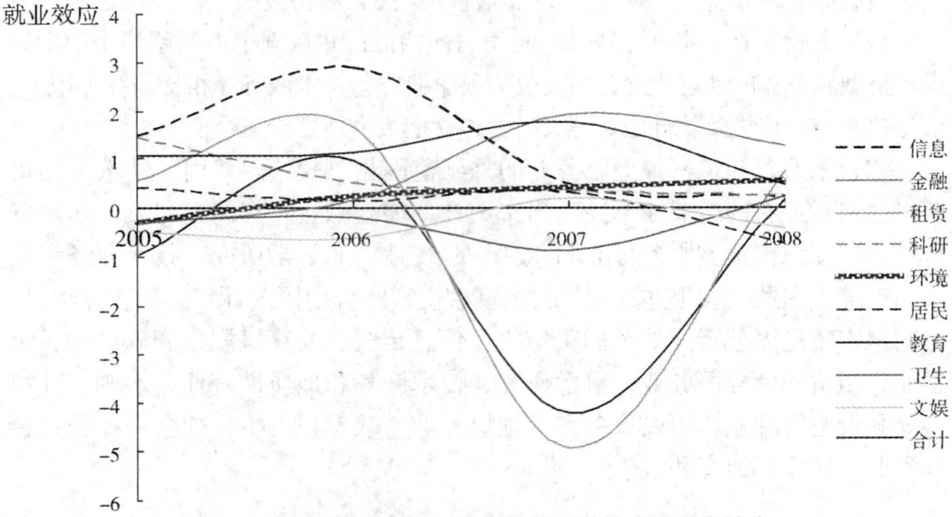

图 9-1　2005～2008 年知识密集型行业的直接溢出效应

再从各知识密集型服务行业 2005～2008 年引入 FDI 的年均 GDP 弹性看，除卫生、社会保障和社会福利业及文化、体育和娱乐业外，其余行业的年均 GDP 弹性均为正（见表 9-2）。具有正弹性的行业中，金融业、租赁和商务服务业及水利、环境和公共设施管理业的年均直接溢出效应居前三位，FDI 投入每增长 1%，将分别引起三类行业 GDP 平均增长 1.08%、1.09% 和 1.07%；而其他行业的年均 GDP 弹性在 0.76～0.81 之间，其直接溢出效应至少比前三位小四分之一，即这些行业的 FDI 投入每增长 1%，所引起的

GDP 增长将比前三位约少 3%。值得注意的是，信息传输、计算机服务和软件业四年平均实际利用 FDI 158626.50 万美元（为第二大引资行业），其 GDP 弹性为 0.81；而金融业实际利用 FDI 的年平均数为 33580.50 万美元，但 GDP 弹性却超过 1，居第二位。由此可见，各知识密集型服务行业对 FDI 的吸收效率存在较大差异，需采取有针对性的 FDI 引入政策。因为这不仅与各行业的特点、经济发展基础和技术水平有关，而且与制度、文化、管理观念，乃至整个社会环境等都有一定联系。

进一步分析 2005 ~ 2008 年各知识密集型行业引入 FDI 的逐期 GDP 弹性变化趋势（见图 9 - 1），发现四种类型：第一类为不定型，包括金融业、租赁和商务服务业及卫生、社会保障和社会福利业，其总体趋势如正弦曲线那样，且前两者的波动幅度较大（如图 9 - 1 细实线所示），表明该类行业的动态直接溢出效应很不稳定，必须加强引导和管理。第二类为有限增长型，包括教育服务业及文化、体育和娱乐业，其总体趋势如变形的 S 型曲线那样，经历缓慢增长或短期下降后，进入快速增长，增长到最高点后，于近期开始下降（如图 9 - 1 粗实线所示），表明该类行业的直接溢出效应有限，需及时调整 FDI 的内部投向结构，进行服务产品的二次开发。第三类为持续缓慢增长型，只有水利、环境和公共设施管理业，其总体趋势近似一条斜率较小的向右上方倾斜的直线（如图 9 - 1 粗花线所示），表明该类行业引入 FDI 的直接溢出效应正逐年稳步提高，可引入更多 FDI，并加强对 FDI 投向的内部结构与效率的平衡引导。第四类为下降型，包括信息传输、计算机服务和软件业，首先是科学研究、技术服务和地质勘查业及居民服务和其他服务业，其总体趋势为下降，但具体变现略有不同（如图 9 - 1 虚线所示），其中信息类行业总体下降幅度较大；其次是居民服务与其他服务业，而科学研究类行业下降最缓，表明随着时间的推移，该类行业的直接溢出效应已大打折扣了，需谨慎引入 FDI，尤其在专利、专有技术等更新较快的行业。

（二）溢出效应综合评价

尽管弹性分析给出了各行业 FDI 直接溢出效应的特点和动态趋势，但因缺少动态综合评价标准，只能优选出一类优势行业。为进一步明确研究期间的优势行业，我们采用灰色关联度分析方法来测定各行业 FDI 与知识密集型服务业 GDP 的关联度，以关联度的大小评价各行业 FDI 对知识密集型服务业发展的贡献。由于灰色相对关联度反映了两序列间的变化速率相似度，可间接揭示各行业 FDI 溢出效应的时间传递状况，比较灰色相对关联度就可得出具有动态优势的行业，现实意义更强。

表 9 - 3 显示，对知识密集型服务业 GDP 贡献居于前两位的行业是信息

传输、计算机服务和软件业及租赁和商务服务业，其灰色相对关联度分别为0.99和0.95，明显高于其他7个行业。而直接溢出效应较大的金融业及水利、环境和公共设施管理业，对知识密集型服务业GDP贡献则分别居于第三和第六位，其灰色相对关联度分别为0.75和0.60；直接溢出效应相对较小的卫生、社会保障和社会福利业及文化、体育和娱乐业，其贡献也相对较小，分别居倒数第一位和倒数第二位。此外，结合动态直接溢出效应的分类分析，还发现：GDP弹性波动较大的行业往往有相对较高的灰色相对关联度，如关联度排在前三位的行业，无论是下降型的信息类行业，还是不定型的金融业和租赁类行业，其动态直接溢出效应都存在大幅波动现象。这表明在各优势行业FDI变化率与知识密集型服务业GDP变化率逐年高度相似的情况下，虽然吸引更多FDI投入优势行业可以大幅度提高知识密集型服务业GDP，但同时必须面临优势行业直接溢出效应不稳定的风险。因此，在积极推进优势行业FDI引入的同时，还应提高优势行业利用FDI的效率，以降低这些行业对GDP影响的波动性。

表9-3 2004~2008年间各行业FDI与知识密集型服务业GDP的灰色相对关联度

	信息	金融	租赁	科研	环境	居民	教育	卫生	文娱
灰色相对关联度	0.99	0.75	0.95	0.71	0.60	0.64	0.58	0.55	0.57
排序	1	3	2	4	6	5	7	9	8
动态直接溢出效应分类	下降型	不定型	不定型	下降型	缓慢增长型	下降型	有限增长型	不定型	有限增长型

三、就业效应

(一) 直接就业效应测度

2005~2008年知识密集型服务业引入FDI的年均就业弹性为1.02①（见表9-4的合计栏），即FDI每增长1%将引起就业人数平均增长1.02%，高出整个第三产业的一倍（其FDI的就业弹性为0.51）。但图9-2显示，知识密集型服务业四年间的就业弹性有一个大的波动（如图9-2中最粗实线所示），2006年就业弹性高达6.29，而其他3年的均在0.2以下。而第三产业

① 考虑到引入FDI的服务业单位主要集中在城镇，在缺少知识密集型服务业分行业的非城镇单位就业人数的情况下，我们选择各行业的城镇单位就业人数作为代理变量。

除2005年高于2005~2008年的平均数外，其他三年的就业弹性都在0.15以下。因此，从动态角度来看，整个知识密集型服务业引入FDI的直接就业效应并不高，也不比第三产业的高多少。

表9-4 2005~2008年各知识密集型服务行业引入FDI的年均就业弹性

	合计	信息	金融	租赁	科研	环境	居民	教育	卫生	文娱
年均就业弹性	1.02	0.94	1.02	1.23	0.75	1.26	0.80	0.99	-1.33	-1.90
排序	—	5	3	2	7	1	6	4	8	9

注：教育、卫生和文娱类行业为后三年的年均弹性，其余为四年的年均弹性。

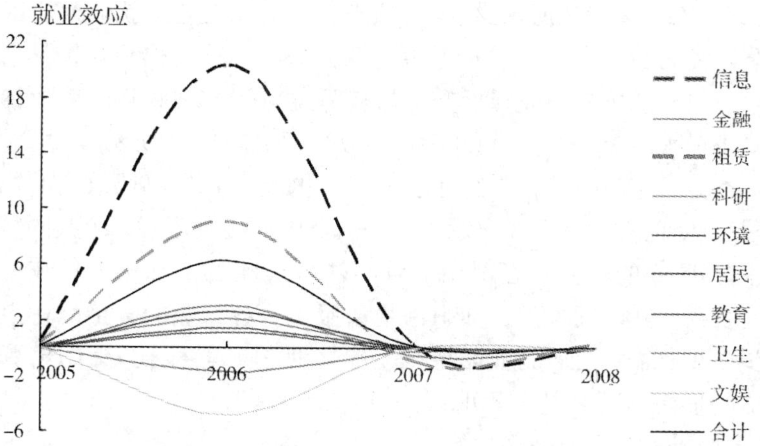

图9-2 2005~2008年知识密集型行业的直接就业效应

从2005~2008年知识密集型服务业各行业的年均就业弹性看，与FDI的GDP弹性表现类似，除卫生、社会保障和社会福利业及文化、体育和娱乐业外，其余行业的均为正（见表9-4）。同样可发现，金融业、租赁和商务服务业及水利、环境和公共设施管理业的年均直接就业效应也居前三位，其就业弹性都在1以上，FDI投入每增长1%，将分别引起三类行业就业人数平均增长1.02%、1.23%和1.26%。但教育业及信息传输、计算机服务和软件业的年均就业弹性分别为0.99和0.94，接近1，高于余下的两个行业，与这些行业的GDP弹性表现略有不同。此外，比较各行业引入FDI绝对额与就业弹性，同样发现实际利用FDI较大的行业，其年均就业弹性不一定就大。如年均就业弹性相差无几的两个行业教育业及信息传输、计算机服务和软件业，前者年均利用FDI 2900.5万美元，远小于后者的158626.50万美元。因此，各知识密集型服务行业的直接就业效应存在很大差异，同样需要根据不同行业的特点采取不同的 FDI 引入政策。

从 2005 ~ 2008 年各知识密集型行业的就业弹性曲线看，大致可分为三类变化趋势（见图 9 – 2）。第一类为正大浪型，包括信息传输、计算机服务和软件业、租赁和商务服务业，其总体趋势为先升后降，2006 年的就业弹性最大，而最大最小之差分别为 20.33 和 10.07，波动幅度较大（如图 9 – 2 所示），表明该类行业的动态直接就业效应的稳定性较差。第二类为正小浪型，包括金融业，科学研究、技术服务和地质勘查业，水利、环境和公共设施管理业，居民服务和其他服务业，教育业等五个行业，其总体趋势也呈先升后降，2006 年的就业弹性最大，但最大最小之差只在 1.14 ~ 3.04，波动幅度远小于第一类（如图 9 – 2 所示），表明该类行业的动态直接就业效应的稳定性有限。第三类为负小浪型，包括卫生、社会保障和社会福利业，及文化、体育和娱乐业，其总体趋势先降后升，与前两类相反，2006 年的就业弹性为最小，而最小最大之差分别为 – 1.8 和 – 4.78（如图 9 – 2 所示），绝对波动幅度比第二类略大些，表明该类行业引入 FDI 的动态直接就业效应的稳定性也相对有限。此外，图 9 – 2 还显示，三类就业弹性曲线还有一个共同特点，就是 2007 ~ 2008 年的就业弹性都相对较小，2008 年的变动幅度仅在 – 0.02 ~ 0.43。这表明，随时间推移，知识密集型服务业各行业的直接就业效应差异正在逐步缩小，需结合各行业的特点、行业间关联程度，以及 GDP 弹性与就业弹性之间平衡，谨慎引入 FDI。

（二）溢出效应综合评价

表 9 – 5 为各行业 FDI 与知识密集型服务业就业人数的灰色相对关联度，可分为三个层次：第一层为信息传输、计算机服务和软件业，租赁和商务服务业，及科学研究、技术服务和地质勘查业，其灰色相对关联度分别为 0.86、0.82 和 0.80；第二层为金融业及居民服务与其他服务业，其灰色相对关联度分别为 0.68 和 0.70；第三层为其他行业，其灰色相对关联度在 0.54 ~ 0.57 之间。由此可见，第一层行业 FDI 的就业效应较大，为优势行业。结合动态直接溢出效应的分类分析，还可以发现：就业弹性有正向波动即先升后降的行业，大都有相对较高的灰色相对关联度，表明知识密集型服务业就业人数变化受各优势行业 FDI 波动的影响，不仅表现在两者逐年的变化率有较大的形似程度，优势行业引入 FDI 越多，整个知识密集型服务业的就业人数就越多；而且知识密集型服务业就业规模，还会因各优势行业 FDI 的直接溢出效应不同，而受到不同的冲击。因此，应特别关注信息类和租赁类两优势行业吸收 FDI 的就业效应变化趋势。

表 9-5 2004~2008 年间各行业 FDI 与知识密集型服务业就业人数的灰色相对关联度

	信息	金融	租赁	科研	环境	居民	教育	卫生	文娱
灰色相对关联度	0.86	0.68	0.82	0.80	0.57	0.70	0.56	0.54	0.56
排序	1	5	2	3	6	4	7	9	8
动态直接溢出效应分类	正大浪型	正小浪型	正大浪型	正小浪型	正小浪型	正小浪型	正小浪型	负小浪型	负小浪型

第六节 结论

通过测度整个服务业、知识密集型服务业及其 9 个分类行业引入 FDI 的溢出效应和就业效应，可以发现：

1. 整个服务业存在很小的正向溢出效应和较小的负向就业效应；而整个知识密集型服务业虽存在正向直接溢出效应和直接就业效应，且都高于整个服务业，但其总体效应都不高。在研究期间内，知识密集型服务业的直接溢出效应还存在下降趋势，而其直接就业效应则先升后降。这可能与 2008 年全球性金融危机爆发，导致全球 FDI 净流出量下降密切相关。

2. 金融业存在很小的正向溢出效应，而其就业效应不明显，但两者都存在明显的滞后性，且后者时滞长度略长于前者。从直接效应看，2005~2008 年金融业的溢出效应很不稳定，而就业效应也存在一个小波动。但综合来看，金融业对整个知识密集型服务业 GDP 的贡献居第三位，而对就业人数的贡献居第五位，属于优势行业，应积极推进 FDI 的引入和生产效率的提高。

3. 各知识密集型行业 FDI 的直接溢出效应和就业效应存在较大差异。从动态角度看，各行业的溢出效应变化可概括为四类：不定型、有限增长型、持续缓慢增长型和下降型；而就业效应变化则可归纳为三类：正大浪型、正小浪型和负小浪型。但从对整个知识密集型服务业 GDP 和就业人数的影响看，信息传输、计算机服务和软件业，租赁和商务服务业，金融业及科学研究、技术服务和地质勘查业等的灰色相对关联度较大，属优势行业。因此，应根据不同行业的发展特点，在不同时间段，制定不同的 FDI 引导和管理政策，以提高各知识密集型行业的溢出效应和就业效应。

第三篇　外资并购和直投对中国生产性服务业的福利效应研究

第十章 我国生产性服务业跨国并购福利效应现状分析

第一节 概述

20 世纪 90 年代中期，全球兴起了第五次并购浪潮，无论是并购的总规模还是单向并购额都远远超过了历史上的前四次。其中，跨国并购更是迅猛增长。根据联合国贸易和发展会议（United Nations Conference on Trade and Development，UNCTAD）发布的统计数据，20 世纪 90 年代跨国并购额占全球并购总额的比重一直保持在 25% 左右，2000 年此比重提高到 33.5%。2000 年是非凡的一年，全球并购总额达到 3.4 万亿美元，其中跨国并购额超过 1.14 万亿美元，这比 1999 年增长了近 50%。2001 年之后，全球跨国并购的猛增势头逐步减弱，跨国并购额下降到 0.37 万亿美元①。

谁知 2008 年在全球范围内引发了金融危机，这使得企业利润急剧减少，股票价格暴跌，这直接影响到各国对外直接投资的规模。“作为发达国家对外直接投资的主要进入方式的跨国并购，自然在数额和涉足领域方面都有大幅减少，不少发展中国家的情况也是如此②。”

与此同时，世界经济结构正发生着由“工业型经济”向“服务型经济”转型的变革。其中，生产性服务业更是得到迅速发展。这主要应归功于其与生俱来的特性——为生产者提供中间投入。近十年来，生产性服务业是世界经济中增长幅度最快的行业，它已经成为外国投资的重点。以 OECD 国家为例，外国直接投资中服务业投资的总额明显高于制造业投资的总额，且主要

---

① UNCTAD：World Investment Report（2000）：106 - 109

② UNCTAD：World Investment Report（2009）：3

集中在金融、商务服务、工业信息服务业中。根据美国经济分析局有关数据显示，美国的生产性服务业，如信息、金融、教育培训、专业服务业和商务每年支持产业的总量已超过 4 万亿美元，接近服务业产值的一半，占美国 GDP 的 30% 以上①。

中国经济正处于转型升级阶段，联系我国的改革开放后的经济发展状况及国家政策，作为制造业大国、“世界工厂”，我国迫切需要大力发展生产性服务业为转变发展方式创造条件。在 2006 年 3 月发布的《中华人民共和国国民经济和社会发展第十一个五年规划纲要》中明确提出，要拓展生产性服务业，大力发展主要面向生产者的服务业，细化深化专业化分工，降低社会交易成本，提高资源配置效率。其中大力拓展的五种生产性服务业为：交通运输业、现代物流业、金融服务业、信息服务业、商务服务业②。

上海市政府也非常强调生产性服务业的建设，在《上海优先发展现代服务业行动纲要》③ 和《上海优先发展先进制造业行动方案》中都明确提出要大力发展与制造业融合的生产性服务业。张江、金桥、漕河泾等国家级开发区在制造业发展的同时，都出现了向生产性服务业转变的趋势。张江高科技园区已形成了信息服务、微电子设计和研发服务为主体的生产性服务业。漕河泾开发区在 1100 多家国内外企业中，集聚了一大批高附加值和高新技术企业，并在高新技术产业领域已成为跨国公司转移高科技、高附加值加工制造、研发中心和其服务外包业务的重要承接基地。金桥开发区成立了国际物流公司、工业物业管理公司、建立了工业废弃物公司为企业提供全方位延伸服务。2008 年，上海大力推进生产性服务业发展，鼓励现代服务业集聚区等积极发展与自身特点相呼应的生产性服务业，加强对重点制造业集团和企业发展生产性服务业的指导并组织实施“双总工程”，明确一批在六大支柱工业中重点推进的生产性服务业项目，又研究制定并发布了《上海生产性服务业实施意见》。

从 1993 年至今，中国已经连续 17 年成为吸引外资最多的发展中国家，随着外资的大量流入，中国吸引外资的目的已由最初的弥补国内投资资金不足转向了通过引进外资来引进国外先进的技术，同时促进国内企业的技术进步，形成一个以技术为核心价值、内外资“双赢”的可持续发展模式。入世

---

① 资料来源：美国经济分析局网站，http：//www. bea. gov/。

②《中华人民共和国国民经济和社会发展第十一个五年规划纲要》第十六章“拓展生产性服务业”相关内容。

③ 市府［2005］7 号文。

以后，我国更是迎来了外商投资的高潮。2002年我国吸收FDI达到507亿美元，一举超过了美国成为全球吸引外资最多的国家。

这样看来，如何把单纯引进外资以弥补“资金缺口”过渡到掌握外资企业的先进技术（技术转让的问题）并促进内资企业的技术进步（技术外溢的问题）来弥补“技术缺口”，是一个具有理论意义和实践意义的课题。2010年4月国务院发布的《关于进一步做好利用外资工作的若干意见》中明确提出要“提高利用外资质量和水平，更好地发挥利用外资在推动科技创新、产业升级、区域协调发展等方面的积极作用”。当跨国并购发生在与上下游产业都具有相当关联度的生产性服务业内的时候，正充分反映出行业内以及与他行业间的技术进步影响。

本书正是以我国生产性服务业为研究领域，以跨国并购（其作为我国引入外商直接投资的主要方式）为背景，以其对我国生产性服务业的技术进步影响作为研究对象，旨在浅探这种技术影响发生的内在基础和外在效应。

在研究方法方面，注重理论研究与实证研究相结合、动态分析与静态分析相结合、定量分析与定性分析相结合、数理模型与案例分析相结合以及宏中微观并重。

本章在第二节中注重理论分析，从跨国并购、外商直接投资、生产性服务业和技术进步等方面作内涵分析，并就技术进步影响的文献进行了简述；第三节注重理论联系实际，以前一节中的理论分析为支撑，展开我国生产性服务业跨国并购与利用外资和其本身发展的现状分析，力图将经典理论同全球趋势和中国实践联系起来；然后从中观行业的角度，基于中国投入产出表、现行服务业分类标准和外商直接投资分布，对服务业中属于生产性服务业的行业用量化的标准进行筛选，进而以外资参与程度和生产性服务特性为双因素进行ANOVA模型的实证分析；继而以数理方法从微观角度探讨企业间技术进步的互动影响，由定量分析入手将四种政策进行了比较；进而以苏州工业园的生产性服务业为案例，在更微观层面探究跨国并购背景下内部化和外包化策略抉择对内资生产性服务业技术进步的影响，并定性地探讨企业服务内部化与外部化决策互动的三种情形；最后则回归到宏观层面给出政策建议。

本节在研究内容和研究方法上都比较注重创新。

第一，在跨国并购背景下选择了服务业中特殊的类别——生产性服务业进行研究，并把关注点聚焦到其技术进步上。由于资料缺乏等原因，国内的研究要么是生产性服务业的行业特点（譬如与制造业的关系、产业关联性）及其对国民经济的贡献，要么是跨国并购对内资企业技术进步的影响（譬如技术转让问题、外溢效应、技术创新)，可用图 10－1 表示目前研究状况。本书尝试将三者联系在一起，视角比较独特。

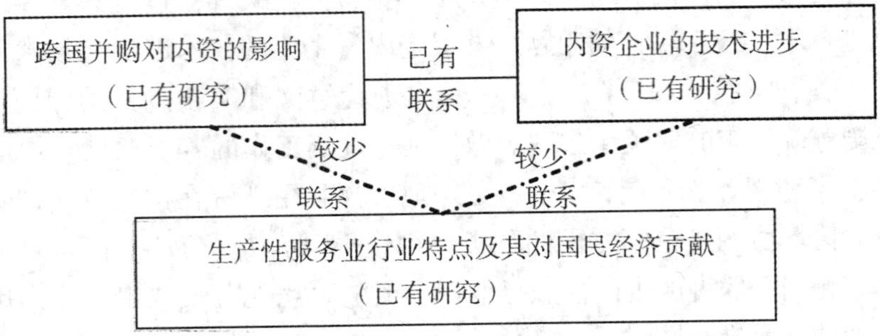

图 10－1　与本节研究内容有关的国内现有研究情况

第二，本节从中观层面的制造业与生产性服务业的行业技术互动、微观层面的内资与外资的企业技术互动以及更微观层面的服务内部化与外包化的企业决策的互动来揭示跨国并购对我国生产性服务业的技术影响效应，并能把这三种互动很好地结合起来分析问题。

第三，为了克服每一具体服务业缺乏按外资参与程度划分的产出数据，本节通过历年统计年鉴中“按行业和注册类型分城镇固定资产投资”和“分行业增加值”估计出服务业分行业按外资参与程度划分的产出数据。

第四，本节返本还源地以生产性服务业中间投入性为标准，基于投入产出表进行了大量实证演算（见附录）对我国现行分类框架下的服务业作出归类，不但筛选出了符合我国国情的生产性服务业，同消费性服务业与公共服务业相区分，还创新地在典型的生产性服务业与典型的消费性服务业之间设立“过渡性服务业”类别，表明这种划分的弹性，并使之后与分组情况密切相关的实证分析更有可信度。

第五，本节构建了外资参与程度与生产性服务特性双因素下的产出进步率的矩阵，并用 ANOVA 模型进行实证分析，这种做法前人使用得较少。

第六，在技术领导者——追随者原有数理模型的框架下，从科研人员的规模和结构变化方面做出拓展，用静态分析和动态分析相结合的方法给出结论和建议。

第七，本节指出了有些学者断言生产性服务业“有一个‘内部化’到‘外部化’必然趋势”提法存在商榷的余地。进而把可能出现的状态扩展到三种情形，并逐一举例展开分析，并提出了决策互动及其对生产性服务业技术进步的积极意义。

本章框架如图 10 – 2 所示。

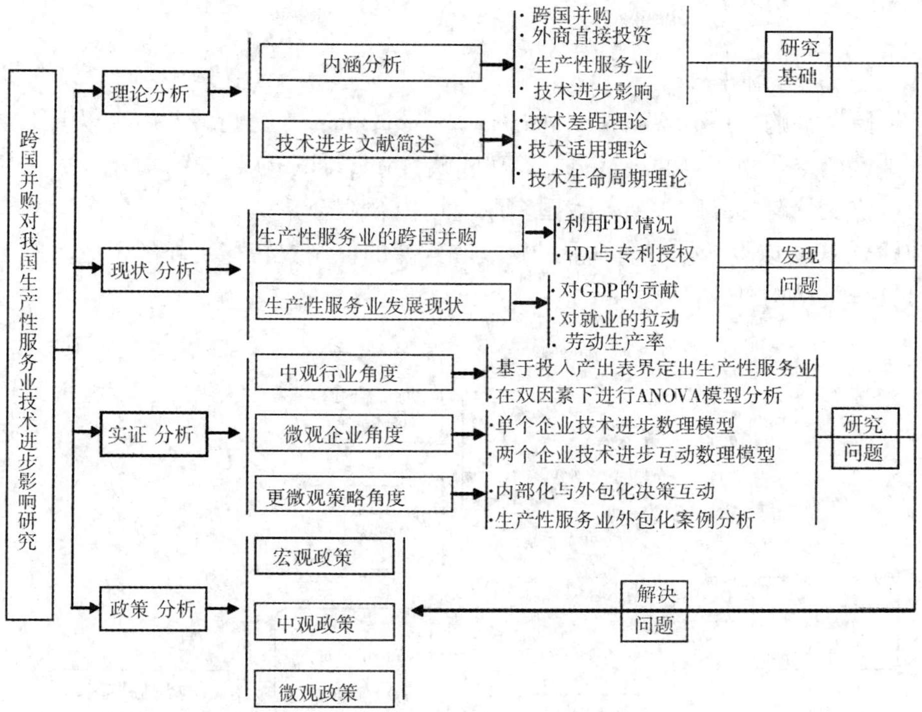

图 10 – 2　本章框架

第二节　理论分析

为了准确地分析跨国并购对我国生产性服务业技术进步的影响效应，非常有必要对本书涉及的几个关键词予以内涵分析，并对国内外研究状况作一简略描述。前者能帮助我们明确研究内容、把准前进方向；后者能让我们站在巨人的肩膀上，趁着“站在肩膀效应”（Standing on Shoulders Effect）加快我们前进的步伐。

一、内涵分析

（一）跨国并购

跨国并购（Cross – border Mergers & Acquisitions）是指涉及两个以上国家或地区的企业间的合并（Merger）和收购（Acquisition）。按照联合国贸发会议的定义，跨国并购包括：①国企业与境内企业合并；②收购境内企业的股权达到10%以上，使境内企业的资产和经营的控制权转移到外国企业。以下是其分类结构①：

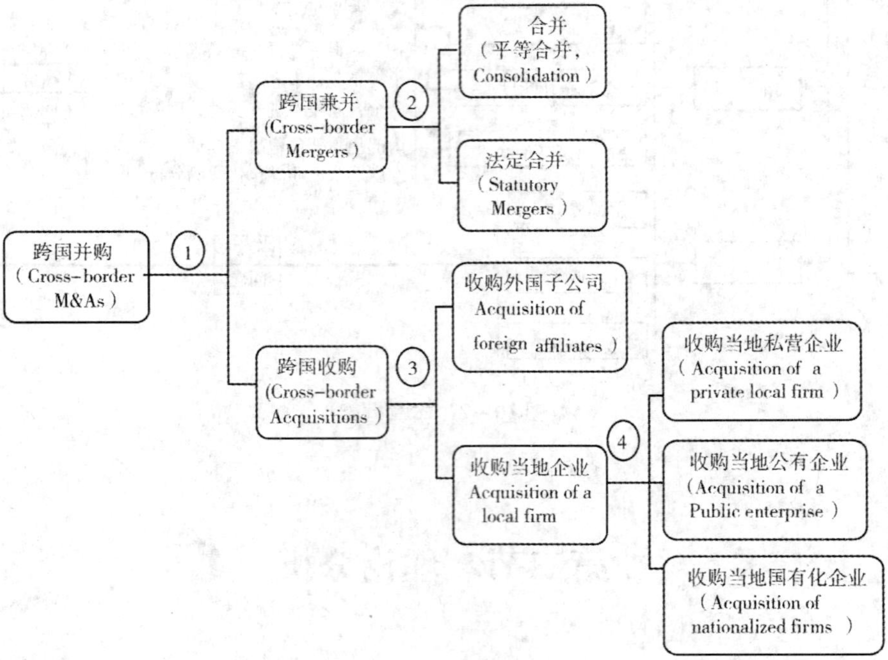

图 10 – 3　跨国并购的分类结构

图 10 – 3 中的第一个分叉点说明了跨国并购乃是跨国兼并和跨国收购的合称，通过判断被并购方原来的法律实体地位是否存在加以区别；第二个分叉点说明了在跨国兼并中有可以按照新企业是否沿用原企业名加以细分，且这里的“平等合并”相当于我国民法说的“新设合并”，而“法定合并”则相当于“吸收合并”；第三个分叉点说明了被收购方要么是其子公司（即增

① UNCTAD：World Investment Report（2000），99 – 100

资），要么是觅得一家当地企业；第四个分叉点细化了当地企业的所有权类型。

（二）外商直接投资

对外商直接投资（Foreign Direct Investment）的概念具有丰富的内涵，彼得·林德特（Peter. H. Lindert）和查尔斯·金德尔伯格（P. Kindleberger）曾经这样感叹道："在当今国际经济学中，最敏感的部分也需要算是直接投资了①。"

总的来看，这种直接投资都是指向对控制权的，下面从控制权的数量化和情境化两方面理解 FDI 的含义。

一方面，是对控制权的数量化。国际货币基金组织（IMF）认为：直接投资是投资者为了长期获利而对在投资国经济以外的、另一国经济中经营的一家企业进行的投资；投资者的意图在于取得对该企业管理的控制权；通常控制权是在所有权的基础上决定的，当一个投资者或一个紧密结合的集体在所投资的企业内拥有 25% 或更多的投票权，可以作为控制所有权的合理标准②。

美国商务部认为，它指某一个人在某一个国家对于位于另一个国家的企业具有持续性的利益或某种程度的影响，包括由美国个人、组织或分支企业拥有 10% 或以上股权，以及即使单个美国集体拥有股权不到 10%，但所有美国股东合计拥有 50% 或以上有投票权的所有外国企业③。

另一方面，是对控制权的情景化。经济合作与发展组织（OECD）认为：直接投资是非当地居民为创设或扩充完全所有子公司或支店并取得该企业充分所有权、参与新设立或已有企业、长期借款（五年或五年以上）等而进行的投资④。

外商直接投资对于东道国经济和社会的发展具有积极重要的作用：首先，FDI 有利于产品出口创汇，增加外汇储备；其次，FDI 可以提高本国的就业水平，尤其是高端人才的就业；再次，FDI 所产生的技术外溢效应有利于本土企业的创新和研发，提高本土企业的国际竞争力；最后，FDI 可以弥补国内资金不足的缺陷，相对于热钱而言，FDI 具有长期性和稳定性，不会对本国经济带来强烈冲击。正因为如此，各国都把吸引 FDI 作为促进本国经济发

---

① 彼得·林德特和查尔斯·金德尔伯格．国际经济学［M］．北京：国际译文出版社，1985：486

② 国际货币基金组织．国际收支手册．第三版［M］．华盛顿哥伦比亚特区，1961

③ 美国商务部：1966 年美国对外直接投资第一部分"国际收支数据"，美国政府出版局，1970

④ 鲁明泓．国际企业管理［M］．北京：中国青年出版社，1996：25

展的重要手段之一。

受国际金融危机的影响，全球 FDI 流入量从 2007 年 19790 亿美元的历史最高水平，下降到 2008 年的 16970 亿美元，下降了 14%。2009 年，全球 FDI 流入量跌势持续扩大：2009 年第一季度，流入量比 2008 年同期下降了 44%，2009 年上半年，流量较上年同期减少了 49%，如图 10－4 所示①。

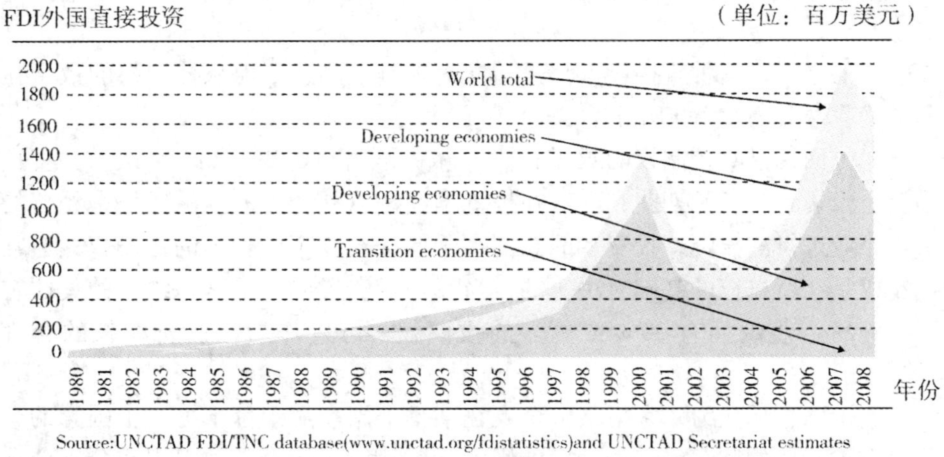

图 10－4　1980～2008 年按经济类型全球 FDI 流入量

关于跨国并购与外商直接投资的关系，可以从以下三点加以认识：

1. 外国直接投资本身仅明确了投资的来源和方式，其进入东道国的方式却有两种：要么是跨国并购（M&As），要么是新建投资（Greenfield Investments，所以有人译作“绿地投资②”）。

2. 跨国并购是外国直接投资的主要进入方式。即便是在全球金融危机后的 2009 年贸发会议的出版物里，仍旧如是表示：“在过去的几年里，跨国并购已经成为 FDI 的主要方式。不但在发达国家间和国家内如此，就是在发展中国家也是如此。在一些转型的经济中，跨国并购已经主导了 FDI 的流入③。”

这个重要特征为我们对中国的情况进行实证研究提供了可能。贸发会议也曾做过一些这方面的分析。

① UNCTAD，World Investment Report（2009），4

② UNCTAD，World Investment Report（2000），A firm can undertake FDI in a host country in either of two ways：greenfield investment in a new facility，or acquiring or merging with an existing local firm. 99

③ UNCTAD，Training Manual on Statistics for FDI and the Operations of TNCs Volume I FDI Flows and Stocks，98

第一，从二者趋势上，请见图 10－5①：

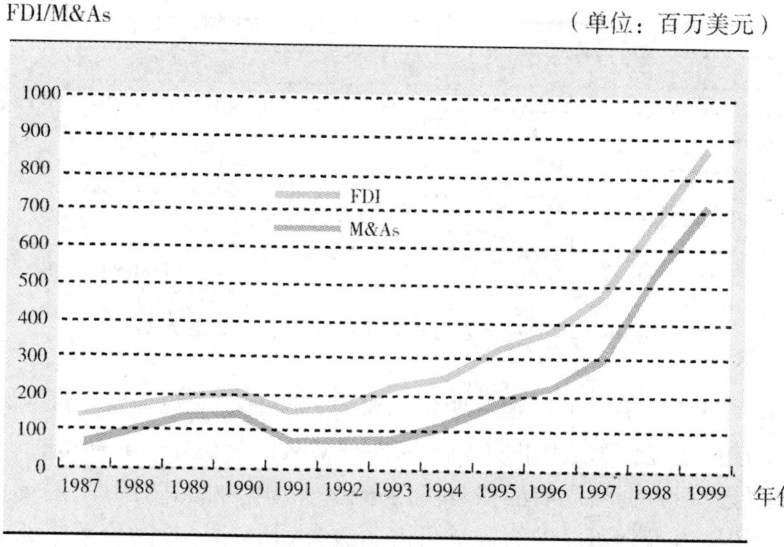

图 10－5　20 世纪末全球 FDI 与跨国并购之走势

第二，从二者比例关系，也就是 M&As/FDI 的比值上，也可有些更深的认识，请见表 10－1：

表 10－1　并购投资占全球 FDI 比重　　单位：十亿美元，%

	1995 年	1996 年	1997 年	1998 年	1999 年	2000 年	2001 年
全球 FDI 流入量	315	359	464	640	865	1271	735
跨国并购总额	229	275	342	411	720	1142	608
跨国并购的比重	72.6984	76.6017	73.7069	64.2188	83.2370	89.8505	72.6984

第三，更值得我们关注的是，这些数据显示了跨国并购占 FDI 的比重极高，且这个特性在发达国家更为明显，见图 10－6②。这也告诉我们，越是发达的国家或地区，其 M&As/FDI 的值也越高③。当然这个值日趋上扬也是新

① UNCTAD，World Investment Report（2000），114 Figure IV. 8a

② UNCTAD，World Investment Report（2000），114 Figure IV. 8b

③ UNCTAD，World Investment Report（2000），114 They also suggest that，in general the more developed a host region（and the more active privatization activity），the higher the share of M&As in FDI inflows

一轮并购兴起的信号。

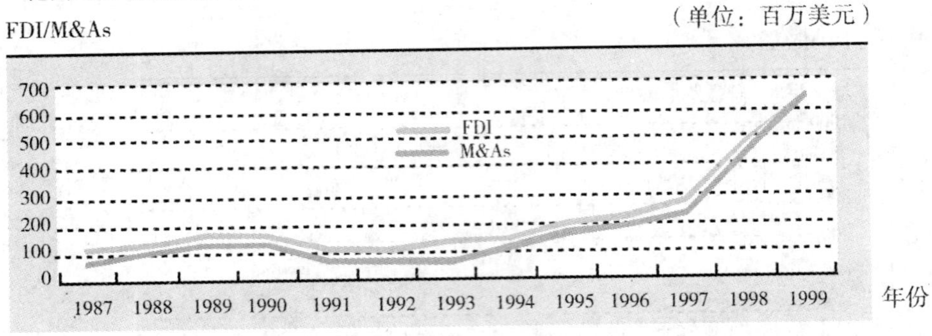

图 10－6　20 世纪末发达国家 FDI 与跨国并购之走势图

3. 在实践中二者并非泾渭分明，相反二者间有些灰色地带。因为外国的母公司常常是通过在东道国的子公司来实现对其他公司并购的操作的。譬如，一个外国母公司将资金提前汇往一境内子公司，以协助其对境内内资企业实施并购。如果由母公司提供的资金只占了该公司的部分收购价款，那就很难区分这是新建投资还是跨国并购了①。

（三）生产性服务业

服务业是生产或提供各种服务的经济部门或企业的结合。现在经常使用的服务业行业多是指以下行业部门：①运输、仓储和通讯业；②批发、零售、餐饮和饭店业；③金融、保险、房地产及其租赁业、商务服务业；④文化体育、卫生福利、教育和生活服务业等；⑤公共服务业。在行业构成上，服务业十分接近第三产业，但是服务业又不完全等同于第三产业。在本书中，将我国的“第三产业”等同于“服务业”。我国对三次产业的划分始于 1985 年。2003 年 3 月，我国又重新划分了三次产业，第三产业具体包括：交通运输、仓储和邮政业、信息传输、计算机服务和软件业、科学研究、技术服务和地质勘察业、水利、环境和公共设施管理业、居民服务和其他服务业、教育、卫生、社会保障和社会福利业、文化、体育和娱乐业、公共管理和社会组织、国际组织等。

自 20 世纪 90 年代以来，许多国家和地区服务贸易以年增长率 20% 的速度迅猛发展。远远超过了同期货物贸易的年增长速度。自然地，服务业在各国的国民经济中的增加值和就业比重逐年增大，其地位也不断提高。并且越

① UNCTAD，Training Manual on Statistics for FDI and the Operations of TNCs Volume I FDI Flows and Stocks，100

是发达的国家或地区，其服务业的发达程度越高。图 10－7 是根据 2008 年各国劳均 GDP 和服务人员就业比例作出的散点分析图①，我们发现中国的水平还相当低。

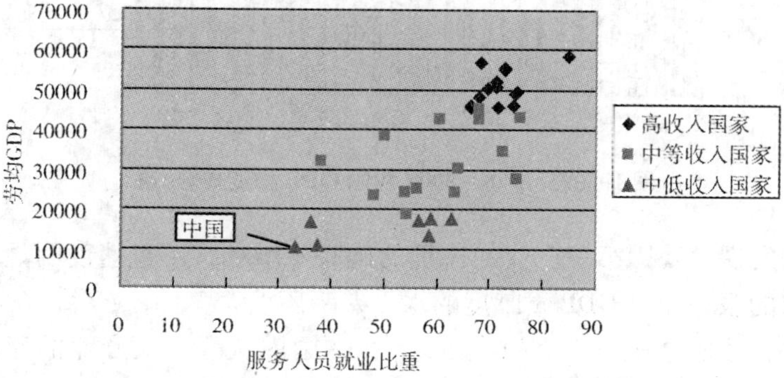

图 10－7　服务业就业比重与劳均 GDP 关系

图 10－8 反映 OECD 国家 2000～2009 年服务业就业数量增长情况②，虽然增长率有所回落，不过总量仍不断加增：

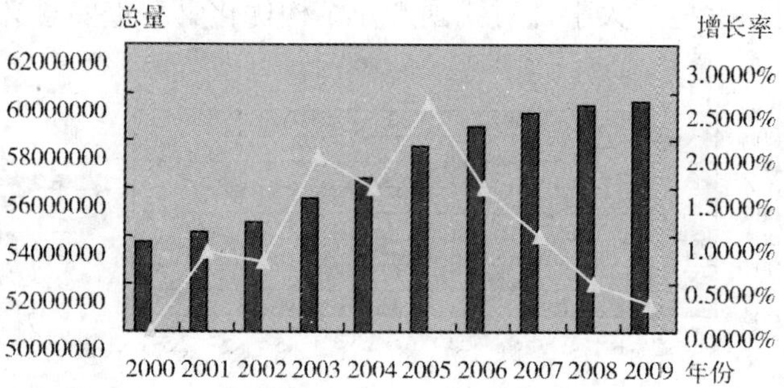

10－8　OECD 国家根据年 GDP 加权平均的服务业就业人数及其增长率

中国的产业结构经过了二十多年的调整，发生了较大的变化。农业占整个 GDP 的比重逐年下降，制造业的比重趋于稳定。这符合我国经济转型的目标。图 10－9 反映 1978～2008 这三十年间 GDP 构成比例的变化③。

---

① 数据来源：世界银行数据库 http：//data. worldbank. org/，其中劳均 GDP 是按照 1990 年美元 PPP，国家类型（高收入国家、中等收入国家与中低收入国家）是按照联合国划分标准。

② 数据来源：http：//stats. oecd. org，其中英国 2009 年的就业数据是本人按照 2000～2008 年发展速度估计出；新西兰、瑞士、澳大利亚、加拿大、日本、美国、捷克、爱尔兰、韩国的 GDP 数据是按照 2000～2008 年发展速度估计得出。再根据 GDP 加权平均得到 OECD 国家情况。

③ 数据来源：笔者根据历年《中国统计年鉴》整理所得。

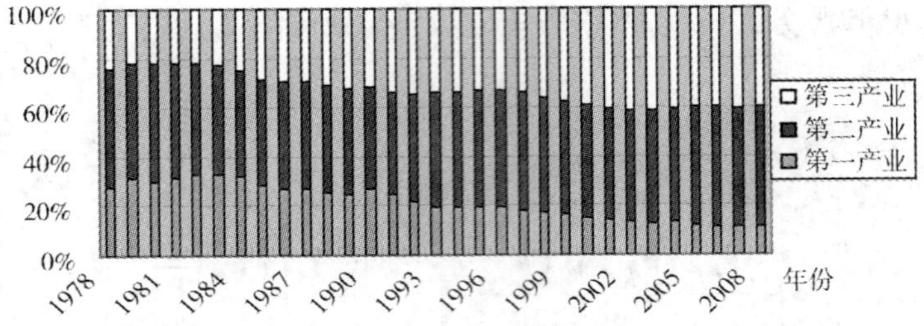

图 10－9　1978～2008 我国 GDP 构成成分分析

我们发现，我国第三产业的比重的确有所增加，不过速度明显缓慢，离发达国家的服务业对 GDP 贡献度的水平差距还很大。

另外，按照“配第—克拉克定理”，一国内从事三大产业的劳动力比重会随着国民经济的发展、人均国民收入的提高而变动，农业劳动力急剧下降，从事制造业的劳动力比重与经济增长同步，但通常接近于 40% 时便稳定下来，而服务业的劳动力比重不断增长。图 10－10 是 1978～2008 年我国三次产业就业的比重变化①，1978 年改革开放、1992 年南方谈话及 2002 年我国加入世界贸易组织这些重大事件对我国产业结构优化具有重要意义：

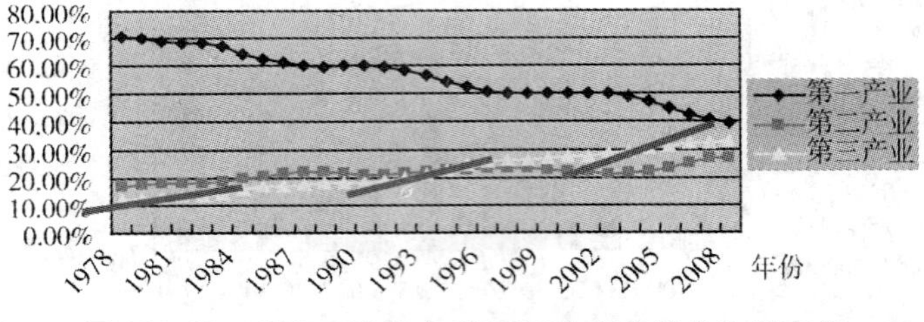

图 10－10　1978～2008 年我国三次产业就业比重变化

美国经济学家 H. Greenfield 于 1966 年最早提出了生产性服务业（Producer Services）的概念，被认为是生产性服务业概念形成的标志。Greenfield 认为，生产性服务业是被其他商品和服务的生产者用作中间投入的服务。其仅向生产者，而不是最终消费者提供服务产品和劳动的服务②。Browning 和 Singelman（1975）认为，知识密集型的专业服务产业是生产性服务业的核心内

① 数据来源：笔者根据历年《中国统计年鉴》整理所得。

② Greenfield. H. , Manpower and the Growth of Producer Services, New York: Columbia University Press, 1966

容，这包括法律、金融、商务、保险、经纪等行业①。Green（1986）认为生产性服务业应该包含保险、银行、金融和其他商业服务，如广告和市场研究以及职业和科学服务等为其他公司提供的服务②。

本书将中间投入特性作为生产性服务业区别于其他类型服务业本质特性，将较强的产业关联性作为其重要特点，将跨国并购对生产性服务业技术进步的影响放在价值链理论、投入产出理论和外包化与内部化理论的框架下加以分析。

（四）技术进步影响

世界知识产权组织（WIPO）认为："技术是指制造一种产品或提供一项服务的系统的知识。"贸发会议对技术转移中涉及的技术包含了更广的范围："技术转移及物质产品（如资本品）的转移和默认知识的转移，后者正变得更为重要并涉及获得新的技能以及新的技术和组织能力③。"

正如戴维·N. 韦尔所说："技术本质上是以观念存在的，不具备一种具体的、有形的存在方式，其本身是非竞争性的（nonrival），但在技术的利用上却又是竞争性的（rival）④。"于是，在各国都注意互利互惠、希望通过合作来优化本国经济结构的背景下，自然技术就在国与国之间发生了转移。

联合国《国际技术转移行动守则草案》把"技术转移"定义为："关于制造产品、应用生产方法或提供服务的系统知识的转移，但不包括货物的单纯买卖或租赁⑤。"

跨国并购对东道国产业的技术进步，主要是由引进外资时发生的技术转移引发的，且事实上起到的影响远非最初技术转移时的程度，图 10－11 是一个简单的分类。

也就是说，在跨国并购的背景下，国外的母公司出于"全球经营"的战略考虑，会将技术引入东道国，这个过程就是国际技术转移。事实上，国外母公司并不倾向于把成熟技术转移给东道国（这是显而易见的）。所以国外母公司将技术直接转移给东道国内资企业的情形非常罕见，出现这种情形多

---

① Browning. H. and Singelman. ［J］. The Emergence of a Service Society: Demographic and Sociological Aspects of the Sectoral Transformation of the Labour Force in the USA, Springfield, VA: National Technical Information Service, 1975

② Howells, D., Green, R. Location, Technology and Industrial Organization in UK Services ［J］. Progress in Planning, 1986 (2)

③ Stefen H. Robock and Kenneth Simmonds, International Business and Multinational Enterprises, 4th ed, 483. Irwin 1989

④ David N. Weil. Economic Growth ［M］. 北京：中国人民大学出版社，2007

⑤ 张纪康. 跨国公司与直接投资［M］. 北京：复旦大学出版社，2004：309

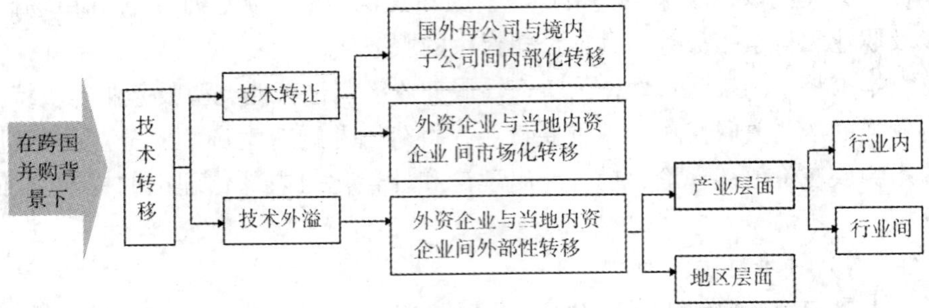

图 10－11　跨国并购对东道国产业技术影响的结构分类

是转移的技术比较陈旧或东道国内资公司“走出去”对海外公司进行收购。这样看来，最初始的技术转移对东道国技术进步产生影响并不大。真正技术转移带来的技术进步影响是通过将外资企业（外商的子公司）作为跳板进行技术的再转移来实现的。其形式要么是将技术转让给内资企业（市场化转移），要么发生了外资企业本身并不乐意看见的外溢效应（外部性）。于是更通常的技术影响的实现路径如图 10－12 所示。

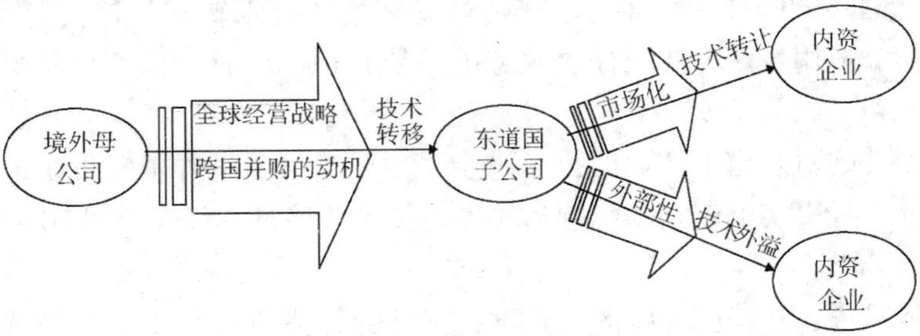

图 10－12　跨国并购对东道国技术进步影响的实现路径

在技术转让方面，根据受让方不同又可分为水平技术转让和垂直技术转让。水平技术转让是将技术让渡给同行业的企业；而垂直技术转让是移转给东道国在价值链上有相当关联的上下游企业（比如供应商）。这就给生产性服务业提供了发展的空间：在跨国并购的背景下，大型外资制造业需要截取其价值链中利润最高的部分，而将利润率相对较低的部分外包给其中间供应商，尤其是生产性服务业。但利润率比起其他部分较低并不意味着对技术的要求低、产品的质量差。相反，为达到这些生产标准，外资制造业有必要将一部分技术（至少是量化标准，有时还包括培训机制、管理模式等）转移给内资企业，且这不一定是高价的，甚至是可能是无偿的。另外，内资生产性服务业的企业也要加大研发力度（如增加 R&D 支出、建立良性的培训机制）以降低能耗和成本、提高产品质量和产量并缩小与世界标准之间的技术差距。这种无形的压力便转化成了内资生产性服务业企业技术进步的动力。这就是影响比较深远的溢出效应（Spillover Effect）。

第三节 现状分析

在对本书涉及的主要概念进行内涵分析并对技术进步影响的文献进行简述后，接下来我们着重对现状进行分析。

一、我国生产性服务业跨国并购与利用外资情况

近几年来我国第一产业和第二产业实际利用的 FDI 数额比较稳定（见表 10－2①），而服务业 FDI 增长迅速，从 2004 的 140.5 亿美元增长到 2009 年的 385.3 亿美元，累积增长了 174%，但和第二产业的投资相比仍偏低，投资的重点仍然是制造业领域，每年集中在第二产业制造业的 FDI 总额都远远高于农业和服务业的投资总额。而目前发达国家的 FDI 的重点都在服务产业领域和与制造业密切相关的服务外包领域，使制造业服务化和服务业生产化已经成为引导服务业 FDI 的一大主题。

表 10－2 2004～2009 年我国三大产业实际利用 FDI 额 单位：亿美元

	2004 年	2005 年	2006 年	2007 年	2008 年	2009 年
第一产业	11.1	7.2	6.0	9.2	11.9	14.3
第二产业	454.7	446.8	425.1	428.5	532.6	500.7
第三产业	140.5	159.9	263.6	300.0	379.5	385.3

尽管如此，从整体来看我国的服务业 FDI 占所有 FDI 的比重却远远低于世界平均水平。在 1999 年全球的服务业 FDI 流量占总 FDI 的平均比重为

① 数据来源：国家统计局各年度国民经济和社会发展统计公报表 11 数据整理得。

50.3%，我国服务业 FDI 比重只有世界平均水平的一半都不到，在 2005 年，我国的服务业 FDI 累计增长了 50%，但仍然低于当年世界平均水平之下。

当我们进一步观察服务业利用外资的结构时，会发现我国外资流向第三产业数量和比重虽然出现了较快增长，但其产业内流向却表现为非均衡分布现象。在第三产业内部所有门类中（见表 10 - 3[①]），外资过多地流向房地产业，这也与房地产业等投资周期短而投资回报率较高密不可分。2004 年为 59.5 亿美元，其后增长速度加快，2008 年达到 185.9 亿美元，占当年我国第三产业吸收 FDI 的 53%。其次是流向租赁和商业服务；交通运输、仓储和邮政业；批发和零售；信息传输、计算机服务和软件业等利润较高的行业。相比之下，流向科学研究、技术服务和地质勘察等门类就较少甚至很少，在 2009 年只占到全年服务业 FDI 的 4.6%。而作为现代服务业的重要部门的金融行业，连续几年的实际投资额竟然不及科学研究行业，且增长缓慢，只在 2006 年由于全球金融行业的并购潮流的影响，带动了我国金融业的投资额，创下了历史最高 67.4 亿美元。

这使我们认识到，期望外商对技术密集型服务业进行跨国并购或获得外资支持，在近阶段并不现实。但这并不意味着跨国并购对我国生产性服务业不发生技术进步影响。正如第二节理论分析中所指出的，技术进步影响的路径可能是技术转让，也可能是技术外溢；可以是产业内的，也可以是产业间的。

事实上，跨国并购对我国生产性服务业技术进步确有影响，体现在以下几个方面：

第一，中国入世后，跨国公司对中国技术投入明显加快，而且开始注重对高新技术的投入，目前外资企业本身 60% 以上是采用近三年的技术[②]。跨国公司的技术投入促进了中国高新技术产业的发展，在中国投资取得丰硕成果的外企，如通用电气、摩托罗拉、IBM、朗讯、杜邦、宝洁、英特尔、西门子等世界著名企业对中国的技术投入加大。这为生产性服务业的发展提供了气候条件，营造良好的技术研发气氛。

第二，过去中国政府对跨国公司的技术转移常常有强制性要求，使得在设立中外合营企业或实施跨国并购进行谈判时，常因技术转让问题而难以实现合作。入世后，中国取消了这些要求。从长远看，这对内资企业尤其是生产性服务业的发展有着重要意义。因为不少外资制造业企业自觉主动地加快

---

① 数据来源：国家统计局各年度国民经济和社会发展统计公报表 11 数据整理得。

② 刘亚真．外商直接投资（FDI）对中国企业技术创新的影响研究，吉林大学，硕士学位论文。

表 10－3 2004～2009 年我国服务业分行业 FDI 的实际使用金额比较

单位:亿美元,%

项目＼年份	2004 年		2005 年		2006 年		2007 年		2008 年		2009 年	
信息传输计算机服务	9.2	7.2	10.2	7.7	10.7	4.4	14.9	5.1	27.7	7.9	22.5	6.2
批发零售业	7.4	5.8	10.4	7.8	17.9	7.3	26.8	9.2	44.3	12.6	53.9	15.0
住宿餐饮业	8.4	6.6	5.6	4.2	8.3	3.4	10.4	3.6	9.4	2.7	8.4	2.3
金融业	2.5	2.0	2.2	1.7	67.4	27.7	2.6	0.9	5.7	1.6	4.6	1.3
房地产业	59.5	46.6	54.2	40.8	82.3	33.8	171	59.0	185.9	53.0	168	46.7
租赁商务服务业	28.2	22.1	37.5	28.3	42.2	17.3	40.2	13.9	50.6	14.4	60.8	16.9
科学研究地质勘查业	2.9	2.3	3.4	2.6	5	2.1	9.2	3.2	15.1	4.3	16.7	4.6
水利环境公共设施管理	2.3	1.8	2.4	1.8	2	0.8	2.7	0.9	3.4	1.0	5.6	1.6
居民服务其他服务业	1.6	1.3	2.6	2.0	5	2.1	7.2	2.5	5.7	1.6	15.9	4.4
教育	0.4	0.3	0.2	0.2	0.3	0.1	0.3	0.1	0.4	0.1	0.1	0.0
卫生社会保障和社会福利业	0.9	0.7	0.4	0.3	0.2	0.1	0.1	0.0	0.2	0.1	0.4	0.1
文化、体育和娱乐业	4.5	3.5	3.6	2.7	2.4	1.0	4.5	1.6	2.6	0.7	3.2	0.9
合计	127.8	100	133	100	243.7	100	290	100	351	100	360	100

了对中国的技术投入。比如摩托罗拉公司、诺基亚公司在北京建立了几十亿美元的星网国际工业园，有如巴斯夫、BP、壳牌都在中国建立了技术最先进的大型石化项目。

第三，我国放宽了对专利的保护期，使得不少外商企业在中国申请专利，尤其是发明专利。我们知道专利分成三类：发明专利（Invention Patent）、实用新型专利（Utility Model Patent）和外观设计专利（Industrial Design Patent）。其中最具技术含量的就是发明专利，其对技术进步影响最大，对产业经济和国民经济增长也最有贡献。表 10－4 是 2007 年 OECD 国家在我国 FDI 存量与累计专利数①。

表 10－4　2007 年 OECD 国家在我国 FDI 存量与累计专利数

		2007 年末对我国 FDI 存量		2007 年末累计专利数	
序号	国家	存量数	比重（%）	专利数	比重（%）
1	澳大利亚	144401	15.3083	2574	0.8785
2	奥地利	404	0.0428	1361	0.4645
3	比利时	3398	0.3602	1209	0.4127
4	加拿大	125452	13.2995	2001	0.6830
5	捷克	1964	0.2082	215	0.0734
6	丹麦	3675	0.3896	1910	0.6519
7	芬兰	94	0.0100	3211	1.0960
8	法国	12681	1.3443	12120	4.1368
9	德国	84541	8.9624	25457	8.6889
10	希腊	38	0.0040	33	0.0113
11	匈牙利	7817	0.8287	238	0.0812
12	冰岛	5	0.0005	20	0.0068
13	爱尔兰	2923	0.3099	231	0.0788
14	意大利	12713	1.3477	5282	1.8028
15	日本	55827	5.9184	121317	41.4075
16	韩国	121414	12.8714	21964	7.4967
17	卢森堡	6702	0.7105	280	0.0956

① 资料来源：2007 年国家（地区）专利数是根据国家知识产权局《2007 专利统计年报》中“2007 年国外专利申请授权年度状况”整理所得；2007 年外商直接投资存量是根据《2007 年中国对外投资统计公报》表 8“2003～2007 各年末中国对外直接投资存量情况表”整理所得。

续表

序号	国家	2007年末对我国FDI存量		2007年末累计专利数	
		存量数	比重（%）	专利数	比重（%）
18	墨西哥	15144	1.6055	38	0.0130
19	荷兰	13876	1.4710	9241	3.1541
20	新西兰	5117	0.5425	233	0.0795
21	挪威	375	0.0398	674	0.2300
22	波兰	9893	1.0488	72	0.0246
23	葡萄牙	171	0.0181	25	0.0085
24	斯洛伐克	510	0.0541	12	0.0041
25	西班牙	14285	1.5144	1066	0.3638
26	瑞典	14693	1.5576	5249	1.7916
27	瑞士	888	0.0941	9250	3.1572
28	土耳其	1199	0.1271	108	0.0369
29	英国	95031	10.0745	6939	2.3684
30	美国	188053	19.9360	60653	20.7019
	合计	943284	100.0000	292983	100.0000

当用Eviews进行相关性分析时，得到相关系数0.425851，说明了正相关性。

下面给出1986~2009年我国专利授予情况分析。从专利总量上看，内资企业远远超过外资，如图10-13所示①：

但是当我们进一步进行成分分析时会发现，我国内资企业的专利主要是实用新型与外观设计，真正具有技术含量的发明专利所占比重不高，图10-14是1986~2009年发明专利国内外申请的总体情况及各自所占比例之走势②。

但这种现象在近年有较大改善，内资所占比例逐年上升（见图10-15③，加入世界贸易组织后直线上升）。在外商加大对中国的技术投入时出现这个现象恰恰说明了外商投资对我国内资经济带来了良性影响，更是跨国并购对

① 资料来源：国家知识产权局网站http：//www.sipo.gov.cn/各年度专利授权数据整理所得。

② 资料来源：根据国家知识产权局统计信息网站http：//www.sipo.gov.cn/sipo2008/tjxx/各年度“国内外三种专利申请授权年度状况”整理所得。

③ 资料来源：国家知识产权局网站http：//www.sipo.gov.cn/各年度专利授权数据整理所得。

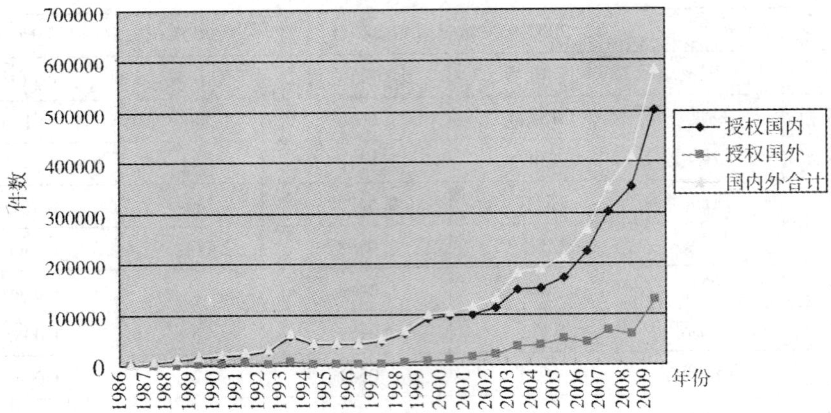

图 10－13　1986～2009 年专利授权件数

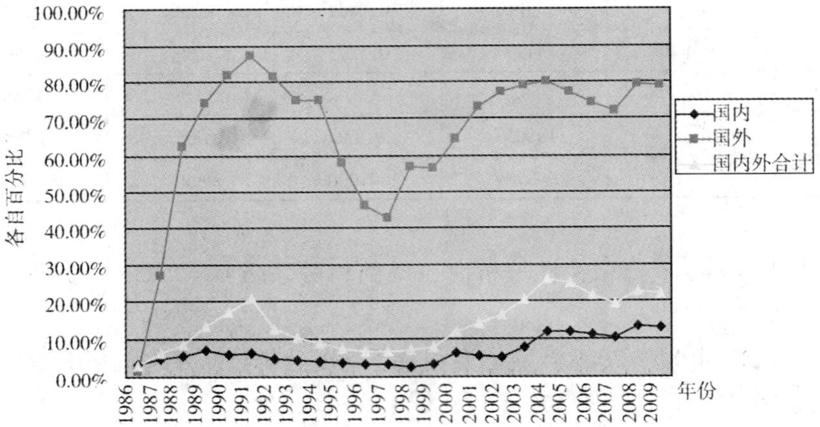

图 10－14　1986－2009 年发明占专利比例分析

中国企业技术进步的机遇。

20 世纪 90 年代中期兴起的第五次并购浪潮的重要成因就是技术革命和新经济，各类技术日新月异的发展不但改变了人们物质精神生活的方方面面，还导致了“新经济”的出现。这一方面是技术密集型行业（比如电信服务业、IT 技术业）内企业实施并购完成技术开发和资产重组的动力，另一方面，信息技术、网络技术以及生物技术的突飞猛进赋予了企业，尤其是制造业，以新的生产力鞭策其中间投入的提供者——生产性服务业不断更新技术，提供更优质的面对生产者的中间服务。上述两方面促进了产业结构的调整和跃迁，一是要求企业在内部化和外包化上作出战略抉择；二是为新的产业分工的出现——新兴生产性服务业提供了可能性。图 10－16 是 2006～2009 年

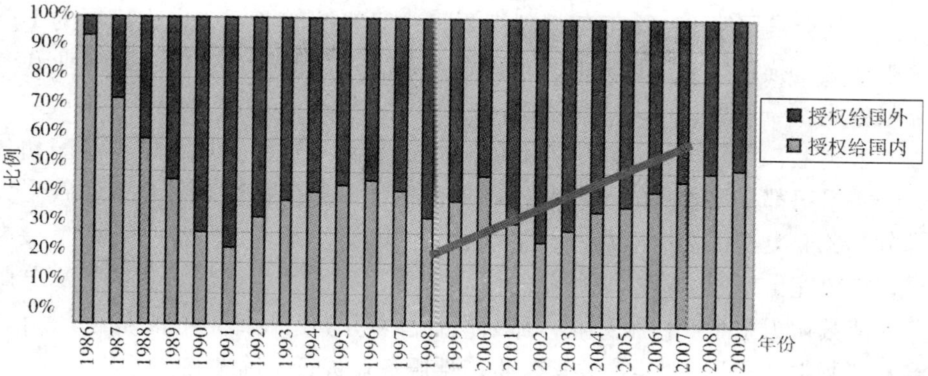

图 10－15 1986～2009 年发明授权的国内外比例

生产性服务业在跨国并购中的地位①：

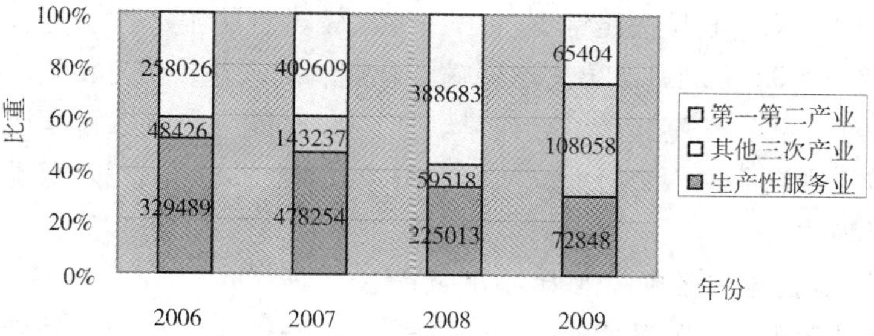

图 10－16 2006～2009 年全球按行业跨国并购比重

尽管第五次并购浪潮要日趋消逝，但在新建投资和跨国并购间，企业仍倾向于选择并购作为实现产业升级的手段，在具有生产性特征的服务业领域里亦然。且这有助于缩短投入产出的周期，降低进入壁垒，获得最新技术，实现技术带动型的生产力提升模式。

二、我国生产性服务业发展情况

要描述我国生产性服务业发展现状，面临的第一个难题就是对生产性服务业的界定，也就是从服务业的总集中按一定条件筛选出生产性服务业的子集。我国目前并没有明确现行《国民经济行业分类》（GB/T4754—2002）中那些属于我国的生产性服务业。在 2006 年 3 月发布的《中华人民共和国国民

① 数据来源：UNCTAD：World Investment Report 2009，274 Annex table B. 6. 其中 2009 年仅有上半年数据，笔者将其简单翻倍作年度数。

经济和社会发展第十一个五年规划纲要》中只笼统地把要“大力拓展的生产性服务业”描述为交通运输业、现代物流业、金融服务业、信息服务业和商务服务业。

事实上，目前国际上对服务业的分类也尚无一致的意见，世界各国和各类经济组织都采取各自的统计口径和划分标准。更值得注意的是，实践中大部分服务业类型都会由消费者和生产者共同购买。从生产性服务业的发展来说，如果完全按照生产性服务业的内涵来看，只有被生产者购买的那部分服务才能被认为是生产性服务业，那么现有很多分类口径都是不正确的。所以，有人“另辟蹊径”，对生产要素、生产性服务业进行了筛选和分类①。

但笔者认为这并没有从根本上认识问题和解决问题，对政策的制定和绩效的评估造成一定的阻碍。如若仔细对比就会进一步发现，许多学者界定出的生产性服务业竟占了服务业的绝大部分，甚至包括了房地产业，这显然是不合理的。

本节中，我们姑且按照常识选出一些比较典型的生产性服务业，即根据GB/T4754—2002标准，选出交通运输、仓储和邮政业，信息传输、计算机服务和软件业，批发和零售业，金融业，租赁和商务服务业，科学研究、技术服务和地质勘查业这六个行业，从对GDP的贡献、就业和相对劳动生产率三方面加以描述。

（一）我国生产性服务业对GDP的贡献

作为现代服务业的重要组成部分，1981～2007年，我国生产性服务业年均名义增长17%左右，明显高于同期国民总产出和服务业总产出水平。生产性服务占国民总产出和服务业总产出的比重也逐年递增，2000年分别为12.2%和53.9%，到了2007年已经达到23.2%和57.5%（见表10－5②），这显示了生产性服务业加速增长的势头，也表明其在国民经济中的作用和整个服务业中地位有所上升。整体而言，中国的生产性服务业在国民经济中已经占有了一定的地位，但是多集中于批发业和零售业，交通运输、仓储和邮政业等传统型服务业，在2007年这两个行业占服务业产值比重分别达到了18.2%和14.3%。相比而言，信息传输、计算机服务和软件业及科学研究、技术服务业等知识、技术密集型服务业在第三产业中比重仍然偏低。这种令人担忧的弱势结构阻碍了我国生产性服务业技术进步的步伐。

（二）我国生产性服务业的就业情况

我国是一个发展中国家，经济发展是从农业社会向工业社会转变，大量

① 李金勇．上海生产性服务业发展研究．复旦大学博士学位论文，2005年4月

② 数据来源：根据各年度《中国统计年鉴》“分行业增加值”整理所得。

农村的剩余劳动力必须转移，工业部门吸纳劳动的能力有限，服务业为剩余劳动力的就业提供了途径，这就使人均收入提高得以保证，社会总需求的稳步增长，经济得以高速发展。如果没有服务业提供的大量就业岗位，社会总需求必然降低，经济发展将受到阻碍。在第三产业就业人数大幅度增加的同时，生产性服务业的就业人数也有所增加，但是占第三产业就业人数的比重却不断下降。说明目前我国生产性服务业就业吸纳能力不是很高，就业人员多涌入第三产业的其他行业而非生产性服务业。从表 10－6[①] 分析可得：交通运输、仓储、邮电通信业就业人员占服务业就业人员的比重较高，说明该行业目前的从业人员较多，占服务业就业比重约为10%。金融保险业属于资本密集型行业，从业人员数并不多，但从我国产业发展的趋势来看，该行业今后的就业吸纳能力非常高。

我们不难总结出我国生产性服务业占服务业比重较低，仅30%左右，且逐年下滑。我国生产性服务业就业结构又比较集中于劳动密集型产业，而知识、技术密集型产业的就业拉动相当微薄，仅占生产性服务业的20%左右。在跨国并购的背景下引导部分劳动力流向技术驱动产业是我国大力发展生产性服务业进程中重要的一步。

（三）我国生产性服务业相对劳动生产率

根据表 10－5 和表 10－6，可以计算中国生产性服务业的相对劳动生产率，相对劳动生产率＝产业 GDP 的相对比重/就业的相对比重。相对劳动生产率是衡量某行业的劳动力投入的产出的相对数的指标，可用以反映生产性服务业的行业结构效益并大致评价分行业的技术含量。通过计算可以发现（见表 10－7），生产性服务业三年平均的相对劳动生产率为 1.3011，远高于服务业合计的相对劳动生产率（0.7724），说明中国的生产性服务目前的劳动生产率与其他服务业相比尚属效益领先。令人欣慰的是，信息传输、计算机服务业与软件业的相对劳动率非常高，这体现出该行业的生产效益的领跑地位。作为技术密集型行业，这反映出我国近年来借吸引外商直接投资的东风，充分发挥外商开发区集聚效应，大力发展 IT 行业服务外包的效果。与此同时，同为技术密集型的科学研究、技术服务业的相对劳动生产率却排在最末，令人担忧。

① 数据来源：笔者根据 2009 年中国统计年鉴表 4－11“各地区按行业分职工人数”整理所得。

表 10-5 2004~2007 年我国生产性服务业对 GDP 贡献

单位：亿元，%

各年度统计 / 行业	2004 年			2005 年			2006 年			2007 年		
	数额	占 GDP 比重	占服务业比重	数额	占 GDP 比重	占服务业比重	数额	占 GDP 比重	占服务业比重	数额	占 GDP 比重	占服务业比重
GDP 总计	159878	100		183217	100		211924	100		257306	100	
服务业合计	64561.3	40.4	100	73432.9	40.1	100	84721.4	40.0	100	103879.6	40.4	100
生产性服务业合计	35774.4	22.4	55.4	40408.4	22.1	55.0	47461.1	22.4	56.0	59701.0	23.2	57.5
交通运输、仓储和邮政业	9304.4	5.8	14.4	10835.7	5.9	14.8	12481.1	5.9	14.7	14805.9	5.8	14.3
信息传输、计算机服务和软件业	4236.3	2.6	6.6	4768.0	2.6	6.5	5329.2	2.5	6.3	5999.7	2.3	5.8
批发和零售业	12453.8	7.8	19.3	13534.5	7.4	18.4	15471.1	7.3	18.3	18866.1	7.3	18.2
金融业	5393.0	3.4	8.4	6307.2	3.4	8.6	8490.3	4.0	10.0	13332.0	5.2	12.8
租赁和商务服务业	2627.5	1.6	4.1	2912.4	1.6	4.0	3280.0	1.5	3.9	3771.6	1.5	3.6
科学研究、技术服务和地质勘查业	1759.5	1.1	2.7	2050.6	1.1	2.8	2409.3	1.1	2.8	2925.8	1.1	2.8

表 10－6　2005～2008 年我国生产性服务业就业情况

单位：万人，%

各年度统计 / 行业	2005 年			2006 年			2007 年			2008 年		
	数额	占总就业比重	占服务业就业比重	数额	占总就业比重	占服务业就业比重	数额	占总就业比重	占服务业就业比重	数额	占总就业比重	占服务业就业比重
总就业合计	10850	100		11160	100		11427	100		11515	100	
服务业就业合计	5694.0	52.5	100	5783.8	51.8	100	5900.0	51.6	100	6030.1	52.4	100
生产性服务业合计	1910.7	17.6	33.6	1923.8	17.2	33.3	1961.5	17.2	33.2	2027.6	17.6	33.6
交通运输、仓储和邮政业	579.2	5.3	10.2	578.7	5.2	10.0	583.5	5.1	9.9	582.6	5.1	9.7
信息传输、计算机服务和软件业	116.8	1.1	2.1	125.0	1.1	2.2	137.0	1.2	2.3	144.2	1.3	2.4
批发和零售业	508.3	4.7	8.9	485.6	4.4	8.4	479.4	4.2	8.1	487.0	4.2	8.1
金融业	295.0	2.7	5.2	299.9	2.7	5.2	311.1	2.7	5.3	326.4	2.8	5.4
租赁和商务服务业	198.8	1.8	3.5	215.0	1.9	3.7	223.0	2.0	3.8	247.1	2.1	4.1
科学研究、技术服务和地质勘查业	212.7	2.0	3.7	219.7	2.0	3.8	227.6	2.0	3.9	240.2	2.1	4.0

表 10-7 2005~2007 年我国生产性服务业相对劳动率

年份 行业	2005	2006	2007	三年平均
国民经济总计	1.0000	1.0000	1.0000	1.0000
服务业合计	0.7637	0.7714	0.7819	0.7724
生产性服务业合计	1.2524	1.2992	1.3517	1.3011
交通运输、仓储和邮政业	1.1080	1.1358	1.1268	1.1236
信息传输、计算机服务和软件业	2.4183	2.2461	1.9455	2.2033
批发和零售业	1.5769	1.6777	1.7476	1.6674
金融业	1.2660	1.4911	1.9034	1.5535
租赁和商务服务业	0.8678	0.8034	0.7512	0.8075
科学研究、技术服务和地质勘查业	0.5709	0.5775	0.5710	0.5731

由于生产性服务业主要为生产、商务活动和政府部门提供服务，其发展规模和发展水平不仅与其服务对象的规模及发展水平密切相关，还与其发展基础有很大关系。通过上两节的分析可以发现，近年来我国的二、三产业发展迅猛，并都已具有相当规模，其对生产性服务业的需求也随之日益增强。生产性服务业在国民经济中的地位也由此得到肯定，成为我国第三产业中最具有活力的行业部门。但就发展基础而言，我国生产性服务业发展起步较晚，将信息、思维和技术转化为生产力的市场机制尚未完善，导致发展基础较为薄弱。因此目前生产性服务业规模小，发展水平较低。跨国并购对其分行业的技术进步影响也有很大提升空间。将现状问题小结如下：

1. 现阶段，跨国并购成为我国生产性服务业（乃至整个服务业）利用外资的主要方式。大多数的子行业和项目都以新建投资为主，抑或是外资的间接投资。另外，虽然我国服务业利用外资的绝对量和相对量不断提高，但从横向看，我国的服务业 FDI 占所有 FDI 的比重仍远远低于世界平均水平。

2. 从 FDI 在我国服务业内部的流向来看，多是集中在以高风险高回报为特征的房地产业，2008 年达到 185.9 亿美元，占当年我国第三产业吸收 FDI 的 53%。其次是流向租赁和商业服务，交通运输、仓储和邮政业，批发和零售，信息传输、计算机服务和软件业等利润较高的行业。相比之下，流向科学研究、技术服务和地质勘察等门类就较少甚至很少，在 2009 年只占到全年服务业 FDI 的 4.6%。这与当今发达国家的 FDI 的大量流入与制造业密切相关的服务外包领域的趋势完全不同。

3. 我国对服务业子行业的划分比较粗线条，加上对生产性服务业的界定缺乏统一标准，这首先使筛选出既满足生产性服务业特征又符合我国国情的生产性服务业变得很困难，更进一步影响大力发展生产性服务业政策的执行力度和绩效评估。当务之急是细分服务业行业，或者是在现有分类框架下科学地鉴定出生产性服务业。

4. 生产性服务业的确已在我国国民经济中占有一定的地位，但从我国生产性服务业内部结构来看，对 GDP 有较大贡献的大多是批发业和零售业，交通运输、仓储和邮政业等传统型服务业，在 2007 年这两个行业占服务业产值比重分别达到了 18.2% 和 14.3%。相比而言，信息传输、计算机服务和软件业及科学研究、技术服务业等知识、技术密集型服务业在第三产业中比重仍然偏低。这种令人担忧的弱势结构阻碍了我国生产性服务业技术进步的步伐。

5. 从就业角度来看，近年来我国服务业确实提供了大量就业岗位，刺激了社会总需求，促进经济高速发展。生产性服务业的就业人数也水涨船高，但是占第三产业就业人数的比重却不断下降。说明目前我国生产性服务业就业吸纳能力不是很高，就业人员多涌入第三产业的其他行业而非生产性服务业。我国生产性服务业就业比较集中于劳动密集型产业，而知识、技术密集型产业的就业拉动相当微薄，仅占生产性服务业的 20% 左右。

6. 从劳动生产率角度，生产性服务业确实高于其他性质的服务业，其中尤以信息传输、计算机服务业与软件业表现最为突出。然而，同为技术密集型的科学研究、技术服务业的相对劳动生产率却排在最末。这似乎提醒我们我国近年来鼓励外商直接投资，实施跨国并购的气候不能直接对所并购的企业所在的行业本身带来理想水平的技术进步影响。

第十一章　我国生产性服务业跨国并购福利效应实证分析

第一节　行业角度技术进步影响分析：生产性服务业与制造业的互动

生产性服务业，也有人译作“生产者服务业”，其用意就是突出其独有的最本质的特征——中间投入特性，即接受生产性服务的主体应该是生产者，这一点与我们通常对服务业的理解不太一样。同样，它还有一个重要的特性，可以说是上述本质特性的一个自然反映，那就是与其他行业（尤其是制造业）的高度产业关联性。值得注意的是，这种高水平的关联性在生产性服务业内部也非常明显。

本节希望从生产性服务业与制造业互动性研究出发，以其本质特性和重要特性为标准，基于中国投入产出表对我国现有的服务业进行分类。最终以外资参与和生产性服务特征作为双因素建立 ANOVA 模型，从行业角度浅探跨国并购对我国生产性服务业技术进步的影响。

一、生产性服务业与制造业互动性研究的必要

生产性服务业是一类特殊的服务业，凭借其与生俱来的与制造业的关系，得以吸收和承载更多的专业技术和知识。所以，理清生产性服务业与制造业究竟是何关系之后筛选出符合标准的子行业并就跨国并购背景对这类服务业技术进步影响进行深入研究是具有极其重要的理论意义与实践意义。

目前，国内外诸多学者提出了生产性服务业与制造业的关系说，主要有

以下四种①：

（一）需求遵从论

“需求遵从论”认为制造业是服务业（包括生产性服务业）发展的前提和基础，服务业发展处于一种需求遵从地位，即其通过对经济增长尤其是制造业扩张所引起的服务需求来产生影响，因此服务业发展附属于制造业发展。该观点认为，只有工业化和城市化都达到了一定水平，才能形成对于服务业的需求和市场，服务业才有可能获得高的要素投入回报。

（二）供给主导论

“供给主导论”认为服务业尤其是生产性服务业是制造业生产率得以提高的前提和基础，没有发达的生产者服务业，就不可能形成具有较强竞争力的制造业部门。生产性服务业的发展可以提高社会分工程度、延长产品的生产链条、降低社会经济运行的交易成本，从而有助于经济增长。就我国的实际情形来看，我国服务业发展滞后、效率较低，已经成为制约我国未来经济增长的重要因素。他们对跨国公司在华投资企业进行的一项调研表明，服务业发展滞后已成为影响制造业竞争力的重要因素。特别是分销、物流、融资和其他生产性服务业发展明显滞后，成为影响其在中国投资企业竞争力最主要的原因之一。

（三）互动论

“互动论”认为生产性服务业和制造业部门表现为相互作用、相互依赖、共同发展的互动关系。互动论背后的机理如下：随着制造业部门的扩大，对生产性服务业的需求，如贸易、金融、交通、社会服务等，会迅速增加，这将提高制造业部门的生产率；反之，生产性服务业部门的增长也要依靠制造业部门中间投入的增加。而且，随着经济发展，服务业与制造业之间彼此依赖的程度加深。佩恩指出，随着服务经济的发展，服务业和制造业已经卷入他们高度相关和补充的阶段。顾乃华在我国特殊的体制转型环境中，进一步考察了生产性服务业和制造业部门之间的互动关系。他认为，在经济转型期，除了应关注生产性服务业通过提供中间投入品发挥的对制造业的“外溢生产效应”外，也应重视生产性服务业发挥的“外溢改革效应”。同发达的工业化国家已经建立起成熟的市场经济体制不一样，我国正处于经济体制的转轨阶段。在这个特殊的阶段中，体制改革相对滞后的服务业正承担起破除制造

① 引述自顾乃华．生产性服务业与制造业互动发展的机制与实证研究［M］．财政蓝皮书．2008：86－88

业体制改革"瓶颈"，减轻改革阵痛的功能。比如，生产性服务业的发展可以为制造业转移剩余劳动力提供一个合适的渠道，从而有利于解除制造业企业深化产权改革的"瓶颈"限制。

（四）融合论

"融合论"是近年才出现的新观点。该观点认为，随着信息通信技术的发展和广泛应用，特别是互联网的形成与成熟，生产性服务业与制造业之间的边界越来越模糊，两者出现了融合趋势。周振华对这方面的文献做了比较全面的综述，在区分新型工业化与传统工业化的本质差别的基础上，分析了产业融合在新型工业化道路中得以孕育与发展的内生性，阐述了信息化与工业化互动的多层面融合。

综合以上四种理论，我们用图 11－1 来表示理论的演进历程：

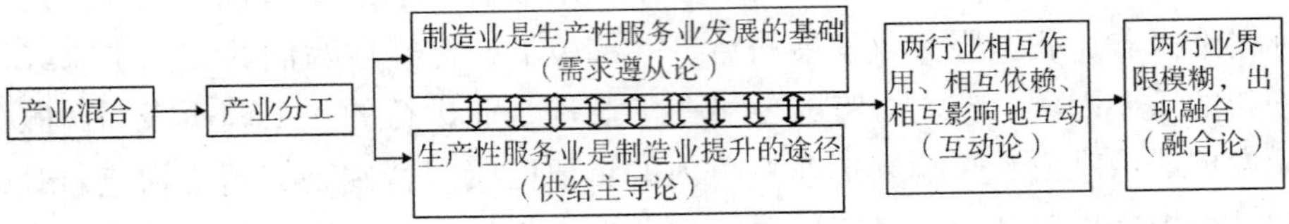

图 11－1　制造业与生产性服务业关系理论的演进

二、基于投入产出表界定我国生产性服务业的具体行业

上文生产性服务业与制造业的关系问题直接影响到其界定和分类，本书采取返璞归真的方法，以生产性服务业最本质特性和重要特性为标准，依据《2007 年中国投入产出表》的数据对《国民经济行业分类》（GB/T4754—2002）中服务业作分类，筛选出真正具有生产性服务特征又符合我国国情的具体行业。

具体步骤如下：

第一步，对制造业行业进行归类，如表 11－1 所示，右栏为归类后新的类别名：

表 11-1 对现行国民经济行业分类下制造业的归类

原行业名	现归类后的类别名
纺织业	纺织类
纺织服装鞋帽皮革羽绒及其制品业	
工艺品及其他制造业	家居食品文教类
木材加工及家具制造业	
造纸印刷及文教体育用品制造业	
食品制造及烟草加工业	
废品废料	
石油加工、炼焦及核燃料加工业	化工金属类
化学工业	
非金属矿物制品业	
金属冶炼及压延加工业	
金属制品业	
通用、专用设备制造业	设备器材机械类
交通运输设备制造业	
电气机械及器材制造业	
通信设备、计算机及其他电子设备制造业	
仪器仪表及文化办公用机械制造业	

第二步，整理得到四类制造业和九类服务业的基本流量表 $X=(x_{ij})_{n\times n}$，见附录1。

第三步，计算得到十三类行业的直接消耗系数矩阵 $A=(a_{ij})_{n\times n}$，其中 $a_{ij}=\frac{x_{ij}}{\sum_j(x_{ij})}$，见附录2。

第四步，计算得到十三类行业的直接消耗系数矩阵列昂惕夫逆矩阵 $B=(b_{ij})_{n\times n}=(I-A)^{-1}$，见附录3。

第五步，计算得到十三类行业的完全消耗系数表 $C=(c_{ij})_{n\times n}=B-I$，见附录4。

第六步，计算得到十三类行业的影响力系数 $F_j=\frac{\sum_{i=1}^{n}b_{ij}}{(1/n)\sum_{i=1}^{n}\sum_{j=1}^{n}b_{ij}}$和感应力系数 $E_i=\frac{\sum_{j=1}^{n}b_{ij}}{(1/n)\sum_{i=1}^{n}\sum_{j=1}^{n}b_{ij}}$，见附录5。

第七步，计算得到服务业子行业的中间需求率（h_i）与中间投入率（k_j），见附录6。

第八步，综合分析中间需求率和影响力系数进行划分四类，见附录7。

第九步，得出划分结果：把附录7最末一张表格的内容按照类别整理可以得到反映生产性服务特征因素的四类服务业，由强到弱依次是生产性服务业、过渡性服务业、消费性服务业与公共服务业（反映在下表由左至右的顺序上）。如是，便将所有服务业按照生产性服务特征因素强弱进行了分组，如表11－2所示：

表11－2　按生产性服务业特征强弱的分组结果

	强……………生产性服务特征……………………弱			
	生产性服务业	过渡性服务业	消费性服务业	公共服务业
中间投入性（本质特性）	中间投入率 >0.5	中间投入率在0.5附近	中间投入率 <0.5	中间投入率 <0.5
产业关联性（主要特征）	感应度系数 >1 影响力系数 >1	感应度系数和影响力系数皆在1附近	感应度系数 <1 影响力系数 <1	感应度系数 <1 影响力系数 <1
实际情况	主体主要是制造业企业等生产资料需求者	介于生产性服务业与消费性服务业之间	主要主体不是制造业企业等生产资料需求者	主体主要是政府和非营利性组织
具体行业	● 交通运输及仓储业 ● 邮政业 ● 金融业 ● 租赁和商务服务业 ● 研究与试验发展业 ● 综合技术服务业	● 信息传输、计算机服务和软件业 ● 批发和零售业 ● 餐饮业和住宿业	● 房地产业 ● 居民服务和其他服务业	● 水利、环境和公共设施管理业 ● 教育 ● 卫生、社会保障和社会福利业 ● 文化、体育和娱乐业 ● 公共管理和社会组织

三、实证分析：在外资参与和生产性服务特征双因素下的ANOVA模型

我们以外资参与作为依据，对服务业进行分组，得到双因素作用的矩阵。随后将生产性服务特征与外资（跨国并购）参与作为双因素，以交互作用模

型进行 ANOVA 分析。

（一）按外资参与分组

由于按照服务业行业和注册类型分类来反映产值的统计资料很难找到，只能找到服务业分行业的产值，对某一行业产值难以进一步明确的内资企业、港澳台投资企业和外商投资企业各占的份额。本书通过赋权的方法，先间接估算出各行业三种企业的产出，再进行双因素模型分析。

具体做法如下：

1. 整理 2004 年到 2008 年按行业和注册类型分城镇固定资产投资①（见附录 8），由此计算出两组权数：

第一组权数：三种注册类型企业内部的分行业比重；

第二组权数：某一行业由内资企业、港澳台投资企业和外商投资企业投资的比重。

2. 利用第二组权数，结合分行业产值增加值②，估算出各年度三种注册类型企业分行业的产值增加量（见附录 9）。

3. 用差分法（Difference）算出增长值的增长率。其计算公式为 $\hat{x}_t = \frac{\Delta x_t}{x_t} = \frac{x_{t+1} - x_t}{x_t}$

4. 将各种服务业按照前文给出的四种类型进行合并，其中同一服务业类型内部的比重按照第一组权重确定。

5. 得到 2005～2008 年按生产性服务特征和外资参与两个因素分类的矩阵（见附录 1），其中 2005～2008 年四个年度的数值相当于做了四次实验。

结果如表 11－3 所示。

（二）以交互作用模型进行 ANOVA 分析

在科研工作中经常要对在不同条件下进行试验或观察得到的数据进行分析，以判断不同条件对结果的影响。习惯上，常称实验结果或观察指标为响应；而称对响应有影响的因素为因子，常用英语大写字母 A，B，C，…表示。

---

① 资料由各年《中国统计年鉴》“固定资产投资”中“按行业、隶属关系和注册类型分城镇固定资产投资”整理所得。

② 资料由各年《中国统计年鉴》“国民核算”中“分行业增加值”整理所得。

表 11-3　2005~2008 年按生产性服务特征和外资参与双因素分组的矩阵

	B_1				B_2				B_3				$y_{i..}$
	k=1	k=2	k=3	k=4	k=1	k=2	k=3	k=4	k=1	k=2	k=3	k=4	
A_1	0.15568	0.20296	0.33152	0.18319	0.24630	2.07100	0.33401	0.00641	2.08955	0.06988	1.21618	0.19135	
	0.87335				2.65772				3.56696				7.09804
A_2	0.12242	0.13131	0.17733	0.21174	−0.10490	0.07348	0.41716	0.28705	0.17987	0.45823	0.25270	0.12690	
	0.64280				0.67279				1.01769				2.33329
A_3	0.18916	0.14889	0.23379	0.07109	0.07222	1.01971	0.21851	−0.04023	0.12415	0.22942	0.41133	−0.04954	
	0.64293				1.27022				0.71537				2.62851
A_4	0.12849	0.10552	0.16126	0.14789	−0.11275	0.27831	0.32113	0.08739	1.88065	−0.10915	0.03273	0.71259	
	0.54315				0.57408				2.51682				3.63406
$y_{.j.}$	2.70223				5.17482				7.81685				$y_{...}$ = 15.69390

ANOVA 分析（Analysis of Variance Arithmetic Mean）便是检验若干个同方差的正态总体的期望是否相等的一种假设检验方法。根据实际问题中所考察因子的个数不同，有单因子 ANOVA 分析和两因子 ANOVA 分析①。

而两因子 ANOVA 分析又可分为效应可加模型和有交互作用的模型。

针对本书研究的问题，现作如下说明：

1. 将外资参与作为因子 A，生产性服务特征作为因子 B，行业的增长值的增长率记为 y。

2. 因子 A 有三个水平，即 $s=3$；因子 B 有四个水平，即 $r=4$。

3. 在因子 A 第 i 水平、因子 B 第 j 水平时，简记为条件 A_iB_j，其响应服从正态分布 $N(\mu_{ij}, \sigma^2)$。可记为：$\mu=\frac{1}{rs}\sum_{i=1}^{r}\sum_{j=1}^{s}\mu_{ij}$，再记 $\mu_{i.}=\frac{1}{s}\sum_{j=1}^{s}\mu_{ij}$，

而 $a_i=\mu_{i.}-\mu$；$\mu_{.j}=\frac{1}{r}\sum_{i=1}^{r}\mu_{ij}$，而 $b_j=\mu_{.j}-\mu$。

4. 本书采用有交互作用的模型，即并非一切 $i=1, 2, \cdots, r$ 和 $j=1, 2, \cdots, s$ 时都有 $\mu_{ij}=\mu+a_i+b_j$，对某些 i 与 j 会存在 $\mu_{ij}\neq\mu+a_i+b_j$。我们记 $(ab)_{ij}=\mu_{ij}-\mu-a_i-b_j$，也就是说外资参与产生的作用与生产性服务特征的作用互相制约。

5. 在每个 A_iB_j 条件下进行 m 次试验，显然本书 $m=4$。这样 y_{ijk} 表示在因子 A 第 i 水平与因子 B 第 j 水平下的第 k 次试验，即 $y_{ijk}=\mu+a_i+b_j+(ab)_{ij}+\varepsilon_{ij}$，$i=1, 2, \cdots, r$，$j=1, 2, \cdots, s$，$k=1, 2, \cdots, m$。

计算 $y_{.j.}$、$y_{i..}$ 与 $y_{...}$，并将数据整合成表。

接着算出五个平方和：

$\sum_{i=1}^{4}\sum_{j=1}^{3}\sum_{k=1}^{4}y_{ijk}^2=17.04646719$，$\sum_{i=1}^{4}\sum_{j=1}^{3}y_{ij.}^2=31.94855349$，$\sum_{i=1}^{4}y_{i..}^2=75.9418546$，$\sum_{j=1}^{3}y_{.j.}^2=95.1839056$，$y_{...}^2/(rs)=y_{...}^2/12=5.131217932$。

继而算出五种偏差的平方和：

$$S_T=\sum_{i=1}^{r}\sum_{j=1}^{s}\sum_{k=1}^{m}(y_{ijk}-y)^2=\sum_{i=1}^{r}\sum_{j=1}^{s}\sum_{k=1}^{m}y_{ijk}^2-\frac{y_{...}^2}{n}=11.91524926,$$

$$S_A=\sum_{i=1}^{r}sm(\bar{y}_{i..}-\bar{y})^2=\sum_{i=1}^{r}\frac{y_{i..}^2}{sm}-\frac{y_{...}^2}{n}=1.197269952,$$

$$S_B=\sum_{j=1}^{s}rm(\bar{y}_{.j.}-\bar{y})^2=\sum_{j=1}^{s}\frac{y_{.j.}^2}{rm}-\frac{y_{...}^2}{n}=0.817776168,$$

① 茆诗松主编．统计手册［M］．北京：科学出版社，2003

$$S_{A\times B}=\sum_{i=1}^{r}\sum_{j=1}^{s}m\left(\bar{y}_{ij.}-\bar{y}_{i..}-\bar{y}_{.j.}+\bar{y}\right)^2=\sum_{i=1}^{r}\sum_{j=1}^{s}\frac{y_{ij.}^2}{m}-\frac{y_{...}^2}{n}-S_A-S_B$$

$=0.840874321$,

$S_e=S_T-S_A-S_B-S_{A\times B}=9.059328822$。

然后，我们就可以制作 ANOVA 分析表，见 11－4。

表 11－4　给予生产性服务特征和外资参与双因素的 ANOVA 表

来源 \ 项目	偏差平方和	自由度	均方和	F 比
因子 A	$S_A=$ 1.197269952	$f_A=r-1=3$	$MS_A=S_A/f_A=$ 0.39908998	$F_A=MS_A/MS_e=$ 1.585905501
因子 B	$S_B=$ 0.817776168	$f_B=s-1=2$	$MS_B=S_B/f_B=$ 0.40888808	$F_B=MS_B/MS_e=$ 1.624841234
交互作用 A×B	$S_{A\times B}=$ 0.840874321	$f_{A\times B}=f_A\times f_B=6$	$MS_{A\times B}=S_{A\times B}/f_{A\times B}=$ 0.14014572	$F_{A\times B}=MS_{A\times B}/MS_e=$ 0.556911668
误差 e	$S_e=$ 9.059328822	$f_e=rs(m-1)=36$	$MS_e=S_e/f_e=$ 0.25164802	
总和 T	$S_T=$ 11.91524926	$f_T=n-1=rsm-1=47$		

给定显著水平 $\alpha=0.25$ 时：$F_A=1.5859>F_{0.75}(3,36)=1.43007$，$F_B=1.6248>F_{0.75}(2,36)=1.44108$，$F_{A\times B}=0.5569<F_{0.75}(6,36)=1.37779$。显然在 0.25 的显著水平下，生产性服务特征与外资参与对服务业产值增长率有显著影响；不过二者的交互作用却不显著。

四、实证结果分析

本章以生产性服务业最本质的特征——中间投入特性为出发点，通过综合考虑中间需求率、中间投入率、影响力系数、感应度系数和我国实际情况，对服务业按中间投入特性的强弱进行了有层次的分组。并采用技术手段取得各子行业内外商直接投资企业、港澳台投资企业和内资企业各自的产出增长率，继而进行 ANOVA 分析，计量在跨国并购背景下外资是否在生产性服务业领域产生技术进步影响，有以下结论：

1. 从影响力系数（后向关联系数）和感应度系数（前向关联系数）来看：

（1）很少有服务业的感应度系数大于 1，而影响力系数有不少高于 1。

这说明服务业受前向供给变动（对其他部门变化的反应，即感应）的影响不大；相反，对后向制造业的影响却较大，这充分反映了生产性服务业的中间投入性的特点。其中，交通运输及仓储业前后向的关联都比较大，这表明我国的物流仓储业在产业链中具有承上启下的地位，与前后向产业都有相当的关联。

（2）单从影响力系数看，研究与试验发展业对后向的影响最大，表明该行业处于基础位置，对国民经济的推动具有积极意义。这十分有利于实现我国经济转型的目标，用技术拉动经济取代以市场拉动经济。相反，房地产业通常被列入生产性服务业，却具有非常低的后向影响力。一个合理的解释是：在当今中国房地产业下游的主要对象不是生产者，而是最终消费者。

2. 从中间投入率和中间需求率来看：交通运输及仓储业、邮政业、租赁和商务服务业以及研究与试验发展业呈现出较高的水平，表现出中间产品的性质，它们已经成为我国现代服务业的重要构成部分。

3. 从 ANOVA 实证分析来看：

（1）在发生跨国并购、有外资参与的因素下，在具有独特性质的生产性服务业较其他服务业率先体现产出进步率。一方面，我们可以认为这是在两个因素共同的作用下发生了技术进步的结果；另一方面，我们可以把这种现象理解成生产性服务特征内在的优势，即与制造业最紧密的联系。于是，在生产性服务业领域技术较其他服务业在外资的作用下，技术进步率先体现是一个“里应外合”的互动过程。这就是本节所要阐述的、从行业互动角度看外资对生产性服务业技术进步影响效应的体现。

（2）在外资对生产性服务业技术进步影响内部，外商直接投资的作用大于港澳台投资。这与现实情况也吻合，因为外商直接投资企业的核心竞争力以技术为主导，但港澳台投资企业并非这样。

第二节　企业角度技术进步影响分析：外资企业与内资企业的互动

内资与外资企业各自的目标都是盈利。要完成降低能耗与成本、提高产品的产量与数量，形成持续的增长，必须靠技术来带动。技术的获得主要靠创新和模仿，但正如“技术差距理论”所指出的那样：双方对技术研发的投入与策略不同不仅对其本身带来影响，还要对行业内或行业间其他企业产生一定的效应，而这种效应反过来又影响企业制定技术研发策略。

本章将以数理模型证明这种效应，也就是内资企业与外资企业在技术进步方面的互动。受到技术领导者、技术跟随者模型的启发①，对一些具体的情形进行了探讨。我们可以把外资企业看作技术领导者，而把内资企业看作技术追随者。或把倾向于将服务外包的大型制造业企业看作技术领导者，而把为其服务的生产性服务业企业看作技术追随者。笔者将此模型称为“技术进步的单个企业和两个企业互动模型”。

一、单一企业的技术进步模型

Lucas（1988）和 Mankiw（1995）忽略实物资本和人力资本之作用，仅将劳动作为生产要素投入生产建立模型。把劳动力分成两种情况：一是参加生产的劳动力，其数量为 L_Y；二是参加技术创新的劳动力，其数量为 L_A。

不妨设参加技术创新的劳动力占全部劳动力的比例为 γ，故有下式：

既然 $\gamma = \frac{L_A}{L}$，则有：

$$L_Y = (1-\gamma)L \tag{1}$$

生产函数即为：$Y = AL_A = A(1-\gamma)L$；其劳均形式为：

$$y = A(1-\gamma) \tag{2}$$

式（2）的意义是：在给定技术水平 A 时，γ 越小，也就是参与生产的劳动力越多，人均享受这种技术带来的生产能力提高的指标——劳均量也就越高。

我们给出假定：技术进步率是参与研发工作劳动力数量的函数，即：

$$\hat{A} = \frac{L_A}{\mu} \tag{3}$$

式（3）中 $\hat{A}$ 代表技术进步率（或称技术增长率）；μ 为新发明用劳动单位数表示的“价格”（可以理解成“成本”），即为了达到某一技术进步率水平需要多少劳动单位。L_A 和 μ 的比值就能刻画出技术进步率的水平。

自然地，$\hat{A} = \frac{\gamma L}{\mu}$；若 γ 给定不变，则有 $\hat{y} = \hat{A}$，

也就是：$$\hat{y} = \hat{A} = \frac{\gamma L}{\mu} \tag{4}$$

① David N. Weil. Economic Growth［M］. 北京：中国人民大学出版社，2007

式（4）的意义是：新发明的成本较低时，企业的产出增长就较快。在现实中，常与企业与行业的类型相关。比如传统制造业往往需要资本密集型的技术，这就对新发明的成本水平有相当的要求。然而更有实际意义的是当γ发生突增的情况如图 11 -2 所示。

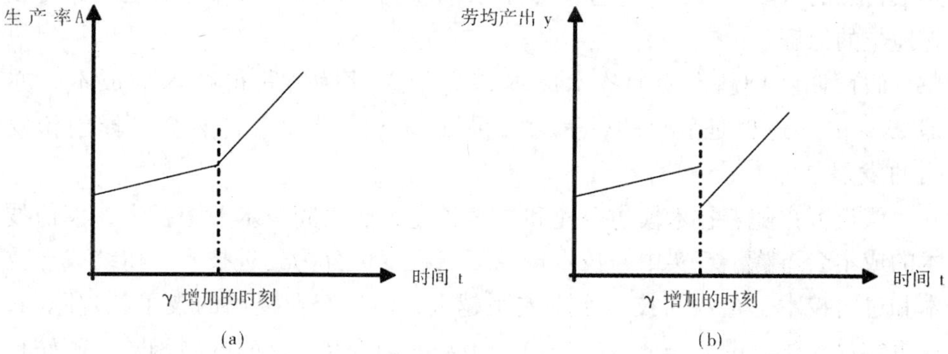

图 11 -2　单位增加科研人员比例时的生产率与劳均产出变化

当γ发生突增时，一方面可以 A 的增长率（图 a 中右半段斜率变大），也可以提高 y 的增长率（图 b 中右半段斜率变大）；另一方面，在γ增加的时刻，y 的水平会突然下降，因为根据式（2），我们得知这种变化的具体措施就是将劳动力从生产部门调入了研发部门，其瞬时的落差就是劳动力调动所发生的损失。但随着时间的推进，企业的产出必将恢复，并且要超过原来的水平。这就是说，我们的企业在着眼于技术进步而把资源投入到研发部门，在短期内可能劳均产出出现下降，但这种策略有利于长期发展。

二、两个企业互动的技术进步模型

单一企业的技术进步模型为我们勾勒出一个企业着力技术创新时对生产率 A 和劳均产出造成的短期与长期的影响，但并未与其他企业进行比较，更未考虑企业互动的情形。本书致力于探究不同企业在相当关联关系的条件下的技术进步的互动作用。现给出两个企业的模型。

1. 五个假设：

假设一：仅有两个企业，企业 1 的技术进步靠的是技术创新（innovation）；企业 2 的技术进步靠的是对企业 1 技术的模仿（copying）。于是，企业 1 是技术领先者（technology leader），企业 2 是技术模仿者（technology follower）。

假设二：企业1与企业2的劳动力数量相等，亦即 $L_1 = L_2 = L$；但两企业的技术水平不同，分别为 A_1 和 A_2。显然 $A_1 > A_2$，若技术模仿企业的技术水平高于技术领先企业，那企业1将无甚技术值得企业2模仿。

假设三：企业1从事研发的劳动力比例高于企业2，亦即 $\gamma_1 > \gamma_2$，这也是很自然的事。一方面是企业1技术水平领先的原因，另一方面是其保持领先地位的保证。

假设四：创新发明的技术成本将高于通过模仿获得技术的成本，亦即 $\mu_i > \mu_c$。这也是显见的，因为如果 $\mu_c > \mu_i$，企业2自然会选择创新发明的发展技术。

假设五：随着技术模仿企业和技术领先企业之间技术差距扩大，模仿技术的成本会下降。现实中，技术按照新旧程度可分为先进技术、传统成熟技术和过时技术。企业间技术水平差距越大，落后企业复制的技术就越陈旧，也更容易模仿。设 $\mu_c = c\ (A_1/A_2)$，函数c为变量 A_1/A_2 的减函数，不妨称之为"复制成本函数"。

2. 推论：

由单一企业的技术进步模型和上述假设，我们可以得到以下推论，如图11-3所示。

$$y_1 = A_1(1 - \gamma_1) \qquad y_2 = A_2(1 - \gamma_2) \tag{5}$$

$$\hat{A}_1 = \frac{\gamma_1 L}{\mu_i} \qquad \hat{A}_2 = \frac{\gamma_2 L}{\mu_c} \tag{6}$$

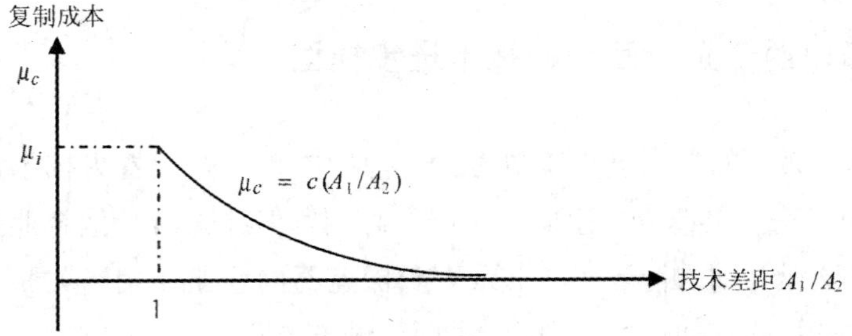

图11-3　复制成本函数的函数草图

由假设五我们可以得知复制成本函数是向下倾斜的。且当 A_1/A_2 接近于1

时，复制技术显得越来越无意义，因为两个企业技术差距极小，企业2应考虑开发自主技术；而 A_1/A_2 极大时，二者技术差距实在太大，此时复制成本几乎为零，也就是企业2模仿的技术也已非常陈旧。当然，这不等于说这类技术对企业2的产出贡献很小。

将推论总结成表11－5：

表11－5　两个企业互动的技术进步模型中技术差距、技术成本和技术进步率的变化

	情形一	情形二	情形三
技术差距	$A_1/A_2=1$	$A_1/A_2\in(1,+\infty)$	$A_1/A_2\to+\infty$
从事科研的劳动力比例	$\gamma_1=\gamma_2$	$\gamma_1=\gamma_2$	$\gamma_1=\gamma_2$
技术成本	$\mu_i=\mu_c$	$\mu_i>\mu_c>0$ 且 μ_c 随 A_1/A_2 的增大不断减小	$\mu_i>>\mu_c$ 且 $\mu_c\to0$
技术进步率	$\hat{A}_1>\hat{A}_2$ 且 $\hat{A}_1=\frac{\gamma_1 L}{\mu_i}$ $\hat{A}_2=\frac{\gamma_2 L}{\mu_i}$	随着 A_1/A_2 的增大， $\hat{A}_1=\frac{\gamma_1 L}{\mu_i}$ 保持不变，$\mu_c=c(A_1/A_2)$ 不断减小， 进而 $\hat{A}_2=\frac{\gamma_2 L}{c(A_1/A_2)}$ 不断增大	$\hat{A}_1=\frac{\gamma_1 L}{\mu_i}$ 保持不变， 但 $\hat{A}_2\to+\infty$

3. 静态分析：

表11－5所示三种情形的区分关键乃是技术差距，也就是说这是两个企业在创新与模仿的进程中可能出现的状况。下面给出静态分析，推导出此动态互动过程中的稳态（steady－state）。不妨先根据上表给出图11－4。

如图11－4所示，当 $A_1/A_2<(A_1/A_2)^{ss}$ 时，$\hat{A}_1>\hat{A}_2$，同时 $A_1>A_2$，自然会有 $A_1>A_2$ 的值不断上升；当 $A_1/A_2>(A_1/A_2)^{ss}$ 时，$\hat{A}_1<\hat{A}_2$，同时 $A_1>A_2$，自然会有 A_1/A_2 的值逐渐减少。我们也就得出了静态的情况：联立 $\hat{A}_1$ 与 $\hat{A}_2$ 大表达式可解出稳态水平：

$$\hat{A}_1=\hat{A}_2\Rightarrow\frac{\gamma_1 L}{\mu_i}=\frac{\gamma_2 L}{\mu_c}\tag{7}$$

即 $\mu_c=\frac{\gamma_2}{\gamma_1}\mu_i$ (8)

又因为 $\mu_c=c(A_1/A_2)$，进而有 $c(A_1/A_2)=\frac{\gamma_2}{\gamma_1}\mu_i$ (9)

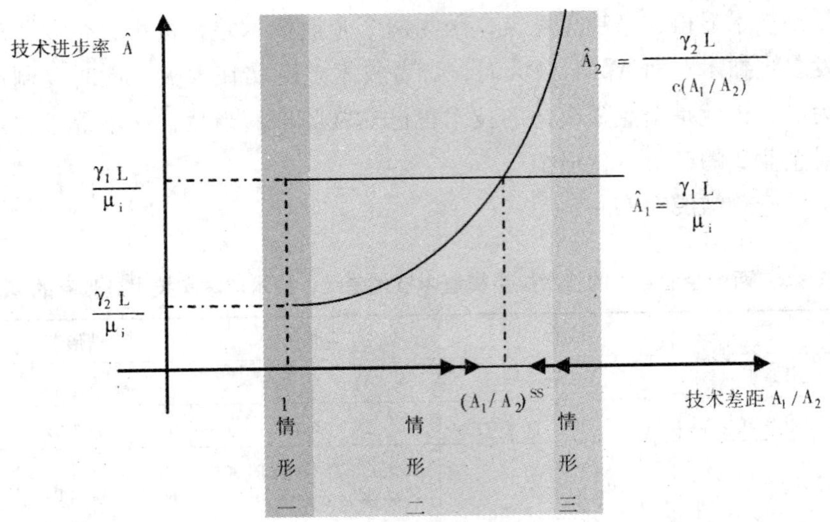

图 11-4 两个企业互动中技术进步率的稳态分析图

因为函数 c 单调减，故其有反函数 c^{-1}。

于是我们可以进一步解出 $(A_1/A_2)^{ss} = c^{-1}\left(\frac{\gamma_2}{\gamma_1}\mu_i\right)$ （10）

4. 动态分析：

首先，动态是常态，稳态是例外。也就是说，企业 1 和企业 2 的互动不会始终固定在 $(A_1/A_2)^{ss}$ 的状态。更可信的应该是在情形二的区间内，也就是说，两个企业的技术差距 A_1/A_2 在 $(A_1/A_2)^{ss}$ 附近徘徊。这主要有两个原因：不论技术领先企业还是技术模仿企业各自内部保持技术进步的能力并不固定（比如决策层的策略变化）；另外，模仿企业的复制能力、吸收能力和处境化的成本也会发生变动，甚至这种模仿行为会反过来影响技术领先企业的研发水平，这就是两个企业间的互动关系。

其次，我们给出企业 2 增加科研人员比例的情况分析。此时，调到科研部门的劳动力仍旧进行技术模仿而非技术创新发明。这就意味着在其他条件保持不变的情况下，突然增加了 γ_2，假设增加到 γ_2' 水平。当然 γ_2' 必须低于 γ_1 的水平，否则企业 2 就不是技术模仿者了。于是有 $\gamma_2 < \gamma_2' < \gamma_1$，此时技术进步率、技术生产率和劳均产出的变化如图 11-5 所示。

显然，实施了从事直接生产的劳动力调到科研部门进行技术复制研究的政策后，经过一段时间的互动，会达到新的稳态。我们发现企业 2 的技术进步率提高到了较高的水平 $\hat{A}_2$，而企业 1 的技术进步率保持不变。也就是说在新的相对静止的状态下，两企业的技术差距变小了（亦即 A_1/A_2 变小到 $A_1/$

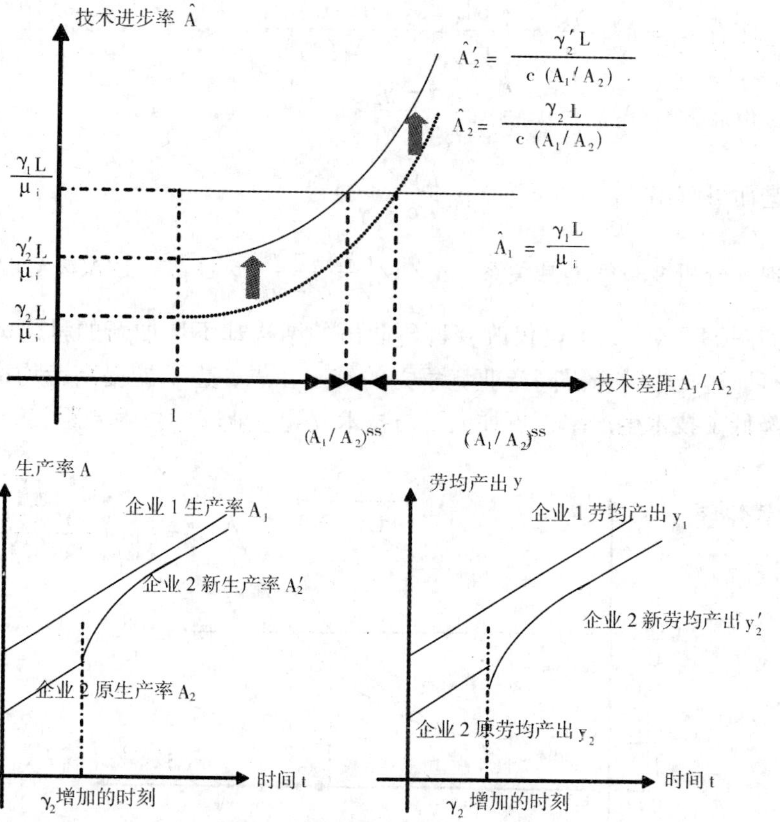

图 11－5　两个企业互动中模仿者单位增加科研人员比例效果图

A'_2)。企业 2 的新生产率又一次与企业 1 的水平达到一致，也就是反映了互动的“动”、“定”和“变”的动态平衡特征。在劳均产出方面，由于 γ_2 增加的时刻造成了短时间内的缺口，带来了因生产人员数量调低而产生的福利损失。当然，这种短暂的落后换来的是运行在新高度的劳均产出。

再次，我们探讨企业 2 在保持科研人员比例不变的情况下，企图通过调整科研人员结构来提升竞争力的情形。这种结构调整实际上是安排一定比例的科研人员从事发明创造的技术研究，即企业 2 企图在维持科研人员数量不变的前提下，划拨出一些人进行新技术开发。不妨设企业 2 科研人员中从事创新技术开发的人员占研发人员比例为 α。

自然地，$\hat{A}''_2 = \frac{\gamma_2 \alpha L}{\mu_i} + \frac{\gamma_2(1-\alpha)L}{c(A_1/A_2)}$。在新稳态时，$\hat{A}''_2 = \frac{\gamma_2 \alpha L}{\mu_i} + \frac{\gamma_2(1-\alpha)L}{c(A_1/A_2)}$

进而有 $\hat{A}_1 = \hat{A}_2'' \Rightarrow \frac{\gamma_1 L}{\mu_i} = \frac{\gamma_2 \alpha L}{\mu_i} + \frac{\gamma_2 (1-\alpha) L}{c(A_1/A_2)}$ (11)

可得 $c(A_1/A_2'') = \mu_c = \mu_i \frac{\gamma_2\alpha - \gamma_2}{\gamma_2\alpha - \gamma_1}$ (12)

进而可解出 $A_1/A_2'' = c^{-1}\left(\mu_i \frac{\gamma_2\alpha - \gamma_2}{\gamma_2\alpha - \gamma_1}\right)$ (13)

现在分析变量间增减关系：$\alpha \propto 1/\left(\frac{\gamma_2\alpha - \gamma_2}{\gamma_2\alpha - \gamma_1}\right) \propto 1/\mu_c \propto 1/\hat{A}_2'' \propto A_1/A_2''$

如图 11－6，如果仅仅改变科研队伍的结构却不增加新的科研人员，即使再有通过技术革新提高产业竞争力的雄心壮志，也不能提高劳均产出。相反，降低了技术生产率，更加大了与技术领先企业间的技术差距。

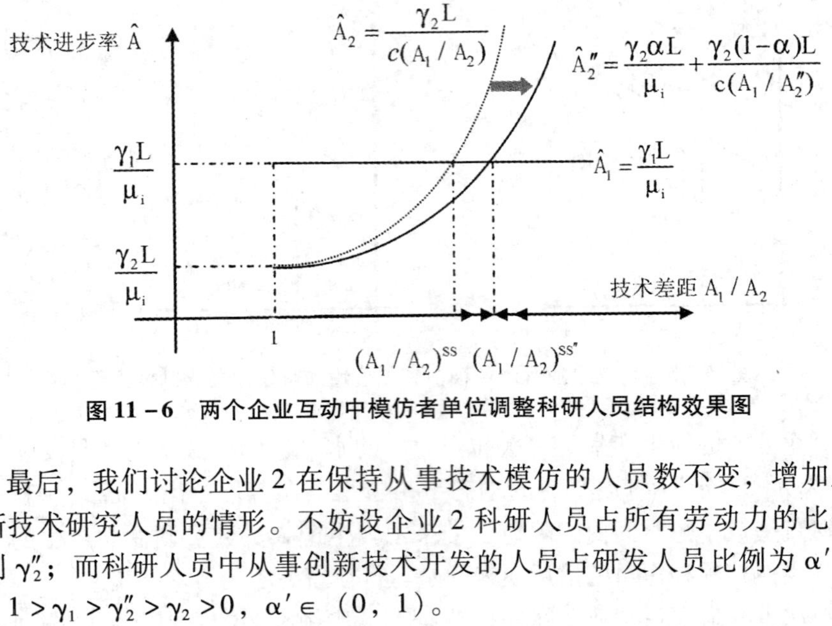

图 11－6　两个企业互动中模仿者单位调整科研人员结构效果图

最后，我们讨论企业 2 在保持从事技术模仿的人员数不变，增加从事创新技术研究人员的情形。不妨设企业 2 科研人员占所有劳动力的比例提高到 γ_2''；而科研人员中从事创新技术开发的人员占研发人员比例为 α'。当然，$1 > \gamma_1 > \gamma_2'' > \gamma_2 > 0$，$\alpha' \in (0, 1)$。

在新稳态下则有 $\hat{A}_1 = \hat{A}_2''' \Rightarrow \frac{\gamma_1 L}{\mu_i} = \frac{\gamma_2''\alpha' L}{\mu_i} + \frac{\gamma_2''(1-\alpha') L}{c(A_1/A_2)}$ (14)

可得 $c(A_1/A_2'') = \mu_c = \mu_i \frac{\gamma_2''\alpha' - \gamma_2''}{\gamma_2''\alpha' - \gamma_1}$ (15)

进而可以解出 $A_1/A_2''' = c^{-1}\left(\mu_i \frac{\gamma_2''\alpha' - \gamma_2''}{\gamma_2''\alpha' - \gamma_1}\right)$ (16)

现在通过不等式放缩分析变量间增减关系：为讨论随着 α' 与 γ_2'' 的增大，技术进步率与技术差距的变动情况。令函数 $F(\alpha', \gamma_2'') = \frac{\gamma_2''\alpha' - \gamma_2''}{\gamma_2''\alpha' - \gamma_1}$，$\alpha'_1 >$

α'_2，$\gamma''_{21}>\gamma''_{22}$，现在考量 $G=F(\alpha'_1,\gamma''_{21})-F(\alpha'_2,\gamma''_{22})$ 的正负。

可解得 $G=F(\alpha'_1,\gamma''_{21})-F(\alpha'_2,\gamma''_{22})=\dfrac{\gamma''_{21}\alpha'_1-\gamma''_{21}}{\gamma''_{21}\alpha'_1-\gamma''_{21}}-\dfrac{\gamma''_{22}\alpha'_2-\gamma''_{22}}{\gamma''_{22}\alpha'_2-\gamma''_{22}}$

$$=\frac{\alpha'_2\gamma''_{22}(\gamma_1-\gamma''_{21})+\alpha'_1\gamma''_{21}(\gamma''_{22}-\gamma_1)+\gamma_1(\gamma''_{21}-\gamma''_{22})}{(\gamma''_{21}\alpha'_1-\gamma_1)(\gamma''_{22}\alpha'_2-\gamma_1)}$$

又因为 $\alpha'_1\gamma''_{21}(\gamma''_{22}-\gamma_1)>\alpha'_2\gamma''_{22}(\gamma''_{22}-\gamma_1)$

$$G>\frac{\alpha'_2\gamma''_{22}(\gamma_1-\gamma''_{21})+\alpha'_2\gamma''_{22}(\gamma''_{22}-\gamma_1)+\gamma_1(\gamma''_{21}-\gamma''_{22})}{(\gamma''_{21}\alpha'_1-\gamma_1)(\gamma''_{22}\alpha'_2-\gamma_1)}$$

$$=\frac{\alpha'_2\gamma''_{22}(\gamma''_{22}-\gamma''_{21})+\gamma_1(\gamma''_{21}-\gamma''_{22})}{(\gamma''_{21}\alpha'_1-\gamma_1)(\gamma''_{22}\alpha'_2-\gamma_1)}$$

$$=\frac{(\gamma''_{22}-\gamma''_{21})(\alpha'_2\gamma''_{22}-\gamma_1)}{(\gamma''_{21}\alpha'_1-\gamma_1)(\gamma''_{22}\alpha'_2-\gamma_1)} \tag{17}$$

易得四个因式 $\gamma''_{22}-\gamma''_{21}<0$，$\alpha'_2\gamma''_{22}-\gamma_1<0$，$\gamma''_{21}\alpha'_1-\gamma_1<0$，$\gamma''_{22}\alpha'_2-\gamma_1<0$，$G>0$，亦即证明得在 α' 与 γ'' 增加时，$F(\alpha',\gamma''_2)=\dfrac{\gamma''_2\alpha'-\gamma''_2}{\gamma''_2\alpha'-\gamma_1}$ 也增加。

于是由 $c(A_1/A''_2)=\mu_c=\mu_i\dfrac{\gamma''_2\alpha'-\gamma''_2}{\gamma''_2\alpha'-\gamma_1}$ 可得：在 α' 与 γ''_2 增加时，$c(A_1/A''_2)$ 增加；进而可得技术差距到达 A_1/A''' 低于原来水平。

亦即：α'，$\gamma''_2\propto\left(\dfrac{\gamma''_2\alpha'-\gamma''_2}{\gamma''_2\alpha'-\gamma_1}\right)\propto\mu_c\propto\hat{A}'''_2\propto A_1/A'''_2$

同时，对复制成本函数值影响将小于单单提高 γ_2 到 γ''_2 而不安排科研人员从事创新发明研究时政策的情况。证明如下：

令函数 $H=c(A_1/A'_2)-c(A_1/A''_2)$

$$=\frac{\gamma''_2}{\gamma_1}\mu_i-\mu_i\frac{\gamma''_2\alpha'-\gamma''_2}{\gamma''_2\alpha'-\gamma_1}$$

$$=\mu_i\frac{\gamma''_2\alpha'(\gamma''_2-\gamma_1)}{\gamma_1(\gamma''_2\alpha'-\gamma_1)}$$

又因为 $\gamma_1>\gamma''_2>\gamma_2$，可得因式 $\gamma''_2-\gamma_1<0$，$\gamma''_2\alpha'-\gamma_1<0$

即有 $H>0$，也就是单单提高 γ_2 到 γ''_2 而不安排科研人员从事创新发明研究时的复制成本函数值将高于（技术差距小于）保持从事技术模仿的人员数不变，增加从事创新技术研究人员时的情形。

也就是说保持从事技术模仿的人员数不变，再增加从事创新技术研究人员政策的福利效应是介于保持科研人员比例不变而划出发明创造研究人员与单位提高科研人员比例这两种政策之间。

现在给出保持从事技术模仿的人员数不变，增加从事创新技术研究人员情形的图象如图 11－7 所示。

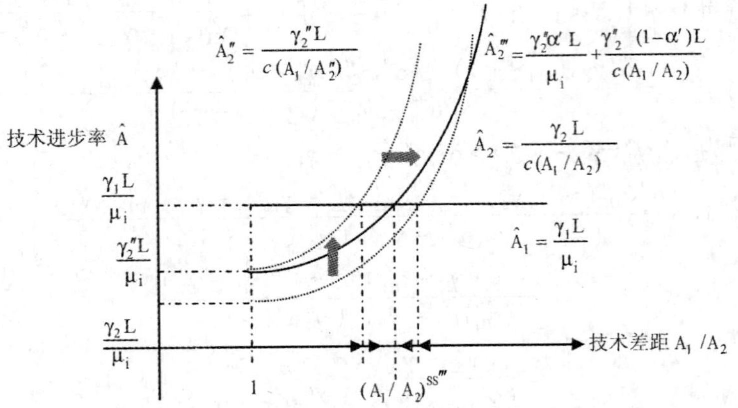

图 11－7　两个企业互动中模仿者维持模仿人员数量不变又增加创新研发人员数的效果图

用 0－1 分布表达四种政策:(科研人员比例,从事创新技术研究)且令“无”或“不变”为 0;“有”或“增加”为 1。现将上述政策情况总结在表 11－6 中。

表 11－6　两国企业互动中模仿者四种政策的效果比较

	无从事创新技术研究	有从事创新技术研究
科研人员比例不变	复制成本不变，技术差距不变	复制成本减少，技术差距增大
科研人员比例增加	复制成本增加，技术差距下降	复制成本增加，技术差距下降
四种政策对缩小技术差距的有效程度 E 排序：E（1，0）＞E（1，1）＞E（0，0）＞E（0，1）		

三、数理模型小结

一方面，外资企业是技术领导者，内资企业自然是技术追随者；另一方面，正如前文所述，传统制造业和生产性服务业因为有着相当水平的互动关系，使得行业内与行业间的企业自然地成为技术领先者与技术模仿者（这种关系在两个企业的不同领域可能发生倒置）。在跨国并购浪潮的背景下，跨国公司企图将其在东道国的产业纳入“全球管理”的统筹以谋求整个公司全球利润最大化；而东道国不但期待 FDI 弥补国内投资资本不足，还希望以此引进先进技术对内资经济产生正的技术溢出效应。

在以静态分析与动态分析相结合、定性分析与定量分析相结合地对单一企业的技术进步模型与两个企业互动的技术进步模型进行探讨后，我们不难得到以下结论：

第一，保持相当的科研人员数量，不论是自主技术创新还是模仿复制技术，都将带来生产率的提高，进而提高企业的产出水平。

第二，企业通过竞争模仿，并不断调整自己投入研发的政策，与其他企业时刻保持互动，有时会达到稳态。我们可以借此定量分析行业内与行业间企业的技术进步率、技术差距和劳均产出。

第三，企业可以采取多种政策调整技术研发策略，至少有两种：一是改变科研人员的数量，二是增加从事技术创新人员的数量。当然这两种策略往往搭配使用。

第四，但单单调整科研人员结构而保持其规模不变，并不能缩小技术差距；相反企业应考虑增加科研人员比例且投入技术复制研究。而介于以上两种策略之间，可以选择既适当扩大科研人员规模又在其中划出一部分人进行创新技术研发，这在中短期里不失为一个合理的策略。

第三节　策略角度技术进步影响分析：内部化与外包化的互动

我国学者程大中认为，生产性服务业的发展存在一个规律性的趋势，即由“内部化”（Internalization）向“外部化”（Externalization）演进，或由“非市场化”向“市场化”演进。并指出：在经济发展水平与市场化程度较低、市场交易成本较高时，由企业内部提供；而随经济发展、市场化程度提升和交易成本降低，会涌现出专门提供诸如财会、营销、咨询、物流等服务的独立市场主体①。

但这种说法并不能对当今世界制造行业对生产性服务业的混合并购作出很好的解释。笔者认为，在跨国并购的背景下，企业面临着将服务业内部化和将服务外包两种选择。更重要的，这种企业的策略直接影响了其本身、产业链或是区域内其他企业的技术进步。

本节在对服务内部化和外包化作简单解释后，通过苏州工业园的案例探

① 程大中．生产者服务业的发展水平、部门结构与经济影响——基于投入产出的国际比较研究［M］中国服务经济报告2006，北京：经济管理出版社

讨这种企业策略抉择如何对生产性服务业的技术进步发生影响。

一、对内部化和外包化的理论解释

（一）服务内部化

德勤公司（Deloitte）的研究报告《全球制造业中的服务革命》中提到，在其调查的80家制造公司中，服务收入占总销售收入的平均值大于25%，有19%的制造业公司的服务收入超过其总收入的50%①。这个趋势在跨国并购发生时更为明显。因为跨国公司一方面把产业链分解成许多部分，把它们分配到不同分公司或子公司，另一方面通过并购把与其联系紧密的生产性服务业纳入到自己的经营范围里，构成一揽子的产品，这就是所谓的对生产性服务业"混合并购"。

另外，从企业组织模式上，也可看出这种从完全市场走向公司的内部化进程：

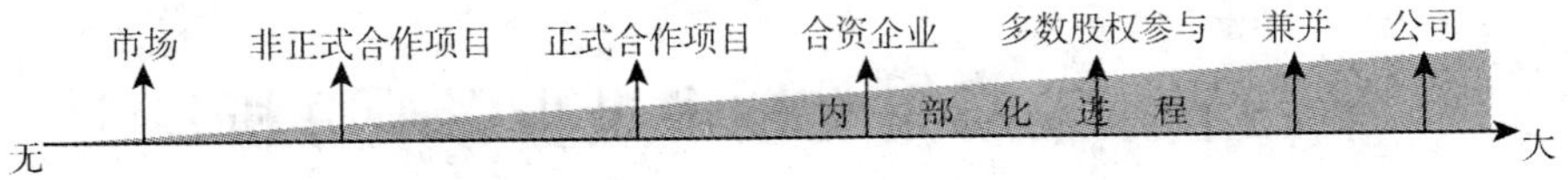

图11－8 服务内部化演进图

这种内部化的策略主要发生在跨国公司内，跨国公司的全球一体化生产体系常被形象地称作"以世界为工厂"、"以各国为车间"的全球化经营模式。其特征是实行全球化经营战略，总公司作为决策中心对国际化生产和销售进行集中管理、统一规划和指挥，并与各子公司或分公司的分散经营相结合，以谋求整个公司全球利润的最大化。

金德尔伯格（P. Kindleberger）认为，跨国公司的决策行为、高级主管的聘用、资金的流向和市场的选择等都不偏向于某一个国家，决策中心只是冷静地注视着全球动向的变化，从公司总体利益出发，一视同仁地管理各个国家和地区的经济往来，实现全球利润最大化目标②。

这对我国的生产性服务业具有双重作用：正效应方面，能通过外资并购我国生产性服务业企业在技术投入上的示范效应激励我国自有的生产性服务

① Deloitts, The Service Revolution in Global Manufacturing Industries, 5－6

② 金德尔伯格．美国的国外企业［M］．耶鲁大学出版社，1969

业企业；通过外商并购前前后后对既有资源的整合是由关联度的我国内资生产性服务业获得利润；当然，在行业内部和行业间还会产生额外的溢出效应，这是并购前所没有的。负效应方面，这可能使得技术获得或使用的成本变得更高；对内资的生产性服务业带来技术依赖、技术不适用或是削弱东道国的自主研发能力，这从长远看是致命的；更可怕的是，这会增强外资企业在东道国又一产业里的垄断地位，而其技术因含有较多的隐形知识变得不易转移。

（二）服务外包化

当今世界产业发展有两个重要的趋势：一是近代大工业生产的福特主义（Fordism）渐趋瓦解，而信息技术革命引发的温特尔主义（Wintelism）悄然兴起。二是企业生产模式与业务流程大大变化，从大规模到定制出产，再到大规模定制生产，在价值链里出现了模块化。也就是说，可以将一些环节剥离出来，只谋取高利润部分。可用下面的“微笑曲线”表示，两端即生产的上下游，是以研发、销售、物流、售后服务为主要内容的生产性服务业，附加值较高；而底部则是制造、加工或组装如图 11－9 所示。

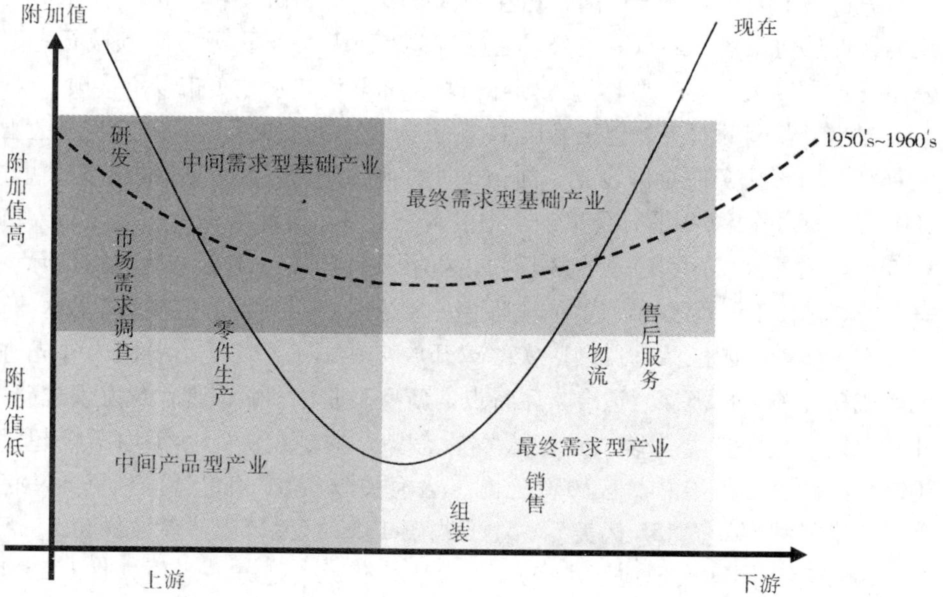

图 11－9　1950～1960 年服务外包化“微笑曲线”

于是，在跨国并购的作用下，生产性服务业充分发挥了“黏合剂”（glue）功能，不仅促进了其本身的技术进步，也对产业融合和提高生产率起到积极的作用。

采取业务外包的方式，对东道国有正的溢出效应，且能降低因过度内部化造成的内部交易成本。因为企业业务外包的实质在于截取价值链中的高利润环节，缩小经营范围，将有限的资源集中使用在企业的强势领域，以增强企业的竞争优势。

但这并不影响整体福利。相反，用大卫李嘉图的比较优势理论分析时，会发现企业截取的高利润环节是相对自己低利润环节说的，而这些所谓的“低利润环节”也许正是其他企业的高利润部分。这恰恰说明对价值链各阶段的分工是整体福利的优化过程。

二、案例分析：以苏州工业园服务外包为例

IT 服务市场是生产性服务业外包化的最好例子。中国软件行业协会副理事长兼秘书长胡崑山在《2005 年我国软件出口发展状况及机遇和挑战》中这样写道：“我国对欧美软件出口主要依赖与跨国公司在华机构的合作取得项目，通过与 IBM、微软等跨国公司在中国研发中心，分支机构进行合作进入欧美软件外包市场。还有一些公司通过与世界顶级大公司或者 IT 领域领先国公司（如印度大公司）合作进入国际市场，而非直接从欧美市场承接项目。”

苏州工业园的服务外包正是以 IT 服务为主要方向的[①]。苏州工业园区于 1994 年 2 月经国务院批准设立，同年 5 月实施启动。行政区划 288 平方公里，其中，中新合作区 80 平方公里，下辖娄葑、唯亭、胜浦等三个镇，户籍人口 31.5 万（常住人口 61 万）。苏州工业园区的发展目标是：建设成为具有国际竞争力的高科技工业园区和现代化、国际化、信息化的创新型、生态型新城区。

十多年来，园区认真贯彻落实改革开放基本国策，广泛借鉴国内外先进地区成功经验，积极探索适合本区特点的新型工业化和城市现代化发展之路，开发建设一直保持着持续快速健康发展态势，主要经济指标年均增幅超过 30%，累计上交各类税收近 1030 亿元（含海关收入），引进合同外资 349 亿美元、实际利用外资 155 亿美元、注册内资 1356 亿元，创造就业岗位 51 万个。2008 年，园区实现地区生产总值 1001.5 亿元，地方一般预算收入 95.1 亿元，进出口总额 625 亿美元，其中出口 311 亿美元，新增注册外资 30.2 亿美元，到账外资 18 亿美元，综合发展指数位居全国国家级开发区第二位。目前，园区土地和人口分别占全市 3.4% 和 5%，SO_2 和 COD 排放总量分别占

① 资料来源：苏州工业园区服务外包网 www.sipoutsourcing.com

1%和2%，但完成的GDP、地方一般预算收入和固定资产投资则占到全市的15%左右，注册外资、到账外资和进出口总额占到25%左右，已成为苏州市经济社会发展的重要增长极。

科技三项经费连续三年翻番增长，R&D投入占GDP比重每年提高0.5个百分点、2008年达3.9%。创新资源日益丰富，国际科技园、生物纳米园、创意产业园、中新生态科技城、独墅湖高教区等创新载体建设集群推进，总面积达300万平方米，其中建成面积150万平方米，形成了国家电子信息产业基地等9大国家级创新基地。创新功能加快完善，建成了IC设计、软件评测、生物医药、动漫影视等10多个公共技术服务平台，集聚各类创投机构达52家，创投资金规模超160亿元，形成了较为完整的风险创投、产业投资、融资担保资金扶持体系。创新主体快速集聚，拥有各类研发机构131个、高新技术企业384家，中科院创新工程三期——中科纳米所揭牌投运，全国第三个国家级创新园——国家纳米技术国际创新园挂牌成立，100余项国家级科技攻关项目在区内实施，专利申请和授权量均以每年50%以上速度增长，创新型园区建设实现跨越发展。

表11-7是苏州工业园区技术发展的情况。其中，2007年的软件出口比2006年翻了一番。

表11-7 苏州工业园区技术发展情况

项 目	单位	2006年	2007年	历年累计
R&D投入占GDP比重	%	2.87	3.4	—
高新技术产业产值	亿元	1215	1572	—
高新技术产业产值占工业总产值比重	%	58.4	60	—
软件产业（含IC设计企业）产值	亿元	50	100.3	—
其中：软件出口	万美元	35000	52000	—
省级认定高新技术企业数量	家	50	200	350
省级认定软件企业数量	家	18	26	99
省级认定软件产品数量	个	96	98	424
设立各类研发机构数量	个	14	35	100

为了鼓励和扶持中国服务外包企业承接服务外包业务，2006年12月财政部、国家税务总局、商务部、科技部联合下发《关于苏州工业园区进行鼓励技术先进型服务企业开展试点工作有关政策问题的通知》（财税［2006］147号），这为其长足发展营造了良好的政策环境（见表11-8）。

表 11-8 苏州工业园区内资企业按行业分类注册情况表

行业	企业数				注册资金			
	2006 年		2007 年		2006 年		2007 年	
合计	10607	100.00%	10248	100.00%	9040419	100.00%	10499099	100.00%
农、林、牧、渔业	28	0.26%	36	0.35%	3051	0.03%	5751	0.05%
采掘业	4	0.04%	4	0.04%	2408	0.03%	4155	0.04%
制造业	4025	37.95%	3816	37.24%	1675016	18.53%	1141738	10.87%
电力、煤气及水的生产和供应业	17	0.16%	21	0.20%	52172	0.58%	51298	0.49%
建筑业	849	8.00%	977	9.53%	494471	5.47%	552088	5.26%
地质戡察业、水利管理业	3	0.03%	1	0.01%	3560	0.04%	2580	0.02%
交通运输、仓储及邮电通信业	210	1.98%	228	2.22%	267610	2.96%	295119	2.81%
批发和零售贸易、餐饮业	4394	41.43%	3115	30.40%	1689009	18.68%	773069	7.36%
金融、保险业	85	0.80%	83	0.81%	56309	0.62%	44428	0.42%
房地产业	252	2.38%	599	5.85%	3681494	40.72%	5795019	55.20%
社会服务业	271	2.55%	387	3.78%	347230	3.84%	454371	4.33%
卫生、体育和社会福利业	7	0.07%	12	0.12%	2350	0.03%	13740	0.13%
教育、文艺及广播电影电视业	41	0.39%	94	0.92%	335279	3.71%	487167	4.64%
科学研究和综合技术服务业	27	0.25%	31	0.30%	188940	2.09%	331280	3.16%
其他行业	394	3.71%	844	8.24%	241520	2.67%	547296	5.21%

从表11－8可算得，2007年苏州工业园的内资企业的注册资金中生产性服务业所占比重已经高达68.95%（见表11－9）。

表11－9 苏州工业园区从业人员构成情况 单位：人

地域 指标额	全区	中新合作区	娄葑	唯亭	胜浦
总计	501961	275167	145091	52128	29575
按经济类型分：	501961	275167	145091	52128	29575
（1）外商及港澳	321763	220134	49388	38901	13340
（2）内资企业	180198	55033	95703	13227	16235
按产业分：	501961	275167	145091	52128	29575
（1）第二产业	401633	226961	110447	40346	23879
（2）第三产业	100328	48206	34644	11782	5696
按知识结构分：	501961	275167	145091	52128	29575
（1）大专及以上	123986	76748	40032	3955	3251
（2）中专、高中	228158	129431	62529	28768	7430
（3）其他	149817	68988	42530	19405	18894
按劳动岗位分：	501961	275167	145091	52128	29575
（1）管理人员	26349	5234	10690	5698	4727
（2）工程技术人员	46654	10594	21457	10888	3715
（3）其他	428958	259339	112944	35542	21133

从就业情况上看，外资企业就业人员比例约为65%，而第三产业比例约为20%，技术管理人员比例14.5%。这一系列数字都表示在跨国并购的背景下，当服务外包作为一种策略被企业采纳时，就意味着对内资技术进步有积极意义。

苏州工业园的案例还告诉我们，生产性服务业能通过增强区域创新能力来促进产业集群的发展。正像英国学者Cooke（1992）所说①，区域创新体系主要是由在地理上相互分工与关联的生产企业、研究机构和高峰教育机

① Cooke P, hans－Joachim Braczyk HJ and Heidenreich M.（eds）: Reginal Innovation System: the Role of Government in the Globalize World［M］. London: UCL Press, 1996

构等构成的区域组织系统，该系统支持并产生创新。苏州工业园的生产性服务业因跨国并购背景下的外资企业外包化策略在地理上和产业链上契合了构成区域创新能力的标准，加之政府营造的良好的投资环境和技术研发环境，使得园区的内资企业在技术进步方面颇受益处。

三、生产性服务业内部化和外包化决策选择的互动

在上两节中我们分别从理论和实践中探讨了企业作出生产性服务业内部化或外部化决策的情形，但并未指出制定这种决策的标准。笔者认为这两种决策之间并无天然优劣之分，最近的趋势也不能代表客观的规律。

这与我国学者程大中“生产性服务这种由‘内在化’向‘外在化’的演进趋势，是专业化分工逐步细化，市场化水平不断提高的必然结果。”的论述有所不同。陈宪，黄建锋（2004）曾从交易费用角度分析这种趋势①。他们认为社会分工不断深化、生产性服务业迅速发展的内在机制是由于分工产生的收益大于分工产生的交易费用。随着分工与专业化的发展，交易部门将膨胀，交易费用也会增加，此时，只有在分工收益大于因分工而产生的交易费用时，这种分工才能实现并延续下去。用公式来表示，可以将企业的各种不同的工序用 q_i 来表示，则若式（18）成立，就可以形成分工。

$$\sum_{i=1}^{n} c(q_i) > c\left(\sum_{i=1}^{n} q_i\right) \tag{18}$$

q_i 表示不同的分界工序，c 表示成本函数，公式左边表示不同企业自身完成相同或相似工序的成本加总，右边表示将这些工序综合完成的成本，只要公式成立，就说明存在分工的潜在动力。而在这些工序之中，最为活跃的就是生产性服务类中可以实现标准化的部门，比如：交通、物流、批发、金融保险、人力资源薪酬管理、企业组织设计等。

事实上 $\sum_{i=1}^{n} c(q_i) > c\left(\sum_{i=1}^{n} q_i\right)$ 是外包化的条件不错，但这不是唯一可能发生的情况，准确地说这是一种情形。把某种条件下的现象说成外包化是生产性服务业的趋势并不科学，除非有充分的证据说明这种条件发生的概率极高，且将来也将如此。于是，更客观的说法如表 11－10 所示。

---

① 陈宪，黄建锋．分工、互动与融合：服务业与制造业关系演进的实证研究［J］．中国软科学，2004（10）

表 11－10　生产性服务业内部化与外包化决策选择的三种情形

	情形一	情形二	情形三
两种策略的成本	$\sum_{i=1}^{n} c(q_i) < c(\sum_{i=1}^{n} q_i)$	$\sum_{i=1}^{n} c(q_i) = c(\sum_{i=1}^{n} q_i)$	$\sum_{i=1}^{n} c(q_i) > c(\sum_{i=1}^{n} q_i)$
表明的意义	分工收益不抵分工交易费用	分工收益刚刚抵消交易费用	分工收益高于交易费用
决策	在其他条件允许时，应该选择内部化	在其他条件允许时，选择内部化和外包化差别不大	在其他条件允许时，应该选择外包化
可能出现的情况	● 开展纵向并购与混合并购 ● 设立分公司或子公司 ● 进行混业经营 ● 制造业的服务化倾向明显 ● 出现新领域的技术适用问题	● 有些部门从外服公司寻找员工 ● 部门发展不均衡 ● 企业面临内部化和外包化决策的选择 ● 尝试公布与技术相关的产品标准	● 截取高利润（核心）环节 ● 非核心环节外包 ● 在产业间比较容易发生技术转让或技术溢出 ● 发生更广义的集聚效应

值得注意的是，这仅仅考虑了交易费用与分工取得的收益之权衡，还有许多其他因素需要纳入决策因素。并且情形三在企业中出现的频率很高，这一方面因为企业能在生产性服务业内部化与外包化两种策略中择一是需要一定的发展要求的，也就是说多数企业并没有强大到有“资格”考虑这个问题；另一方面是因为内部化与外包化策略间存在互动，同产业企业和上下游企业的决策也会左右某一企业的抉择。更实际的，一个企业内部的不同部门可能采取不同的策略，这种共存的情形，本质上是企业进一步大范围策略调整的尝试与探索。

但无论出现何种情形，领先企业（往往是外资企业）在更微观层面所作出的内部化与外包化的决策都将对生产性服务业的技术进步带来积极影响。

第四节 结论与建议

一、结论

本书把跨国并购对我国生产性服务业技术进步的影响放在一个有三个互动的模型框架里分析。这三个互动，第一个是生产性服务业与制造业的互动，第二个是内资企业与外资企业的互动，第三个是内部化和外包化的互动。

首先，三个互动分别指不同行业、不同企业和不同策略上的互动。其中，行业的互动是基于二者的特点和关系发生的；内外资企业的互动与二者的发展目标以及国际分工和技术转移的趋势有关；而内部化和外包化策略上的互动是通过示范模仿效应和关联效应来实现的。

其次，这三个互动各自都是在不完全竞争的市场条件下发生的动态平衡。所谓动态平衡，就有三个基本特征：第一是“动”。生产性服务业与制造业间不再泾渭分明，而是相得益彰；内外资企业也致力于创新型合作双赢，显然这类合同的标的不仅是劳务，还要包括技术转移；企业决策者也要权衡内部化和外包化两种策略，进而实行企业的兼并收购或是分立新设。第二是“定”。不同类型的行业、企业在推行不同类型的策略时，会形成一种“经济发展门槛”作为企业生命力和成熟度的指标，只有那些“跨越”发展门槛的内资企业享受得到外资企业带来的正的技术溢出效应。同时，这种门槛也为中央和地方政府制定吸引外资政策提供了一些量化依据，不致于对内资企业造成过大冲击。第三是“变”。一方面，没有一种状态和量变是绝对静止的，都要随着地域制度差异（比如我国东、中、西部）和经济环境差异（比如是否趋向完全竞争，是否有群聚效应）予以调整；另一方面，只要经济环境、政策环境或行业环境发生变化，这些暂时的稳态就要被打破，在新一轮的互动中再次达到稳态。如果内资企业没有跟上节奏，就意味着被甩在了同行的背后。

再次，这三个互动的发生不是相互独立的。一个外资企业，很可能是一个制造商，在中国发展，既要避免过度内部化带来的弊端而选择服务外包，也要考虑谋求变革通过横向并购、纵向并购抑或混合并购来降低内部交易成本、谋求超额利润实现战略转型。然而，这三个互动有一个最大的共同点，就是要以技术为核心。就像索洛模型告诉我们一国经济的可持续发展须以技术进步带动一样，企业（尤其是跨国公司）要谋求长足发展也必须时刻关注生产技术和管理技术；更值得注意的是，这两种技术有时会发生竞合——那就是在制定以技术转移为内容的内部化或外包化的发展策略时。其实，这种制定策略的本身也是一种技术——那就是更广义的技术，因为它至少包括了制度安排。倘若这种竞合恰好发生在利用 FDI 而产生的外资企业和东道国的内资企业的合作间，又在具有“姻亲”关系的生产性服务业与制造业的领域内，这就使得三种互动相辅相成地同时发生。事实上，这是在工业化进程中的发展中国家利用 FDI 发展本国经济的必由之路。

可用图 11－10 描绘上述三个互动的理论：

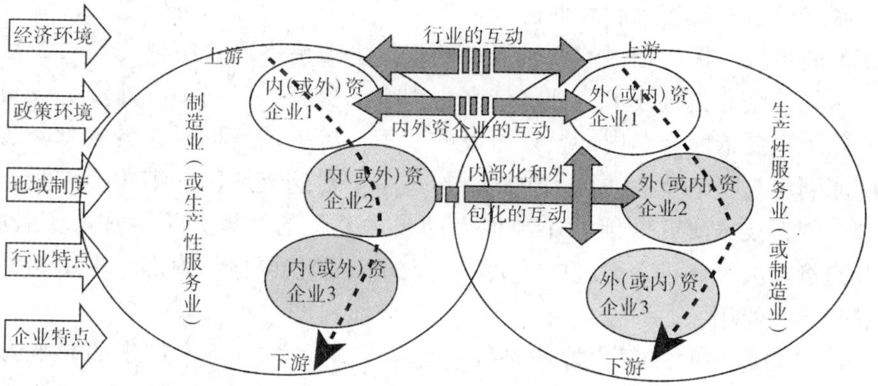

图 11－10　跨国并购对我国生产性服务业技术进步影响分析的三个互动示意图

本书从宏观全球并购浪潮和我国服务经济发展现状、中观生产性服务业与制造业有机的技术互动、微观内外资企业在技术进步方面的互动影响以及更为微观的企业内部化或外包化策略产生的技术影响四个方面，研究跨国并购对我国生产性服务业的技术进步效应。主要结论如下：

1. 从科学上符合我国国情地界定生产性服务业方面看，最具有中间投入特征的是交通运输及仓储业，其次是租赁和商务服务业，再次是研究与试验发展业。同时交通运输及仓储业对国民经济的贡献也是服务业中最大的。这充分肯定了该产业对其他产业的推动力和拉动力，反映出生产性服务业的典型特征，并且这种技术进步带来的贡献度在跨国并购（外资参与）的情形下变得尤为突出。另外，我国房地产业的生产性服务特征比较微弱，几乎体现出消费性服务业的性质，外资对其产生的技术进步影响也很小。而信息传输、计算机服务和软件业的生产性服务特性也没有我们想象中那么高，这说明了我国IT技术服务行业还有待发展。

2. 从行业角度的技术进步影响方面看，我国服务业的发展水平较低，生产性服务业作为与其他行业具有相当关联度的特殊类别服务业的提升空间很大。但从根据本书方法定义出的生产性服务业整体水平来看，在跨国并购发生的背景下，外商投资对内资生产性服务业技术进步的影响还是高于消费性服务业但弱于过渡性服务业。从外资的类型上讲，除港澳台外的外商直接投资①对生产性服务业技术的影响力明显大于港澳台投资，而港澳台投资的影响力大于内资企业。这充分说明了，我国在跨国并购浪潮下引进外资弥补技术缺口的重要性。

3. 从企业角度的技术进步影响方面看，在我国发生的跨国并购能通过激励机制、竞争—模仿机制来促进内资生产性服务企业加快科研投入，加快技术变革的步伐。保持相当的科研人员的数量，无论主攻自主技术创新还是模仿复制其他企业先进技术，都将带来生产率的提高。但缩小内外资企业间的技术差距主要依靠企业内部投入研发的政策。单单调高科研人员占总人数的比例能缩小与其他企业的技术差距，不过单单对这支队伍的结构作调整、企图增加创新技术研究就能缩小与他人的技术差距的政策并不合理。实践中，应考虑将加大科研投入力度中扩大研发人员规模和调整其内部结构这两种政策搭配起来使用。

4. 从更微观的内部化抑或是外包化的策略角度对技术进步的影响方面看，生产性服务业凭借其优越的内在特性，在外商投资涌入中国、发生大规模跨国并购的情形下，往往能在技术进步上取得显著成果。这是由于外资企业要么倾向于在当地内部化其原本不具有的服务产业，尤其是生产性服务业来达到"以世界为工厂、以各国为车间"的全球经营模式，要么倾向于将一部分原有的相对其他环节利润率较低的部分外包出去。其实，二者存在竞合的情形，即出于降低成本的考虑，外企往往在内部化的同时将原本的环节外包出去。这不仅给内资生产性服务业带来了市场，更重要的是带来了技术进步。因为内资企业在企业组织结构、培训机制、产品质量要求等诸多方面需要与外资企业接轨，这就大大提高了技术转让和技术溢出的发生概率，并且通常情况下内资企业获得技术的成本不太高。

5. 生产性服务业与制造业的行业间技术互动，内资与外资的企业间技术互动以及内部化和外包化策略下的技术互动是相辅相成的，其共同指向的对

① 我国实践中，常把港澳台投资视作外商直接投资的一部分，这样处理有历史原因并对实践工作具有现实意义。

象是技术进步，这是中国生产性服务业长足进步的保障。

二、政策建议

在给出了本书的结论后，我们还要回归到宏观层面，结合跨国并购在我国发生的实际情况和生产性服务业现状，给出促进技术影响的政策建议。从宏观调控、中观行业和微观企业三方面作为切入点。

（一）宏观调控层面的政策建议

国家作为宏观调整的主体，应当将全球跨国并购的动向和国内生产性服务业的现状结合起来考虑问题、制定政策并进行绩效评估。

1. 调整和细化服务业分类，筛选出既满足生产性服务特征又符合我国国情的生产性服务业是当务之急。

经济结构向服务业偏向性的调整是近年来发达国家实施跨国并购与利用FDI的主题，也是全球经济的基本趋势。在这个背景下，政府相关部门，尤其是国民经济核算部门（如国家统计局）应该加快对我国现行《国民经济行业分类》（GB/T4754—2002）进行分类调整和细化。在此基础上，进而根据生产性服务业中间投入的基本特征和与制造业紧密互动的重要特征，并结合我国国情筛选出我国的生产性服务业。这对《中华人民共和国国民经济和社会发展第十一个五年规划纲要》中“大力拓展的生产性服务业”的实现具有重要的里程碑意义。

2. 深化体制改革，放宽市场准入机制，健全法律体制，支持生产性服务业吸收跨国并购带来的先进技术。

正如我国其他行业一样，在跨国并购的背景下的生产性服务行业也存在垄断问题。在“入世”后，我国应借鉴国外垄断性服务业改革的经验，除涉及国家安全的重大领域外，因地制宜地放宽市场准入，加快引入竞争机制，打破服务业发展的行政垄断，为各类形式资本进入这些服务业领域创造条件。积极推进生产性服务业的市场化、产业化、社会化和民营化，就意味着要加快取消针对民营经济和内资企业的歧视性待遇。同时，我们不能忽略法制建设，主要是专利保护、商业秘密、技术合作开发以及人才引进等领域的法律法规的制定。坚决摒弃地方保护主义与跨国公司进行的对技术转移附有强制性要求的政府谈判，倡导在合作共赢的气氛下进行技术合作。我国要注重积极推进社会信用体系建设，加强社会信用监管和立法、执法体系建设，健全知识产权管理和保护制度、创业投资制度等措施，健全鼓励自主创新、弘扬创新创业的社会文化环境，为生产性服务业的发展营造一个更自由宽松、鼓励创新、允许失败的环境。

3. 加强对“热钱”的监管，引导外资流向生产性服务业中的技术密集型行业，以在长期内带来技术进步影响与经济效益。

政府有关部门要注重对国际热钱的监管，特别要防止境外资金，或以跨国并购为“掩护”的资金大量流向房地产等高风险、高回报，但不能算作生产性服务业的行业。在对振兴生产性服务业政策进行绩效评估时，要特别注意避免将此虚假的繁荣当作对我国生产性服务业技术进步带来的积极影响。相反的，应当引导外资流向具有中间投入性特征的生产性服务业中的技术密集型行业，比如科学研究、技术服务和地质勘查业，信息传输、计算机服务和软件业等行业。这种导向政策虽然在短期不能立竿见影，但在长期却能为我国生产性制造业带来真正的技术进步，并持久地拉动整个国民经济。

（二）中观行业层面的政策建议

政府应当从大类行业与子类行业的中观层面制定对生产性服务业的支持政策。从促进该行业与制造业的互动关系入手，尤其注重与发生跨国并购的外资大型制造业的合作，在空间布局上优化组合激发出潜在的集聚效应，并从行业协会的角度加以侧面辅助。

1. 加快制造业与生产性服务业的互动，推进服务外包化，提升产业关联度，发挥技术优势。

制造业与生产性服务业有着互相依赖、互相促进的关系，要顺应制造业与服务业关联度日益提高、日益融合的趋势，促进专业化分工，降低生产成本，促进技术进步、提高经济效益。实证分析和实践经验都表明，我国与制造业紧密互动的生产性服务业行业（比如信息传输、计算机服务和软件业）就比较容易发生技术转让和技术外溢，进而实现生产能力跃迁与产业升级，深层次地发挥技术优势，通过技术的杠杆作用推动整个国民经济的长足发展。

2. 优化产业空间布局，大力推进生产性服务业以技术为核心的集聚式发展。

生产性服务业的发展与地区经济发展水平、制造业发达水平有着密切的联系。每个地区的具体情况不同，对生产服务业也有不同的要求。不同的地区，应根据目前区域自身的产业发展趋势，制造业对生产性服务业的需求、以及客观经济环境，构建有指导意义的生产服务业的发展框架。既要加强区域之间资源、要素、产权的流动，促进生产性服务业的空间集聚和功能区建设，推进服务业发展的区域合作和区域经济一体化；又要明确不同城市、不同区域发展生产性服务业的功能定位，优化其发展方向和重点，促进不同层次、不同类型的城市之间形成层次有序、错位分工、优势互补的格局。

3. 积极支持行业协会发展，发挥其对生产性服务业引进技术的指导功能。

积极支持行业协会的发展，可以为促进政府对生产性服务业的监管方式由直接监管转向通过行业协会进行间接监管创造条件。然而，我国服务业行业协会存在行政化倾向明显、功能残缺、运行环境差等问题。为了促进行业协会的发展，进一步发挥其对生产性服务业发展和制造业转型发展的带动作用，并从非营利性组织的角度出发，提供信息交流平台，帮助企业留意外商工业园区中各行业外企的服务内部化和外包化策略的调整，应鼓各企业在第一时间毛遂自荐，拿出合作方案，实现生产性服务的承接。

（三）微观企业层面的政策建议

政府还应当注重微观企业层面的引导和支持，力求把宏观性的国民经济战略目标细化落实到生产性服务业内部各行业的各类内资企业。主要是鼓励企业切实推进自主的技术创新，在技术模仿和发明创新二者之间找到平衡点，并把握外资企业内部化和外包化策略带来的商机，实现技术进步。

1. 鼓励生产性服务业企业实行自主技术创新，以技术进步为突破口塑造企业核心竞争力。

政府要提供公共平台，对属于同地区、同产业以及不同地区、不同产业的企业，交流如何在企业内部建立技术创新机制，并鼓励生产性服务业企业建设各类研究开发机构和增加科技投入，为生产性服务业自主创新提供适当的投融资渠道，使企业成为研究开发投入的主体。支持企业组建各种形式的战略联盟，在关键领域形成具有自主知识产权的核心专利和技术标准。增强企业技术集成与产业化能力，促进各种形式的知识流动与技术转移。广泛普及和应用先进技术，加快电子化、自动化进程，用信息化改造传统服务业，使之更好地发挥其对制造业转型发展的引领、支撑和带动作用。重点扶持技术含量与附加值高、有市场潜力的龙头企业，对品牌创立、管理与延伸进行战略规划，由传统的接单经营转向品牌经营。鼓励生产性服务企业以商标、专利等为纽带，进行跨地区、跨行业兼并和重组。引导中小企业灵活采用品牌特许经营、品牌租借、贴牌与创牌并行等方式，使自身的劳动力成本、营销渠道、客户资源等优势与知名品牌有机结合，借知名品牌扩大自身的规模和实力。

2. 引导企业从长远利益出发，在技术模仿和技术创新二者中找到折中的平衡点，加大对人力资本的投入力度。

政府要引导企业把目光放远，切忌只顾眼前利益而忽视技术进步带来的企业持久性发展。即便在研发部门内部，也要注意改变科研人员的数量和增加从事技术创新人员的数量这两种政策的平衡。在中短期里，企业选择既适当扩大科研人员规模又在其中划出一部分人进行创新技术研发不失为一个合理可行的策略。另外，生产性服务业多是知识密集、技术密集的高端服务业，其发展离不开人力资本的培养与贡献。政府应该特别注重对企业人才实行集合性的培养，这样有助于提高该行业企业技术员工的平均素质，更有利于长期内在行业范围里实现技术创新。

3. 引导企业留意外商制造业的生产性服务的内部化或外包化策略，并在自身作出针对性的调整，把握机遇实现技术外溢效应。我国政府应建立适当机制，搭建信息平台，为内资生产性服务业企业提供与其相关联的外商制造业的生产性服务内部化或外包化策略调整的资讯。比如，某一企业往往只能关注一个工业园区里的外商企业的策略动向，甚至即使在一个园区内，也只能关注到少数几个。但如果政府或第三方机构出面，向内资企业提供该城市中不同园区不同企业的最新动态，甚至提供咨询服务或搭台进行外包化公开竞争，就能带动内资生产性服务业企业调整自身战略计划并把握转瞬即逝的合作机会的积极性。这样，在相当范围内就能降低信息不对称造成的福利损失，为在地区内同产业和不同产业间的技术溢出创造条件，加强企业的竞争力。

第十二章　FDI 对我国生产性服务业影响及其关联机制存在性检验

第一节　FDI 对服务业经济影响的关联机制存在性检验

近年来，全球 FDI 流向服务业，同时我国利用 FDI 目标正在转型，如何使 FDI 通过服务业的关联作用影响经济发展成为热门议题，而该机制的存在性成为首要问题。通过理论分析，得出关联机制存在的两个必要条件。以投入产出表数据量化行业关联度，根据强弱并进行聚类分析，进而对三类服务业面板数据进行平稳性检验、协整检验和 SUR 回归分析。结果表明：FDI 额度和份额对服务经济的影响与其行业关联度强弱关系不大，从而并不认为 FDI 对服务经济影响的关联机制存在性显著，并指出问题的症结在于跨国公司进行直接投资的目标和国家吸收利用外资的目标相歧。

一、引言

当前，世界经济已经步入“服务经济”时代。服务业[①]在国民经济中的地位与日俱增，受到各方面的关注。一方面，随着国民经济发展和人均国民收入提高，消费者、生产者甚至公共部门的需求和偏好发生了变化，这符合

① 在过去较长一段时间里，中国多使用“第三产业”。最近几年，“服务业”这一概念使用得越来越多，这两个概念的内涵大致相同。本书除引用和统计数据部分外，其余均使用“服务业”的提法。

经济社会发展的一般规律①。另一方面，这种变革与服务业本身的特性有关，即服务业各子行业间同其他行业具有较高的关联性。有学者将这种联系称为“黏合各产业的灰泥②”或“黏合剂③”。值得注意的是，有研究者指出，已有证据表明，无论是发达国家还是发展中国家，服务业对国民经济的作用都正在凸显，这引起了全球经济本质性的变革④。与此同时，全球外资投资结构发生了趋势性的变化，即全球外商直接投资正加快向服务业聚集。2009 年服务业跨国并购额为1260 亿美元，占到整体的 50. 40%。并且，金融危机对服务业吸收外资的影响比制造业小。2009 年制造业比 2007 年下降 76. 69%，而服务业下降 56. 55%⑤。这反映出全球投资流向服务业的强劲趋势。

近些年来，我国吸收和利用 FDI 的目标已发生变化，从弥补“资金缺口”向弥补“技术缺口”转型，即希望引导外资流向对经济影响较大的产业和行业。具体来说，就是希望外资流向对整个国民经济具有联动作用的服务业，特别是那些因具有较高行业关联性的行业。理论上，把这种 FDI 结构性流向关联度高的行业而对经济发生影响⑥的作用机理叫做“关联机制”。事实上，目前发达国家 FDI 的重点都落在与其他行业高度相关的服务产业领域，使制造业服务化和服务业生产化已经成为引导服务业 FDI 的一大主题。本书旨在利用 1997 ~ 2009 年我国服务业面板数据，就 FDI 对服务业经济影响的关联机制之存在性作出实证检验和分析。

二、文献综述

研究 FDI 对经济影响的文献很多，可以分成两大类：一个是关于 FDI 对经济影响的效应分析，其视角是结果；另一个是 FDI 对经济影响的机制分析，其关注是过程。而后者以分析技术进步机制最为典型，主要就是技术外溢的影响机制。MacDongall（1960）最先把技术外溢效应视为 FDI 的一种重要现

---

① 事实上，按照“配第—克拉克定理”，一国内从事三大产业的劳动力比重会随着国民经济的发展、人均国民收入的提高而变动，农业劳动力急剧下降，从事制造业的劳动力比重与经济增长同步，但通常接近于 40% 时便稳定下来，而服务业的劳动力比重不断增长。

② Shelp（1984）指出：“农业、采掘业和制造业是经济发展的砖块（bricks），而服务业则是把它们黏合起来的灰泥（mortar）。”

③ Riddle（1986）认为：“服务业是促进其他部门增长的过程产业（process industries）……服务业是经济的黏合剂（glue），是便于一切经济交易的产业，是刺激商品生产的推动力。”

④ 参见 Aharoni（2000）的文章。

⑤ 数据来源：2010 World Investment Report 47，比例经计算所得。

⑥ 值得注意的是对经济的影响包括经济产出增加和行业结构升级两个方面。

象，用局部均衡的比较静态分析方法来检验 FDI 边际增量的分配。Caves（1974）根据技术扩散的当地厂商的不同影响，全面地将跨国公司对东道国的技术外溢效应分为三类，即打破原有市场垄断使资源配置得到改善，通过竞争和示范激发当地企业提高相关技术，以及东道国企业加紧模仿加快技术转移和扩散。其实这种效应可以在行业内或行业间发生。而行业间的竞争示范正是以具有前后较强的联动性为基础的。R. Findlay（1978）通过一个内生动态化模型检验了技术差距、外资份额等静态特征对技术扩散的影响，认为技术差距越大、外资份额越高，技术溢出会越明显。Feder（1982）给出了内资外资两部门模型。Romer（1990）构建了著名的内生增长模型，着重强调了技术扩散的效果及发展中国家经济持续增长有决定性作用。而 FDI 作为技术扩散的主要渠道，其重要性愈发显著。Kokko（1994）归纳了四种技术外溢效应的作用机制，其一即是外资企业将相关技术渗透给上游或下游企业。国内方面，沈坤荣、耿强（2001）认为 FDI 可以通过技术外溢效应，提高国民经济的综合要素生产率。卢荻（2003）认为外商投资企业对整体经济的全要素生产率的贡献，主要表现为：向有关企业技术转移、对同一行业或相关行业的技术溢出效应、促进产业结构向符合比较优势原则转化、促进经济体制向符合市场原则转化等。

针对关联机制，其概念最早在 1958 年由 Hirschman 在其经典著作《经济发展的战略》中正式提出："一个产业的建立会引起其投入品市场的扩张，无论其投入品是本国生产还是进口。"他是这样定义后向关联效应（Backward Linkage Effect）的："任何非初级产业的生产活动都会引起对投入品的需求，即通过需求联系与其他产业部门发生的联系。"Hirschman 认为：后向关联效应与前向关联效应（Forward Linkage Effect）的总和构成总体关联效应（Total Linkage Effect），该效应可以看作是已有产业引起的新产业的增长。Hirschman 首先提出使用发达国家已有产业的投入—产出数据来代表与欠发达国家预期形成的产业关联。但是任何跨越国界的外推法都可能存在错误。Rodriguez - Clare（1996）继承了 Hirschman 的产业关联的概念，并提出一个两国模型来分析跨国企业对经济发展的作用。在他的模型中，跨国企业成为发达国家专业化投入品（多种）的采购者和发展中国家廉价劳动力的使用者。Rodrtguez - Clare 用"关联系数"来表示跨国企业对东道国经济的影响。"关联系数"指的是因某个企业的需求而引起的上游产业雇用的员工数目与该企业直接雇用的人数之比。如果跨国企业的关联系数比本地企业高，那么关联效应为正。正关联系数说明跨国企业数目的增加将导致大量种类繁多的中间投入品的本地生产，从而使得本国企业的生产力和工资得以提高。

Lin 和 Saggi（2003）的“外国直接投资下的后向关联”一文中，通过建立寡头竞争模型来探索 FDI 对后向关联的影响。在该模型中有三个企业：跨国企业和其当地竞争者，以及两者采购中间投入品的当地供应商。在该模型中，跨国企业的进入以两种冲突的方式影响东道国经济中后向关联的程度：一方面，由于跨国企业必须在当地采购中间投入品，那么跨国企业的进入必然会引起当地中间投入品需求的上升；这就是所谓的“需求效应”。另一方面，与跨国企业竞争的当地企业产出减少，因此对中间投入品的引致需求相应下降；此所谓“竞争效应”。结论是“由于跨国企业进入，当地供应商的状况是否会改善取决于：与当地竞争者相比，跨国企业所采购中间投入品的技术密集程度”。当跨国企业比当地企业拥有更大的技术优势时，即跨国企业相对于当地企业而言，每单位产出需要更少的中间投入品，那么跨国企业的进入将会对后向关联程度和当地供应商的利润产生不利的影响。

Lall（1980）通过对印度企业的研究开始关注“后向产业关联”，他给出了五种渠道解释当地供应商生产效率的提高。Mark Fruin 和 Penelope Prime（1999）进而指出跨国公司常为供应商提供技术援助、信息咨询和管理培训，从而促进后向关联的企业。“前向产业关联”方面，Aitken. B 和 A. Harrison（1991）提出或是跨国公司主动要求前向企业提供下游服务，或是跨国公司生产的中间品内含的技术和质量促进前向企业研发，都可前向联动地影响东道国企业经济发展。另外，Ruane 等（2000a、2000b）、Schive（1990）、Alfaro 和 Rodriguez – Clare（2003）以及 Damijan 等（2003）分别就爱尔兰、中国台湾省、南美国家和中东欧国家进行了实证检验。

虽然服务业大都具有与其他国民经济行业息息相关的特征，但这种关联度在其内部毕竟有所差异。必须有可量化的指标来度量。林有（2007）认为，衡量关联作用的指标常选用影响力系数和感应度系数，前者又称需求拉动系数、后向关联系数，衡量产业对国民经济的需求拉动能力；而后者又称供给推动系数、前向关联系数，衡量产业对国民经济的供给推动能力。Markusen 和 Venables（1997）指出 FDI 改变不了产业结构，但 FDI 通过创造需求对本国的后向关联产业有影响，促进本国产业结构升级和经济增长。因此认为，后向关联效应比前向关联效应更为重要。

关于 FDI 对服务经济影响的作用机制分析的文献不多。郑吉昌（2004）从服务业的 FDI 产业整合效应进行了经验研究。庄丽娟、贺梅英（2005）研究结果表明，1984 ~ 2003 年中国存在由服务业利用外商直接投资到经济增长单向 Granger 因果关系，技术效应、贸易效应和就业效应是中国服务业外商直接投资对经济增长最为显著的增长路径。戴枫（2005）利用我国 1983 ~

2002 年的数据，采用基于 VAR 方法的协整关系检验、Granger 因果检验对服务业利用外商直接投资与我国服务业发展的协整关系和因果关系进行了检验。结果表明，服务业外商直接投资是我国服务业发展的动力之一，但服务业的发展并不一定带来服务业外资的增加。王新华（2007）研究结果表明，1997 ~2003 年服务业外商直接投资具有一定的经济增长效应，但是在不同时间段差异较大。

三、实证研究设计

（一）数据来源

1997 ~2009 年服务业分行业的增加值、劳动人数和分行业 FDI 来自各年度《中国统计年鉴》。其中，劳动人数用年底就业人员人数，2003 年前的行业口径按照之后的口径进行调整，形成十四类服务业。FDI 投资行业结构用分行业 FDI 与该年度服务业各行业 FDI 总额的比例来表示。

（二）研究思路

本书关注的关联机制在整个 FDI 影响经济作用中的理论地位如图 12 -1 所示。最初，FDI 作为一种要素投入，对五个方面起作用，即资本积累、人力资本流动、技术进步、资源分配优化和制度变迁效应。其中最为核心的是技术进步①，它又可以分解成产业内外溢、产业间外溢和聚集效应。Kugler（2001）认为，一般产业间外溢效应要高于产业内外溢，因为外商企业显然不愿意自己的专利、专用技术和管理经验向东道国的同类竞争对手分享，且会对技术外溢加以种种限制，以防止东道国同类企业的模仿。实际上，产业间外溢的作用渠道就是“关联机制”。其最终能从两个方面影响经济，一为经济产出的增长，二为产业结构升级。而这种影响的实现有两个必要条件，也是“关联机制”存在的核心，即路径可行和规模可观。所谓“路径可行”指，关联机制可通行，FDI 能透过高关联度的行业将技术在行业间外溢出去；所谓“规模可观”指，不但路径可通，但这种投资带来的技术效应，进而带来的经济影响要有相当的规模，否则将是杯水车薪、无济于事。

所以，本书运用逆向思维，假设路径可行，检验在那些具有高关联度的行业中，FDI 的额度和份额对经济的影响是否足够明显强于那些中度关联的行业或弱关联的行业。如果这种关联度同作用力呈高度相关，则从现象上可

① 此处所提“技术”实为纯技术，并不是包括制度因素在内的广义的技术。

以推理关联机制通道畅通①。

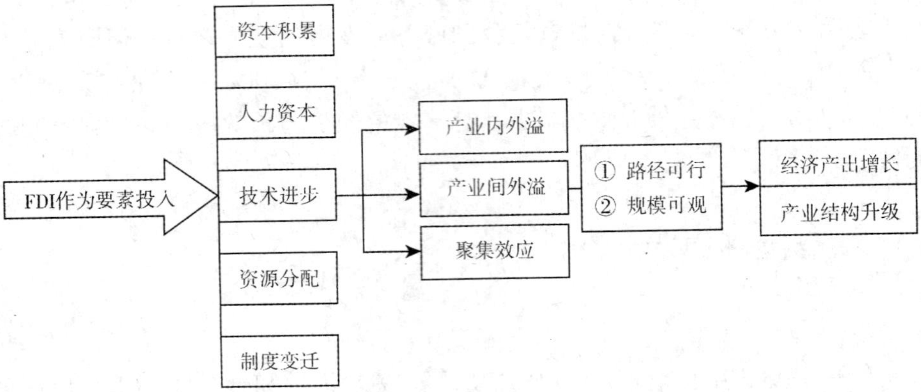

图 12－1　关联机制存在的两个必要条件

为了验证外商直接投资引起我国服务业经济增长的结构关联机制是否存在，我们将外商直接投资的额度变量及其产业结构变量、产业关联度变量同中国服务业经济增长指标联系起来，考察二者的相关关系。具体步骤如下：

第一，按照依据《中国投入产出表2007》的数据对《国民经济行业分类》（GB/T4754—2002）中的相关行业进行归类，形成八大非服务业和十四类服务业，并计算影响力系数 F_j 和感应度系数 E_i。根据这两个指标，按照平方欧氏距离（Squared Eucidean Distance）使用离差平方和法进行聚类分析，得到行业关联强度递减的三类服务业行业细目。影响力系数 F_j（代表后向关联度）和感应度系数 E_i（代表前向关联度）的计算公式如下：

$$F_j = \frac{\sum_{i=1}^{n} b_{ij}}{(1/n)\sum_{i=1}^{n}\sum_{j=1}^{n} b_{ij}} \quad (1)$$

$$E_i = \frac{\sum_{j=1}^{n} b_{ij}}{(1/n)\sum_{i=1}^{n}\sum_{j=1}^{n} b_{ij}} \quad (2)$$

其中，b_{ij} 为直接消耗系数矩阵列昂惕夫逆矩阵中的元素；i＝1，2，…，n；j＝1，2，…，n。

① 但也不能确定他们严格意义上的因果关系。

第二，对三类服务业形成的三套面板数据，采用增广的 Dickey – Fuller 检验（ADF）检验其平稳性，进而使用 E – G 两步法对面板序列进行协整分析。

第三，按照生产函数建立计量模型，利用面板数据分析三类行业关联度不同的服务业 FDI 额度及其投资行业结构对经济增长的作用，并对三类情况进行比较，得到关联度变量同 FDI 额度和份额作用力之间的相关关系系数，以此检验外商直接投资引起服务业经济增长的结构关联机制是否存在。

（三）模型设定

设定中国服务业内各行业的经济增长为 Y，劳动人数为 L，外商直接投资额为 FDI，外商直接投资的投资行业结构为 SFDI，而除外商直接投资和外资产业结构之外的经济增长影响（比如国内资本和技术进步因素等）综合地用 A 表示。我们可以得到以下模型：

$$Y = F(A, L, FDI, SFDI) \tag{3}$$

对上述函数求全微分可得：

$$dY = \frac{\partial Y}{\partial A}dA + \frac{\partial Y}{\partial L}dL + \frac{\partial Y}{\partial FDI}dFDI + \frac{\partial Y}{\partial SFDI}dSFDI \tag{4}$$

再两边同除以 Y 可得：

$$\frac{dY}{Y} = \frac{\partial Y}{\partial A}\frac{A}{Y}\frac{dA}{A} + \frac{\partial Y}{\partial L}\frac{L}{Y}\frac{dL}{L} + \frac{\partial Y}{\partial FDI}\frac{FDI}{Y}\frac{dFDI}{FDI} + \frac{\partial Y}{\partial SFDI}\frac{SFDI}{Y}\frac{dSFDI}{SFDI} \tag{5}$$

其中，$\frac{\partial Y}{\partial L}\frac{L}{Y}$、$\frac{\partial Y}{\partial FDI}\frac{FDI}{Y}$和$\frac{\partial Y}{\partial SFDI}\frac{SFDI}{Y}$分别表示劳动力、外商直接投资额和外资投资结构对经济增长的产出弹性，将它们分别记作 β_1、β_2和 β_3。且将其他因素引起的产出弹性记为 β_0，式（5）便成为以下形式：

$$\frac{dY}{Y} = \beta_0\frac{dA}{A} + \beta_1\frac{dL}{L} + \beta_2\frac{dFDI}{FDI} + \beta_3\frac{dSFDI}{SFDI} \tag{6}$$

本书计划考察各因素对经济的影响，考虑建立以下面板模型，为避免变量计量单位差异所引发的异方差，自变量与因变量均采用了自然对数形式：

$$LN(Y)_i = c_{1i} + \alpha_{1i}LN(L)_i + \beta_{1i}LN(FDI)_i + \gamma_{1i}LN(SFDI)_i + u_i \tag{7}$$

面板模型使用方面，由于研究三类服务业面板内部包括了所有该类型的成员，本书选用了固定效应模型。但在模型形式设定方面，由于是面板模型，使用的样本数据包括了截面、时期、变量三个方向上的信息。若模型设定不正确，会导致结果同现实相差甚远。故本书通过协方差分析检验，在混合回归模型、变截距模型和变系数模型中进行科学的选择。

四、实证研究结果

根据中国投入产出表，将除服务业外行业归为八类：农林牧渔业、采矿业、纺织类制造业、家居食品文教类制造业、化工金属类制造业、设备器材机械类制造业、燃料生产供应业和建筑业。再连同十四类服务业计算代表前向关联度的感应度系数和代表后向关联度的影响力系数，以二者为标准作聚类分析，构成三类服务业，即强、中、弱关联度服务业子行业集合，结果见表 12－1。

表 12－1　服务业根据影响力系数和感应度系数强弱聚类过程和结果

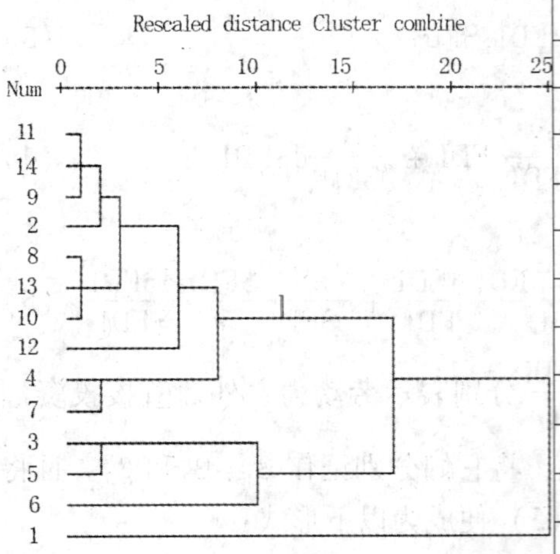

行业名	类别
1：交通运输、仓储和邮政业	1
2：信息传输、计算机服务和软件业	2
4：住宿和餐饮业	2
7：租赁和商务服务业	2
8：科学研究、技术服务和地质勘查业	2
9：水利、环境和公共设施	2
10：居民服务和其他服务业	2
11：教育	2
12：卫生、社会保障和社会福利业	2
13：文化、体育和娱乐业	2
14：公共管理和社会组织	2
3：批发和零售业	3
5：金融业	3
6：房地产业	3

对上述三类服务业取 1997～2009 年数据得到三个面板结构，即强行业关联度服务业、中行业关联度服务业和弱行业关联度服务业。分别对他们进行平稳性检验，结果见表 12－2。我们得到三个面板的变量的对数值均非平稳，而其一阶差分均为平稳序列，再进一步作协整分析。

表 12－2　三个服务业面板的 ADF 单位根检验结果

	面板 1：强行业关联度服务业		面板 2：中行业关联度服务业		面板 3：弱行业关联度服务业	
变量	ADF 统计量值（P 值）	判别	ADF 统计量值（P 值）	判别	ADF 统计量值（P 值）	判别
LN(GDP)	0.13882（0.9329）	非平稳	5.65255（0.9993）	非平稳	0.16517（0.9999）	非平稳
LN(L)	0.75217（0.6865）	非平稳	9.55665（0.9755）	非平稳	1.91601（0.9273）	非平稳
LN(FDI)	0.31753（0.8532）	非平稳	14.1703（0.8218）	非平稳	0.74033（0.9936）	非平稳
LN(SFDI)	2.16002（0.3396）	非平稳	15.1773（0.7662）	非平稳	6.29636（0.3908）	非平稳
△LN(GDP)	7.01716（0.0299）	5%水平下平稳	64.1762（0.0000）	1%水平下平稳	14.6184（0.0234）	5%水平下平稳
△LN(L)	6.03954（0.0488）	5%水平下平稳	62.1413（0.0000）	1%水平下平稳	15.4962（0.0167）	5%水平下平稳
△LN(FDI)	3.08580（0.2138）	5%水平下平稳	69.4755（0.0000）	1%水平下平稳	15.0474（0.0199）	5%水平下平稳
△LN(SFDI)	5.27271（0.0716）	10%水平下平稳	69.6193（0.0000）	1%水平下平稳	21.4354（0.0015）	1%水平下平稳

使用 E－G 两步法对面板序列进行协整分析，结果见表 12－3 所示。三个面板均通过了协整检验，其中强行业关联度服务业回归残差一期在 5% 水平下可认为是平稳的，其余两个面板可认为在 1% 水平下平稳。说明变量的自然对数值是一阶协整的，我们可以进行更深入的面板数据回归分析。

表 12－3　三个服务业面板回归残差一期的单位根检验结果

	PP 值（P 值）	ADF（P 值）	协整检验结果
面板 1：强行业关联度服务业	9.01886（0.0110）	8.29435（0.0158）	5% 水平下回归残差一期平稳，即具有协整关系
面板 2：中行业关联度服务业	94.1684（0.0000）	67.6912（0.0000）	1% 水平下回归残差一期平稳，即具有协整关系
面板 3：弱行业关联度服务业	25.9365（0.0002）	17.3650（0.0080）	1% 水平下回归残差一期平稳，即具有协整关系

固定效应下，我们采用变截距模型考察劳动力、FDI 总额及其行业结构对经济影响作用，并将三个面板的结果进行比较，结果见表 12－4。我们不难发现，模型变量的 t 值都较高，说明显著程度较佳，拟合优度指标和 D. W. 值也都较为理想。

表 12－4　三个服务业面板变截距模型的 FDI 总额及其行业结构对经济增长的影响比较

	面板 1：强行业关联度服务业	面板 2：中行业关联度服务业	面板 3：弱行业关联度服务业
C	－5.296752* （－2.785058）	－16.36204*** （－8.376060）	－8.617962*** （－3.248814）
LN（L）	0.620591** （2.858749）	－0.070248 （－0.855688）	0.223139*** （2.796670）
LN（FDI）	0.612199*** （3.517770）	1.769614*** （11.62497）	1.119455*** （6.005427）
LN（SFDI）	－0.839760** （－3.245089）	－1.536811*** （－10.21314）	－1.056232*** （－3.787568）
R^2	0.889945	0.738906	0.830131
F 值	24.25913	27.59284	32.25348
D. W.	1.466300	0.510175	0.555292

注：a. 括号内为 t 值。

b. *、**和***分别表示在 10%、5% 和 1% 的水平上显著。

c. 面板 2 的各行业中截距项最大的是租赁与商务服务业，为－16.4965；最小的是公共管理和社会组织，为－20.326722。而面板 3 的各行业中截距项最大的是金融业，为－8.414637；最小的是房地产业，为－8.952484。

为了精细地选择模型类型，我们用协方差检验确定了模型的形式。由于面板 1 的成员只有一个，其变系数、变截距和混合回归出现竞合。而面板 2 和面板 3 都出现 F_1、F_2统计量大于相应的临界值的情况，说明这两个面板应当选择变系数模型作为模型的形式见表 12－5。

表 12－5　三个服务业面板的模型形式选择（协方差分析检验）

	三种形式的残差平方和			F_1统计量（其临界值）	F_2统计量（其临界值）	选择结果
	变系数	变截距	混合回归			
面板 1：强行业关联度服务业	0.3727	0.3727	0.3727	0	0	三者竞合
面板 2：中行业关联度服务业	12.41528	55.04837	129.0934	11.44640314 （1.9557）	23.49486278 （1.8528）	使用变系数模型
面板 3：弱行业关联度服务业	1.4054	4.3802	4.5850	9.52511740 （3.5580）	7.63565533 （3.2558）	使用变系数模型

注：a. 此处模型形式指混合回归模型、变截距模型和变系数模型。

b. 其中，$F1=\dfrac{(S_2-S_1)/[(N-1)k]}{S_1/[NT-N(k+1)]}\backsim F[(N-1)k,\ NT-N(k+1)]$；

$$F2=\dfrac{(S_3-S_1)/[(N-1)(k+1)]}{S_1/[NT-N(k+1)]}\backsim F[(N-1)(k+1),\ NT-N(k+1)]$$

最后，我们检验服务业各子行业的行业关联度和 FDI 额度及其行业结构的相关性。既然应当使用变系数模型，为消除截面异方差，我们进一步采用似不相关回归（SUR 方法）进行估计。得到各子行业 FDI 额度及其行业结构对经济增长的影响系数，见表 12－6。我们发现，使用 SUR 却能减少各截面的残差平方和，且三个面板回归系数的 t 值都比较高，大多能在 1% 的水平下显著。

表 12－6　用 SUR 方法估计得到的 FDI 额度及其行业结构对经济增长的影响系数

	感应度系数 E_i	影响力系数 F_j	Ln（FDI）的作用系数	Ln（SFDI）的作用系数
交通运输、仓储业及邮政业	1.056259	0.991736	0.612199***	－0.83976**
信息传输、计算机服务和软件业	0.537790	0.825609	1.945198***	－0.821427*
批发和零售业	0.788029	0.780444	0.468592**	0.132433
住宿和餐饮业	0.685938	1.016782	0.71315***	－0.77915***
金融业	0.860093	0.662341	0.948992***	－0.988702***
房地产业	0.515009	0.549274	1.245591***	－2.042828
租赁和商务服务业	0.686505	1.160698	2.72253***	－1.098466**
科学研究、技术服务和地质勘查业	0.410808	1.041644	0.97262***	－0.711507***
水利、环境和公共设施管理业	0.400233	0.915047	0.774793***	－0.679846***
居民服务和其他服务业	0.542372	0.993092	0.288403**	－0.162546
教育	0.416160	0.844175	0.913908***	－0.87465***
卫生、社会保障和社会福利业	0.402128	1.170399	0.613851***	－0.763903***
文化、体育和娱乐业	0.451909	0.993601	0.942586***	－0.83641***
公共管理和社会组织	0.374116	0.857059	1.188984***	－1.167837***

注：*、**和***分别表示在 10%、5% 和 1% 的水平上显著。

将其同各行业的关联度系数进行相关性分析，见表 12－7。其中，影响力系数同 FDI 额度和份额的作用力呈正相关关系，而感应度系数（代表前向关联度）同影响力系数和 FDI 额度的作用力呈负相关关系，与 FDI 的流入份额呈微弱的正相关。

表 12－7 行业关联度指标与 FDI 额度及其行业结构对经济增长影响系数的相关关系矩阵

	感应度系数 E_i	影响力系数 F_j	Ln（FDI）的作用系数	Ln（SFDI）的作用系数
感应度系数 E_i	1.000000			
影响力系数 F_j	－0.114226	1.000000		
Ln（FDI）的作用系数	－0.052612	0.074464	1.000000	
Ln（SFDI）的作用系数	0.152359	0.356527	－0.464822	1.000000

五、结论和建议

（一）实证分析结论

从影响力系数和感应度系数与 FDI 作用关联度上看，代表后向关联的影响力系数在 FDI 额度和 FDI 份额上都比代表前向关联的感应度系数更有关联。其中，与 FDI 份额关联度为 0.356527，为感应度系数的 1.34 倍。与 FDI 额度呈正相关，明显优于感应度系数。验证了传统上认为后向关联效应比前向关联效应更为重要的理论。

从行业关联度在 FDI 对服务经济影响中是否具有作用来看，强行业关联度的行业（比如交通运输、仓储和邮政业）在 FDI 额度和份额影响服务经济的作用力上，均落后于中度行业关联度和弱行业关联度行业，且中行业关联度行业又明显强于弱关联度行业。即在作用力方面，呈现出：中度关联行业 > 弱度关联行业 > 强度关联行业。这说明，行业关联度在 FDI 对服务经济的影响机制并没有占有重要地位。FDI 对服务经济产生作用于该行业在国民经济中的产业地位没有直接关系。FDI 对中国服务业经济影响的关联机制并不存在。正如前文指出的那样，其路径可行性和影响力规模均存在缺陷，这种理论上的机制在中国目前的实证数据中不能得到验证，我国需要引导 FDI 流向具有关联效应的行业，逐步实现吸引和利用 FDI 目标的转型。

从 FDI 额度和行业结构影响系数较大的行业上看，排在最前面的是信息传输、计算机服务和软件业，房地产业，金融业、租赁和商务服务业。它们不是搞关联度行业，或是高利润的行业，或是具有服务贸易出口倾向的行业。前者最明显的例子就是房地产业。事实上，房地产业的感应度系数和影响力系数分别仅为0.515009和0.549274，表现出较低水平的行业关联度；其中间投入率也只有0.16619，表现出消费性服务业的倾向[①]。而后者最典型的例子就是信息传输、计算机服务和软件业。2010年全球信息技术外包（Information Technology Outsourcing，ITO）规模已增至6000亿美元，而中国位列全球离岸ITO外包承接地排名的第一位。甚至有人预测未来五年，我国承接ITO外包的行业年均复合增长率将达到26%左右[②]。这个结论与Hunya（2002）对罗马尼亚的研究结果类似，表明外资频密投资的行业常与出口行业相一致，且其特点是劳动密集型、技术含量低，外资进入没能改变传统优势产业。

（二）问题症结与博弈解释

目前我国服务经济利用FDI发挥关联机制并不成功的问题症结在于：跨国公司进行直接投资的目标和国家吸收利用外资的目标相歧。前者从本质上体现资本逐利的本性，投资者追求自身利益最大化，并不会主动顾及东道国经济发展的转型。与此同时，利用FDI促进中国产业结构优化升级一直是中国产业发展战略中一项重要内容[③]。该目标相歧的直接后果是，关联机制的路径也许可行，但由于外商投于相关行业的资金规模十分有限，最终使得通过关联机制对经济发生的影响微乎其微，即可认为关联机制不存在。这种目标相歧可以认为是一种博弈行为，如图12－2所示：

		东道国政府	
		不引导	引导
跨国公司	不投资	(F, G)	$(F+B_F, G-L_G)$
	投资	$(F-L_F, G+B_G)$	$(F-L_F+B_F, G-L_G+B_G)$

图12－2　东道国政府和跨国公司对强关联性行业引资和投资的博弈

东道国政府面临两种策略：引导或不引导跨国公司对强关联性行业投资。

① Herbert G. Grubel和Walker在1988年曾经将服务业按职能分为三类：消费者服务业、政府服务业和生产者服务业。其中，消费者服务业是指用于最终消费支出的消耗性服务业，不具生产性。

② 见2010年毕马威发布的“中国服务外包市场倾向调查”报告。

③ 这种基于结构主义原理提出的缺口模型，最早由Chenery和Strout（1966）提出。他们认为引进和利用外资有助于弥补缺口，进而推动东道国经济增长和产业结构转换。

其收益在选择引导时发生 $-L_G$，包括宣传成本和执行成本；当跨国公司选择投资时获得收益 $+B_G$。对于企业来说，当选择投资那些强关联性行业时，面临较高的机会成本和投资风险，发生收益 $-L_F$，但若接受东道国政府引导，可获得相应好处 $+B_F$。显然，将未来收益贴现到决策时刻，东道国的收益大于付出的成本，即 $B_G > L_G$；而跨国公司受到的补偿必须大于其暂时的损失，即 $B_F > L_F$。于是我们可以得到纳什均衡解为（不投资，不引导），然而策略组合（投资，引导）能使得双方福利都更大。但是，这种一次性博弈是不符合现实的。实际上他们之间进行的是多次博弈，参与者就有了合作的可能，该困境有可能被破解。但合作的可能性不是必然的，其条件是：博弈的一方，且最好是实力更强的一方，必须主动通过可信的承诺（Credible Commitment），向另一方表达合作的善意，努力把这个善意表达清楚，并传达出去。且政府同时涉及多个对手，则要在博弈对方中形成并维护声誉，这意味着实质性的付出。

（三）对策建议

1. 明确服务业吸引外资和利用外资是两个问题。

首先要提高服务业吸引外资的水平，其次再落实提高服务业利用外资的问题。所谓吸引，就需要从文化环境、政治环境和体制环境，以及政策优惠等诸方面对外资营造出强烈的吸引感。甚至要对不同性质、不同国别的外资给予差异性公共服务，并在跨国公司中形成“可信的承诺”。在服务业高关联度行业吸引外资是需要代价的，但从长期看，这种投资对产业结构升级和经济结构转型具有重要意义。

2. 重视跨国公司“内部化策略”的倾向和动态。

跨国公司为防止技术通过关联机制向上下游外溢，常具有相关产业链自我向后向繁衍的倾向①。跨国公司常将服务方面的业务内部化，实现前向内部化。这使得我国下游服务企业通过行业间技术溢出实现经济增长的“关联机制”成为幻影。我国政府应当密切关注跨国公司在纵向并购和混合并购领域的动态，把握其欲“内部化”的倾向和节奏，适时作出回应。

3. 提高高关联度服务业的开放度。

2001 年我国正式加入世界贸易组织，相应也履行了在服务贸易方面的开放义务，服务贸易进口及出口皆已上升至世界第三位和第四位。截止到 2010 年，在按世界贸易组织规则分类的 160 多个服务贸易部门中，中国已经开放了 100 个，占服务部门总数的 62.5%。今后我国应该逐渐扩大服务贸易开放

① 早在 1976 年，Buckley 和 Casson 就指出了跨国公司对知识产品的内部化动机最强，其根本原因在于避免外部化带来的技术泄密。为获高额利润，加强对技术的垄断和保护，跨国公司凭借技术优势，及跨国经营的组织优势和管理优势，把技术资源在公司内部调配，使技术转移不出公司。

领域，如电信、金融、旅行社、软件等高关联度行业，并放宽相关领域的内陆中心城市开放名单。

4. 承接服务外包与开发新型面向内资服务并重。

加入世界贸易组织以来，我国服务贸易的一个重要亮点就是服务外包的迅猛发展。尤其是近五年来，随着服务外包成为全球经济的新增长点和新引擎，我国的服务外包也在世界经济的版图中逐渐崛起。截至 2010 年年底，全国服务外包企业超过 1 万家，国际外包合同执行额 403.3 亿美元，离岸服务外包合同执行金额 156.8 亿美元，经认定的技术先进型服务企业近 800 家，服务外包从业人员达到 232.8 万人。但当“中国服务”正逐渐迈向世界时，我们不得不重视对内服务项目的开发，努力使服务业通过其特有的行业关联度带动我国自己的相关产业发展。

第二节　FDI 对我国生产性服务业影响的 ANOVA 分析和协整检验

从中国投入产出表 2007 切入，以生产性服务业的中间投入特性为出发点，以中间需求率和关联度系数为指标，对服务业按中间投入特性强弱有层次地聚类为生产性服务业、过渡性服务业、消费性服务业和公共性服务业。并对此四类服务业进行 ANOVA 分析，评估 FDI 对我国生产性服务业增长影响。再建立生产函数对两个面板进行协整检验和 SUR 回归分析。结果表明，FDI 对四类服务经济均有积极影响，但生产性服务业并未显示出显著优势，劳动力、FDI 与服务经济增长长期呈现协整关系。在 FDI 对服务经济影响力方面，消费性服务业大于生产性服务业；其内部为租赁商务业大于金融业和科研业。把 FDI 对我国生产性服务业积极影响作为实现国民经济持续增长、调整经济结构的机制尚未实现。

一、引言

从 1993 年至今，中国已经连续 17 年成为吸引外资最多的发展中国家，其中 2002 年吸收 FDI 达到 507 亿美元，一举超过了美国跃居全球第一。在此过程中，中国吸引 FDI 的目的也由最初弥补“资金缺口”转向弥补“技术缺口”，开始关注对经济持续增长的影响和吸收行业的分布问题。与此同时，服务业已经成为当今世界经济发展最为迅速的一个领域。相应的，服务业在各国经济中的增加值和就业比重不断增大。其中，生产性服务业已经成为许多发达国家服务业中发展最快的部分，其增长速度远远高于服务业的平均水平。于是，它已经成为外国投资的重点。以 OECD 国家为例，外国直接投资中服务业投资的总额明显高于制造业投资的总额，且主要集中在金融、商务服务、工业信息服务业中。根据美国经济分析局有关数据显示，美国的生产性服务业，如信息、金融、教育培训、专业服务业和商务每年支持产业的总量已超过 4 万亿美元，接近服务业产值的一半，占美国 GDP 的 30% 以上。

中国经济正处于转型升级阶段，联系我国的改革开放后的经济发展状况及国家政策，作为制造业大国、"世界工厂"，我国迫切需要大力发展生产性服务业为转变发展方式创造条件。在 2006 年 3 月发布的《"十一五" 规划纲要》中明确提出，要拓展生产性服务业，大力发展主要面向生产者的服务业，细化深化专业化分工，降低社会交易成本，提高资源配置效率。在《"十二五" 规划建议》中，也提到加快发展服务业，促进经济增长向依靠第一、第二、第三产业协同带动转变。

从理论上看，FDI 对我国生产性服务业产生的积极作用，是实现国民经济持续增长、促进整体经济结构调整的一个重要渠道，是提高利用外资质量和水平，更好地发挥利用外资在推动科技创新、产业升级、区域协调发展等方面积极作用的有力探索，同时也成了一个具有理论意义和实践意义的研究课题。其中，如何评估 FDI 对我国生产性服务业增长的影响，成为研究者必须首先攻克的难题，旨在探究这种影响经济的渠道是否形成。

要描述 FDI 对我国生产性服务业发展的影响，面临的第一个困难就是要界定生产性服务业，也就是从服务业的全集中按一定条件筛选出生产性服务业的子集。我国目前并没有明确现行《国民经济行业分类》（GB/T4754—2002）中哪些属于符合我国国情的生产性服务业。在 2006 年 3 月发布的《中华人民共和国国民经济和社会发展第十一个五年规划纲要》中只笼统地把要"大力拓展的生产性服务业" 描述为交通运输业、现代物流业、金融服务业、信息服务业和商务服务业。事实上，目前国际上对服务业的分类也尚无一致的意见，世界各国和各类经济组织都采取各自的统计口径和划分标准。更值得注意的是，实践中大部分服务业类型都会由消费者和生产者共同购买。从生产性服务业的发展来说，如果完全按照生产性服务业的内涵筛选，只有被生产者购买的那部分服务才能被认为是生产性服务业，那么现有很多分类口径都是不正确的。所以，有学者"另辟蹊径"，用生产要素对生产性服务业进行了筛选和分类。但本书认为这并没有从根本上认识问题和解决问题，对政策的制定和绩效的评估造成一定的阻碍。如若仔细对比就会进一步发现，许多学者界定出的生产性服务业竟占了服务业的绝大部分，甚至包括了房地产业，这显然是不合理的。第二个困难就是评估 FDI 对我国生产性服务业影响的方法选择，这意味着不仅从生产性服务业自身发展看，FDI 的作用到底如何，还要将其放在服务业集中，与其他类型服务业受 FDI 影响进行比较，检验是否具有显著性。

二、文献评述

内涵研究方面，美国经济学家 H. Greenfield（1966）最早提出了生产性服务业（Producer Services）的概念，被认为是生产性服务业概念形成的标志。Greenfield 认为，生产性服务业是被其他商品和服务的生产者用作中间投入的服务。其仅向生产者，而不是最终消费者提供服务产品和劳动的服务。Browning 和 Singelman（1975）认为，知识密集型的专业服务产业是生产性服务业的核心内容，这包括法律、金融、商务、保险、经纪等行业。Greenfield（1986）认为生产性服务业应该包含保险、银行、金融和其他商业服务，如广告和市场研究以及职业和科学服务等为其他公司提供的服务。在 Noyelle 和 Staback（1984）、Gruble 和 Walker（1989）、Coffey 和 Polese（1989）提出的定义中，强调它是一种经济中的中间投入，用来生产其他的产品或服务，认为生产性服务业是中间性的投入而非最终产出。台湾交通银行（1991）研究服务业在经济转型期间的发展时，以服务对象（即生产者和消费者）将服务分为两类。段杰、阎小培（2003）认为，生产性服务业是为生产、商务活动和政府管理提供服务，而非直接向消费性服务的个体使用者提供服务，它不直接参与生产或者物质转化，但又是任何工业生产环节中不可缺少的活动。

分类研究方面，李金勇（2005）根据生产要素提出了分类标准，即为人的服务（教育培训业、人才中介业），为财的服务（金融保险业、房地产业），为物的服务（物流业、会展业），为信息的服务（信息服务业），为技术的服务（技术服务业），为经营管理的服务（商务服务业）。中山大学第三产业研究中心（2005）、尚于力（2008）等都利用投入产出法对我国生产性服务业进行界定，将中间需求率大于 50% 的行业界定为生产性服务业，分为六大类。

生产性服务业对经济影响方面，Illeris（1993）描述了生产服务业在大城市发展中的地位以及生产服务业理想的发展轨迹。阎小培等在《我国生产性服务业与经济发展关系研究》中，从经济贡献率和就业贡献度，指出生产性服务业发展和我国经济发展的关系。程大中（2004）从经济效应、经济变革、经济全球化的角度，分析了服务业和国民经济的关系，指出服务业尤其是生产性服务业是国民经济的"黏合剂"。戴枫、赵曙东（2009）对生产者服务业 FDI 与东道国工资差距进行了实证研究。唐保庆（2009）对生产者服务业 FDI 追逐制造业 FDI 的现象进行实证分析，认为流入东道国的制造业 FDI 明显受到来自母国的生产者服务业 FDI 的追逐。罗立彬（2009）提出 FDI 会促进东道国服务业发展，进而促进东道国制造业的效率提升。刘元庆、宋青（2010）认为生产性服务业吸引外商直接投资和服务业经济增长之间存在 Granger 因果关系，生产性服务业 FDI 与服务业经济增长之间存在着长期稳定的均衡关系。

三、研究设计

（一）数据来源

本书使用的 1997 ~2009 年服务业分行业产值增加值来自各年度《中国统计年鉴》"国民核算"中的"分行业增加值"，劳动人数选用"年底就业人数"，外商直接投资额度选用实际利用 FDI 额度。基本流量和直接消耗系数来自《中国投入产出表 2007》，服务业行业分类参照《国民经济行业分类》（GB/T4754—2002）。

（二）研究思路

首先，依据《中国投入产出表 2007》的数据对《国民经济行业分类》（GB/T4754—2002）中的相关行业进行归类，形成八大非服务业和十四类服务业，并计算中间需求率 h_i、中间投入率 k_j、影响力系数 F_j 和感应力系数 E_i，计算公式如表 12 - 8 所示。

表 12 - 8　中间需求率、中间投入率、影响力系数和感应力系数计算公式

指标名称	中间需求率 h_i	中间投入率 k_j	影响力系数 F_j	感应力系数 E_i
计算公式	$h_i = \dfrac{\sum_{j=1}^{n} x_{ij}}{\sum_{j=1}^{n} x_{ij} + Y_i}$	$k_j = \dfrac{\sum_{i=1}^{n} x_{ij}}{\sum_{i=1}^{n} x_{ij} + N_j}$	$F_j = \dfrac{\sum_{i=1}^{n} b_{ij}}{(1/n)\ \sum_{i=1}^{n}\sum_{j=1}^{n} b_{ij}}$	$E_i = \dfrac{\sum_{j=1}^{n} b_{ij}}{(1/n)\ \sum_{i=1}^{n}\sum_{j=1}^{n} b_{ij}}$

注：其中，$\sum_{j=1}^{n} x_{ij}$ 与 Y_i 分别为国民经济各产业对第 i 产业产品的中间需求量和最终需求量；

$\sum_{i=1}^{n} x_{ij}$ 与 N_j 分别为国民经济中第 j 产业接受的中间投入和增加值；

b_{ij} 为直接消耗系数矩阵列昂惕夫逆矩阵中的元素；i = 1，2，…，n；j = 1，2，…，n。

其次，根据这上述指标，按照平方欧氏距离（Squared Eucidean Distance）使用离差平方和法进行聚类分析，得到生产性服务特性强度相异的四类服务业行业细目。具体地，将中间需求率作为划分的主要因素，因为中间投入性是生产性服务业有别于其他服务业最本质的特性①，这样就能将服务业初步分成三类。同时，划分还需要结合感应度系数和影响力系数，因为较强的产业关联性是生产性服务业另一重要特性。即对典型的生产性服务业以外的各个行业进行二次聚类，最终得到四大类服务业，按生产性服务特性强度递增依次是：公共性服务业，消费性服务业，过渡性服务业和生产性服务业。

再次，通过赋权估算出各行业内资企业和外资企业的产出②，再用方差分析方法（Analysis Of Variance，ANOVA）检验资金差异和生产性服务特性差异能否带来显著的产出差异。

最后，对四类服务业形成的一个面板数据以及生产性服务业内部子行业形成的另一个面板数据，采用增广的 Dickey - Fuller 检验（ ADF）检验其平稳性，进而使用 E - G 两步法对面板序列进行协整分析，并以协方差分析检验为标准选用合适的模型形式进行回归分析。

（三）模型设定

1. 关于 ANOVA 分析。

其作用是检验若干个同方差的正态总体的期望是否相等。并选择两因子有交互作用的模型进行 ANOVA 分析。具体说明如下：

将外资参与作为因子 A，生产性服务特征作为因子 B，行业的增长值的增长率记为 y。且因子 A 有 2 个水平（内资与外资），即 $s=2$；因子 B 有 4 个水平（四类服务业和四种生产性服务业子行业），即 $r=4$。在因子 A 第 i 水平、因子 B 第 j 水平时，简记为条件 A_iB_j，其响应服从正态分布 $N(\mu_{ij}, \sigma^2)$。可记为下式：

$$\mu = \frac{1}{rs}\sum_{i=1}^{r}\sum_{j=1}^{s}\mu_{ij} \tag{8}$$

再记 $\mu_{i\cdot} = \frac{1}{s}\sum_{j=1}^{s}\mu_{ij}$，而 $a_i = \mu_{i\cdot} - \mu$；$\mu_{\cdot j} = \frac{1}{r}\sum_{i=1}^{r}\mu_{ij}$，而 $b_j = \mu_{\cdot j} - \mu$。

本书采用有交互作用的模型，即并非一切 $i=1, 2, \cdots, r$ 和 $j=1, 2, \cdots, s$ 时都有 $\mu_{ij} = \mu + a_i + b_j$，对某些 i 与 j 会存在 $\mu_{ij} \neq \mu + a_i + b_j$。记如式（9）的形式，也就是说外资参与产生的作用与生产性服务特征的作用互相制约。

$$(ab)_{ij} = \mu_{ij} - \mu - a_i - b_j \tag{9}$$

① 将服务业产出用于中间需求或是最终消费作为划分生产性服务业与消费性服务业的方法，可见于 Momigliano & Siniscalso（1982）的文章，参 Chen Kai. A Study on the Current Situation of Producer Services in England. World Economy Study，2006（1）：79 - 84

② 由于按照服务业行业和注册类型分类来反映产值的统计资料很难找到，只能找到服务业分行业的产值，对某一行业产值难以进一步明确内资企业和外资企业各占的份额。本书利用各年度内资企业和外资企业工资总额的比例，估算出各行业内部内资企业和外资企业的产出。

在每个 A_iB_j 条件下进行 m 次试验，即样本期数。这样 y_{ijk} 表示在因子 A 第 i 水平与因子 B 第 j 水平下的第 k 次试验，即如式（10）所示：

$y_{ijk} = \mu + a_i + b_j + (ab)_{ij} + \varepsilon_{ij}$，其中 i = 1，2，…，r；j = 1，2，…，s；k = 1，2，…，m （10）

进而计算 $y_{.j.}$、$y_{i..}$ 与 $y_{...}$，并将数据整合成表，算出五个平方和（$\sum_{i=1}^{4}\sum_{j=1}^{3}\sum_{k=1}^{4}y_{ijk}^2$，$\sum_{i=1}^{4}\sum_{j=1}^{3}y_{ij.}^2$，$\sum_{i=1}^{4}y_{i..}^2$，$\sum_{j=1}^{3}y_{.j.}^2$ 和 $y_{...}^2/(rs)$）和五种偏差的平方和（$S_T = \sum_{i=1}^{r}\sum_{j=1}^{s}\sum_{k=1}^{m}(y_{ijk}-\bar{y})^2$，$S_A = \sum_{i=1}^{r}sm(\bar{y}_{i..}-\bar{y})^2$，$S_B = \sum_{j=1}^{s}rm(\bar{y}_{.j.}-\bar{y})^2$，$S_{A\times B} = \sum_{i=1}^{r}\sum_{j=1}^{s}m(\bar{y}_{ij.}-\bar{y}_{i..}-\bar{y}_{.j.}+\bar{y})^2$ 和 $S_e = S_T - S_A - S_B - S_{A\times B}$），制作 ANOVA 分析表进行评估。

本书将 FDI 对四类服务业影响差异的 ANOVA 分析分为三个部分。第一是同方差检验，本书采用 Levene 检验。这是一种非参数检验方法，与 F 检验相似，但不依赖于正态性假设，因此比 F 检验更稳健。第二是考虑两个因素及其交互作用的 ANOVA 分析，也就是检验外资参与产生的影响与生产性服务特征的影响是否会互相制约发生作用。第三是四类服务业的事后多重比较之检验。所谓事后检验（Post – hoc test）是在得到显著性结果后，进行成对比较，旨在发现差异发生在哪里。方法上有 Scheff 检验、Tukey 诚实显著检验（HSD）和最小显著差异方法（LSD）等，本书采用后两种。

2. 关于协整检验与面板回归分析。

设定中国服务业内各行业的经济增长为 Y，劳动人数为 L，外商直接投资额为 FDI，而除外商直接投资和外资产业结构之外的经济增长影响（比如国内资本和技术进步因素等）综合地用 A 表示。我们可以得到以下模型。

$$Y = F(A, L, FDI) \tag{11}$$

对上述函数求全微分可得：

$$dY = \frac{\partial Y}{\partial A}dA + \frac{\partial Y}{\partial L}dL + \frac{\partial Y}{\partial FDI}dFDI \tag{12}$$

再两边同除以 Y 可得：

$$\frac{dY}{Y} = \frac{\partial Y}{\partial A}\frac{A}{Y}\frac{dA}{A} + \frac{\partial Y}{\partial L}\frac{L}{Y}\frac{dL}{L} + \frac{\partial Y}{\partial FDI}\frac{FDI}{Y}\frac{dFDI}{FDI} \tag{13}$$

其中，$\frac{\partial Y}{\partial L}\frac{L}{Y}$和$\frac{\partial Y}{\partial FDI}\frac{FDI}{Y}$分别表示劳动力和外商直接投资额对经济增长的产出弹性，将它们分别记作 β_1 和 β_2。且将其他因素引起的产出弹性记为 β_0，本节式（5）便为以下形式：

$$\frac{dY}{Y} = \beta_0 \frac{dA}{A} + \beta_1 \frac{dL}{L} + \beta_2 \frac{dFDI}{FDI} \tag{14}$$

本书计划考察各因素对经济的影响，考虑建立以下面板模型，为避免变量计量单位差异所引发的异方差，自变量与因变量均采用了自然对数形式：

$$LN(Y)_i = c_{1i} + \alpha_{1i} LN(L)_i + \beta_{1i} LN(FDI)_i + u_i \tag{15}$$

面板模型使用方面，由于无论是研究四类服务业还是生产性服务业内部子行业，它们都包括了所有该类型的成员，故本书选用了固定效应模型。但在模型形式设定方面，由于是面板模型，使用的样本数据包括了截面、时期、变量三个方向上的信息。若模型设定不正确，会导致结果同现实相差甚远。故本书通过协方差分析检验，在混合回归模型、变截距模型和变系数模型中进行科学的选择。

四、实证结果

本书从中国投入产出表切入，将《国民经济行业分类》中十七类制造业归为纺织类、家居食品文教类、化工金属类和设备器材机械类，连同农林牧渔业、采矿业、燃料生产供应业、建筑业以及十四类服务业，计算得到各类服务业感应度系数、影响力系数、中间投入率和中间需求率。按二步聚类得到结果如表 12－9 所示。

表 12－9　服务业根据生产性服务特性二步聚类结果

子行业名称	类别
9：水利、环境和公共设施	第 1 类，即公共性服务业
11：教育	第 1 类，即公共性服务业
12：卫生、社会保障和社会福利业	第 1 类，即公共性服务业
14：公共管理和社会组织	第 1 类，即公共性服务业
6：房地产业	第 2 类，即消费性服务业
2：信息传输、计算机服务和软件业	第 3 类，即过渡性服务业
3：批发和零售业	第 3 类，即过渡性服务业
4：住宿和餐饮业	第 3 类，即过渡性服务业
10：居民服务和其他服务业	第 3 类，即过渡性服务业
13：文化、体育和娱乐业	第 3 类，即过渡性服务业
1：交通运输、仓储和邮政业	第 4 类，即生产性服务业
5：金融业	第 4 类，即生产性服务业
7：租赁和商务服务业	第 4 类，即生产性服务业
8：科学研究、技术服务和地质勘察业	第 4 类，即生产性服务业

注：a. 此处二步法指，先以中间投入率作为中间投入性指标进行初次聚类，得到典型的生产性服务业；再以影响力系数和感应度系数作为产业关联度指标就生产性服务业以外的子行业进行二次聚类。

b. 全过程由 SPSS11.5 软件处理得到结果。

聚类结果表明，典型的生产性服务业有四个即交通运输、仓储、邮政业、金融业。租赁和商务服务业，以及科学研究、技术服务和地质勘查业，与我国实际情况相符。这四个行业的中间投入特征明显大于其他行业，保证了它们在国民经济中面向生产者的地位。在过渡性服务业中，有两个行业值得注意：居民服务和其他服务业，以及文化、体育和娱乐业。按常规理解，这两个领域似乎应当面向最终消费者，甚至其提供者可能为公共管理部门。但实证数据表明它们相当程度上提供给了生产部门，其解释可能是：近些年来生产者将文娱和居民服务作为激励员工的投入，而在一定程度上成为这两种服务的需求者。另外，我们发现真正符合生产性服务特征的行业里没有房地产业，相反地它成为消费性服务业。然而，从 FDI 在我国服务业内部的流向来看，多是集中在以高风险高回报为特征的房地产业，或是高利润行业。相形之下，流向科学研究、技术服务和地质勘察等门类就较少，在 2009 年只占到全年服务业 FDI 的 4.6%。这与当今发达国家的 FDI 的大量流入与制造业密切相关的服务外包领域的趋势不同。这说明，目前走由 FDI 对我国生产性服务业产生的积极作用，来实现国民经济持续增长、促进整体经济结构调整的路子尚不容易。

FDI 对四类服务业影响差异的 ANOVA 分析分为两个部分，其结果如表 12－10 所示。第一部分是同方差检验，Levene 统计量为 1.338，其 Sig 值为 0.274。说明没有证据表明同类服务业的总体方差不等，即可认为其具同方差，可以进一步进行 ANOVA 分析。在第二部分 ANOVA 分析中，我们发现资金类型不同（即外商直接投资还是内资）对服务业进步都起到显著的影响，其 F 值达到 8.405，对应的 Sig 值仅为 0.006，表明作用显著。而服务业类型的不同并没有带来经济增长的差异，其 F 值为 0.569，对应的 Sig 值为 0.639，效果并不显著。同时，资金类型并没有同服务业类型发生交互作用，即是为外商投资与生产性服务业特性没有发生互相制约和影响。在第三部分四类服务业的事后多重比较检验中，我们进一步发现，四类服务业生产性特征差异并没有带来经济增长的不同，可以认为 FDI 对整体服务经济增长明显，但这与生产性服务业特征强弱没有关系。

表 12-10　FDI 对四类服务业影响差异的 ANOVA 分析结果

第一部分：同方差检验

Levene 统计量	自由度 1	自由度 2	Sig 值
1.338	3	44	0.274

第二部分：ANOVA 分析结果

因素	平方和	自由度	均值平方	F 值	Sig 值
资金类型	0.054	1	0.054	8.405	0.006
服务业类型	0.225	3	0.075	0.569	0.639
资金类型与服务类型交互作用	0.001	3	0.000	0.072	0.975

第三部分：四类服务业的事后多重比较之检验

服务业类型（I）	服务业类型（J）	Tukey 诚实显著检验（HSD）		最小显著差异方法（LSD）	
		均值差距（1-J）	Sig 值	下界	上界
公共性服务业	消费性服务业	-0.120213	0.849	-0.516343	0.275917
	过渡性服务业	0.038132	0.994	-0.357998	0.434263
	生产性服务业	0.055256	0.982	-0.340874	0.451386
消费性服务业	公共性服务业	0.120213	0.849	-0.275917	0.516343
	过渡性服务业	0.158345	0.711	-0.237785	0.554476
	生产性服务业	0.175469	0.641	-0.220661	0.571599
过渡性服务业	公共性服务业	-0.038132	0.994	-0.434263	0.357998
	消费性服务业	-0.158345	0.711	-0.554476	0.237785
	生产性服务业	0.017124	0.999	-0.379006	0.413254
生产性服务业	公共性服务业	-0.055256	0.982	-0.451386	0.340874
	消费性服务业	-0.175469	0.641	-0.571599	0.220661
	过渡性服务业	-0.017124	0.999	-0.413254	0.379006

注：最小显著差异方法（LSD）采用95% 置信区间。

对上述四类服务业和生产性服务业子行业取 1997～2009 年数据得到两个面板结构，分别对它们进行平稳性检验，结果如表 12-11 所示。我们得到两个面板的变量的对数值均非平稳，而其一阶差分均为平稳序列，再进一步作协整分析。

表 12-11　四类服务业面板和生产性服务业面板的 ADF 单位根检验结果

变量	面板 1：四类服务业		面板 2：生产性服务业子行业	
	ADF 统计量值（P 值）	判别	ADF 统计量值（P 值）	判别
LN（GDP）	0.20759（1.0000）	非平稳	0.40549（0.9999）	非平稳
LN（L）	1.09860（0.9975）	非平稳	4.14355（0.8439）	非平稳
LN（FDI）	0.65073（0.9996）	非平稳	1.73818（0.9880）	非平稳
△LN（GDP）	15.3522（0.0526）	10% 水平下平稳	16.6683（0.0338）	5% 水平下平稳
△LN（L）	24.1472（0.0022）	1% 水平下平稳	23.7796（0.0025）	1% 水平下平稳
△LN（FDI）	20.4201（0.0089）	1% 水平下平稳	35.7978（0.0000）	1% 水平下平稳

使用 E-G 两步法对面板序列进行协整分析，结果如表 12-12 所示。两个面板均通过了协整检验，它们的回归残差一期在 5% 水平下皆可认为是平稳的，说明变量的自然对数值是一阶协整的，我们可以进行更深入的面板数据回归分析。

表 12-12　两个面板的回归残差一期的单位根检验结果

	PP 值（P 值）	ADF（P 值）	协整检验结果
面板 1：四类服务业	15.2455（0.0545）	16.9041（0.0311）	5% 水平下回归残差一期平稳，即具有协整关系
面板 2：生产性服务业子行业	17.6107（0.0243）	18.1525（0.0201）	5% 水平下回归残差一期平稳，即具有协整关系

为了精细地选择模型类型，我们用协方差检验确定了模型的形式。结果表明，面板 2 和面板 3 都出现 F_1、F_2 统计量大于相应的临界值的情况，说明这两个面板应当选择变系数模型作为模型的形式见表 12-13。

表 12－13　两个面板的模型形式选择（协方差分析检验）

	三种形式的残差平方和			F_1统计量（1%临界值）	F_2统计量（1%临界值）	选择结果
	变系数	变截距	混合回归			
面板 1：四类服务业	2.480305	5.806548	7.879274	8.9404（3.2910）	9.6744（2.8876）	使用变系数模型
面板 2：生产性服务业子行业	7.512765	31.36356	127.2003	21.1647（3.2910）	70.8054（2.8876）	使用变系数模型

注：a. 此处模型形式指混合回归模型、变截距模型和变系数模型。

b. 其中，$F_1=\frac{(S_2-S_1)/[(N-1)k]}{S_1/[NT-N(k+1)]}\backsim F[(N-1)k,\ NT-N(k+1)]$；

$$F_2=\frac{(S_3-S_1)/[(N-1)(k+1)]}{S_1/[NT-N(k+1)]}\backsim F[(N-1)(k+1),\ NT-N(k+1)]$$

最后，本书用变系数模型对两个面板作出回归分析。既然应当使用变系数模型，为消除截面异方差，我们进一步采用似不相关回归（SUR 方法）进行估计。得到四类服务业以及生产性服务业各子行业劳动力 L 和外资额度 FDI 对经济增长的影响系数，如表 12－14 所示。我们发现，使用 SUR 却能减小各截面的残差平方和。且两个面板内部在回归系数的 t 值方面有差异，就 FDI 对经济影响作用来说，消费性服务业、生产性服务业、租赁和商务服务业，以及科研技术服务业的系数显著程度较高，达到在 1% 的水平下显著。

表 12－14　用 SUR 方法估得两个面板的劳动力和 FDI 对服务经济增长的影响系数

面板 1：四类服务业

	截距项（固定效应）	Ln（L）的作用系数	Ln（FDI）的作用系数
公共性服务业	1.389632	0.623018*** （8.690288）	0.119690 （0.841023）
消费性服务业	－2.896157	0.625626*** （9.414059）	0.488627*** （2.909590）
过渡性服务业	－13.949522	3.215490*** （16.08896）	0.207732* （1.805746）
生产性服务业	－2.945421	0.828162*** （5.192487）	0.387940*** （2.809651）

$R^2=0.998649$　F 值 =2688.667　D. W. =1.692568　残差平方和 =41.72231

面板 2：生产性服务业子行业

	截距项（固定效应）	Ln（L）的作用系数	Ln（FDI）的作用系数
交通运输、仓储和邮政业	0.651643	0.958869*** （9.399629）	0.065669 （0.502316）

续表

面板2：生产性服务业子行业			
金融业	2.751180	0.229397* (1.844446)	0.233845 (1.293396)
租赁和商务服务业	-28.724621	0.186509 (0.316496)	2.557186*** (11.86086)
科研、技术服务和地质勘查业	0.320272	0.441059*** (4.794593)	0.245669*** (2.743863)
R^2 =0.994498 F值=657.2539 D.W.=1.835650 残差平方和=45.57075			

注：a. 括号内为t值。

b. *、**和***分别表示在10%、5%和1%的水平上显著。

五、结论和建议

（一）从影响力系数、感应度系数、中间投入率和中间需求率来看

很少有服务业的感应度系数大于1，而影响力系数有不少高于1。这说明服务业受前向供给变动（对其他部门变化的反应，即感应）的影响不大；相反，对后向制造业的影响却较大，这充分反映了生产性服务业的中间投入性的特点。其中，交通运输及仓储业前后向的关联都比较大，这表明我国的物流仓储业在产业链中具有承上启下的地位，与前后向产业都有相当的关联。

单从影响力系数看，研究与试验发展业对后向的影响最大，表明该行业处于基础位置，对国民经济的推动具有积极意义。这十分有利于实现我国经济转型的目标，用技术拉动经济取代以市场拉动经济。相反，房地产业通常被列入生产性服务业，却具有非常低的后向影响力。一个合理的解释是：在当今中国房地产业下游的主要对象不是生产者，而是最终消费者。

在中间投入率和中间需求率方面，交通运输及仓储业、邮政业、租赁和商务服务业以及研究与试验发展业呈现出较高的水平，表现出中间产品的性质，它们已经成为我国现代服务业的重要构成部分。然而，结合这些行业吸收FDI，及其对产值增加值的贡献来看，其对服务经济乃至对整个国民经济的影响是较小的，尚未形成良性联动机制。

（二）从ANOVA实证分析来看

比较内资参与的情况，外资参与却能带来较高的服务经济增长，但这种情况是适合于各类服务业的，即在具有独特性质的生产性服务业较其他服务业并未体现出较高的产值增长。一方面，我们可以把这种现象理解成生产性服务特征内在的优势，即与制造业最紧密的联系，并未通过FDI发挥出来。

另一方面，正如实证结果显示的，生产性服务特性和外资参与并没有发生真正的交互作用。也就是说，利用 FDI 的层次仍旧较低，停留在弥补“资金缺口”，尚未向弥补“技术缺口”转型。FDI 对我国生产性服务业的影响并未带动关联产业发展，离以此实现经济的持续增长与结构调整的目标尚有一定距离。

这与我国实际情况比较一致，一方面我国服务业占 GDP 比重较低，其中消费性服务业比重又大，真正由生产性服务业对 GDP 的贡献非常低。另一方面，从 FDI 在我国服务业内部的流向来看，多是集中在以高风险高回报为特征的房地产业，且其占第三产业吸收 FDI 一直居高不下。2001 年 11 月中国加入世界贸易组织后，逐步在各领域向外资开放。图 12 - 3 显示了 2002 ~ 2009 年四类服务业吸收 FDI 的比例变化。我们发现房地产业作为消费性服务业占比一直居高不下，2007 年达到 170. 89 亿美元，占当年我国服务业吸收 FDI 的 55. 16%，见图 12 - 3。长此以往，消费性服务业吸收 FDI 远超生产性服务业，不利于后者在国民经济中发挥关联作用。而在生产性服务业内部，交通运输、仓储和邮政业，以及租赁和商务服务业两项占比一直达到 80% 以上，使得金融业和科研业不能发挥重要的生产服务作用如图 12 - 3 所示。

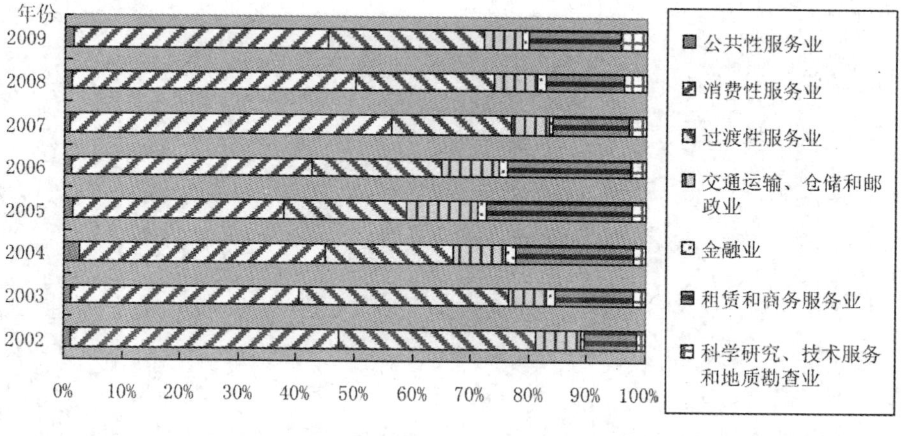

图 12 - 3　2002 ~ 2009 年我国服务业各行业 FDI 的实际使用金额比例分布

数据来源：各年度《中国统计年鉴》数据整理所得。

（三）从协整检验和 SUR 实证结果来看

四类服务业面板和生产性服务业内部子行业面板的 FDI 和劳动力均与 GDP 具有长期协整关系。且在四类服务业中，FDI 对经济影响最大且最为显著的是消费性服务业，其次是生产性服务业，再次是过渡性服务业，最后是公共性服务业。不难发现，FDI 流向房地产业从而影响经济已经成为我国服务业发展的主要渠道，远超本应该发挥关联作用的生产性服务业。在生产性服务业内部，FDI 对经济影响最大且最为显著的是租赁和商务服务业，而科研和金融与其作用差别甚大。

政策建议如下：第一，调整和细化服务业分类，筛选出既满足生产性服务特征又符合我国国情的生产性服务业是当务之急。我们期待“十二五”规划将“十一五”规划定出的五类生产性服务业落实成更细的分类。第二，深化体制改革，放宽市场准入机制，健全法律体制，支持生产性服务业吸收 FDI 带来的先进技术。第三，利用 FDI 加快制造业与生产性服务业的互动，推进服务外包化，提升产业关联度，发挥技术优势。第四，加强对热钱的监管，引导外资从房地产业流向生产性服务业。而在生产性服务业内部从租赁商务业流向技术密集型行业，以便在长期内带来技术进步影响，促进整体国民经济增长和结构调整。

第十三章　中国钢铁业并购效应分析

第一节　中国钢铁产业国际竞争力分析

一、钢铁工业的特点

自从1856年英国的贝斯麦发明酸性底吹转炉，1865年德国的西门子——马丁发明平炉，开始了钢铁工业的近代化生产以来，钢铁工业至今已经有一个半世纪的发展历史。钢铁产业从发展到今天，已经形成了一些自身的规律性特点，总结来看主要如下：

1. 钢铁产业具有规模经济的特点。钢铁产业生产工艺决定了其大型化和规模化的发展方向，冶炼钢和铁的经济规模都在百万吨以上，20世纪后半叶，钢铁工业以日本最具代表性，都在走一条大型化、专业化和高效化的发展道路。

2. 钢铁产业与上下游产业关联度很强。与钢铁产业相关联的下游产业有建筑及房地产业、机械设备制造业（含汽车制造）、家电、铁路等，与之相关联的上游产业有采矿业、能源、交通等。

3. 钢铁产业具有周期性，其发展与国民经济的波动正相关。当国民经济快速发展时，钢铁产业也会快速发展，体现在钢铁需求上升，价格上涨；当国民经济调整时，钢铁产业也会进行调整，体现在钢铁需求下降，价格下落。

4. 钢铁产业的技术发展飞速，新技术新工艺的应用极大地提高了钢铁产品质量和降低了钢铁生产成本。如高炉喷煤、平炉改转炉炼钢、连铸、计算机自动控制轧钢等。

二、我国钢铁业发展的基本情况

钢铁业是我国国民经济的支柱产业，经过60年的建设，已经从新中国成立时年产15万吨粗钢发展到2008年产量5亿吨，产能6.6亿吨，钢铁产值占GDP的比重达10%，已连续16年居世界首位，是名副其实的钢铁生产大国。但我国仍非钢铁强国，行业和企业的核心竞争力距发达国家还有明显的差距。

1. 钢铁生产继续保持高增长。

根据巨灵资讯，截至2009年6月30日，全国钢材产量已达6162.18万吨，比2008年同期增长14%，生铁产量4753万吨，比全年同期增长11.2%，钢铁业经过小小的寒冬之后，增长势头依然很大如图13－1、13－2所示。

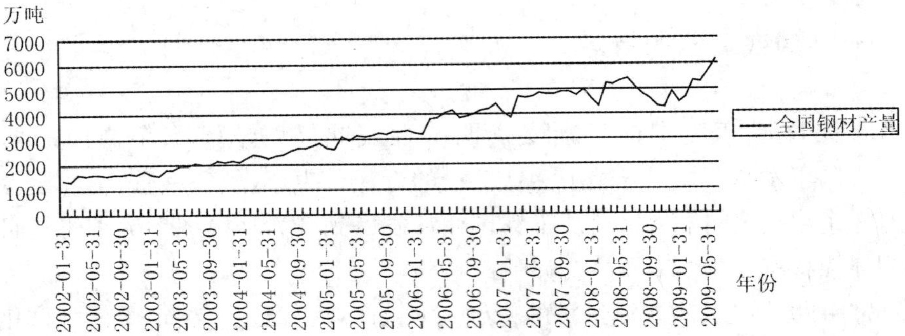

图13－1　全国钢材产量

资料来源：巨灵数据。

2. 技术进步、现代化建设取得新成绩。

20世纪90年代以来，中国钢铁工业的技术进步战略发生了明显的转折，从只注重单体技术的攻关转向关键技术、共性技术的大面积突破。主要体现在下面六项关键共性技术上：连铸技术、棒线材连轧化技术、溅渣护炉技术、高炉长寿技术、高炉喷吹煤粉技术和贯穿流程工序结构调整的综合节能技术等。同时中国钢铁工业技术装备水平也有了新的提高，通过技术改造，新建项目，建成投产了一批大型烧结机、大型现代化高炉、钢铁精炼、镀锌生产线、彩涂生产线等如宝钢1800冷轧板、鞍钢ASP2150连铸连轧板带轧机生产线。

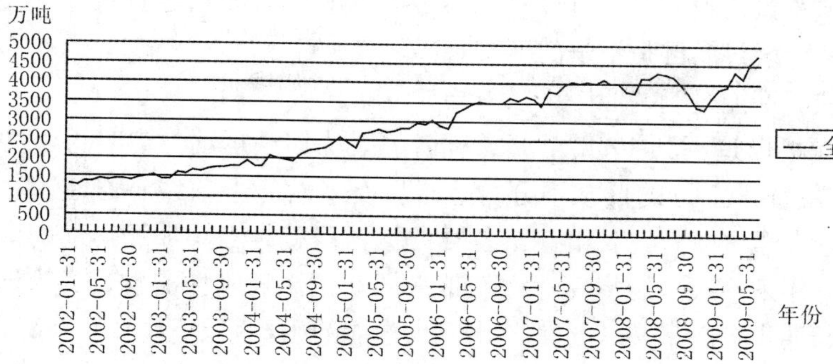

图 13－2　全国生铁产量

资料来源：巨灵数据。

3. 企业经营效益显著提高，同时面临成本上升的压力。

据国家统计局统计，中国钢铁工业总资产对国民经济增长的贡献率近几年来不断提高，由 2000 年的 6. 18% 上升到 2004 年的 14. 02%，工业成本利润率由 2000 年的 3. 34% 上升到 2004 年的 7. 03%。但我国钢铁业也面临着原料涨价的巨大压力：我国钢铁企业超过 80% 的铁矿石原料是从国外进口，而 2005 年铁矿石涨价 71. 5%，2006 年涨 19%，2007 年上涨 9. 5%，2008 年涨价幅度达到了 65%，因此对于钢铁业的经营效益也是一个严峻的挑战如 13－1所示。

表 13－1　中国钢协会员企业经营目标

年份 主要经营目标	2000	2001	2002	2003	2004	2005
主要业务收入（亿元）	3743	3793	4611	6845	11045	11752
主营业务成本（亿元）	3102	3155	3788	5545	9218	10167
实现利润总额（亿元）	114	164	237	478	880	768
销售利润率（%）	3. 06	4. 32	5. 14	6. 90	7. 90	6. 54

资料来源：中国产业发展与产业政策（上）. 2006

4. 产能过剩矛盾显现。

中国城市化的发展涌现了大量的房地产开发，作为拉动 GDP 的重要指标，除外贸外，房地产业、汽车制造业成为钢铁行业发展的基础，从而不断扩张，推动持续追求规模经济。

2008 年，我国粗钢产量达到 5 亿吨，产能 6.6 亿吨，设备开工率约

76%，表明消费量约为4.53亿吨，有1/4的粗钢产量需要通过直接或间接出口予以消费，产能过剩已是不争的事实。

我国钢铁业产能过剩的原因可以总结如下：

（1）根源可以追溯到1958年那场著名的大炼钢铁运动。当时为了“赶英超美”，全国成千上万的群众不分行业，男女老幼齐上前线，修建土法炼钢炉。如今遍布全国各省、各市甚至各县的钢铁厂就是当年那场运动的滋生物。近一二十年来，我国经济高速增长带来的对钢铁的刚性需求，成为地方中小钢企能长期生存下来并“贡献”出巨大产能的主要原因。

（2）以前的产业政策中，主要是以高炉容积为标准来划分产能是否落后，结果反而产生了一种逆向效应。比如，中央要淘汰300立方米及以下的高炉，地方就升级到400立方米。如此一来，产能是增加而不是减少了。

（3）国外对行业中主导企业的鼓励与保护，体现在一个区域内不允许相同企业的增加，以促使行业结构的合理化（美国便是如此），中国没有这一政策性因素，导致中小企业众多，也为产能过剩打下了基础。

（4）在中国钢铁业普遍效率不高，民企可在控制成本、提高效率方面与国企一争高下，获取这个行业的超额经济利润。只要有利可图，民营资本就会蜂拥而至，增加资本，扩大产能，争取更大的市场份额。国企面对民营资本的竞争，因为有政府扶持和银行资金，不甘落后、不计成本地增加投资，扩大规模，与民营企业争利，这样就致使产能进一步扩大。

（5）国务院出台《钢铁产业调整和振兴规划》后，山东、山西、河北等多个省份出台了本省的钢铁产业振兴规划。这些地方规划都强调要推进本地区内钢铁企业的兼并重组。在山东，山钢强力吞并了日钢。在河北，省政府推进了组建河北钢铁集团的计划，上述兼并重组明显呈现出地方割据的态势。政府出台兼并整合的政策是期待跨地域、跨所有制的整合，目的是为了淘汰落后的产能，提高产业集中度。但是，现在各省推行的产业振兴计划，则是异化了政府的产业政策，结果只是培养了一个个的地方巨头，地方割据出现，产能过剩矛盾继续深化。

三、我国钢铁行业规模经济分析

（一）我国钢铁行业集中度分析

相对于国外来说，中国的行业集中度很低，只有10%～20%，国外一般是60%～70%。集中度低带来了一系列问题，比如生产技术不到位，环境污染大，大量中小企业的存在使得中国虽然是世界上产钢量第一的国家却没有铁矿石定价权。2009 年，中国与国际矿产企业谈判时，许多中小钢铁企业临阵倒戈，使得进口铁矿石价格最终停在了高位。

产业集中度是指一定市场范围内某种产业中大企业所占的份额。钢铁行业作为多投入多产出的资本密集型行业，只有达到市场集中度较高、投入产出率较明显时才能发挥规模经济效应。测量集中度的具体方法和相应指标有很多，这里选用绝对集中度（CRn）作为衡量市场集中度的指标。CRn 是指某产业中规模最大的前 n 家企业的市场占有率之和。2005 年世界粗钢产量排名前 9 位的国家钢铁产业集中度 CR1 ~ CR3（前 1 ~ 3 名钢铁企业合计粗钢产量占全国钢产量的百分比）对比见表 13 – 2。

表 13 – 2　2005 年九大产钢国家钢铁行业集中度比较

国家	粗钢产量（百万吨）	CR1（%）	CR2（%）	CR3（%）
中国	349.4	6.5	10.2	13.7
日本	112.5	29.3	55.5	67.5
美国	94.9	20.3	39.7	45.7
俄罗斯	66.1	22.9	43.9	61.1
韩国	47.8	65.7	82.8	88.6
德国	44.5	37.2	53.2	58.7
乌克兰	38.6	18.0	36.0	51.3
印度	38.1	32.1	44.1	52.6
巴西	31.6	43.4	70.8	87.2

从表 13 – 2 中我们可以看出，2005 年我国粗钢产量最大，但产业集中度却远远低于其他产钢大国，CR1、CR2、CR3 最高的都是韩国，中国与其相差甚远，基本是 7 ~ 10 倍左右。CR1、CR2、CR3 最低的乌克兰和美国也是我国的 3 倍左右。2005 年，我国年产 500 万吨以上粗钢的钢铁企业 18 家，其粗钢产量占全国粗钢产量的 46.4%，产业集中度也低于除美国以外的其他主要产钢国家。可见，我国钢铁产业的集中度同国外成熟钢铁产业相比还存在较大差距。我国钢铁产业集中度过低，造成了严重的环境污染，加剧了低水平重复建设，制约了企业自主创新能力和市场竞争力的提高，削弱了我国钢铁产业在国际市场的地位和作用。在国际铁矿石价格谈判中，我国钢铁企业不得不接受了块矿和粉矿大幅的涨价幅度，也在很大程度上暴露了我国钢铁工

业集中度低、大而不强的弱点。

根据国家发改委发布的《钢铁产业政策》，到2010年，钢铁企业数量将有较大幅度减少，国内排名前10位的钢铁企业产量要占全国钢铁总产量的50%以上，到2020年达到70%以上。但事实上，在国家钢铁产业政策明确要求钢铁产业进行重组和整合的背景下，中国钢铁产业的集中度依然出现不升反降的局面。在2004年，我国钢铁产品前10位的钢铁企业的产量占总产量的比重为34.7%，2005年下降为33.6%，而到2006年又下降到了29%如图13-3所示。

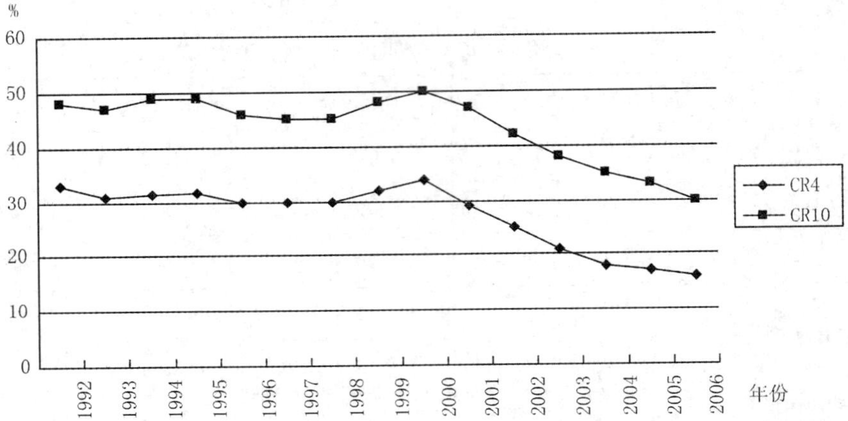

图13-3 中国钢铁产业集中度变化趋势

资料来源：刘玉：《谈我国钢铁工业集中度》，载《冶金管理》2004年第6期（1995~2003年数据）；《中国钢铁产业集中度不升反降》，载《第一财经日报》2007年1月26日（2004~2006年数据）。

中国钢铁工业集中度低的主要原因在于：第一，国有大型钢铁联合企业发展速度缓慢。企业通过内部积累式发展缓慢，许多大型钢铁企业在钢铁产业快速发展时期，脱离钢铁主业，将稀缺的资本用于多元化经营，分散了资本投入。钢铁产业内通过联合兼并进行产业整合的速度较迟缓，由于产权及地方利益保护等因素，跨地区的产业兼并重组很少。第二，小规模，低起点的民营钢铁企业快速发展。新建民营钢铁企业起点低，生产规模小，降低了产业的集中度。第三，中国钢铁市场的规模迅速扩大。1996年中国成为第一钢铁大国；2002年超过欧盟，成为最大的钢铁市场，这是导致中国钢铁产业集中度降低的一个直接市场因素。第四，钢铁业并购出现异化现象。

（二）我国钢铁行业的企业规模分析

中国钢铁工业生产企业数量众多，但按产量划分，上规模的却很少。根据能耗、物料、固定费用、成本等因素综合考虑，国内外专家一般认为大型钢铁联合企业年产钢300万~350万吨为最小合理规模。表13-3的数据可以大致估计我国钢铁工业企业的规模状况。

表13-3　中国钢铁企业生产规模统计

年份	1980	1985	1990	1995	2000	2001	2002	2003	2005
钢铁工业生产企业数	1332	1318	1589	1639	2997	3176	3333	4119	–
年产钢50万~99万吨	2	6	12	17	13	11	8	–	5
年产钢100万吨以上	12	12	16	21	37	47	41	–	42
年产钢500万吨以上	–	–	–	4	4	4	8	13	17

资料来源：《中国钢铁工业年鉴》（2004），《中国钢铁工业年鉴》（2006）。

2002年年产钢300万吨以上的企业数目50家都不到，大量企业的年产量连50万吨都不到。1980~2002年，钢铁企业数目增加了2.5倍左右，尽管年产100万吨以上的企业数在逐渐增加，但与庞大的总数相比，大规模企业还是非常少的。2002年，中国钢铁工业生铁、钢和产品钢材的总产量分别为17079.20万吨、18224.89万吨、19250.06万吨，全国77家重点大中型企业的总产量则分别为13917.75万吨、16382.83万吨、14731.41万吨，分别占了全国总产量的近81.589.9%、76.5%。到了2003年，全国钢产量上500万吨的企业一共有13家，总产量为9683.63万吨，占全国钢产量的43.55%。由此可见，剩余小型钢铁企业数目众多，中国大多数钢铁企业还不具备规模优势。

同国外的钢铁企业相比，也可以看出我国钢铁企业的规模偏小，还没有达到足够发挥规模经济性的要求见表13-4。

表13-4　中国钢铁企业生产规模统计

国家	日本	美国	俄罗斯	韩国	欧盟	中国
年产500万吨企业/个	4	4	4	2	7	13
占总产量比例/%	74.29	54.5	69.02	79.8	87.46	44.8

从表13－4可以看出，虽然我国钢产量超过500万吨的企业有13家，但占全国钢产量还不到一半，与其他国家少数钢铁企业占领绝大部分的市场份额相比，我国企业规模显然无法与其他国家相比。我国钢铁企业数目多，并且整体实力不强，还没有几家企业可以达到足够控制市场的能力。国内最大的钢铁企业宝钢2003在世界钢铁企业的产量排行榜中虽位列第六，但其产量不到世界最大钢铁企业阿塞勒集团的一半。可见，同世界钢铁强国相比，我国钢铁企业规模小，缺乏发挥规模经济的载体。

中国钢铁企业规模不经济的主要原因是地区分割严重，在钢铁市场需求量大的情况下，各地纷纷兴建钢铁企业，造成高投入、低产出、低效益的后果。同时生产企业只重视扩大产能，提高产量，却忽视了企业治理结构和管理体制的优化。企业组织规模过大，人员冗余，生产效率和技术水平低下，生产要素不匹配，投入产出比例失衡，致使综合效益下降①。

四、国外钢铁企业并购的现状及特征分析

（一）世界钢铁业并购现状

钢铁企业联合、兼并和资产重组是世界钢铁工业发展的大趋势，也是钢铁工业结构调整的中心环节和突破口。100多年来，全球钢铁工业经历了五次大规模的重组：

第一、二、三次钢铁业的重组并购基本没有跑出美国这个钢铁大国；第四次重组并购确立了日本钢铁大国地位；20世纪90年代中期开始的第五次并购浪潮，欧洲显现了钢铁强势地位，中国则在钢铁产量上也确立了大国地位。

20世纪初，美国出现了历史上第一次“收购和兼并”浪潮，造就了世界第一个钢铁集团——美国钢铁公司。这次并购起步较早，一直延续到第二次世界大战后的并购浪潮，美国钢铁业的并购使美国钢铁业盛世绵延了70年。

20世纪70年代初，新日铁通过合并重组，首度跃居成为世界头号大钢厂，宣告了日本钢铁业黄金时代的来临，在1996年被中国超过之前，近30年间，日本一直占据世界首位钢铁大国宝座。20世纪90年代末至今，中国钢铁业迅猛发展，其总量已超过全球的1/3，成为世界第一的产钢大国。

---

① 上海财经大学课题组．中国产业发展报告——制造业的市场结构、行为与绩效［M］．上海：上海财经大学出版社，2006

1. 2006年经过10多年并购发展起来世界排名第一的米塔尔公司与排名第二的安赛乐公司合并，宣告了一个年产量1.2亿t、约占世界钢铁行业10%份额的钢铁企业横空出世；同时，也宣告了第五次并购浪潮的到来，钢铁业进入了高潮。

2. 为满足印度快速增长的钢铁需求，参与全球钢铁业竞争，扩大海外市场占有率，印度钢铁厂家的海外收购及扩张势头让业界刮目相看。塔塔钢铁公司收购比其销售额大4倍的英荷Corus集团，一跃成为全球第五钢铁生产厂家。这对印度钢铁厂家是个极大的促进和鼓舞，它也因此成为2007年印度乃至全球最抢眼的钢铁企业，获得进入欧洲市场的机会。塔塔钢铁还加强在东南亚的市场地位，收购越南两家轧钢厂SSE和Vinausteel，是继新加坡国家钢铁公司、泰国千禧钢铁公司后的又一重举，其在越南乃至东南亚的市场地位获得进一步提升。

3. 俄罗斯钢铁厂巩固北美下游市场地位。俄罗斯耶弗拉兹集团继续瞄准北美更高端的下游市场，加速向海外扩张。2007年初以23亿美元完成对厚板、钢管和钢轨生产厂家俄勒冈钢铁公司的收购之后，12月10日又同意以5.65亿美元全部现金收购美国中厚板生产厂家Claymont钢铁公司，进一步强化其在北美的中厚板市场地位，同时也是集团发展高端下游市场的长期战略的一个重要步骤。

4. 日本钢厂继续扩大高端钢投入，与投资新建高炉的谨慎态度相反，新日铁等日本钢铁企业与海外合作伙伴联合推进汽车和造船等高级钢材的动作却快得多。从日本四大钢铁公司2007年投资预算来看，年收入的20%即8650亿日元用于购买和更新设备，其中大部分都用于提高高附加值产品产能。新日铁、安赛乐米塔尔及中国宝钢已经就三方在华汽车钢板合资企业增产事宜达成最终协议，三家公司将向合资企业投资约250亿日元，新建一条可年产45万吨汽车钢板的生产线，2010年投产，届时合资企业的年产量将在目前80万吨的基础上进一步提高50%，达到125万吨。

5. 韩国钢厂增加船板及汽车板供应，在浦项钢铁公司和东国制钢的带领下，韩国各大钢厂相继扩大船板生产设备投资，满足造船业蓬勃发展带动的产品需求的不断增加。

尽管目前世界钢铁行业并购活动空前高涨，但世界五大钢铁公司所占全球市场份额仍不足20%，大大低于世界五大铝生产商所占市场份额。与其他行业相比，钢铁行业在行业供应链的两端——铁矿石开采及加工和制造业仍十分分散。因此，从原材料供应到产品加工制造，全球钢铁工业的并购整合潜力仍然很大①。

（二）以美国为例回顾其并购历史

1. 史上首次并购案。

美国钢铁业的第一次并购发生于1901年，当时的联邦钢铁公司收购了卡内基钢铁公司以及其他多家小公司，组建了全美最大的钢铁公司———美国钢铁公司，其钢产量曾一度占美国钢铁总产量的75%。

2. 21世纪的并购案。

随着美国社会工业化进程的推进，其钢铁业于1973年发展到最高峰，钢铁产量创下了1.4亿吨的历史最高纪录。此后美国进入了后工业化时期，钢铁业的发展开始回落。由于钢铁业在美国被投资界看做夕阳工业，本身又有许多遗留问题，因此在20世纪末21世纪初，出现了一个破产高峰，仅1997～2002年就有35家钢铁公司申请破产保护，从而爆发了第二次并购浪潮②。

在这次并购中并购方主要是美国钢铁公司——纽柯公司。美国钢铁公司并购国家钢（National Steel）公司，Sartidg钢厂，孤星技术（Lone Star Technologies）公司，Stelco钢铁公司。美国钢铁公司发起的并购具有如下特点：

（1）以欧美国家通常采用的方式，通过并购实现了规模的迅速扩张，粗钢年产能达到约3003万吨，成为美国第一大钢铁公司。

（2）除USSK和孤星技术公司之外，被并购方均处于破产保护状态，财务状况不佳，并购成本极低。

（3）除孤星技术公司外，被并购方均为钢铁企业，采用传统的高炉长流程作业方式，以扁平材为主。通过合并后的协同效应，使公司的技术、生产以及管理经验很容易地移植到新收购对象中。

（4）除Stelco的SBQ棒材之外，被并购方的所有钢材品种均在美国钢铁公司的产品领域内，产品累加效应明显，强化了市场地位。

（5）向中欧扩张，由区域化向全球化转变③。

3. 国外钢铁业并购的特点。

世界钢铁业发展的主要特点就是并购始终伴随着钢铁企业发展，并购成为钢铁企业发展规模化的主要手段，并购使得钢铁行业的集中度大幅提高。美国领先的三家钢铁企业占国内钢铁总产能的50%以上，在日本，"二战"后也建设了近百家钢铁企业，通过不断并购与优化整合，现在新日铁等4家

① 吴莉莉. 并购重组对我国钢铁产业竞争力影响的研究［J］. 硕士毕业论文

② 杜锋，袁丰平，戚水仙. 美国钢铁企业的并购浪潮及特点分析［J］. 中国冶金，2003

③ 毛艳丽，胡俊鸽，陈妍. 美国钢铁业的并购和发展［J］. 冶金丛刊，2008（10）

企业集团钢产量占该国的70%以上，企业技术和质量都有了很大提高；韩国浦项集团一家钢产量占该国的63.58%；在安赛乐－米塔尔公司成立后，欧洲地区领先的三家钢铁企业的产量占欧盟25国的45%①。并购已成为国外钢铁企业进行组织结构调整、优化产品结构、提升企业核心竞争力的重要方法，也成为国家和地区钢铁行业提高产业集中度、优化产业布局、减少无序竞争的重要手段。并购重组的意义在于规模的扩大。

从全球钢铁业的整合史中可以得出启示，在行业高峰期创造利润，在行业低谷期提高市场份额是钢铁行业发展的规律，利润黄金期的结束也就标志着并购黄金期的来临，在钢铁行业低谷期提高市场份额的整合是下一个繁荣期获取更高利润的前提②。

钢铁工业属于资源密集型和资本密集型产业，钢铁生产的技术特点决定了规模经济在钢铁产业中的重要地位，可以说，规模经济是这个产业效率和竞争力的关键要素。从国际钢铁产业的发展历程来看，钢铁企业的联合、兼并和资产重组，向集团化方向发展是发挥专业化生产，实现钢铁产业现代化的需要，也是适应市场竞争的需要

五、中国钢铁业并购现状

中国作为一个新兴的市场经济国家，在实施市场经济体制改革前曾长期使用指令性计划的手段配置资源。由于计划手段的普遍弱点和历史上的一些决策失误，造成了大量的资源的无效率配置；而且由于行业周期的特点，投资资源也必然面临着贬值的危险。我国钢铁企业联合并购重组，始于“九五”期间。1997年，国家下达关于实行“鼓励兼并、规范破产、下岗分流”的部署之后，先后有30多家钢铁企业进行并购重组。自2005年国家发布《钢铁产业发展政策》以来，又有10多家钢铁企业推进并购重组。

1997～2004年，钢铁企业开始区域性联合重组和强弱联合重组。主要并购重组案见表13－5。

① 郑东．提高产业集中度［J］．世界金属导报，2006

② 陶魄．世界钢铁业并购发展的规律对中国钢铁业发展的启示［J］．江苏冶金，2008

表 13-5　1997~2004 年钢铁业并购重组事件

时　间	事　件
1997 年 9 月	湖南的湘钢、涟钢、衡阳钢管厂共同组建了华菱集团公司
1997 年 12 月	湖南的湘钢、涟钢、衡阳钢管厂共同组建了华菱集团公司
1998 年 11 月	以宝钢总厂为主，联合重组上海钢铁和梅山钢铁
2000 年 1 月	攀钢兼并成都无缝钢管厂、成都钢铁厂、长城特钢厂等
2000 年 12 月	河北省以唐钢为核心，联合宣化钢铁、石家庄钢铁、承德钢铁、邢台钢铁组建唐钢集团
2001 年 5 月	辽宁省以鞍山钢铁为基础，联合大连钢铁、凌源钢铁、本溪钢铁及抚顺钢铁组建国内第二大钢铁集团
2003 年 1 月	大连钢厂与抚顺钢厂联合重组为辽宁特钢集团，次年 9 月又与黑龙江北满钢厂联合重组为东北特钢集团
2004 年 6 月	攀钢正式重组四川长钢集团，控股川投长钢

资料来源：《中国企业并购年鉴》，Wind 资讯库，《中国钢铁业年鉴》。

2005 年，钢铁企业开始了跨地区并购重组和强强并购重组。主要案例见表 13-6。

表 13-6　2005 年钢铁业并购重组事件

时　间	事　件
2005 年 2 月	武钢、鄂钢资产重组，20 多亿的企业资产从湖北省国资委转移到武钢
2005 年 4 月	北京的首钢与贵州的水钢并购重组
2005 年 8 月	鞍钢与本钢组成了鞍本钢铁集团，迈出了两大钢铁企业并购重组的第一步
2005 年 10 月	首钢与唐钢合资组建了首钢京唐钢铁有限公司，共同建设沿海的曹妃甸钢铁基地
2005 年 11 月	唐钢、宣钢及承钢共同组建新唐钢集团公司
2005 年 11 月	四川的通德集团并购重组黑龙江国有企业西林钢厂
2005 年 11 月	通钢、建龙钢铁及吉铁等组建新通钢集团公司
2005 年 12 月	武钢与柳钢联合成立武钢柳钢（集团）联合有限公司，共建防城港沿海 1000 万吨规模的新钢铁基地

资料来源：《中国企业并购年鉴》，Wind 资讯库，《中国钢铁业年鉴》。

上述 8 项联合重组中，有 5 项是跨地区的联合重组，另 3 项是区域内的强强联合重组。新唐钢集团与鞍本钢铁集团，其年产钢将达到1800万~2000万吨以上。

2007年是我国钢铁企业“跨区强强联合”进一步深化的一年。

2007~2009钢企并购重组事件见表13-7。

表13-7　2007~2009年钢铁业并购重组事件

时　间	事　件
2007年1月	宝钢收购控股八一钢铁
2007年8月	武钢收购控股昆明钢铁
2007年9月	沙钢收购控股鑫瑞特刚
2007年12月	沙钢收购控股江苏永钢
2007年12月	沙钢收购控股安阳永兴钢铁
2008年3月	山东钢铁联合重组济钢、莱钢、张店钢厂
2008年6月	宝钢出资控股广钢
2008年6月	河北钢铁联合重组唐钢、邯钢
2008年9月	武钢出资控股广西钢铁（柳钢）
2009年3月	宝钢收购控股宁波钢铁
2009年5月	首钢收购控股海鑫钢铁

资料来源：《中国企业并购年鉴》，Wind资讯库，《中国钢铁业年鉴》。

上海的宝钢集团收购新疆的八一钢铁、湖北的武钢集团收购云南的昆钢集团是我国钢铁企业跨区强强联合重组的标志性事件。山东钢铁注册资本金为100亿元，是山东省属规模最大的企业。数据显示，2007年济钢、莱钢集团的产量分别为1212.39万吨和1169.94万吨，在中国钢铁企业中排在第八位和第九位。两大集团合并完成后，山东钢铁集团年产量将超过2300万吨，进入全国前五位。2008年6月，河北省政府整合唐钢集团、邯钢集团组建河北钢铁集团有限公司。新组建的河钢集团产量规模超过3100万吨，超过目前国内第一的宝钢集团2858万吨的产量，到2010年年底，在淘汰落后、优化结构的前提下，集团年钢产量将达到5000万吨。

钢铁业收购未成功的案例。因地方政府规划将天铁、天钢、天津钢管合并组建天钢集团，复星集团2008年计划收购天钢集团的计划未能实施。同样，宝钢2006年欲与邯钢合资建设邯宝新区，谋求控股邯钢，也因地方政府本地域联姻而无下文。首钢于2007年与河北唐山宝业钢铁联合组建新宝业钢铁，并搬迁建设了曹妃店项目，欲参与河北地方钢企的整合，最后也没有结果。

第二节 中国钢铁业并购绩效的实证分析

一、研究方法的选择和模型构建

研究企业并购绩效主要有两种方法，股票事件法和会计指标法。用股票事件法来研究企业绩效问题其适用性还存在一些限制。股票事件法首先遇到的一个问题是股票价格能不能反映企业经营状况的好坏，也就是说，股票市场是不是有效的。吴世农（1994）[①] 认为我国股市信息的完整性、分布均匀性和时效性与发达国家存在着较大的差距，股价容易受人为因素所操纵，中国股市不具有“弱型效率”。我国近几年股票市场存在绩优股价格低于绩差股的反常表现，绩优不一定“价优”，而绩差也不一定“价差”，从这一点来看，用非正常收益法来研究我国目前的证券市场还存在一定的局限性。此外，我国绝大多数上市公司存在着很大一部分非流通股，而非流通股股东并不能直接从股价涨跌中获利或受损。这样，上市公司股价的波动就难以衡量非流通股股东的收益变化，所以也就无法准确测量上市公司业绩的变化。

会计指标法的优势在于能够客观地、连续地反映并购前后公司业绩的变动情况，其不足主要来自于会计指标容易受到上市公司操纵。陈晓等人（1999）[②] 的实证研究表明，尽管会计利润指标经常会受到操纵，但中国上市公司的报表盈余数字仍然具有很强的信息含量。另外，从较长时期来考察，任何利润操纵手段只能操纵暂时的会计指标，并购事件的实质性影响最终都要暴露到会计报表之中。因此，会计指标法在进行企业并购绩效实证研究方面也得到了普遍的应用。

本书将采用会计指标法对我国上市公司的并购绩效进行分析研究。

① 吴世农．上海股票市场效率的分析与评价［J］．投资研究，1994

② 陈晓．有效市场假说的定义、检验途径与意义［J］．投资研究，1999

二、评价指标体系构建

（一）评价指标选取

衡量上市公司并购绩效的基础是经营业绩的评价，而单个指标的反映难免片面且易于操纵，因此必须构建一个综合指标体系，通过对其较长时期的观察，对并购绩效作出评价。本书借鉴中国注册会计师协会2009的《财务成本管理》中规定的偿债能力、盈利能力、运营能力、成长能力来构造评价指标体系，分别选取三个、两个、一个指标进行衡量。

1. 目前我国钢铁业上市公司的负债状况普遍过高，资产负债率大部分是在0.5以上，流动比率大部分小于2，现金比率大部分小于0.5，债务结构不合理，因此钢铁业上市公司资产质量的提高应表现为上市公司经过并购后可用现金偿还债务能力得到显著性提高。流动比率，现金比率，资产负债率是从短期和长期两个方面衡量企业偿债能力的重要财务指标，流动比率、现金比率越大，资产负债率越低上市公司的偿债能力就越强。

2. 并购的绩效应该看业绩改善的情况，企业的扩张会带来资产的增加，总资产报酬率能够反映伴随并购扩张带来的资产盈利效应；净资产收益率是一个综合性与代表性较强的指标，充分反映了企业资本运营的综合效益。

3. 上市公司经过并购后，资产质量的提高也表现在上市公司的资产营运能力的提高上。资产营运能力反映上市公司在资产方面管理的效率，富有成效的并购能够提高上市公司在资产方面的管理能力，本书用流动资产周转率来反映上市公司的运营能力。指标越大，上市公司资产营运能力就越强。

4. 经营业绩良好的上市公司应该表现出较高的成长性，成长性好的上市公司其总资产扩张能力和股本扩张能力等方面都比较强，总资产扩张率能够反映公司是否具有可持续发展的潜力。

综上所述，上市公司并购绩效评价指标体系见表13－8。

表13－8　综合评价指标体系

指标类型	指标名称	指标计算公式	指标性质
偿债能力	流动比率	流动资产/流动负债	正
	现金比率	（现金＋有价证券）/流动负债	正

续表

指标类型	指标名称	指标计算公式	指标性质
	资产负债率	负债总额/资产总额	负
收益能力	净资产收益率	净利润/股东权益	正
	总资产收益率	净利润/资产总额	正
运营能力	流动资产周转率	主营业务收入/平均流动资产	正
成长能力	总资产扩张率	（期末总资产 - 期初总资产）/期初总资产	正

（二）两个假定

1. 财务处理规则的一致性。由于国家对上市公司的财务处理有统一规定，上市公司财务制度已趋于完善，政府的监管力度也进一步加大，这里假定所有上市公司财务处理的规则是一致的，不同上市公司的财务数据具有可比性。

2. 财务报表的真实性。上市公司披露的年报是经过会计事务所审计的，这里假设经会计事务所审计的财务报表是可信的。评价指标的选取考虑了客观性、公允性和科学性。评价指标可根据上市公司公开披露的信息进行指标计算，尽量避免主观因素的影响。

三、综合得分模型的构建

为了便于对并购前后公司的绩效进行对比，必须构建一个综合得分函数将这七个指标压缩成一个综合得分。本书采用的是因子分析法。因子分析的基本思想是根据相关性大小把变量分组，使得同组内的变量之间相关性较高，但不同组的变量相关性较低。每组变量代表一个基本结构，这个基本结构成为公共因子。

分析方法的核心是对若干个指标进行因子分析并提取公共因子，再以每个因子的方差贡献率作为权数与该因子的得分乘积的和构造综合得分函数①。

① 章文波，陈红艳．实用数据统计分析及SPSS 12.0应用［M］．北京：人民邮电出版社，2006

步骤：

1. 构建因子分析模型。

$$X_i = a_{i1}F_1 + a_{i1}F_1 + \cdots + a_{i1}F_1 + e_i (i = 1, 2, \cdots, P)$$

2. 构建因子得分模型。

因子分析模型建立后，还有一个重要的作用是应用因子分析模型去评价每个样本在整个模型中的地位，即进行综合评价。

设公共因子 F 由变量 x 表示的线性组合为：

$$F_j = u_{j1}x_{j1} + u_{j2}x_{j2} + \cdots + u_{jp}x_{jp} (j = 1, 2, \cdots, m)$$

该式称为因子得分函数，由它来计算每个样本的公共因子得分。

但因子得分函数中方程的个数 m 小于变量的个数 p，所以并不能精确计算出因子得分，只能对因子得分进行估计。估计因子得分的方法较多，常用的有回归估计法、Bartlett 估计法、Thomson 估计法。

3. Bartlett 估计法可用最小二乘法导出，得：

$$\hat{F} = A'R^{-1}x,$$

其中：

$$R = \begin{pmatrix} 1 & r_{12} & \cdots & r_{1p} \\ r_{21} & 1 & \cdots & r_{2p} \\ \vdots & \vdots & & \vdots \\ r_{p1} & r_{p2} & \cdots & 1 \end{pmatrix}$$

为原变量的相关系数矩阵。

$$\hat{F} = (\hat{F}_1, \hat{F}_2, \cdots, \hat{F}_m)'$$

$$x = (x_1, x_2, \cdots, x_p)'$$

$$A' = (a_{ji})_{m \times p}$$

4. 以各因子的方差贡献率为权重，由各因子的线性组合得到综合评价指标函数。

$$F = (w_1F_1 + w_2F_2 + \cdots + w_mF_m)/(w_1 + w_2 + \cdots + w_m)$$

此处 w_i 为旋转前或旋转后因子的方差贡献率。

四、钢铁业公司并购重组样本

表 13－9　2003～2007 年钢铁业公司并购重组样本

序号	发生时间	上市公司代码	名称
1	2003 年上	600399. SH	抚顺特殊钢股份有限公司
2	2003 年上	600282. SH	南京钢铁股份有限公司
3	2003 年上	600010. SH	内蒙古包钢钢联股份有限公司
4	2003 年上	600019. SH	宝山钢铁股份有限公司
5	2003 年下	600005. SH	武汉钢铁股份有限公司
6	2004 年下	600399. SH	抚顺特殊钢股份有限公司
7	2005 年上	000932. SZ	湖南华菱管线股份有限公司
8	2005 年上	000959. SZ	北京首钢股份有限公司
9	2005 年下	000898. SZ	鞍钢股份有限公司
10	2005 年下	600117. SH	西宁特殊钢股份有限公司
11	2006 年上	600102. SH	莱芜钢铁股份有限公司
12	2006 年上	000825. SZ	山西太钢不锈钢股份有限公司
13	2006 年上	000629. SZ	攀枝花新钢钒股份有限公司
14	2006 年上	000761. SZ	本钢板材股份有限公司
15	2006 年下	600001. SH	邯郸钢铁股份有限公司
16	2006 年下	000708. SZ	大冶特殊钢股份有限公司
17	2006 年下	600010. SH	内蒙古包钢钢联股份有限公司
18	2007 年上	600019. SH	宝山钢铁股份有限公司
19	2007 年上	600581. SH	新疆八一钢铁股份有限公司
20	2007 年上	600005. SH	武汉钢铁股份有限公司
21	2007 年下	000717. SZ	广东韶钢松山股份有限公司
22	2007 年下	600022. SH	济南钢铁股份有限公司

数据来源：《中国企业并购年鉴》，Wind 资讯库。

（一）分析步骤及分析过程

1. 将指标按并购前一年、并购当年、并购后第一年、并购后第二年分别作因子分析，各年样本数如表 13－10、13－11、13－12、13－13、13－14 所示：

表 13－10　并购样本个数

时间	并购前一年	并购当年	并购后一年	并购后两年
样本数	22	22	22	17

2. 计算各个并购公司并购前后综合得分，分析综合得分变化与公司业绩之间的关系。

3. 指标的选定。

VAR1：流动比率

VAR2：现金比率

VAR3：资产负债率

VAR4：净资产收益率

VAR5：总资产收益率

VAR6：流动资产周转率

VAR7：总资产扩张率

（二）分析过程

1. 因子分析过程

并购前一年：

表 13－11　并购前一年的旋转后的成分矩阵

Rotated Component Matrix（a）

	Component			
	1	2	3	4
VAR00001	0.927	0.215	－0.126	－0.144
VAR00002	0.910	0.201	－0.207	0.070
VAR00003	－0.756	－0.168	－0.433	0.320
VAR00004	0.203	0.952	0.206	－0.049
VAR00005	0.511	0.711	0.322	－0.286
VAR00006	－0.147	0.291	0.872	0.137
VAR00007	－0.098	－0.108	0.099	0.962

Extraction Method：Principal Component Analysis.

Rotation Method：Varimax with Kaiser Normalization.

a Rotation converged in 6 iterations.

并购当年：

表 13 - 12　并购当年的旋转后的成分矩阵

Rotated Component Matrix（a）

	Component			
	1	2	3	4
VAR00008	0. 916	0. 089	-0. 036	-0. 257
VAR00009	0. 905	0. 087	-0. 173	-0. 078
VAR00010	-0. 886	-0. 070	-0. 050	-0. 300
VAR00011	-0. 022	0. 981	0. 003	0. 177
VAR00012	0. 455	0. 799	-0. 041	0. 326
VAR00014	-0. 084	-0. 009	0. 994	0. 036
VAR00013	-0. 079	0. 482	0. 054	0. 826

Extraction Method：Principal Component Analysis.

Rotation Method：Varimax with Kaiser Normalization.

a Rotation converged in 5 iterations.

并购后一年：

表 13 - 13　并购后一年的旋转后的成分矩阵

Rotated Component Matrix（a）

	Component			
	1	2	3	4
VAR00011	0. 916	0. 153	0. 190	0. 055
VAR00012	0. 800	0. 103	0. 533	0. 136
VAR00013	-0. 692	-0. 275	-0. 123	0. 405
VAR00009	-0. 002	0. 944	-0. 178	0. 133
VAR00008	0. 075	0. 824	0. 396	-0. 202
VAR00010	-0. 193	-0. 029	0. 934	-0. 188
VAR00014	0. 201	0. 022	0. 207	0. 930

Extraction Method：Principal Component Analysis.

Rotation Method：Varimax with Kaiser Normalization.

a Rotation converged in 6 iterations.

并购后两年：

表 13－14 并购后两年的旋转后的成分矩阵

Rotated Component Matrix (a)

	Component			
	1	2	3	4
VAR00016	0.880	0.280	−0.191	−0.114
VAR00015	0.821	0.279	0.386	−0.010
VAR00017	−0.722	−0.207	−0.279	−0.454
VAR00018	0.224	0.946	0.047	0.213
VAR00019	0.405	0.862	0.138	0.243
VAR00020	0.095	0.080	0.975	0.024
VAR00021	−0.014	0.267	−0.001	0.933

Extraction Method：Principal Component Analysis.

Rotation Method：Varimax with Kaiser Normalization.

a Rotation converged in 6 iterations.

（1）从并购前一年的因子载荷矩阵可以看出，公共因子 Fl 在变量 1、变量 2、变量 3 上的载荷值分别为 0.927，0.910，－0.756 较大且正负号也正确显示了指标性质，公共因子 F2 在变量 4、变量 5 上的载荷值分别为 0.952，0.711 也是七个变量里数值最大的两个公共因子，F3 在变量 6 上的载荷值为 0.872 为最大值，公共因子 F4 在变量 7 上的载荷值是 0.962，也是变量中的最大值较大。

（2）从并购当年的因子载荷矩阵可以看出公共因子 Fl 在变量 1、变量 2、变量 3 上的载荷值分别为 0.916，0.905，－0.886、公共因子 F2 在变量 4、变量 5 上的载荷值分别为 0.981，0.799，公共因子 F3 在变量 6 上的载荷值为 0.994，公共因子 F4 在变量 7 上的载荷值是 0.826，同样是变量中的最大值较大。

（3）从并购后一年的因子载荷矩阵可以看出公共因子 Fl 在变量 1、变量 2、变量 3 上的载荷值分别为 0.916，0.800，－0.692、公共因子 F2 在变量 4、变量 5 上的载荷值分别为 0.944，0.824，公共因子 F3 在变量 6 上的载荷值为 0.934，公共因子 F4 在变量 7 上的载荷值是 0.930 分别也是变量中的最大值。

（4）从并购后两年的因子载荷矩阵可以看出公共因子 Fl 在变量 1、变量 2、变量 3 上的载荷值分别为 0.880，0.821，－0.722、公共因子 F2 在变量 4、变量 5 上的载荷值分别为 0.946，0.862，公共因子 F3 在变量 6 上的载荷值为0.975，公共因子F4在变量7上的载荷值是0.933，同样是变量中的最大值较大。

（5）这共同表明公共因子F1在变量1，变量2，变量3上的载荷值较大，这三者主要是由流动比率、现金比率、资产负债率这三个变量所决定，它主要是代表偿债能力的指标，其中流动比率和现金比率是代表企业的短期偿债能力，资产负债率是表示企业的长期偿债能力；公共因子F2在变量4，变量5上的载荷值较大，主要由总资产收益率和净资产收益率这两个变量来决定，这两个指标均表示企业的盈利能力；公共因子F3主要是流动资产周转率所决定，它主要是代表企业运营能力的指标。公共因子F4在变量7上的载荷值最大，表明F4由资产扩张率指标来决定，它主要代表企业的成长能力。因此，可以推断公司绩效指标大体上由四个方面来决定，即偿债能力、盈利能力、运营能力和成长能力。

2. 行业并购分析

从总方差的分解中可以得到四个综合得分函数

并购前一年（见表13－15）：$F^{-1}=(37.022F1+23.197F2+16.599F3+16.533F4)/93.351$

并购当年（见表13－16）：$F^{0}=(38.072F1+26.485F2+14.651F3+14.043F4)/93.251$

并购后一年（见表13－17）：$F^{1}=(29.135F1+24.035F2+20.571F3+16.343F4)/90.084$

并购后两年（见表13－18）：$F^{2}=(31.307F1+27.327F2+17.638F3+17.057F4)/93.329$

运用以上四个综合得分函数算出综合得分均值及正值比率，结果如表13－19所示。

从表13－19可以看出，F^0-F^{-1}等于5.3557E－07，为正值但数值较小，这说明并购当年样本公司业绩稍有提升但幅度不大；F^1-F^0等于－4.3E－06，F^1-F^{-1}等于－3.7E－06为负值，说明并购后一年没有达到效果；F^2-F^1等于－2.26774，F^2-F^0等于－0.55995，F^2-F^{-1}等于－0.91993也为负值，而且F^2-F^1的负值最大，这说明并购第二年，并购效果进一步恶化。

从整体上看，除并购当年并购绩效稍有所上升外，并购后一年，并购后两年绩效都未提高，反而有持续恶化的趋势，即钢铁业上市公司并购达到所预期的效果。原因可能有以下几点：并购当年之所以绩效有所上升是因为市

表 13－15　并购前一年综合得分

Component	Initial Eigenvalues			Extraction Sums of Squared Loadings			Rotation Sums of Squared Loadings		
	Total	% of Variance	Cumulative %	Total	% of Variance	Cumulative %	Total	% of Variance	Cumulative %
1	3.540	50.567	50.567	3.540	50.567	50.567	2.592	37.022	37.022
2	1.546	22.079	72.645	1.546	22.079	72.645	1.624	23.197	60.219
3	0.951	13.587	86.232	0.951	13.587	86.232	1.162	16.599	76.818
4	0.498	7.119	93.351	0.498	7.119	93.351	1.157	16.533	93.351
5	0.383	5.476	98.827						
6	0.059	0.850	99.677						
7	0.023	0.323	100.000						

表 13－16　并购当年综合得分

Component	Initial Eigenvalues			Extraction Sums of Squared Loadings			Rotation Sums of Squared Loadings		
	Total	% of Variance	Cumulative %	Total	% of Variance	Cumulative %	Total	% of Variance	Cumulative %
1	3.037	43.384	43.384	3.037	43.384	43.384	2.665	38.072	38.072
2	2.054	29.347	72.732	2.054	29.347	72.732	1.854	26.485	64.557
3	0.987	14.100	86.832	0.987	14.100	86.832	1.026	14.651	79.207
4	0.449	6.418	93.250	0.449	6.418	93.250	0.983	14.043	93.250
5	0.326	4.659	97.909						
6	0.131	1.876	99.785						
7	0.015	0.215	100.000						

表 13－17　并购后一年综合得分

Component	Initial Eigenvalues			Extraction Sums of Squared Loadings			Rotation Sums of Squared Loadings		
	Total	% of Variance	Cumulative %	Total	% of Variance	Cumulative %	Total	% of Variance	Cumulative %
1	2. 885	41. 217	41. 217	2. 885	41. 217	41. 217	2. 039	29. 135	29. 135
2	1. 752	25. 027	66. 243	1. 752	25. 027	66. 243	1. 682	24. 035	53. 170
3	0. 899	12. 847	79. 090	0. 899	12. 847	79. 090	1. 440	20. 571	73. 741
4	0. 770	10. 993	90. 084	0. 770	10. 993	90. 084	1. 144	16. 343	90. 084
5	0. 468	6. 682	96. 766						
6	0. 188	2. 689	99. 454						
7	0. 038	0. 546	100. 000						

表 13－18　并购后两年综合得分

Component	Initial Eigenvalues			Extraction Sums of Squared Loadings			Rotation Sums of Squared Loadings		
	Total	% of Variance	Cumulative %	Total	% of Variance	Cumulative %	Total	% of Variance	Cumulative %
1	3. 665	52. 355	52. 355	3. 665	52. 355	52. 355	2. 191	31. 307	31. 307
2	1. 216	17. 370	69. 724	1. 216	17. 370	69. 724	1. 913	27. 327	58. 634
3	1. 056	15. 081	84. 806	1. 056	15. 081	84. 806	1. 235	17. 638	76. 272
4	0. 597	8. 523	93. 329	0. 597	8. 523	93. 329	1. 194	17. 057	93. 329
5	0. 299	4. 275	97. 604						
6	0. 150	2. 145	99. 749						
7	0. 018	0. 251	100. 000						

注：方差贡献率是衡量公共因子相对重要性的指标，越大表明 F_j 对 X 的贡献越大，或者说对 X 的影响和作用越大。

表 13－19　综合得分均值及正值比率

F 差值	F^0-F^{-1}	F^1-F^0	F^1-F^{-1}	F^2-F^1	F^2-F^0	F^2-F^{-1}
均值	5.3557E－07	－4.3E－06	－3.7E－06	－2.26774	－0.55995	－0.91993
正值比率	0.4091	0.5909	0.4545	0.2353	0.5882	0.4118

注：其中 F^{-1}、F^0、F^1、F^2、分别表示并购前一年、并购当年、并购后一年、并购后二年的综合得分。F^0-F^{-1}，表示并购当年与并购前一年综合得分的差值，均值的王负表示业绩的上升或下降，均值大小表示业绩变动的相对程度；正值比指综合得分为正值的样本数占样本总数的比率，下同。

场预期推升了股价的上升，以及并购后产生的即时的刺激作用。并购后两年绩效持续下降，作为钢铁业并购绩效未能充分显现，笔者认为主要有两点：一是企业并购的正常进行依赖于产权市场的形成，而我国目前产权市场还未形成和完善，政府以国有资产代表的身份自上而下地对企业进行引导和牵线搭桥，为兼并双方选择对象，甚至进行行政干预，这种“政企不分”的行政干预往往会偏离资本所有者的利益目标，很可能违背市场经济规律，不利于资源的优化配置。二是钢铁工业有中央企业，又有省属企业；既有国有企业，又有民营企业，同时钢铁业的税收问题又使其地方性保护色彩很严重，复杂的利益关系使并购后的整合困难重重。

3. 股权结构与公司并购绩效

股权结构会对公司的经营决策产生重要影响，进而影响到其经营业绩。国外对股权结构与企业绩效的研究一般从内、外部股东的持股比例和股权集中度来研究。我国上市公司股权结构中的内部员工持股比例较小，不足以影响股权结构的主体构成。我国上市公司股权结构主要表现为流通股与非流通股并存，且在非流通股中，法人股和国家股占有重要地位。

本书以 2003～2007 年发生并购事件的钢铁业上市公司的股本结构数据为主，利用 SPSS 软件，通过对股本结构和业绩综合得分的相关性分析来透视股本结构与并购业绩的关系。用 F^{-1}、F^0、F^1、F^2、分别表示并购前一年、并购当年、并购后第一年、并购后第二年的业绩综合得分。相关系数是反映两个变量之间的相互关系及变动的密切程度。相关系数为正，说明两个变量呈正相关关系，即两个变量同向变动；相关系数为负，说明两个变量呈负相关关系，即两个变量反向变动。相关系数越大，表明两个变量间的变动关系越密切；反之则表明相互关系较弱。表 13－20 反映了七个变量间的相关系数。在 5% 的显著性水平下，其相关系数均不显著，表明相关系数不能反映其本质关系，只能反映两个变量间的一种变动关系，可以用于判断两个变量间的影响力度。

表 13-20 并购股权结构与综合得分相关系数

	F^{-1}	F^{0}	F^{1}	F^{2}
流通股/总股本	-0.068	-0.208	-0.363	-0.035
	(0.764)	(0.352)	(0.097)	(0.893)
国有股/总股本	-0.077	-0.199	0.382	-0.132
	(0.734)	(0.373)	(0.080)	(0.615)
法人股/总股本	0.038	0.282	0.039	0.075
	(0.868)	(0.203)	(0.863)	(0.776)

注：括号内为P值，表示不相关的概率。显著性水平为5%。

(1) 从并购时间看，并购前一年 F^{-1} 与流通股/总股本的相关系数为 -0.068，F^{-1} 与国有股/总股本的相关系数为 -0.077，F^{-1} 与法人股/总股本的相关系数为0.038，只有法人股/总股本与其业绩呈正相关关系，而流通股、国有股与业绩呈负相关关系，法人股对绩效的影响较大一点。

(2) 并购当年 F^{0} 与流通股/总股本的相关系数为 -0.208，F^{0} 与国有股/总股本的相关系数为 -0.199，F^{0} 与法人股/总股本的相关系数为0.282，同样也只有法人股/总股本与其业绩呈正相关关系，而流通股、国有股与业绩呈负相关关系。

(3) 并购后一年并购当年 F^{1} 与流通股/总股本的相关系数为 -0.363，F^{1} 与国有股/总股本的相关系数为0.382，F^{1} 与法人股/总股本的相关系数为0.075，国有股和法人股与业绩呈正相关关系，流通股与业绩呈负相关关系。

(4) 并购后两年 F^{2} 与流通股/总股本的相关系数为 -0.035，F^{2} 与国有股/总股本的相关系数为 -0.132，F^{2} 与法人股/总股本的相关系数为0.039，法人股与业绩呈正相关关系，流通股、国有股与业绩呈负相关关系。

概言之，并购前一年、并购当年、并购后一年、并购后两年这四年中，法人股与并购业绩都是呈正相关关系的，国有股只有在并购后一年与并购绩效呈正相关关系，而流通股与并购业绩都是呈负相关关系的，从总体来看，由于系数几乎都在0.5以下，表明其对绩效的影响不是很大。

原因分析：

(1) 法人股与绩效的关系始终呈正相关。对上市公司来说，法人股的特点在某种程度上可以说介于国有股和公众股之间。法人股较之公众股相对集中，持有者是法人机构，对企业的监控能力比较强，而且由于股份较多，不可能像公众股股东那样随意地“搭便车”。

同时，法人股不能上市流通，因此，也不能像公众股持有者那样以追求市场短期差价为目标，而更关注公司中长期的经营发展状况，并求得良好的红利回报。因此，法人股股东对公司的监控效率明显地高于公众股股东。

（2）国有股与并购绩效的关系只有在并购后一年为正，笔者认为原因主要是，作为第一大股东的国有股，对公司的并购活动和财务报表容易进行控制和操纵，一些政府机构出于这样或那样的目的，把本地区或本行业一些经营状况较好的企业或资产出售给钢铁业上市公司，但由于钢铁业上市公司的经营机制没有根本转变，并不能从根本上解决公司的长远发展问题，因而这类上市公司的并购绩效往往也是短期的。另外，国家作为企业的大股东，自身没有能力有效地控制企业，而其委托的政府官员因没有剩余索取权，也就失去了监督的积极性。在这种情况下，国家很难得到企业剩余，即使企业效益不错，经营管理者也会利用各种手段吞噬企业收益或隐瞒企业剩余。法人股与国有股相比，国有股是单一的国家资本以资本金的形势投入到企业中形成的，国家委派政府官员对企业行使国有股股东的权利，但这种权利的行使在现阶段看来是缺乏效率的；而法人股所代表的资本则不仅仅只有国家资本，还有私人资本和集体所有的资本，法人股东（或其委派人）对企业经理人进行监控的积极性要高于国有股东（或其委派人），私有资本和集体所有资本的渗入，增强了法人股东的责任，导致法人股东对经理人行为结果所承担的风险要大于国有股股东的委派人——政府官员承担的风险。在理论和实践上一再证明，上市公司总股本中法人股比例越高，越有利于提高公司的经营业绩。

（3）流通股与并购业绩全是负相关关系，从理论上讲流通股比重对上市公司经营业绩的影响，一般是通过股票市场的监督功能来实现的，流通股比例越大，通过股票市场监督企业经营的股东就越多，因为股价的变化直接影响这些股东的经济利益；而监督越严格，越有利于企业业绩的提高。但表13－20未显现这一点，是否随着并购时间的拉长流通股与企业绩效的作用将逐渐显现，有待样本容量的扩大之后进一步分析。这可能是因为在我国目前的股票市场中，存在着公众股比例较小、股价失真、小股东“搭便车”、股东追求短期差价等现象，致使流通股东监督功能难以实现①。

---

① 程璐．中国零售业并购研究．硕士学位论文，2005

本篇附录

附录1 制造业（四类）与生产性服务业（九类）基本流量表

投入＼产出		交通运输及仓储业	邮政业	信息传输、计算机服务和软件业	批发和零售业	金融业	房地产业	租赁和商务服务业	研究与试验发展业	综合技术服务业	纺织类制造业	化工金属类制造业	设备器材机械类制造业	家居食品文教类制造业
中间投入	交通运输及仓储业	21623598	702384	1760552	25745293	3913141	551614	4955029	357400	1639917	7783259	45637652	26046730	19355134
	邮政业	72268	248638	107103	232323	571710	64790	130388	20575	47561	456149	638527	701894	253502
	信息传输、计算机服务和软件业	2851686	126638	3403184	3172356	4943905	419316	422233	73807	203975	1124358	9070780	5732115	1756459
	批发和零售业	3573988	433234	2703974	1876773	768943	422047	2410915	248879	462758	6410770	30929675	37676591	16811733
	金融业	15797104	65110	1388203	11406564	12505567	3667171	4715803	62299	1243240	5216168	23861217	17270880	8025582
	房地产业	1077476	89068	2019444	6939231	5145476	1317707	1544694	55107	404217	2205475	2546651	3121290	2200507
	租赁和商务服务业	1451824	221634	3473565	17433878	8672255	3232714	4786218	111143	585937	3723629	10236615	14216117	7875939
	研究与试验发展业	92220	3107	127874	572750	182560	20680	51713	284508	84398	194382	2339549	6690208	515659
	综合技术服务业	306574	851	235036	1210529	92212	167662	65935	153748	2120686	818102	5224988	5296192	1758132
	纺织类制造业	2392439	52036	181280	3520930	451913	573554	2701136	336404	95778	188117752	9238687	7051855	14317163
	化工金属类制造业	66056354	291433	729040	4987385	1927032	4275182	10086403	1901377	2908798	45167765	756957154	368033154	80282700
	设备器材机械类制造业	29671471	770317	15845751	10225704	2374149	2928769	22900469	2134102	6557994	6882444	69436662	610576583	13963196
	家居食品文教类制造业	3950831	232596	2572508	8487242	5717471	1143392	12188350	440207	793088	17914304	72740104	33869532	192387125
增加值	劳动者报酬	37837386	2750752	11392862	41886090	34887741	13386599	13178495	3579648	12357207	37411997	114432668	99998540	61059660
	生产税净额	13862761	337509	3469937	42045373	15160686	18935208	3950994	156009	2104247	19060066	87035887	59209569	49292096
	固定资产折旧	27369440	980059	25155493	12313864	1938269	64093013	8361968	641971	2835520	8461686	54558534	32159130	22951221
	营业盈余	67174614	-483935	20190658	77079042	82326139	26777539	12583363	1636961	6341061	24528716	126224369	88717870	80918770
	增加值合计	146244201	3584385	60208950	173324369	134312835	123192359	38074820	6014588	23638035	89462466	382251459	280085110	214221747
总投入		317001113	7307574	100304221	288325411	194810240	147746232	117845810	13790171	43970864	432699283	1846784818	1456899653	782667339

附录2　制造业(四类)与生产性服务业(九类)直接消耗系数表

投入＼产出		交通运输及仓储业	邮政业	信息传输、计算机服务和软件业	批发和零售业	金融业	房地产业	租赁和商务服务业	研究与试验发展业	综合技术服务业	纺织类制造业	化工金属类制造业	设备器材机械类制造业	家居食品文教类制造业
中间投入	交通运输及仓储业	0.068213	0.09611726	0.017552122	0.0892925	0.02008694	0.003734	0.042047	0.02592	0.037296	0.017987685	0.024711949	0.017878191	0.024729707
	邮政业	0.000228	0.034024722	0.001067779	0.0008058	0.0029347	0.000439	0.001106	0.00149	0.001082	0.001054195	0.000345751	0.000481773	0.000323895
	信息传输、计算机服务和软件业	0.0089958	0.017329705	0.033928625	0.0110027	0.02537805	0.002838	0.003583	0.00535	0.004639	0.002598473	0.00491166	0.003934461	0.002244196
	批发和零售业	0.0112744	0.059285579	0.026957724	0.0065092	0.00394714	0.002857	0.020458	0.01805	0.010524	0.014815764	0.01674785	0.025860801	0.021480049
	金融业	0.049833	0.008909904	0.013839927	0.0395614	0.06419358	0.024821	0.040017	0.00452	0.028274	0.012054951	0.01292041	0.011854543	0.010254142
	房地产业	0.003399	0.012188471	0.020133191	0.0240674	0.02641276	0.008919	0.013108	0.004	0.009193	0.005097015	0.001378964	0.002142419	0.002811548
	租赁和商务服务业	0.0045799	0.030329378	0.034630302	0.060466	0.04451642	0.02188	0.040614	0.00806	0.013326	0.008605582	0.005542939	0.009757788	0.010062946
	研究与试验发展业	0.0002909	0.000425126	0.001274857	0.0019865	0.00093712	0.00014	0.000439	0.02063	0.001919	0.00044923	0.001266823	0.004592086	0.000658849
	综合技术服务业	0.0009671	0.000116517	0.002343235	0.0041985	0.00047334	0.001135	0.00056	0.01115	0.048229	0.001890695	0.002829235	0.003635248	0.002246333
	纺织类制造业	0.0075471	0.007120881	0.001807299	0.0122117	0.00231976	0.003882	0.022921	0.02439	0.002178	0.434754017	0.005002579	0.004840316	0.018292782
	化工金属类制造业	0.2083789	0.039880974	0.00726829	0.0172978	0.00989184	0.028936	0.08559	0.13788	0.066153	0.104386042	0.409878372	0.252613935	0.102575763
	设备器材机械类制造业	0.0936005	0.105413566	0.157976914	0.0354658	0.01218698	0.019823	0.194326	0.15476	0.149144	0.015905836	0.037598675	0.419093094	0.017840524
	家居食品文教类制造业	0.0124631	0.031829414	0.025647061	0.0294363	0.02934892	0.007739	0.103426	0.03192	0.018037	0.04140128	0.039387428	0.023247677	0.245809574
增加值	劳动者报酬	0.1193604	0.376424786	0.113583074	0.1452737	0.17908576	0.090605	0.111828	0.25958	0.281032	0.086461889	0.061963185	0.068637905	0.078014831
	生产税净额	0.043731	0.04618619	0.034594131	0.1458261	0.07782284	0.12816	0.033527	0.01131	0.047855	0.04404922	0.047128331	0.040640801	0.062979626
	固定资产折旧	0.0863386	0.13411548	0.250791966	0.0427082	0.00994952	0.433805	0.070957	0.04655	0.064486	0.019555582	0.029542443	0.022073676	0.029324362
	营业盈余	0.2119066	−0.06622371	0.201294205	0.2673335	0.42259657	0.18124	0.106778	0.1187	0.144211	0.056687675	0.068348174	0.060894977	0.103388459
	增加值合计	0.4613366	0.49050275	0.600263376	0.6011415	0.68945469	0.833811	0.32309	0.43615	0.537584	0.206754365	0.206982132	0.192247359	0.273707278
总投入		1	1	1	1	1	1	1	1	1	1	1	1	1

附录3　制造业（四类）与生产性服务业（九类）列昂惕夫逆矩阵

投入＼产出		交通运输及仓储业	邮政业	信息传输、计算机服务和软件业	批发和零售业	金融业	房地产业	租赁和商务服务业	研究与试验发展业	综合技术服务业	纺织类制造业	化工金属类制造业	设备器材机械类制造业	家居食品文教类制造业	小计
中间投入	交通运输及仓储业	1.0989646	0.13226074	0.04052741	0.1119429	0.03308439	0.011096	0.07916	0.05591	0.063344	0.05752145	0.06002375	0.07075294	0.05241785	1.86700623
	邮政业	0.0008955	1.03578612	0.00163229	0.0013538	0.00349668	0.00068	0.001979	0.00216	0.001714	0.00240797	0.00098203	0.00157319	0.00083027	1.05549465
	信息传输、计算机服务和软件业	0.0163155	0.02439583	1.03960410	0.01614	0.02994825	0.004856	0.011385	0.01136	0.010366	0.00984012	0.01215393	0.01490286	0.00696084	1.20822411
	批发和零售业	0.0298774	0.07837866	0.04345810	1.0181311	0.01141496	0.007476	0.046045	0.03898	0.027856	0.04099009	0.03867225	0.06683538	0.03888937	1.48700698
	金融业	0.0720064	0.03119107	0.02996850	0.0582058	1.07724488	0.031294	0.065926	0.02315	0.046971	0.03802921	0.03445822	0.04508513	0.02659975	1.58013301
	房地产业	0.0085302	0.01834910	0.02505892	0.0288717	0.03096858	1.010892	0.019749	0.0084	0.013841	0.01317923	0.00589453	0.00953234	0.00703293	1.20030329
	租赁和商务服务业	0.0174602	0.04631695	0.04782980	0.0719869	0.05463334	0.026661	1.058716	0.02055	0.025344	0.02626168	0.01831074	0.03247411	0.02174233	1.4682917
	研究与试验发展业	0.0022714	0.00235035	0.00334976	0.0030789	0.0015888	0.000607	0.003287	1.02344	0.004133	0.00211157	0.00327319	0.00995381	0.00187909	1.06131974
	综合技术服务业	0.0039413	0.00275448	0.00491022	0.0059575	0.00142917	0.001847	0.004367	0.01515	1.053254	0.00581505	0.00656567	0.01033908	0.00482820	1.1211535
	纺织类制造业	0.0249469	0.02593202	0.01388922	0.031754	0.01092244	0.010509	0.058829	0.05632	0.014326	1.78107212	0.02350052	0.03114152	0.04997191	2.13311721
	化工金属类制造业	0.5068546	0.25761018	0.19245082	0.1555934	0.08056518	0.08796	0.405588	0.43253	0.296556	0.41139395	1.80747057	0.83975229	0.3055033	5.77982784
	设备器材机械类制造业	0.228097	0.25865376	0.32672708	0.1265179	0.0648487	0.055078	0.4109	0.33124	0.317902	0.10638893	0.14605035	1.81737847	0.08540654	4.27518952
	家居食品文教类制造业	0.0602646	0.08055731	0.06691378	0.0686688	0.05879606	0.022854	0.188852	0.0863	0.059441	0.13096794	0.10735084	0.11291069	1.35419552	2.39807308
	小计	2.0704255	1.99453657	1.83631999	1.6982027	1.45894144	1.271811	2.354782	2.1055	1.935048	2.62597932	2.26470658	3.06263178	1.95625789	26.6351409

附录4　制造业(四类)与生产性服务业(九类)完全消耗系数表

投入 \ 产出		交通运输及仓储业	邮政业	信息传输、计算机服务和软件业	批发和零售业	金融业	房地产业	租赁和商务服务业	研究与试验发展业	综合技术服务业	纺织类制造业	化工金属类制造业	设备器材机械类制造业	家居食品文教类制造业
中间投入	交通运输及仓储业	0.0989646	0.13226074	0.04052741	0.1119429	0.03308439	0.011096	0.07916	0.05591	0.063344	0.05752145	0.06002375	0.07075294	0.05241785
	邮政业	0.0008955	0.03578612	0.00163229	0.0013538	0.00349668	0.00068	0.001979	0.00216	0.001714	0.00240797	0.00098203	0.00157319	0.00083027
	信息传输、计算机服务和软件业	0.0163155	0.02439583	0.03960410	0.01614	0.02994825	0.004856	0.011385	0.01136	0.010366	0.00984012	0.01215393	0.01490286	0.00696084
	批发和零售业	0.0298774	0.07837866	0.04345810	0.0181311	0.01141496	0.007476	0.046045	0.03898	0.027856	0.04099009	0.03867225	0.06683538	0.03888937
	金融业	0.0720064	0.03119107	0.02996850	0.0582058	0.07724488	0.031294	0.065926	0.02315	0.046971	0.03802921	0.03445822	0.04508513	0.02659975
	房地产业	0.0085302	0.01834910	0.02505892	0.0288717	0.03096858	0.010892	0.019749	0.0084	0.013841	0.01317923	0.00589453	0.00953234	0.00703293
	租赁和商务服务业	0.0174602	0.04631695	0.04782979	0.0719869	0.05463334	0.026661	0.058716	0.02055	0.025344	0.02626168	0.01831074	0.03247411	0.02174233
	研究与试验发展业	0.0022714	0.00235035	0.00334976	0.0030789	0.0015888	0.000607	0.003287	0.02344	0.004133	0.00211157	0.00327319	0.00995381	0.00187909
	综合技术服务业	0.0039413	0.00275448	0.00491022	0.0059575	0.00142917	0.001847	0.004367	0.01515	0.053254	0.00581505	0.00656567	0.01033908	0.00482820
	纺织类制造业	0.0249469	0.02593202	0.01388922	0.031754	0.01092244	0.010509	0.058829	0.05632	0.014326	0.78107212	0.02350052	0.03114152	0.04997191
	化工金属类制造业	0.5068546	0.25761018	0.19245082	0.1555934	0.08056518	0.08796	0.405588	0.43253	0.296556	0.41139395	0.80747057	0.83975229	0.3055033
	设备器材机械类制造业	0.228097	0.25865376	0.32672708	0.1265179	0.0648487	0.055078	0.4109	0.33124	0.317902	0.10638893	0.14605035	0.81737847	0.08540654
	家居食品文教类制造业	0.0602646	0.08055731	0.06691378	0.0686688	0.05879606	0.022854	0.188852	0.0863	0.059441	0.13096794	0.10735084	0.11291069	0.35419552

附录5 制造业（四类）与生产性服务业（九类）的影响力系数（F）和感应度系数（E）

影响力系数(F)和感应度系数(E)			感应度系数(E)排名			影响力系数(F)排名		
行业名	感应度系数	影响力系数	排名	行业名	感应度系数	排名	行业名	影响力系数
交通运输及仓储业	0.911243	1.0105271	1	交通运输及仓储业	0.911243	1	租赁和商务服务业	1.149315
邮政业	0.515163	0.9734874	2	金融业	0.771227	2	研究与试验发展业	1.276449
信息传输、计算机服务和软件业	0.589706	0.8962656	3	批发和零售业	0.725774	3	交通运输及仓储业	1.010527
批发和零售业	0.725774	0.8288537	4	租赁和商务服务业	0.716639	4	邮政业	0.973487
金融业	0.771227	0.7120758	5	信息传输、计算机服务和软件业	0.589706	5	综合技术服务业	0.944453
房地产业	0.585840	0.6207418	6	房地产业	0.59594	6	信息传输、计算机服务和软件业	0.896266
租赁和商务服务业	0.716639	1.1493150	7	综合技术服务业	0.547209	7	批发和零售业	0.828854
研究与试验发展业	0.518006	1.0276449	8	研究与试验发展业	0.518006	8	金融业	0.712076
综合技术服务业	0.547209	0.9444526	9	邮政业	0.515163	9	房地产业	0.620742
纺织类制造业	1.041125	1.2816801						
化工金属类制造业	2.821001	1.1053512						
设备器材机械类制造业	2.086622	1.4948002						
家居食品文教类制造业	1.170444	0.9548045						

附录6 服务业子行业的中间需求率（h_i）与中间投入率（k_j）的计算

我们知道中间需求率计算公式为：$h_i = \frac{\sum_{j=1}^{n} x_{ij}}{\sum_{j=1}^{n} x_{ij} + Y_i}$ （$i = 1, 2, \cdots, n$）

其中，$\sum_{j=1}^{n} x_{ij}$与Y_i分别为国民经济各产业对第i产业产品的中间需求量和最终需求量。显然，某一产业的产品要么是作为中间产品（生产资料），要么是作为最终产品（消费资料）。自然地，中间需求率+最终需求率=1。一个产业的中间需求率越高（其产品多是作为中间产品供其他产业消耗），那该产业对其他产业就越具有产业带动力，其提供的生产资料也越多。而生产性服务业恰恰具有这种“中间产业”的特性。

我们又知道中间投入率计算公式为 $k_j = \frac{\sum_{i=1}^{n} x_{ij}}{\sum_{i=1}^{n} x_{ij} + N_j}$ （$j = 1, 2, \cdots, n$）

其中，$\sum_{i=1}^{n} x_{ij}$与N_j分别为国民经济中第j产业接受的中间投入和增加值。显然，要生产出一样产品，其接受的投入要么是从其他产业流入的，要么是本产业自己的附加。自然地，总投入=中间投入+增加值。一个产业的中间投入率越高（其产品多是接受其他产业的产品作为自己的中间投入），说明该产业的附加值越低。

根据产业经济学的有关理论，按照中间投入率和中间需求率的差异，以高于或低于50%为标准，把产业部门划分为四个不同类型的产业群，如下表所示：

中间需求 / 中间投入	中间需求率小（小于50%）	中间需求率大（大于50%）
中间投入率大（大于50%）	低附加值，低产业带动力	低附加值，高产业带动力
中间投入率小（小于50%）	高附加值，低产业带动力	高附加值，高产业带动力

进一步地，我们可以理解其在国民经济中的地位与类型。其中最符合生产性服务业特征的应该是下表的右下方区域，最符合消费性服务业特征的是下表的左上方区域：

中间需求 / 中间投入	中间需求率小（小于50%）	中间需求率大（大于50%）
中间投入率大（大于50%）	最终需求型产业	中间产品型产业
中间投入率小（小于50%）	最终需求型基础产业	中间产品型基础产业

根据《国民经济行业分类》（GB/T4754—2002）对服务业的分类标准，按照上述计算办法可得到以下结果：

行业 \ 中间投入与需求	中间投入率	中间需求率
交通运输及仓储业	0.538663	0.748025
邮政业	0.509497	0.856601
信息传输、计算机服务和软件业	0.399737	0.541997
批发和零售业	0.398859	0.517108
住宿和餐饮业	0.624262	0.567404
金融业	0.310550	0.763804
房地产业	0.166190	0.251128
租赁和商务服务业	0.676900	0.647213
研究与试验发展业	0.563800	0.654419
综合技术服务业	0.462416	0.748368
水利、环境和公共设施管理业	0.485506	0.319353
居民服务和其他服务业	0.541076	0.502745
教育	0.440491	0.098726
卫生、社会保障和社会福利业	0.656810	0.091896
文化、体育和娱乐业	0.570070	0.481744
公共管理和社会组织	0.450914	0.008548
	灰色表示其数值大于0.5	

附录7　划分生产性服务业、过渡性服务业、消费性服务业和公共服务业

将中间需求率作为划分的主要因素，因为中间投入性是生产性服务业有别于其他服务业最本质的特性。将服务业产出用于中间需求或是最终消费作为划分生产性服务业与消费性服务业的方法，可见于 Momigliano & Siniscalso (1982) 的文章①。从量上说就是中间需求率大于0.5，也可考虑中间投入率的情况。

同时，划分还需要结合前文所计算得到的感应度系数和影响力系数，因为较强的产业关联性是生产性服务业另一重要特性。从量上说，就是感应力系数与影响力系数高出平均水平，也就是大于1。

另外，还要兼顾实际情况，主要是要考虑主体情况。比如，公共服务业的主体是政府或非营利组织，把它们划入生产性服务业部门显然是不合适的。

按照以上三条规则可进行划分，结果如下表所示：

① Chen Kai. A Study on the Current Situation of Producer Services in England. World Economy Study, 2006 (1): 79 - 84

中间需求与影响力系数 行　业	中间需求率 （中间投入率）		影响力系数 （感应力系数）		实际情况	划分结论
交通运输及仓储业	0. 748025 （0. 538663）	√	1. 010527 （0. 911243）	√		生产性
邮政业	0. 856601 （0. 509497）	√	0. 973487 （0. 515163）	○	影响力系数接近 1	生产性
信息传输、计算机服务和软件业	0. 541997 （0. 399737）	√	0. 896266 （0. 589706）	○		过渡性
批发和零售业	0. 517108 （0. 398859）	√	0. 828854 （0. 725774）	○		过渡性
住宿和餐饮业	0. 567404 （0. 624262）	√	0. 883321 （0. 769021）	○		过渡性
金融业	0. 763804 （0. 310550）	√	0. 712076 （0. 771227）	○	中间需求率高（列第二）	生产性
房地产业	0. 251128 （0. 166190）	×	0. 6207418 （0. 585841）	×		消费性
租赁和商务服务业	0. 647213 （0. 676900）	√	1. 149315 （0. 716639）	√		生产性
研究与试验发展业	0. 654419 （0. 563800）	√	1. 027645 （0. 518006）	√		生产性
综合技术服务业	0. 748368 （0. 462416）	√	0. 944453 （0. 547209）	○	影响力系数接近 1	生产性
水利、环境和公共设施管理业	0. 319353 （0. 485506）	×	0. 854021 （0. 451223）	○		公共
居民服务和其他服务业	0. 502745 （0. 541076）	√	很低	×		消费性
教育	0. 098726 （0. 440491）	×	很低	×	主体主要是公共部门	公共
卫生、社会保障和社会福利业	0. 091896 （0. 656810）	×	很低	×	主体主要是公共部门	公共
文化、体育和娱乐业	0. 481744 （0. 570070）	×	很低	×	主体主要是公共部门	公共
公共管理和社会组织	0. 008548 （0. 450914）	×	很低	×	主体主要是公共部门	公共

其中“√“表示严格一致　“○”表示在要求值附近　“×”表示严格不一致

参考文献

[1] Anthony B. Atkinson & Joseph E. Stiglitz, A New View of Technological Change, Economic Journal 79 (Sept.), 1969: 573 -578

[2] Amiti Mary, 2004, Service Outsourcing Productivity and Employment, IMF Working Paper forthcoming: 15 -45

[3] Andrade, G., M. Mitchell and E. Stafford, New evidence and perspectives on mergers, Journal of Economic Perspectives. Volume15, 2001

[4] Asquith P. Merger Bids. Uncertainty and Stock holder Returns [J]. Journal of Financial Economics, Volume11, 1983

[5] Aitken Brain I. and E. Harrison. Domestic Firms Benefit from FDI [J]. American Economic Rview. 1999. Vol. 89 (3): 605 -618

[6] Anna Golejewska. Foreign Direct Investment and its Employment Effects in Polish Manufacturing During Transition [EB]. http://ideas. repec. org/p/gda/wpaper/0204. html. 2002

[7] Allen N. Berger , Iftekhar Hasan, Mingming Zhou. Bank Ownership and Efficiency in China: What Lies Ahead in the World's Largest Nation? [R]. Bank of Finland Research Discussion Papers, 2007 (16)

[8] Aharoni, Y., Introduction: Setting the Scene, in Aharoni, Y. /Nachum, L. (eds.), Globalization of Services - Some Implications for Theory and Practice, London: Routledge 2000: 1 -21

[9] Aitken, B. and A. Harrison (1991). Are There Spillovers From Foreign Direct Investment? Evidence from Panel Data for Venezuela, mimeo, MIT and the World Bank, November

[10] Alfare, Laura, and Andres Rodriguez - Clare, 2003 (Nov.), Multinationals and Linkages: An Empirical Investigation

[11] Browning. H. and Singelman. J., The Emergence of a Service Society: Demographic and Sociological Aspects of the Sectoral Transformation of the La-

bour Force in the USA, Springfield, VA: National Technical Information Service, 1975

[12] Barrio, Sallvador, Holger Gorg, Eric Strobl. Foreign Direct Investment: Competition and Industrial Development in the Host Country . European Economics Reviews, 49, 2005: 1761 -1784

[13] Bolstorff P, Rosenbaum R. Supply chain excellence: A handbook of dramatic improvement using the SCOR model [M]. New York: AMACOM, 2003

[14] Bradley Hull, The role of elasticity in supply chain performance [J]. Int. J. Production Economics, 2005, (98): 301 -314

[15] Berkovitch, E. and M. P. Narayanan, Motives for takeovers: an empirical investigation, Journal of Financial and Quantitative Analysis. Volume 59, 1993

[16] Bernile, G., E. Lyandres and A. Zhdanov, A theory of strategic mergers, Working paperavailable on SSRN. 2007

[17] Bradley M, D esai A, Kim E H. Synergistic gains from corporate acquisitions and their division between the share holders of target and acquiring firms [J]. Journal of Financial Economics, Volume21, 1998

[18] Browning H. and Singelman J. The Emergence of a Service Society: Demographic and Sociological Aspects of the Sectoral Transformation of the Labor Force in the USA. Springfield, VA: National Technical Information Service, 1975

[19] Borensztein E., Gregorio J. D and Lee J - W. How Does FDI Affect Economic Growth? Journal of International Economics, 1998. Vol. 45: 115 -135

[20] Blomstom M. and Kokko A. FDI: Firm and Host Countries Strategies [M]. London: Macmillan, 2000

[21] Bardhan, Ashok and Kroll, Cynthia A: The New Way of Outsourcing. Fisher Center Real Estate & Urban Economics Research Report Series No. 1103. 2003

[22] Beata Smarzynska and Javorcik. The Composition of Foreign Direct Investment and Protection of Intellectuall Propety Rights: Evidence from Transition Economies [J]. European Economic Review, 2004 (48): 39 -62

[23] Burgess DF. Is Trade Liberalization in the Services Sector in the National Interest? [J]. Oxford Economic Paper, 1995, 47 (1): 60 -78

[24] Blomstrom, Lipsey, Zejan, What Explains the Growth of Developed

Countries, Convergence of Productivity, August 1994: 57 - 62

[25] Borensztein, De Gregorio, J - W Lee, How Does Foreign Direct Investment Affect Service Economic Growth? Journal of International Economics, 1998: 115 - 135

[26] Barrio, Sallvador, Holger Gorg, Eric Strobl. Foreign Direct Investment: Competition and Industrial Development in the Host Country . European Economics Reviews, 2005, 49: 1761 - 1784

[27] Buckley, P. & M. Casson, 1976, the Future of Multinational Enterprise, London: Macmillan

[28] Browning. H. and Singelman. J. , The Emergence of a Service Society: Demographic and Sociological Aspects of the Sectoral Transformation of the Labour Force in the USA, Springfield, VA: National Technical Information Service, 1975

[29] Chen Kai. A Study on the Current Situation of Producer Services in England. World Economy Study, 2006 (1): 79 - 84

[30] Cooke P. , hans - Joachim Braczyk HJ and Heidenreich M. (eds.): Reginal Innovation System: the Role of Government in the Globalize World [M]. London: UCL Press, 1996

[31] Chen C. L. Chang and Y. Zhang. The Role of Foreign Direct Investment in China' s Post - 1978 Economic Development [J]. Word Development. 1995. Vol. 23 (4): 691 - 703

[32] Chakraborty C. and P. Basu. Foreign Direct Investment and Growth in India: A Cointegration Approach [J]. Applied Economics. 2002. Vol. 34 (9): 1061 - 1073

[33] Christoph Ernst. The FDI - employment link in a globalizing word: The case of Argentina, Brazil and Mexico [R]. International Labour Office. Employment Strategy Paper. 2005

[34] C. Alan Garner. Offshoring in the Service Sector: Economic Impact and Policy Issues. Economic Review, 2005

[35] Claessens S. , Demirgruc - Kunt. And Huizinga, H. How Does Foreign Entry Affect Domestic Banking Markets? [J]. Journal of Banking and Finance, 2001 (25): 891 - 911

[36] Corg, Holger, and Frances Ruane, 2000a, An Analysis of Back ward

Linkages in the Irish Electronics Sector, The Economic and Social Review, Vol. 31, No. 3 (July): 215 -235

[37] Corg, Holger, and Frances Ruane, 2000b. Linkages between Multinationals and Indigenous Finns: Evidence for the Electronics Sector in Ireland, Trinity Economic Papers Series, Technical Pa per No. 98/13

[38] Chenery, H. B. and A. M. Strout, 1966, Foreign Assistance and Economic Development, The American Economic Review, 56 (4), Part1: 679 - 733

[39] Caves, R. E. (1974). Multinational Firms, Competition and Productivity in Host - Country Markets. , Economica, Vol. 41: 176 - 193

[40] Chen Kai. A Study on the Current Situation of Producer Services in England. World Economy Study, 2006 (1): 79 - 84

[41] Coffey, Polese, Producer Services and Regional Development: A Policy - Oriented Perspective, 1989

[42] Deloitts, The Service Revolution in Global Manufacturing Industries: 5 -6

[43] Dodd, P. and R. Ruback. Tenderoffers and Stocltholder Retums: An EmPirical Analysis. Journal of Financinal Economic. Volume 59, 1977

[44] Deneckere, R. , and Davidson, C. Incentive to Form Coalitions With Bertrand Competition [J]. Rand Journal of Economics, Volume16, 1985

[45] Draper P, Krishna P. Corporate Take overs: Mode of Payment, Returns and Trading Activity [J]. Journal of Business Finance & Accounting . Volume25, 1999

[46] Dunning, J. H. American investment in British manufacturing industry [M]. Allen & Unwin, London, 1958

[47] David L. Levy. Offshore Outsourcing: Implications for International Business and Strategic Management Theory and Practice [J]. Journal of Management Studies. May 2005. Vol. 42 Issue3: 695 - 704

[48] Damijan, Joze P. , M. Knell, 2002, Impact of Privatization Methods on the Accessibility of Local Finns to International Knowledge Spillovers through Trade and Foreign Investment: Evidence form Estonia and Slovenia, Mimeo

[49] Ellram L M, Tate W L, Billington C. Understanding and Managing the Services Supply Chain [J]. Journal of Supply Chain Management, 2004, Fall: 17 - 32

[50] Edward F. Buffie. Direct Foreign Investment, Crowding Out, and Under Employment in the Dualistic Economy [J]. Oxford Economic Papers, 1993. 45: 639 - 667

[51] Egger Hartmut and Peter Egger. International Outsourcing and the Productivity of Low - Skilled Labor in the EU. Austrian Institute of Economic Reseach (WIFO) Working, 2001, 152, Vienna

[52] Felix. T. S. Chan H. K. Chan. Simulation modeling for comparative evaluation of supply chain management strategies [J]. Int J Adv Manuf Technol, 2005, 25: 998 - 1006

[53] Firth M. The Profitability of Take overs and Mergers [J]. The Economic Journal, Volume89, 1979

[54] Farrell, Shapiroe. Horizonral Mergers: An Equilibruim Analysis, America Ecomomic Review, 1990, 80 (1): 107 - 126

[55] Findlay, R. Relative Backwardness, Direct Foreign Investment and Transfer of Technology: A Simple Dynamic Model [J]. Quarterly of Journal of Economics, 1978 (1): 1 - 16

[56] Feder, G. (1982). On Export and Economic Growth, Journal of Development Economics 37: 59 - 73

[57] Findlay, R. (1978). Relative Backwardness, Direct Foreign Investment, and the Transfer of Technology: A Simple Dynamic Model., Quarterly Journal of Economics, Vol. 92: 1 - 16

[58] Greenfield. H., Manpower and the Growth of Producer Services, New York: Columbia University Press, 1966

[59] Ge Wang, Samuel H. Huang, John P. Dismukes. Manufacturing supply chain design and evaluation [J]. Int J Adv Manuf Technol, 2005, 25: 93 - 100

[60] Grossman, S. J. and O. D. Hart, Takeover bids, the free - rider problem and the theory of the corporation. Bell Journal ofEconomics, 1980

[61] Gort, M, An economic disturbance theory of mergers, Quarterly Journal of Economics. Volume83, 1969

[62] G. Andrade, M. Mitchell&E. Stafford, New evidence and perspectives on mergers. Journal of Economic Perspectives, Volume15, 2001

[63] Greenhut ML, Vertical integration of successive oligopolists [J]. The

American Economic Review , Volume69, 1979

[64] Gabor, Hunya. Restructuring through FDI in Romanian Manufacturing. Economic Systems, 2002 (26): 387 -394

[65] Greenfield. H., Manpower and the Growth of Producer Services, New York: Columbia University Press, 1966

[66] Howells, D., Green, R. Location, Technology and Industrial Organization in UK Services [J]. Progress in Planning , 1986 (2)

[67] Horst Raff, Marc von der Ruhr, Foreign Direct Investment in Producer Services: Theory and Empirical Evidence, CESifo Working Paper No. 598, October 2001

[68] Haford, J. What drives mergerwaces? Journal of Financial Economics. Volume77, 2005

[69] Healy P M, Palepu K G, Ruback R S. Does Corporate Performance Improve After Mergers? [J]. Journal of Fi - nancial Economics . Volume31, 1992

[70] Hamer, Andrew M., et al., China: Urban Land Management in an Emerging Market Economy. Washing, D. C., World Bank, 1993

[71] Hubbard R. K. B. and Nutter. Service Sector. Employment in Merseyside. Geoforum 1982. Vol. 13 (3): 209 -235

[72] Hipp, C., Thether, B. and Miles, I. The Incidence and Effects of Innovation in Services: Evidence from Germany [J]. The International Journal of Innovation Management, 2000, 4 (4): 47 -54

[73] Howells, D., Green, R. Location, Technology and Industrial Organization in UK Services [J]. Progress in Planning , 1986 (2)

[74] Howells, D., Green, R. Technological Innovation, Structural Change and Location in UK Services, 1987

[75] Illeris, Sven. Introduction: The role of services in regional economic growth [J]. The Service Industries Journal, Apr 1993 (13): 3

[76] Joseph Francois, Julia Woerz, Producer Services, Manufacturing Linkages, and Trade, Tinbergen Institute, June 2007

[77] Jensen, M. C. and R. S. Ruback, The market for corporate control the scientific evidence, Journal of Financial Economics. Volume 11, 1983

[78] Jensen, M. C. and W. Meckling. Theory of the firm: managerial

behavior, agency costs and ownership structure . Journal of Financial Economics. Volume 3, 1976

[79] Jensen, M C, R S Ruback. The Market for Corporate Contro: The Scientific Evidence [J]. Journal of Finan – cial Economics, Volume11, 1983

[80] J. F. Weston, K. S. Chung and S. E. Hoag. Mergers, Restrucuring and Corporate and Control, Published by Prentice Hall Inc, 1996

[81] Jones. R. W. and Ruane, F. P., Appraising the Options for International Trade In Services, Oxford Economic Papers, 1990, 42: 672 – 687

[82] James R. and Anthony J. Foreign Direct Investment as a Catalyst for Industrial Development [J]. European Economic Review, 1998. Vol. 43: 335 – 356

[83] Jozef Konings. The Effect of Foreign Direct Investment on Domestic Firms: Evidence from Firm Level Panel Data in Emerging Economies. Centre for Transition Economics Department. Catholic University of Leuven. 1999 (10)

[84] Juliet D'souzal, William L. Megginson. The Financial and Operating Performance of Privatized Firms during the 1990s [J]. The Journal of Finance, 1999 (8): 1397 – 1438

[85] Jones. R. W. and Ruane, F. P., Appraising the Options for International Trade In Services, Oxford Economic Papers, 1990, 42: 672 – 687

[86] James, R. Markusen, Anthony J. Venables, Foreign Direct Investment As A Catalyst for Industrial Development, NBER Working Paper 6241, 1997

[87] Kokko, Ari, Foreign Direct Investment, Host Country Characteristics and Spillovers, the Economic Research Institute, Stockholm

[88] Kamien MI, ZangI. The limits of monopolization through acquisition [J]. Quarterly Journal of Economics, 2003

[89] Kokko A. Foreign Direct Investment, Host Country Characteristics and Spillovers [M]. The Economic Research Institute, Stockholm, 1994

[90] Kokko, A. (1994). Technology, Market Characteristics, and Spillovers. Journal of Development Economics, Vol. 43: 279 – 293

[91] Kugler, M. (2001). The Sectoral Diffusion of Spillovers from Foreign Direct Investment, Mimeo, University of Southampton, August

[92] Leonard K Cheng, Yum K Kwan, What Are Determants of the location of Foreign Direct Investment? The Chinese Experience, Nov, 1998

［93］Linsu Kim, Imitation to Innovation: the Dynamics of Kore's Technological Learning ［M］. Harvard Business School Press, 1997

［94］Leland, H. Financial synergies and the optimal scope of the firm: implications for mergers, spinoffs, and structured finance, Journal of Finance. Volume 62, 2007

［95］Lang, L. H. P., R. M. Stulz and R. A. Walkling, A test of the free cash flow hypothesis: the case of bidder returns. Journal of Finance Economics. Volume 3, 1991

［96］Lambrecht, B. M., The timing and terms of mergers motivated by economies of scale, Journal of Financial Economics. Volume72, 2003

［97］Lard N. The Role of Foreign Direct Investment in China's Economic Transformation ［J］. China Quarterly, 1995 (144): 1065 - 1082

［98］Liu X. H. Song Y. Wei and P. Romilly. Country Characteristics and Foreign Direct Investment in China: A Panel Analysis ［J］. Weltwirtshaftliches Archiv. 1997, Vol. 133 (2)

［99］Liu X. P. Burridge and P. Sinclair. Relationships between Economic Growth, Foreign Direct Investment and Trade: Evidence from China ［J］. Applied Economics. 2002. Vol. 34 (11): 1433 - 1440

［100］Lamin Leigh, Richard Podpieral. The Rise of Foreign Investment in China's Banks: Taking Stock ［R］. IMF Working Paper, 2006 (wp06292)

［101］Lall, S. (1980). Vertical Interfirm Linkages in LDCs: An Empirical Study, Oxford Bulletin of Economics and Statistics, Vol. 42: 203 - 226

［102］Mitchel, lM. and J. H. Mulherin, 1996: The impact of industry shocks on takeover and restructuring activity, Journal of Financial Economics. Volume41, 1996

［103］Mitchell, M. L., and J. E. Mulherin, The Impact of Industry Shocks on Takeover and Restructuring Activity. Joumal of Financial Economies. Volume 41, 1996

［104］McAfee RP, W11iamsMA. Horizontal mergers and antitrust policy ［J］. Bell Journal of Economics, Volume40, 1992

［105］MandelkerG. Risk and Returns: The Case of Merging Firms ［J］. Journal of Financial Economics, Volume1, 1974

［106］MuellerD C. The corporate life cycle ［A］. In Thompson, R. S.

and Wright, M. (Eds.), Internal Organisation, Efficiency and Profit [C]. Oxford: Philip Allan, 1988

[107] M. C. Jensen and W. Meckling, Theory of the firm: Managerial Behavior, Agency Costs and Ownership Structure, Journal of Financial Economics, Vol. 3 (1976): 305 -360

[108] Marc Goergen and Luc Renneboog, Shareholder wealth of European domestic and cross - border takeover bids, October, 2002

[109] Matsuyama, Itoh. Foreign Direct Investment: Competition and Industrial Development in the Host Country . Japan Economics Reviews, 49, 1985: 1761 -1784

[110] Markusen, Ann R. National Contexts and the Emergence of Second - Tier Cities, MN: University of Minnesota Press, 1999: 65 -94

[111] Markuson J. R. and Venable A. J. Foreign Direct Investment as a Catalyst for Industrial Development [J]. European Economic Review. 1999. Vol. 43: 335 -356

[112] Mary Amiti and Shang - Jin Wei. Service Offshoring, Productivity, and Employment: Evidence from the United Stares. IMF Working Paper. 2005: 238

[113] Monica Belcourt. Outsourcing - The Benefits and the Risks [J]. Human Resource Management Review. June 2006. Vol. 16. Issue 2: 269 -279

[114] Megginson W L, R C Nash, M V Randenburg. The Financial and Operating Performance of Newly Privatized Firms: An International Empirical Analysis [J]. The Journal of Finance, 1994 (49): 403 -452

[115] MacDougall, G. D. A. (1960) . The Benefits and Costs of Private Investment from Abroad: A Theoretical Approach, Economic Record, Vol. 36: 13 -35

[116] Mark Fruin & Penelope Prime, 1999. Competing Strategies of FDI and Technology Transfer to China: American and Japanese Firms, William Davidson Institute Working Papers Series 218, 1999, Jan

[117] Paolo Guerrieri , Valentina Meliciani, International competitiveness in producer services

[118] Paul R. Krugman, Rethinking International Trade, the MIT Press, Massachusetts, 1994

[119] Polanyi Michael, 1962, Personl Knoledge: Towards a Post – Critical Philosophy. New York: Harper Torchbooks

[120] Pilat, P., Wölfl, A. Measuring the interaction between manufacturing and services [Z]. 2005

[121] Park K. Patterns and Strategies of Foreign Direct Investment: The Case of Japanese Firms [J]. Applied Economics, 2003. Vol. 35 (16): 1739 – 1746

[122] Reddy, Generation of Appropriate Technologies, Appropriate Technologies for their World Development, 1975

[123] Roll, Richard. The Hubris Hypothesis of Corporate Takeovers. Journal of Business. Volume 59, 1986

[124] Roll R., The hubris hypothesis of corporate takeovers, Journal of Business. Volume 59, 1986

[125] Ravenscraft D, SchererFM. Mergers, Selloffs, and Economic Efficiency [M]. Brookings Institution, Washing – ton, DG. 1987

[126] R. Vernon, International Investment and International Trade in the Product Cycle, Quarterly Journal of Economics, Vol. 80 (April 1966): 190 – 207

[127] Raveendra N. Batera. A General Equilibrium Model of Multinational Corporations in Developing Economies. Oxford Economic Papers. News Series. Vol. 38. No. 2. 1986: 342 – 353

[129] Raymond Vernon. International Investment and International Trade in the Product Cycle. Quarterly Journal of Economics, 1996

[129] Rhys Jenkins. Globalization, FDI and Employment in Viet Nam [J]. Transnational Corporations, 2006 (4)

[130] Riddle, D. I., Service Led Growth: The Role of the Service Sector in World Development, New York: Praeger 1986

[131] Romer, P. M., Endogenous Technological Change, The Journal of Political Economy, Vol. 98, No. 5, 1990

[132] Stefen H. Robock and Kenneth Simmonds, International Business and Multinational Enterprises, 4th ed., 483. Irwin 1989

[133] Susanto Basu & David N. Weil, Appropriate Technology and Growth, The Quarterly Journal of Economics 113 (4): 1025 – 1054

[134] Szalavetz, A. Tertiariztion of manufacturing industry in the new economy: seperiences in Hunggarian companies [Z]. Hungarian Academy of Sciences

Working Papers, 2003: 134

[135] Shleifer, A., and R. Vishny, Managerial entrenchment: the case of manager - specific investments. Journal of Financial Economics. Volume25, 1989

[136] Shleifer, A, and R. Vishny, Stock market driven acquisitions, Journal of Financial Economics. Volume 70, 2003

[137] Shan J. A VAR Aproach to the Economics of FDI in China [J]. Applied Economics, 2002. Vol. 34 (7): 885 - 893

[138] Schive, C., 1990, The Foreign Factor: The Multinational Corporation's Contribution to the Economic Modernization of the Republic of China, Hoover Institute Press

[139] Shelp, R. K., Service Industries and Economic Development, New York: Praeger 1984

[140] T. H. Truong F. Azadivar. Optimal design methodologies for configuration of supply chains [J]. International Journal of Produciton Reserch. Vol. 43. No. 11, 1 June 2005: 2217 - 2236

[141] Toxvaerd, F., Strategic merger waves: a theory of musical chairs, Working paper available on SSRN. 2004

[142] Ticky, G. What do we know about success and failure of merger, International of Industry Competition and trade, 2001, 1 (4): 347 - 394

[143] Tomasz Mickiewicz Slavo Radosevic&Urmas Varblane. The Value of Diversity: Foreign Direct Investment and Employment in Central Europe During Economic Recovery [Z]. University of Tartu Faculty of Economics and Business Administration Discussion Paper. 2000. Order No. 561

[144] Unite, A. A. & M. J. Sullivan,. The Effect of Foreign Entry and Ownership Structure on the Philippine Domestic Banking Market [J]. Journal of Banking and Finance, 2003 (Vol. 27, No. 12): 2323 - 2345

[145] UNCTAD: World Investment Report (2000): 106 - 109

[146] UNCTAD: World Investment Report (2009): 3

[147] UNCTAD: Training Manual on Statistics for FDI and the Operations of TNCs Volume I FDI Flows and Stocks

[148] Vernon, R., International Investment and International Trade in the Products Cycle, Quartly Journal of Economics, Vol. 80, 1966: 190 - 207

[149] Wang J. and Blomstrom M. Foreign Investment and Technology Trans-

fer: A Simple Model. European Economic Review, 1992

[150] William L. Megginson, Robert C. Nash, Jeffery M. Netter and Annette B. Poulsen. The Choice of Private Versus Public Capital Markets: Evidence from Privatizations [J]. The Journal of Finance, 2004 (6): 2835-2870

[151] 奥利弗·E. 威廉姆森. 反托拉斯经济学 [M]. 北京: 经济科学出版社, 1999

[152] 班楠楠, 朱富宁. 中国生产性服务业的发展对策 [J]. 大连海事大学学报, 2007 (12)

[153] 包明华. 购并经济学: 前言问题研究 [M]. 北京: 中国经济出版社, 2005

[154] 彼得·林德特, 查尔斯·金德尔伯格. 国际经济学 [M]. 国际译文出版社, 1985: 486

[155] 边慧. 从房地产业看外资并购的动因及效应 [J]. 法商论丛, 2008 (1)

[156] 常磊. 我国房地产市场结构与市场绩效研究 [D]. 武汉科技大学硕士学位论文, 2005

[157] 崔光磊. 外商直接投资对我国就业的效应影响 [J]. 当代石油石化, 2007, 15 (3): 18-20

[158] 曹军波. 赶超邻邦印度承接服务业国际转移 [J]. 时代经贸, 2004 (6)

[159] 曹勇, 佘硕. 知识密集型服务业概念内涵与外延的中国视角研究 [J]. 科学学研究, 2008 (10): 103-110

[160] 曹勇, 佘硕. 基于动态分析的中国知识密集型服务业概念与分类研究 [J]. 管理学报, 2009 (4): 554-559

[161] 曹振良. 房地产经济学通论 [M]. 北京: 北京大学出版社. 2003: 7

[162] 程大中. 生产者服务论——兼论中国服务业发展与开放 [M]. 上海: 文汇出版社, 2006

[163] 程大中. 生产者服务业的发展水平、部门结构与经济影响——基于投入产出的国际比较研究 [M] 中国服务经济报告 2006. 北京: 经济管理出版社

[164] 程大中. 论服务业在国民经济中的黏合剂作用 [J]. 财贸经济, 2004 (2)

［165］程璐. 中国零售业并购研究. 硕士学位论文，2005

［166］程志云. 银行业外资集体减持战时代远去［N］. 经济观察报，2010－03－26

［167］陈宪，程大中. 粘合剂：全球产业与市场整合中的服务［M］. 上海：上海社会科学出版社，北京：高等教育出版社，2001

［168］陈宪，黄建锋. 分工、互动与融合：服务业与制造业关系演进的实证研究［J］. 中国软科学，2004（10）

［169］陈林琳. 中国生产者服务业的投入产出关系研究［D］. 厦门大学硕士学位论文

［170］陈晓. 有效市场假说的定义、检验途径与意义［J］. 投资研究，1999

［171］陈宏民. 开放经济环境下企业兼并引起的利益冲突［J］. 上海交通大学学报（3）：48－49

［172］陈焕. 基于 SCP 范式下的我国房地产业组织分析［D］. 福建师范大学硕士学位论文，2007

［173］陈亚军. 外商直接投资对我国就业影响的经济学分析［J］. 武汉理工大学学报，2005，Vol. 18. No. 5：685－688

［174］陈淑芸. 服务业利用外商直接投资对中国经济影响的研究［D］. 河北工业大学硕士论文，2006

［175］陈阿兴，赵玻. 我国有效承接服务业国际转移问题研究［A］. 山东省首届服务业发展论坛优秀论文选［C］. 2007：107－110

［176］陈龙云. 中国服务业外商直接投资与服务业增长的关系研究［D］. 湖南大学硕士论文，2007

［177］陈劲. 知识密集型服务业创新的评价指标体系［J］. 学术月刊，2008（4）：66－68

［178］查贵勇. 中国服务业吸引 FDI 溢出效应分析［J］. 国际经贸探索，2007（5）：63－66

［179］查贵勇. 中国服务业 FDI 就业数量和质量效应分析［J］. 江苏商论，2009（12）：79－81

［180］财经网. 解密国有银行改革［EB/OL］. http：//www. caijing. com. cn/2010/yinhang/

［181］蔡宁，何先进. 中美企业兼并动机的比较及启示［J］. 经济理论与管理研究，2002（4）

［182］戴枫．中国服务业发展与外商直接投资关系的实证研究［J］．国际贸易问题，2005（3）：64－70

［183］戴宏伟．国际产业转移与中国制造业发展［M］．北京：人民出版社，2006：55

［184］戴枫，赵曙东．生产者服务业 FDI 与东道国工资差距：理论与实证［J］．世界经济研究，2009（4）

［185］段杰，阎小培．粤港生产性服务业合作发展研究［J］．地域研究与开发，2003（3）

［186］冯根福，吴林江．我国上市公司并购绩效的实证研究［J］．经济研究，2001（1）

［187］冯苏强．房地产并购中的财务运作模式［J］．会计师，2005（6）

［188］冯伟，刘开林，刘强．银行业引起境外战略投资者对提升绩效的影响——基于面板数据的实证研究［J］．山西财经大学学报，2008（2）：85－90

［189］费雷德·威斯等著．兼并、重组与公司控制［M］．北京：经济科学出版社，1998

［190］樊增强，张慧玲．跨国公司技术溢出效应模型的建立与其发展［J］．经济问题，2009（6）

［191］范翰章，石海均等．对商品房空置若干理论问题的探索［J］．中国房地产，2000（11）

［192］顾乃华．生产性服务业与制造业互动发展的机制与实证研究［M］载于财政蓝皮书，2008：86－88

［193］国家发改委赴印度考察团．印度软件产业成功发展的经验与借鉴［J］．中国经贸导刊，2005（5）

［194］胡象明．广义的社会福利理论及其对公共政策的意义［J］．武汉大学学报（哲学社会科学版），2002（4）：426－431

［195］胡义．国际投资理论创新与应用研究——基于中间层组织的分析［M］．北京：人民出版社，2006

［196］胡杰武，张秋生，王东．外资并购中国企业实务指南［M］．北京：中国经济出版社，2006

［197］胡玉芃．国际服务外包对承接国经济增长的影响分析［D］．内蒙古大学硕士论文，2007

［198］贺梅英．服务业外商直接投资对经济增长的作用机理——基于广

东的实证研究［D］. 华南农业大学硕士论文，2004：18

［199］和讯网 http：//www. hexun. com/

［200］黄冬冬，杨克文. 论 FDI 与经济增长之间的相互关系——基于 VEC 模型的实证分析［J］. 企业导刊，2010（7）：68－69

［201］黄庐进，汪健. 上海地区外砂锅内直接投资对国内企业技术进步的影响［J］. 财贸经济，2009（2）

［202］韩世坤. 二十世纪九十年代全球企业并购研究［M］. 北京：人民出版社，2002

［203］韩冰. 服务业国际转移和我国服务业利用外资现状［J］. 当代经济，2007（11）：8－10

［204］何新宇，陈宏民. 横向合并动机与技术差距［J］. 预测，2000（6）

［205］何俊芳，孙丹，徐远兴. 国际服务外包发展：实证与趋势分析［J］. 江西社会科学，2008（8）：100－103

［206］华南理工大学学报，2007，Vol. 9，No. 2：31－36

［207］金德尔伯格. 美国的国外企业［M］. 耶鲁大学出版社，1969

［208］国际货币基金组织. 国际收支手册. 第三版. 华盛顿哥伦比亚特区，1961

［209］郭德兵. 企业并购的财务动因分析［J］. 现代商业，2009（20）

［210］焦继文. 发展中国家引进外资的结构优化：理论、模型及检验［M］. 济南：山东大学出版社，2004

［211］蒋文. 有序承接国际现代服务业转移研究［D］. 东北财经大学硕士论文，2007

［212］江锦凡，韩廷春. 外商直接投资与中国经济增长关系的实证研究［J］. 公共管理评论，2008，Vol. 1：145－157

［213］贾红睿，张地生，陈宏民. 差异产品厂商战略兼并行为研究［J］. 系统工程理论与方法应用，2000（1）

［214］姜延书. 中国吸收服务业 FDI 有效性的实证分析［J］. 经济导刊，2009（10）：65－66

［215］姜荣春. 我国承接服务外包：现状、趋势与对策［J］. 国际贸易，2009（2）：67－71

［216］姜建平，赵伊川. SFDI 与中国服务业增长关系的实证分析［J］. 国际贸易问题，2007（4）：106－109

[217] 姜长云. 促进我国生产性服务业发展的对策研究 [J]. 经济与管理研究, 2007 (5)

[218] 贾海峰. 房地产投资限外放宽, 商务部下放外商直投备案权 [R]. 21世纪经济报道, 2008-6-20

[219] 况伟大. 空间竞争、房价收入比与房价 [J]. 财贸经济, 2004 (7)

[220] 卢锋. 服务外包的经济学分析: 产品内分工视角 [M]. 北京: 北京大学出版社, 2007: 154-155

[221] 鲁明泓. 国际企业管理 [M]. 北京: 中国青年出版社, 1996

[222] 吕政, 刘勇, 王钦. 中国生产性服务业发展的战略选择——基于产业互动的研究视角 [J]. 中国工业经济, 2006 (8)

[223] 林珏. 国际技术贸易 [M]. 上海: 上海财经大学出版社, 2006

[224] 刘宁. 外商直接投资技术外溢效应下降之谜 [J]. 财贸经济, 2006 (2)

[225] 刘亚真. 外商直接投资 (FDI) 对中国企业技术创新的影响研究 [D]. 吉林大学, 硕士学位论文

[226] 刘平. 国外企业并购绩效理论及实证研究述评 [J]. 外国经济与管理, 2003 (7)

[227] 刘艳君. 服务业国际转移及其对中国经济的影响 [D]. 河北大学经济学硕士学位论文, 2003

[228] 刘洪玉, 张红. 房地产业与社会经济 [M]. 北京: 清华大学出版社, 2006

[229] 刘元庆, 宋青. 生产性服务业利用外资与我国服务业经济增长的实证分析 [J]. 价值工程, 2010 (22)

[230] 刘志宇. 关于外商投资北京房地产的研究 [D]. 中国社会科学院研究生院博士学位论文, 2002

[231] 刘重. 我国企业承接国际服务业外包的问题与对策 [J]. 研究与探索, 2006 (4): 10-12

[232] 刘庆林, 白洁, 王雪. 服务业国际转移的经济效应分析 [J]. 山东大学学报, 2007 (2): 76-83, 79-80

[233] 刘晶. 外商直接投资对中国经济发展的影响与对策 [J]. 经济纵横, 2007 (10): 5-7

[234] 刘庆林, 廉凯. 服务业国际转移经济效应分析: 中国数据的验证

[J]. 产业经济评论，2009，Vol. 8. No. 1，(3)：85－88

[235] 刘绍坚. 承接国际软件外包的技术外溢效应研究 [J]. 经济研究，2008 (5)：105－115

[236] 刘海明，祖强. FDI、经济增长和产业安全：1978－2007 [J]. 常熟理工学院学报，2008 (7)：31－35

[237] 罗肇鸿. 跨国并购：特点、影响和对策 [M]. 北京：中国经济出版社，2006

[238] 路清. 中印两国承接离岸服务外包的国际竞争力比较研究 [D]. 北京工业大学硕士论文，2009

[239] 罗肇鸿. 跨国并购：特点、影响和对策 [M]. 北京：中国经济出版社，2006：1－2

[240] 罗庆华. 全球 FDI 转向服务业对中国经济效应分析 [D]. 对外经济贸易大学硕士论文，2006

[241] 罗凯. 外商直接投资在中国的溢出效应的研究 [D]. 暨南大学硕士论文，2007

[242] 罗立彬. 服务业 FDI 与东道国制造业效率提升 [J]. 国际经贸探索，2009 (8)

[243] 卢根鑫. 国际产业转移论 [M]. 上海人民出版社，1997：112

[244] 林张林. 中国服务业吸引国际直接投资研究 [D]. 厦门大学硕士论文，2007

[245] 林航. 服务业国际转移研究：微观视角 [J]. 华中科技大学学报，2009，23

[246] 林玉红. 实证分析 FDI 对中国经济增长的阶段性影响 [J]. 科学技术与工程，2009，9 (1)：180－186

[247] 林有. 关于投入产出系数的结构分析及其应用 [J]. 统计与决策，2007 (17)

[248] 梁岚雨. 中国上市公司并购绩效的实证分析 [J]. 世界经济文汇，2002 (6)

[249] 隆娟洁，陈治亚. 不同来源的 FDI 的技术溢出效应——基于行业面板数据的实证研究 [J]. 中国科技论坛，2009 (8)：72－76

[250] 李志群，朱晓明. 中国服务外包发展报告 2007 [M]. 上海：上海交通大学出版社

[251] 李凡. 新形势下中国软件业承接跨国公司外包业务研究 [J]. 国

际经济合作，2009（5）：27－31

［252］李志能．印度 IT 服务业面临的挑战及对中国的启示［N］．国际商报，2005－03－21

［253］李江帆，李冠霖，李美云等．深化经济体制改革　促进广东服务业发展［J］．现代乡镇，2005（6）

［254］李金勇．上海生产性服务业发展研究［D］．复旦大学博士论文

［255］李文斌．外商投资中国大陆房地产的动因［J］．中国外资，2004（9）

［256］李宏瑾．我国房地产市场垄断程度研究［J］．财经问题研究，2005（3）

［257］李靖．外国在中国房地产行业进行直接投资的动因分析［D］．北京：对外经济贸易大学硕士学位论文，2006

［258］李仲周．国际服务业外包：机不可失　失不再来［J］．世界贸易组织经济导刊，2004（10）：14

［259］李东阳．国际直接投资与经济发展［M］．经济科学出版社，2002：150

［260］李艳．引进国外直接投资的挤出效应及应对措施［J］．理论界，2005（12）：20－21

［261］李巍．中国服务业利用外商直接投资研究［D］．黑龙江大学硕士论文，2008

［262］李金勇．上海生产性服务业发展研究［D］．复旦大学博士论文，2005（9）

［263］赖明勇，包群．外商直接投资与国内投资的经济增长效应比较［J］．投资研究，2002（5）

［264］吕政，刘勇，王钦．中国生产性服务业发展的战略选择——基于产业互动的研究视角［J］．中国工业经济，2006（8）

［265］吕其银．中国房地产业的市场结构与竞争行为研究［D］．东南大学硕士学位论文，2005

［266］美国经济分析局网站 http：//www. bea. gov/

［267］美国商务部．《1966 年美国对外直接投资》第一部分国际收支数据，美国政府出版局，1970

［268］茆诗松．统计手册［M］．北京：科学出版社，2003

［269］茆诗松主编．统计手册［M］．北京：科学出版社，2003

[270] 潘素昆. FDI 转向服务业及其对发展中国家经济的影响 [A]. 首届国际服务贸易论坛暨《国际贸易》创刊25 周年学术年会论文集 [C]. 2007：218 -224

[271] 裴长洪. 吸收外商直接投资与产业结构优化升级——十一五时期利用外资政策目标的思考 [J]. 中国工业经济，2006 (1)：33 -39

[272] 平狄克，鲁宾费尔德著. 微观经济学 [M]. 北京：中国人民大学出版社，1997

[273] 庞皓. 计量经济学 [M]. 北京：科学出版社，2007

[274] 秦军. 我国企业并购的动因、效应及途径 [D]. 河海大学博士学位论文，2004

[275] 曲凤杰. 世界服务产业转移趋势及中国承接服务产业转移的条件 [J]. 经济研究参考2004 (82)：16 -26

[276] 清科数据 http：//research. zero2ipo. com. cn/n/zero2ipodata. shtml

[277] 邱兆祥，刘远亮. 我国银行业引进境外战略投资者效应的实证研究 [J]. 金融理论与实践，2009 (12)：7 -9

[278] 邱磊. 我国房地产市场中的外资问题研究 [D]. 武汉：华中师范大学硕士学位论文，2008

[279] 邱晓明. 外商直接投资的就业效应变迁分析 [J]. 中国软科学，2004 (3)：55 -58

[280] 牟俊霖. 外商投资对中国就业影响的实证分析 [J]. 经济与管理，2007 (4)：33 -37

[281] 童书兴. 科技、外贸、国际市场拓展 [M] . 北京：中国对外经济贸易出版社，1995

[282] 苗天青. 我国房地产业：结构、行为与绩效. [M]. 经济科学出版社，2004

[283] 苗天青. 我国房地产业的实际利润率及其社会福利效应分析 [J]. 经济问题探索，2004 (12)：115 -116

[284] 毛艳丽，胡俊鸽，陈 妍. 美国钢铁业的并购和发展 [J]. 冶金丛刊，2008 (10)

[285] 孟文静. 国际服务外包与中国现代服务业的发展 [D]. 华东师范大学硕士论文，2006

[286] 牛凤瑞. 中国房地产报告 [M]. 北京：社会科学文献出版社，2008

[287] 人行上海分行. 上海市房地产行业融资外资化程度及其影响 [J]. 上海金融，2004 (11)

[288] 史冬梅. 我国吸收外商直接投资的效应及对策分析 [J]. 理论导刊，2007 (1)：22－23

[289] 石薇. 外商直接投资引起的产业结构效应研究 [M]. 上海财经大学出版社，2009

[290] 苏州工业园区服务外包网，http：//www. sipoutsourcing. com

[291] 申玉铭，邱灵，王茂君. 中国生产性服务产业关联效应分析 [J]. 地理学报，2007 (8)

[292] 沈晓霞. 中国承接服务业外包的比较优势研究 [D]. 山东大学硕士论文，2008

[293] 沈坤荣，耿强. 外国直接投资、技术外溢与内生经济增长——中国数据的计量检验与实证分析 [J]. 中国社会科学，2001 (5)

[294] 沈云详. 西方厂商并购动机的剖析 [J]. 中国工业经济，1995

[295] 沈越，鱼金涛. 国际技术转移概论 [M]. 北京：中国财政经济出版社，1989

[296] 尚于力，申玉铭，邱灵. 我国生产性服务业的界定及其行业分类初探 [J]. 首都师范大学学报（自然科学版），2008 (6)

[297] 上海优先发展现代服务业行动纲要

[298] 上海优先发展先进制造业行动方案

[299] 上海生产性服务业实施意见

[300] 上海社会科学院房地产业研究中心. 论中国房地产发展与安全运行 [M]. 上海：上海社会科学院出版社，2007

[301] 上海财经大学课题组. 2006 中国产业发展报告——制造业的市场结构、行为与绩效 [M]. 上海：上海财经大学出版社，2006

[302] 孙文莉. 贸易自由化、外资并购与寡头垄断的福利效应分析 [J]. 当代财经，2005 (11)

[303] 孙静. 外商对华房地产投资研究 [D]. 大连：东北财经大学硕士学位论文，2004

[304] 孙倩，桑百川. 外商直接投资在我国产生的就业效应分析 [J]. 企业活力，2005 (7)：22－23

[305] 世界投资报告——跨国并购与发展 [M]. 北京：中国财政经济出版社，2001

[306] 世界银行数据库，http：//data. worldbank. org/

[307] 史建三. 跨国并购论［M］. 上海：立信会计出版社，1999

[308] 石东平，夏华龙. 国际产业转移与发展中国家产业升级［J］. 亚太经济，1998（10）：5-9

[309] 汤文仙，朱才斌. 国内外企业并购理论比较研究［J］. 经济经纬，2004（5）

[310] 陶魄. 世界钢铁业并购发展的规律对中国钢铁业发展的启示［J］. 江苏冶金，2008（10）

[311] 陶韧. 论我国房地产业的并购［J］. 中国房地信息，2005（7）

[312] 唐任伍，王宏新. 全球跨国并购的特点、动因及影响因素［J］. 经济管理，2002（17）

[313] 台湾地区图书馆网站，http：//datals. ncl. edu. tw/生产者服务业与知识制造业互动关系之研究

[314] 唐保庆. 生产者服务业 FDI 追逐制造业 FDI 吗？［J］. 经济与管理研究，2009（5）

[315] 唐以今. 中国利用 FDI 承接国际服务业转移研究［D］. 天津财经大学博士论文，2007

[316] 谭力文，田毕飞. 美日欧跨国公司离岸服务外包模式的比较研究及启示［J］. 中国软科学，2006（4）：128-134

[317] 谭仲池，向力力. 现代服务业研究［M］. 北京：中国经济出版社，2007：2

[318] 吴世农. 上海股票市场效率的分析与评价［J］. 投资研究，1994（8）

[319] 吴莉莉. 并购重组对我国钢铁产业竞争力影响的研究. 硕士毕业论文，2008

[320] 吴林海，吴松毅. 跨国公司对华技术转移论［M］. 北京：经济管理出版社，2002

[321] 翁少群，刘洪玉. 我国房地产业的外资参与及其影响［J］. 建筑经济，2005（9）

[322] 温建东，马昀. 房地产市场对外资设限的思考［J］. 中国外汇，2006（9）：31

[323] 汪浩，王小龙. 通过公共产品的供给调控房地产市场［R］. 北京大学中国经济研究中心内部讨论稿系列，No. C2004012，2004（8）

[324] 魏作磊. 服务业将成为新一轮中国经济增长的发动机——印度的经验对中国的启示 [J]. 2007

[325] 魏江. 企业购并战略新思维 [M]. 北京：科学出版社，2002

[326] 魏江，陶颜，王琳. 知识密集型服务业的概念与分类研究 [J]. 中国软科学，2007 (1)：33-41

[327] 王煊. 我国生产性服务业发展的对策思考 [J]. 统计与决策，2007 (24)

[328] 王坚. 世界服务业重点行业发展动态 2007~2008，上海：上海科学技术与文献出版社

[329] 王习农. 跨国并购中的企业和政府 [M]. 北京：中国经济出版社，2005

[330] 王一. 企业并购理论及其在中国的应用 [M]. 上海：复旦大学出版社，2000：78-79

[331] 王谦. 中国企业跨国并购协同问题研究 [M]. 北京：经济科学出版社，2006

[332] 王先庆. 产业扩张论 [M]. 广东经济出版社，1998

[333] 王习农. 培育国内服务外包市场，加大服务业引资力度 [J]. 国际贸易，2007 (1)

[334] 王连，赵玻. 试论我国有效承接服务业国际转移 [J]. 南京财经大学学报，2007 (1)：28-29

[335] 王咏梅. 境外战略投资者的价值研究 [J]. 中国软科学，2009 (3)：138-143

[336] 王善祥，陆伟. 从福利经济学的角度分析中国承接服务业国际转移的福利效应 [J]. 经济研究导刊，2009 (27)：165-166

[337] 王新华. 中国服务业外商直接投资与服务贸易的关系——基于VaR模型的实证研究 [J]. 世界贸易组织动态与研究，2010，17 (1)：19-24

[338] 王新华. 我国服务业外商直接投资的经济增长效应——基于9个行业面板数据的实证研究 [J]. 国际贸易问题，2007 (9)

[339] 王煊. 我国生产性服务业发展的对策思考 [J]. 统计与决策，2007 (24)

[340] 魏作磊. 服务业将成为新一轮中国经济增长的发动机——印度的经验对中国的启示 [J]. 华南理工大学学报，2007

［341］许国平，葛蓉蓉，何兴达等. 论国有商业银行引进境外战略投资者的必要性［J］. 国际金融研究，2006（12）：63－68

［342］谢怡. 中国承接服务外包的经济效应分析［D］. 山东大学硕士论文，2008

［343］薛敬孝，韩燕. 服务业 FDI 对我国就业的影响［J］. 南开学报，2006（2）：125－133

［344］新华网. 中国大型国企推迟引入境外战略投资者可能意味着国企改革思路的调整［EB/OL］. 2009－03－27

［345］夏杰长. 大力发展服务业是解决增长型失业的有效途径［J］. 经济研究参考，2004（11）

［346］夏杰长. 以发展生产性服务业为突破口［J］. 浙江经济，2006（10）

［347］肖卫国. 跨国公司海外直接投资研究——兼论加入 WTO 新形势下我国利用外商直接投资的战略调整［M］. 武汉：武汉大学出版社，2002

［348］肖兴志，张嫚. 产业经济学［M］. 北京：首都经济贸易大学出版社，2007：51

［349］徐明东，蒋祥林，陈学彬. 资本约束对商业银行信贷资产扩张的影响：1998－2007［R］. 中国国际金融学会，2009

［350］徐强. 承接国际产业转移的有效措施及借鉴意义［J］. 国际经济合作，2005（12）：27－30

［351］叶会，李善民. 企业并购理论综述［J］. 广东金融学院学报，2008（1）

［352］叶会，李善民. 企业并购理论综述［J］. 广东金融学院学报，2008（1）

［353］余光，唐国兴. 企业购并的动因模型和防御动因假说［J］. 数量经济技术经济研究，2000（9）

［354］殷凤. 中国服务业利用外商直接投资：现状、问题与影响因素分析［J］. 世界经济研究，2006（1）：4－10

［355］颜廷标. 服务业发展比较研究［M］. 北京：中国社会科学出版社，2005：3－4

［356］于峰. 世界软件外包承接强国的发展模式及对我国的启示［J］. 中国经贸导刊，2006（11）：29－31

［357］于俊年. 计量经济学软件［M］. 北京：对外经济与贸易大学出

版社，2006

［358］尹应凯．我国银行业市场进入的适度开放——基于博弈论视角的分析［J］．国际商务——对外经贸大学学报，2008（5）：41－46

［359］袁美娟．跨国公司投资对天津产业竞争力影响研究［M］．天津：南开大学出版社，2006

［360］严兵．外商在华直接投资的溢出效应——基于产业与地区的分析［M］．北京：中国商务出版社，2006

［361］杨丹辉．全球竞争：FDI与中国产业国际竞争力［M］．北京：中国社会科学出版社，2004

［362］杨瑞．国际服务业转移与中国服务贸易的发展［J］．河南财政税务高等专科学校学报，Vol. 20，2006（2）：51－54

［363］杨先明等．国际直接投资、技术转移与中国技术发展［M］．北京：科学出版社，2004

［364］尧秋根，郭华萍，卢娜等．强化措施跟进应对跨国公司业务离岸化［J］．时代经贸，2004（7）：46－53

［365］尧秋根．中国外资并购市场［M］．北京：中国经济出版社，2008

［366］饶友玲．国际技术贸易理论与实务［M］．天津：南开大学出版社，2006

［367］殷凤．服务业FDI与中国服务业发展［A］．上海市经济学会学术年刊（2007）［C］．2008：136－150

［368］姚战琪．跨国公司、并购行为与市场结构［J］．产业经济研究，2004（2）

［369］曾德聪，仲长荣．技术转移学［M］．福州：福建科学技术出版社，1997

［370］中国国际投资促进协会（CCIIP）、中欧国际工商学院（CEIBS），中国服务外包研究中心（CSORC），中国服务外包发展报告［M］．上海交通大学出版社，2007：17，24

［371］中华人民共和国商务部．中国服务贸易发展报告2006［M］．中国商务出版社，2006：3

［372］中国房地产TOP10研究组．中国房地产行业百强成功案例［M］．北京：经济管理出版社，2006

［373］中国产业地图编委会．中国房地产产业地图2008－2009［M］．北

京：社会科学文献出版社，2008

[374] 中国服务业发展报告 No. 6 加快发展生产性服务业，[M]. 北京：社会科学文献出版社

[375] 中国金融年鉴（1986 - 2009）

[376] 中国工商银行年报（1998 - 2009）

[377] 中国银行年报（2006 - 2009）

[378] 中国建设银行年报（2005 - 2009）

[379] 中国农业银行年报（2004 - 2008）

[380]《中华人民共和国国民经济和社会发展第十一个五年规划纲要》第十六章拓展生产性服务业

[381] 中国服务经济报告 2006 [M]. 北京：经济管理出版社

[382] 中国国家知识产权局网站，http://www.sipo.gov.cn/

[383] 中国房地产信息网

[384] 中国第一并购交易网

[385] 祝波，董有德. FDI 溢出效应：理论、经验研究述评 [J]. 上海大学学报（社会科学版），2006（6）：90 - 96

[386] 钟晓君. 服务业 FDI 对我国服务业增长效应研究 [J]. 技术经济与管理研究，2009（4）：92 - 95

[387] 庄丽娟，贺梅英. 服务业利用外商直接投资对中国经济增长作用机理的实证研究 [J]. 世界经济研究，2005（8）：73 - 79

[388] 周霞，黄宇晰. 我国房地产市场中内外资企业并购行为的比较研究 [J]. 房地产市场，2007（6）

[389] 周剑. 外资技术溢出机制分析与实证检验——兼论本地企业的机遇和风险 [M]. 北京：经济管理出版社，2008

[390] 周晓燕. 中印承接服务外包比较研究 [D]. 沈阳工业大学硕士论文，2008

[391] 曾国平，张清翠. FDI 推动服务业经济增长的实证分析——基于西部 9 省市的面板数据 [J]. 财会月刊，2008（9）：88 - 89

[392] 赵玻. 服务业国际转移的产业发展效应与承接对策 [A]. 第二届中国中西部地区商业经济论坛征文 [C]，2008（6）：3

[393] 朱勇. 中国 FDI 技术外溢效应分析——基于 Borensztein 溢出效应模型实证研究 [J]. 中国科技论文在线，2008

[394] 朱春临. FDI、FDI 溢出效应和经济增长：基于中国数据的协整分析 [J]. 统计研究，2007（11）：85 - 88

［395］朱盈盈，曾勇，李平等．中资银行引进境外战略投资者：背景、争论及评述［J］．管理世界，2008（1）：22－37，56

［396］朱盈盈，曾勇，李平等．引资、引智与引制：中资银行引进境外战略投资者的实证研究［J］．中国软科学，2010（8）：70－80，105

［397］朱胜勇．生产服务业与制造业竞争优势研究［D］.2006（5）

［398］朱宝宪，王怡凯．1998 年中国上市公司并购实践的效应分析［J］．经济研究，2002（11）

［399］郑海航等．中国企业兼并研究［M］．北京：经济管理出版社，1999

［400］郑东．提高产业集中度［J］．世界金属导报，2006

［401］郑思齐，刘洪玉．房地产市场有效性研究［J］．商业研究，2006（7）

［402］郑吉昌．现代服务业与经济增长［M］．北京：中国商业出版社，2006：139

［403］郑吉昌．国际服务业转移与中国服务外包［A］．首届国际服务贸易论坛暨《国际贸易》创刊 25 周年学术年会论文集［C］.2007：32－35

［404］郑吉昌，夏晴．服务业对外直接投资及产业整合效应［J］．经济问题，2004（9）

［405］郑录军，曹廷求．我国商业银行效率及其影响因素的实证分析［J］．《金融研究》2005（1）：91－100

［406］郑月明，王伟．FDI 对我国东部地区就业影响的动态效应——基于 GMM 和 SYS－GMM 分析方法［J］．工业技术经济，2010，29（2）：105－109

［407］詹丽靖，王宝明．现代服务业及产业转移理论综述［J］．中共杭州市委党校学报，2006（3）

［408］章文波，陈红艳．实用数据统计分析及 SPSS12.0 应用［M］．北京：人民邮电出版社，2006

［409］张纪康．跨国公司与直接投资［M］．上海：复旦大学出版社，2004

［410］张义龙．外商直接投资技术溢出效应研究［D］．西南财经大学硕士学位论文

［411］张海洋．外资技术扩散与中国经济增长：理论、实证与政策［M］．成都：四川出版集团、巴蜀集团，2007

［412］张维，齐安甜．企业并购理论研究评述［J］．南开管理评论，

2002（2）

［413］张新．并购重组是否创造价值——中国证券市场的理论与实证研究［J］．经济研究，2003（6）

［414］张秋生，崔永梅．并购论坛 2007［M］．北京：中国经济出版社，2007：82，84

［415］张军，陈宏民．开放经济下的企业兼并与政府政策分析［J］．湖南经济管理干部学院学报，1999（1）：26

［416］张涵珂．浅谈我国房地产业的兼并重组［J］．河南教育学院学报，2008（3）

［417］张红．房地产经济学讲义［M］．北京：清华大学出版社，2006

［418］张泓铭．住宅经济学［M］．上海：上海财经大学出版社，1998

［419］张德亮．企业并购及其效应研究［M］．北京：中国农业出版社，2004

［420］张亚斌，黄苹．跨国并购影响东道国市场结构的福利效应分析［J］．求索，2006（4）：7

［421］张国云．服务外包的发展现状及问题［N］．国际商报，2008－1－28

［422］张自如．当前国际产业转移的背景、特点及效应分析［J］．经济论坛，2008（6）：62－64

［423］张婕．国际服务外包的机理、效应研究［D］．中国海洋大学硕士论文，2008

［424］张宗益，宋增基．境外战略投资者持股中国上市银行的效果研究［J］．南开管理评论，2010，13（6）：106－114

［425］张三峰．FDI 溢出渠道、人力资本与中国制造业生产率增长——基于 1999－2006 年制造业行业数据的经验研究［J］．浙江社会科学，2009（9）：42－49，57

［426］张智林．FDI 的溢出效应对天津经济影响的实证分析［J］．环渤海经济瞭望，2006（7）：25－27

［427］2007 年中国投资报告［M］．北京：中国计划出版社

［428］David N. Weil，Economic Growth．北京：中国人民大学出版社，2007

［429］Dominick Salvatore，Derrick Reagle，Statistics and Econometrics．上海：复旦大学出版社，2008

［430］OECD 国家数据库 http：//stats. oecd. org/